KB262723

연꽃의 사연

불광출판부

지은이/이병주
펴낸이/고병완
펴낸곳/불광출판부

초판인쇄/1992년 10월 13일
초판발행/1992년 10월 15일
주소/서울시 송파구 석촌동 157-2·우편번호 138-190
대표전화/(02) 420·3200
편 집 부/(02) 420·3300
팩시밀리/(02) 420·3400

등록번호 제1-183호 (1979. 10. 10)
ISBN 89-7479-303-2
잘못된 책은 바꾸어 드립니다.
값 5,800원

연꽃의 사연

연꽃의 사연에 부쳐

이 수상집 『연꽃의 사연』은 내가 1946년 동국대학교에 몸을 담은 뒤부터 오늘에 이르는 45년 동안 여러 지지(紙誌)에 발표됐던 불교 관계의 사설만을 추려 모은 무거리이니, 이를테면 신구(新舊)가 어울린 한마당이라, 아무래도 잡다함과 중복됨을 감출 길 없다.

따라서 시공(時空)이 들쑤여 시의에 걸맞지 않는 사연과 사단, 그에 더불은 예로운 예문과 언설이 사뭇 눈에 거슬려 더러 추려냈는데도 아까운 나마에 싣다 보니, 필경 아집의 노욕이란 비양을 피할 길 없다. 역시 소재를 반죽함에 있어 한계가 있었다.

특히 「석보상절 제23, 24 해제」와 「만해 한용운 선사의 한시」, 그리고 완당 김정희의 초의(草衣) 선사에의 사시(私諡), 그리고 두보(杜甫)의 명작인 「유용문봉선사」와 「숙찬공방」이 그 두드러진 보기이다. 더구나 『석보상절』은 우리나라에서 최초의 산문체인 문답체로 서술된 불교문학의 꽃이요, 『월인천강지곡』은 악장체(樂章體)로 꾸며진 최초의 찬불가라는 자랑에서요, 만해 선사의 한시는 너나없이 『님의 침묵』만 들먹여, 그 시문학의 전모를 보태려는 하임이다. 또한 두시는 40년래 한우물을 파는 나이고 보니 자연 들이굽는 붓방아의 반기이다.

한편 「대만 고궁박물원에서의 불화」와 「중국에서 찾아본 사찰」은 비록 손방을 무릅쓴 모험이나, 설익은 관광에 말려서 우리의 발길이 뜸한 대상이라 신도로서의 본분을 감안한 한갓 노파심의 권장에서이다.

다만 그윽한 자리(慈理)에의 부연과 색공(色空)의 연기는 굳이 삼갔음은 자리(自利)와 이타(利他)의 가르침을 부연하기에는 워낙 이력이 부쳤다. 본시 진흙에서 피는 연꽃의 사연인 만큼 모름지기 은은한 쇠북의 메아리가 깔리고, 높깊은 가람의 원음(圓音)이 함초롬히 풍겨야 마땅한데, 그러기에는 나의 계명인 '연당'(蓮堂)이 무색한 늦깎기의 하소연이라 민망하기 그지없다. 게다가 퇴경(退耕)과 무애(无涯) 두 스승의 훈수이신 '오가(吾家)의 문장'을 세우려는, 이른바 의고체(擬古體)와 희귀어의 활용, 그리고 품사의 전화 등 현학적인 연역(演繹)이 남달라서 행문(行文)이 껄끄러움 사실이나, 섣불리 요동(遼東)의 백시(白豕)를 고집함은 나름대로의 옹골찬 수사(修辭)를 다짐함이다.

사실 수필이나 수상이 한갓진 삶의 수다라면 그는 글의 공해다. 요는 기발한 사상(事象)을 첨신(尖新)한 조사(措辭)로 다듬어 빚어야 세가 나는 세상이다. 곰곰 생각키는 소담스런 글보다 두루 부담없이 읽는 글이 공감을 사는 오늘이다. 혼자만 누리기 아까운 사단을 해학을 곁들인 멋스런 재치로 승화시켜 오히려 철학이 무색해서 소설과 시를 앞지르는 실상인데, 나야 그 맛진 바람을 탈 엄두를 내기에는 우선 참신한 요소가 모자라 허울좋게 수상이라 이름하여 경이의 견문(見聞)이나 사색의 보금자리를 교양이란 구실로 채웠음을 솔직히 고백하려니, 예로부터 정이 글을 낳아야지 글이 정을 낳아서는 붓이 무디어진다는 가르침이 백번 타당하다. 이러구러 글은 삼다(三多)로도 어려운 작업이 틀임없다. 그래서 두보도 동파(東坡)도 추고(推敲)의 명수였나 보다. 모름지기 만고의 산 교훈이다.

1992년 8월 15일

수류운재실에서

李 丙 疇

차례

① 연꽃의 사연

믿음이 있는 곳에

❸ 시가로 읽는 삼보의 울력

제1장

연꽃의 사연

연꽃을 받들고
연꽃을 모시는 연꽃의 무리는
연꽃의 보람은 알지만,
연꽃의 고난의 발자취를
까맣게 잊고 있음이 오늘의 실상인
듯하다. 연꽃은 구정물에서도 핀다는
역설을 뇌이는 대신 연꽃은
진흙에서 핀다는 엄연한 가르침을
다시금 음미할 일이 아닌가 한다.
여기에 연꽃을 받드는 참뜻이
사무쳤다고 생각할 때, 연꽃의 교훈은
만세의 진리요, 만고의 가르침이
분명하다.

보　시

　정말 모처럼의 가족동반의 나들이였다. 아이들의 기쁨은 사뭇 참새가 무색했다. 그러니까, 지지난 해 2월 그믐께의 사연이다.

　이른 봄의 법주사 길은 고요에 잠겨 발굽소리도 울렸다. 첫새벽의 솔숲길은 가슴을 가셔내는 싱싱으로 해서 보얀 안개가 코를 찡겼다. 길가 풀섶에서 깃들었던 새가 푸드득 난다. 독판 이속한 경내가 숫제 내집 같았다.

　팔상전을 굽돌아 우람스런 미륵상 앞으로 걸었다. 아무도 없는 뜰엔 호젓한 기운마저 감돌았다. 맏이가 언 귀를 비비며 투덜거린다. 막내가 앞으로 다가와 내 손을 꼭 붙잡으며 매달린다. 아마 무서운 모양이다.

　낯선 스님이 공과(功課)를 외우며 마당을 거닐고 있다. 무심코 가지런히 합장을 시켜 수행의 고됨을 기리었다.

　염주의 달그닥소리가 귓전을 간지린다. 염불의 때로 결은 가무죽죽한 염주였다. 얼른 보아도 값진 염주임이 첫눈에 든다. 나도 꽤 길들인 보리자를 굴리고 있었다.

　차수(叉手)를 내리던 스님이 느닷없이,

　"이것과 바꾸시죠" 하며, 염주를 선뜻 내게 쥐어준다. 실로 어안이 벙벙했다. 속으로 퍽 부러웠지만 영 이해가 되지 않았다. 친분은 커녕 암만 살펴도 아는 눈매가 아니었다. 사실 그나 이나 염주는 한가진데, 하도 미더워 자못 묵례를 올렸다.

　어설픈 이해보다도, 그 티 없는 선심에 사로잡힌 나는 얼결에 염주를 받고 주었다. 아예 홀린 셈이었다.

스님은 아무 일도 없었다는 듯이 천천히 선방쪽으로 사라졌다. 넋을 빼앗긴 나는 멍하니 서서, 그 뒷모습을 바라만 보고 있었을 뿐이었다.

"아니, 인사도 안 하시구…"

아내의 훈수를 들었을 때는, 이미 스님의 뒷모습은 보이질 않았다.

이윽고 본전에서 나와 선방을 기웃거렸지만 헛일이었다. 법명을 모르니 '남대문 입납(南大門入納)'이었다. 그렇다고 닫긴 방문마다 열어 볼 숫기도 없고, 더구나 염주의 사단을 밝혀서까지, 그 스님의 뜻을 구기고 싶진 않았다.

이젠 그 스님의 인상조차 삼삼해졌다. 그러나, 그가 넘겨 준 염주는 지금도 내 손아귀에서 흐려지는 신심을 매양 일깨우고 있다.

워낙 보시는 오른손이 한 일을 왼손이 모르는 희사에 보람이 난다. 미련에 감기지 않는 떳떳한 보시, 그것은 분명 견성의 발단이다. 차마 무상보시를 과하면서도 아만을 떨지 못하는 영악이 정상인 양 보채니, 탈은 진작 나 있다. 자리와 이타를 의식하는 보시는 이른바 '일단기사'감이다. 그것은 보시가 아니라 남에 보이기 위한 낮가운 자랑이다.

보시로 얻어진 염주를 미끼로 화두를 '보시'로 열어 산채 차림의 아침을 달게 들었다.

아득한 옛날 선혜와 구이의 꽃보시의 사연을 더듬어 나누면서 쌀쌀한 방을 다 사롭혔다. 창 너머 하늘에는 철 늦은 눈보라에 쫓기는 기러기떼가 부낳게 날아간다.

대궐에 바칠 탐스런 꽃떨기로 인연한 사랑에 발목을 잡힌 선혜는 적이 망설이었다. 사랑을 박차자니 꽃을 얻지 못하겠고, 꽃을 얻자니 구이의 사랑을 받아들여야 했다. 은돈 5백냥을 낼테니 다섯 송이만 사자 해도 막무가내였다. 그러나 남정의 지극한 정성에 동한 구이는 마침내 사랑의 고백을 하기에 이르렀다.

"이 꽃을 드리겠으니 부디 나를 아내로 삼아 주시오."

참으로 당돌한 구이의 프로포우즈였다. 그러나, 쉽게 인연을 맺을 선혜는 아니었다.

"내 본시 보시를 즐기는 사나이라, 남의 뜻을 거스르지 못하오. 그러니 아무나 와서 내 머리팍이든, 눈자위든, 골수든, 아내든, 자식이든 간에 달라고 해도 섣불리 내 보시하는 마음을 개개지 말아야 하오"

"네, 당신 말씀대로 하오리다. 그리고 저는 여자라서 꽃을 가져가기 어려우니, 이 꽃마저 가져다 임금께 바쳐 평생의 이 아낙의 소원을 잃지 않게 해 주소서."

구이의 서원 또한 사무쳤다. 선혜는 꽃도 얻고, 사랑도 얻은 인과를 한몸에 안았다. 이 꽃사연으로 해서 지금도 결혼식에는 7경화의 사단이 빌미가 되어 신랑이 5송이, 신부가 2송이로 불전에 바쳐지고 있다.

이 석가의 전생담은 전혀 질력이 나지 않는 태고의 설화다. 위로는 보리를 구하고, 아래로는 중생을 건진 부처의 자비는 진작 꽃보시로 비롯되었다. 이 호젓한 사랑을 얘기하고 나니, 새벽에 받은 염주보시가 새삼 머리를 숙이게 했다. 그 고마운 보시의 거룩이 생생하게 되살아, 그 이름 모르는 스님이 자꾸 우러러진다.

사실 보시는 자비의 표시다. 주는 마음에 덤이 없는 소행이다. 주는 거기에 꼭 표가 나야 하고, 받으면 부담을 보태게 되는, 이름만의 보시는 보시가 아니라 낚기 위한 고약한 미끼이다.

세상에는 도타운 청신도 많고, 이름을 가리는 시주도 적지 않다. 그런가 하면 기복과 발제에 감긴 이상의 보시와 남을 위한 보시를 자길 위한 수단과 방법으로 착각하는 미욱도 종종 듣고 본다. 실로 요지경의 한울타리다. 글쎄 냈으면 냈지 꼭 보도 자료로 사진까지 곁들여서 과시해야 하나.

해묵은 아집을 벗기는 참스런 보시가 정말 아쉬운 이 때다. 때로 겔은 중생을 괴로움에서 건져내는 거룩하고 탐스런 보시 말이다.

별르고 별른 나들이에서 물정에 어두운 가족들에게, 주고 받는 보시의 보람을 직접 듣고 보게 했음을 생각하니, 제주보다도 보은의 법주사를 택한 것이 백번 좋았다. 보은은 역시 보은이다.

큰 절에서 치는 은은한 쇠북의 메아리가 깊은 뉘우침을 불러일으킨다. 이번 길로 해서 가족에의 묵은 빚을 다소나마 던 느낌에 발걸음이 한결 가뿐했다.

무심코 굴리는 새 염주에 그윽한 무상의 실마리가 묻어남을 느껴, 나날이 흐려지는 그 이름 모르는 스님의 고운 마음을 지금도 이렇게 되짚어 본다.

(1972. 1)

새벽 산행과 인사

워낙 약질에다 늦자라서 중학교를 졸업할 때까지 항상 맨앞줄을 면치 못한 나였다. 게다가 어렵사리 기차통학을 해서 새벽잠이 모자라 지금도 3시면 으레 일어나는 버릇이 아주 몸에 배었다. 그래서 73년 신촌에 이사해 와서는 무악산 기슭 봉원사 약수터에 오르는 것이 첫새벽의 일과가 됐다. 굳이 덧붙이면 새벽 산행도 하고 샘물도 길어오는 일거양득의 새벽운동으로 늙마의 건강을 유지하기 위한 안간힘이다. 눈이 오나 비가 오나 하루도 거르지 않고 오르면서 헤식는 몸을 다진다. 이를테면 충전을 위한 하임이지 남처럼 진땀까진 안 흘리는 나다.

새벽 3시 20분에 집을 나와서 복개된 창천을 지내 봉원동길로 접어들어 마구 달리는 트럭과 쓰레기차를 경계하면서 봉원사 경내에 다다르면 아침 예불에 앞서 목탁을 치며 도는 도량석의 낭랑한 소리가 정적을 가른다. 호젓하게 가라앉은 사원의 기상곡이다. 한편 범패의 인간문화재 송암(松岩) 스님 문하에서 전수받는 어산(魚山)들의 목을 푸는 「영산회상」의 한 대목으로 귀요기를 하기도 한다.

게다가 우람스런 대웅전의 신축공사가 한창이라 톱밥과 대패밥을 수북하게 모아 태우는 매케한 내가 감도는 속을 지나 산에 올라 옹달샘물을 받노라면 절에서 치는 쇠북소리가 고요를 흔든다. 실로 깨우침을 보채는 제행무상(諸行無常)의 메아리다. 이윽고 부지런들이 외치는 야호가 산을 호령한다. 모름지기 부지런들의 보람찬 삶의 시그널이다.

일찍이 당나라의 시성 두보(杜甫)는 석불로 유명한 용문산 봉선사에 묵으면서

지은 「유용문봉선사(遊龍門奉先寺)」 마무리에서

<blockquote>

새벽의 쇠북소리 듣자니 깨우침 일어   欲覺聞晨鐘

나에게 깊은 뉘우침 안겨 주는구나.   令人發深省

</blockquote>

라고 읊었다. 사실 새벽 종소리는 저녁 종소리보다 생동감이 한결 넘난다. 과갈스런 잦은물이가 아니라 새출발의 도사림이다.

그런데 오르고 내려오다 보면 부지런들을 자꾸 만난다. 여기에 한 가지 사사론 제안이 있다.

나는 이제껏 오르내리면서 인사를 나눠도 한번도 먼저 받아보진 못했다. 물론 희미한 새벽인데다 아직 쌀쌀하니까 마스크까지 해서 얼굴이 분명치 않고, 어둑해서 피차 나이도 짐작이 되지 않아 그런지 모른다. 그러나 목소리로도 대강 짐작이 되건만 막무가내 먼저 하는 법이 없다. 글쎄 내 나이 70을 넘어서 내시처럼 인사나 받고 싶어서가 아니다. 인사는 주고 받는 데에 정이 오가고 예도가 깃들게 마련이니 말이다.

"어유, 일찍 올라오시네요".

"네, 조심하세요. 미끄럽습니다".

하면 얼마나 정다우냔 말이다. 구태여 따지면 한 우물을 마시는 판인데 사뭇 황소가 닭을 보듯하다니 정녕 안쓰럽기 그지없다. 자기만 챙기는 딱한 회오리바람이다.

첫새벽에 길을 쓰는 미화원에게 '수고합니다'하면 입이 덧나는지, 아무도 인사하는 이가 없다고 야속하단다. 그뿐인가. 이사를 와서도 왜 이렇게 무정해졌는지 실로 북박이인 내가 무안한 오늘이다.

물론 산행에서야 정식으로 인사를 나누지 않았으니 성씨도 모른다. 그렇다고 나는 조기체조반원도 아니고, 다만 신선한 새벽공기를 마시는 재미로 신촌역 맞은편 바람산 마루턱에서 옹달샘까지 올랐다가 내려오는데 꼭 80분이 걸린다. 다행히 첫째나 둘째나 되면 물을 받는데 시간이 걸리지 않지만, 물통을 너댓 개씩 갖고 와서 자리를 차지하고 졸졸 쏟아지는 샘물을 독점하니 정말 질색이다. 부디 삼갔으면 한다. 서로가 즐겨 길어가도록 하자는 노파심에서다. 이왕이면 한통, 그것도 중통이면 족하지 않느냐 말이다. 그래서 나는 차례가 멀면 하염없어 그냥 한모금 마시고 내려오기도 한다.

섣불리 해묵은 『맹자』를 들먹이는 것이 남세스럽지만 "남을 측은하게 여기는 마음은 어짊[仁]의 비롯이요, 자기의 잘못을 뉘우치고 남의 잘못을 미워하는 마음은 옳음[義]의 비롯이요, 삼가고 사양하는 마음은 예[禮]의 비롯이요, 옳고 그름을 밝혀 따짐은 슬기[智]의 비롯이라"고 했다.

사실 인사를 먼저 했다고 이마에 낙인이 찍히는 것도 아니고, 상대에 낮보이는 바도 아닌데 왜들 인사에 인색한지 안쓰럽기 그지없다.

요즘 선거를 앞두고 원색적인 인사와 큰절이 흔하다. 글쎄 그 절 값을 얼마나 받을지 모르나 당락이 결정되면 그날부터 모른 체 목에 힘주고 날뛸 판인데, 그런 인사의 절은 아무리 땅바닥에서 무릎을 꿇고 큰절을 해도 속에서의 인사가 아니라 한갓 사탕발림이니 두루 명심할 일이다.

언제나 어디서나 누구에게나 나름에 맞게 먼저 인사하던 전통을 살려 먼저 웃는 낯으로 서로가 인사를 나누는 곳에 다사한 정은 깃들게 마련이다. 그것이 스스럽다면 잠깐 손이라도 들어주면 좋지 않을까 한다. 이는 비단 나만의 투정이 아니다.

딴은 첫새벽 산길이긴 해도 인사를 하는데도 받아주기는커녕 아예 묵묵부답인 상대가 두어 분 있다. 물론 가파른 산길의 계단을 오르니까 숨이 가빠 만사가 벅차서 그런지는 몰라도 그분네는 산밑에서 만나도 여전하니 아마도 높은 양반인 모양이다. 글쎄 임자 없는 산형에도 상하의 귀천이 있는지 알다가도 모르겠다. 그렇다고 나 역시 인사를 안하고 그냥 지낼 수 없어 번번이 일방통행을 지속하는데 속은 매양 껄끄럽다. 그래도 그분네가 보이지 않는 날은 오히려 궁금하니 내남없이 인심은 요지경이다. 그러나 머지 않아 춘분이니까 4시 반이면 환해져 후래쉬 없이도 상대를 식별할 수 있을테니, 그때는 그분네 낮부터 곰곰 살펴 봐야겠다. 혹 내가 미처 몰라뵙고 결례나 저지르지 않았나 해서다.

위낙 많은 산행은 못해도 국내는 물론 국외에 나가도 산행은 일정에서 빼지 않고 강행하는 나의 고집이라, 이러구러 산에서의 예도는 솔선수범하면서 무척 조심하는 편이긴 하다.

그래서 미국인이 미소로 손을 들면서 '하이', 또는 중국인이 활짝 웃으면서 주먹을 쥐고 엄지를 치켜 올리며 '웨이', 또한 일본인의 상냥하게 그 때마다의 인사를 감안해서, 우리 역시 간단한 인삿말의 제정이 절실하다.

그러면 묵묵부답의 무뚝뚝한 태도는 없을테니 오죽 좋으냐 말이다. 가령 싫든좋든 건배 때 '위하여'가 그런대로 통용되듯, 그리고 군대에서 '충성' '단결'을 거수경례하며 외치듯, 글쎄 '전진'하면 전투적이라 우세스러우니, 차라리 불교용어지만 용맹정진의 '정진'이 어떨까 해서 가끔 쓰는 나다. 하여간 인사는 피차의 서먹서먹을 삭히는 실마리이니, 예의의 나라답게 되새겨 볼 일이다.

연(蓮)과 스님과

지지난 공일이었다. 덧없이 연 생각이 나서, 변두리에서 버스를 내렸다.

추위로 박살이 난 먼밭의 몰골은 말이 아니었다. 마치 격전장의 주검처럼 시들어 곤드라졌고, 다 따 먹은 벌집 같은 연밥은 해골인 양 매우 사나웠다. 차라리 보러 오지 않을 것을 괜히 내렸다고 적이 뉘우쳤다.

그러나 한편 그 낭자한 현실에 열반의 거룩이 서려 자비롭고, 또한 거기에서 인간의 가차없는 삶이 헤아려져 한참을 우두커니 바라보는 주착이었다.

사실 연이라면 철을 가리지 않고 즐겨 찾는 나다. 진구렁에서 자라되 물들지 않는 처염상정이 좋아서다. 빗방울을 진주로 바꾸되 탐내지 않는 연잎이다. 그 넓고 탐스런 잎을 받는 연대이지만, 바람을 타지 않는 연이요, 우악스런 잎에 가려 피는 연꽃은 사뭇 앙징스러우나, 해탈의 안표가 분명해서다. 연은 물론 부처의 상징이요, 스님의 화신이다. 토라진 우바새와 우바이의 사품에도, 그저 미소로 대하는 스님의 모습이 바로 연의 생태 그대로라서다.

가만한 바람에 물 어린 풋내음이 묻어온다. 그윽한 꽃내음이 코를 간지린다.

그리 진하지는 않아도 두고두고 맡아서 싫지 않은 향기다. 이른바 도인(道人)의 기운이랄까, 아니 스님의 가라앉은 마음이다.

하루 밤 무서리에도 주접이 드는 연이다.

그러나 오상고절의 국화가 부럽지 않은 연이다. 딴은 이슬에도 지는 연꽃이긴 하지만, 그 깨끗한 낙화(落花)가 오히려 멋지다. 번뇌를 물리고 오롯하게 가부앉은 스님의 매무새다.

연을 아로새기는 스님은 탓을 모른다.

그리고 연처럼 도도하다. 모진 시련을 연에 견주는 스님이다. 응접(應接)이 부실해도 무문관(無門關)을 드나들듯 태연하다. 아니, 의젓한 연처럼 엄살을 모르는 스님이다.

엊그제다. 불현듯 연과 마주앉고파 이내 경복궁 안의 향원정에로 발걸음을 옮겼다. 낙엽이 뒹구는 스산한 고궁이었다. 물론 스님이 그리워서 내친 걸음이었다. 그러나 연은 커녕 애꿎은 물살만이 이는 연못에는 차가운 구름만이 머물고 있었다.

봄의 앙징과 여름의 싱싱과 가을의 영화가 한낱 그림자로 둔갑하여 매우 허전했다. 하갸 머지 않아 움틀 연근의 앙탈로 윤회설이 도지기는 한다. 사실 연잎은 시어져도 연은 난다. 도를 닦는 스님도 한가지이다. 다만 진흙에서 피는 연꽃처럼 구설(口舌)에 찌들어, 그 맑은 낯이 다소 구기는 것뿐이다.

연을 대할 적마다 비겨지는 스님, 그는 연처럼 사는 부처다. 그러나, 나는 오늘이 있으니 삶이 차지다는 보람에 또 한 해가 떠가니 실로 딱하다.

연과 스님과 나, 그것은 정말 풀 길 아득한 함수다. 연을 섬기는 스님, 스님을 받드는 나니 말이다. 훔.

(1975. 12)

봉정암의 샘물

올 여름도 설악을 가로질렀다. 물론 동국대학교 교양학부 간부들의 수련을 위한 '프로젝트 76'에 묻어서 땀으로 넘었다.

내설악의 봉정암은 국내에서 가장 높은 암자인데다가, 부처의 정골사리를 모신 5층탑의 존엄으로서도 이름이 났다.

한편 해발 1천 5백m라면 서울 백운대의 두 곱이다. 게다가 그 등행의 과정이 매우 가파르고, 험악해서 여간한 신심이 아니고는 엄두도 내지 못하는 심산이다. 더구나 대륙성 기후와 해양성 기후가 맞닥뜨리는 태백산맥의 갈기라서, 날씨가 고르지 못하고, 오름길이 지루해서 자못 오르기 어려운 봉정암이다.

우리는 주룩주룩 내리는 비를 맞으며 백담사를 떴다. 장마철이라기는 해도 여지껏 참았던 비가 하필이면 오늘따라 이렇게 구성진가 하니, 하늘이 야속했다. 판초를 걸친 89명의 일행은 적이 시무룩했다.

영시암(永矢庵) 터를 거쳐 수렴동 계곡으로 접어들었다. 비는 뜸해지는데 길은 갈수록 미끄러웠다. 장딴지까지 빠지는 개울을 건너기도 하고, 물살이 거센 여울목을 징검다리로 건너기도 하였다. 비에 젖은 등산화가 무겁고, 땀에 젖은 속옷이 살에 붙어, 배낭의 무게에 자꾸 신경이 곤두섰다.

백운동 계곡에서 비를 맞으며 지은 점심을 먹었다. 구질구질해서 비상식으로 봉창할까 망설였으나, 앞으로 닥칠 쌍폭 골짝이 하도 험해서 밥을 든든히 먹었다. 으시시해서 눌은밥을 끓이고 숭늉까지 마서 썰렁한 기분을 가시었다. 이 감칠맛을 모르는 무리야 청승이라고 뇌겠지만, 화톳불에 살진다고 이 산을 벗삼아 먹고 마시는 즐거움은 알량한 돈과는 바꿀 수 없는 산사람만의 멋이다.

비가 뿌리는 가운데 뜻하지 않은 여우볕이 반짝 났다. 정말 변덕도 심한 설악의 날씨다.

문득 노산 이은상 선생의 시조 「금강기행(金剛紀行)」이 생각났다.

땀에 젖은 옷을 장풍(長風)에 식히다니
운우(雲雨)에 다시 젖다 염양(炎陽)에 되마르네
조화를 몸에 입은 양하여 마음 느껴 하노라.

정녕 그렇다. 비에 젖어 체온에 마르고, 땀에 젖다가 다시 볕에 마르니, 분명 천지의 조화를 몸에 걸친 셈이다.

우리는 노다지나 본 듯 기뻤다. 당장 고되서 지칠깝세 볕은 활기를 불어주었다. 환성이 터지고, 노래가 쏟아졌다. 내가 지은 '응원가'로 신이 나서 행군을 하는 리더들이었다. 정히 모를손 인심이다.

드디어 쌍폭에 다다랐다. 빗물로 불은 폭포는 정녕 장관이었다. 펑펑 쏟아지는 폭음에 귀가 멍했다. 자못 하늘이 무너지는 듯 은하수가 터진 듯 내리 부어지는 쌍폭이었다. 가뜩이나 응달이라서 더욱 을씨년스러웠다.

이백의 과장과 송강의 부연이 빈말이 아니었다. 양편 골짝에서 곤두박질하는 물살이 하도 세차서, 옥으로 부서지는 포말이 바스러지는 판이었다. 식은땀을 자아내는 가파름에 주눅이 드는 다리였다.

사뭇 깎아 세운 듯한 낭떠러지를 기어올라 봉정암에 이르렀다. 이 험한 마루턱에 물줄기가 있음을 안 선사님의 슬기는 과연 통현(通玄)의 가늠이었다.

비록 오대의 보궁과 양산의 통도와, 영취의 법흥이 명당이라지만, 봉정은 볼수록 거듭 고개가 끄떡여지는 자리잡음이다.

진땀을 흘리며 올라와 미리 냉동해 두었던 듯한 샘물을 마셨다. 당장 하늘에도 치달을 기운이 솟아난다. 더위는 커녕 세상이 내 것 같은 생각에 사로잡히는 활명수인 봉정암의 샘물이다.

흥건히 젖은 속옷을 벗고 샘물로 빤 수건으로 등을 미니 와락 경련이 와 등골이 오싹해진다.

다시 봉우리 위 사리탑에도 올랐다. 도타운 청신(淸信)들의 연보로 닦아진 층계를 오르면서, 믿음에 앞서 본분과 사명에 영생을 누린 자장율사의 거룩을 되씹는 우리 일행들이었다.

빗방울이 멎고 자욱한 스모그 현상이 퍼져왔다. 구름이 발 아래를 거쳐가고, 그 우람스런 바위가 안개에 잠겨 이른바 안개바다 속이었다. 그 위에 둥실 뜬 우리는 새삼 자연의 신비에 도취되어 가려진 시야 따위는 문제 밖이었다.

아득한 금강도, 널넓은 동해도, 오롯한 소청(小靑)도 모두 허연 안개에 잠겨 두보의 시구 '건곤일야부(乾坤日夜浮)'를 실감하는 마당이었다.

우리는 가지런히 모여 3층 사리탑을 향해 합장을 했다. 바람이 불어닥쳐 몸에 한기가 와서 덮쳤다. 숨이 막히는 흡사 고체(固體)와도 같은 강풍에 탑신이 흔들리는 판이었다. 호연(浩然)한 운력에 들떠 보람의 만세가 절로 터져 메아리가 한결 우렁찼다.

내려와서 저녁을 지었다. 무더운 삼복인데도 모두들 파카를 꺼내입고, 덧옷을 걸치지 않은 무리가 없었다. 새파란 젊음들도 차가운 샘물에 손을 담기가 무섭게 시리다고 질겁을 하는 봉정암의 냉수다.

밤이 되자 또 비가 갰다. 항상 왔다 멎었다 하는 설악의 비다. 하늘에는 별마저 반짝였다. 희미한 얼레달이 외롭게 떠가는 산사는 죽은 듯 고요했다. 장작을 지펴 아예 뜨끈뜨끈한 아랫목에 누워 잠을 청했다. 땀내로 찌든 빨래의 누기로 찬 방안은 목이 칼칼할 만큼 매끼했다. 영 잠이 오질 않았다. 베개맡에 드높은 물소리가 과갈스러워서였다.

부엌 가마솥의 물이 끓는지 그 김이 온통 밖에까지 새나왔다. 덧없는 생각에 몰래 한 양동이를 퍼내다가 샘물가에 가서 목욕을 했다.

역시 고단은 젊음도 소용없었다. 그 시끄럽던 발광도 자는지 조용했다. 이 좋은 밤을 어찌 자냐던 감상파도, 달을 쩍해 잔을 기울이던 패들도 그냥 고꾸라져 코를 고는 등살에 양철지붕이 떠갈 것만 같았다. 이윽고 나도 편몽(片夢)의 뒤안길을 마냥 헤맸다.

(1976. 8)

순류와 역류

　맑은 강물에 한몸을 잠가 마음의 때를 씻은 지난 일요일의 일이다. 애들과 더불어 덤벙덤벙 개헤엄을 치며 하루를 즐겼다. 좀 차가웠지만 동심에 팔려 체면도 잊었다. 사뭇 번뇌를 씻었다면 거창해져 입을 담는다. 흐름에 따라 헤엄을 치기란 사실 떡 먹기다. 내 알량으로도 마냥 떠가니 에누리가 없다. 그러나, 흐름을 거슬러 헤엄을 치기는 여간 어렵지 않다. 번연히 알면서도 짐짓 용을 써보는 근기는 가상치만, 실은 헛수고가 거의다. 아이들도 나를 따라 흉내를 내본다. 역시 전진은 커녕 물장구만 치다가 만다. 이것이 세상살이의 보기이건만, 이 훈수의 이치를 깨달을 나이는 못 된다. 게다가 개들에게도 벌써 탈은 나고 있었다. 모름지기 거슬러 헤엄쳐야만 떳떳한 줄로 아는 만용을 나무랄 계제가 못됨이 그저 마음이 무거웠다.

　세상을 뻣뻣하게 산 굴원(屈原)은 일찍이 그 「어부사(漁父辭)」에서 "세상과 더불어 밀어 살아간다"란 말을 앞세워서 "치렁치렁한 강물의 맑음이여! 내 소중한 갓끈을 헹구겠고, 치렁치렁한 강물의 흐림이여! 내 더러운 발을 씻겠다〔滄浪之水淸兮 可以濯吾纓, 滄浪之水濁兮 可以濯吾足〕"라는 아리송한 콧노래를 남겼다. 주어진 일에 따라 도리의 향방을 찾으라는 거룩한 가르침이렷다. 실로 만세의 진리이다.

　무릇 길이란 깨치는 법이지 물릴 수는 없다. 그렇다고 환경을 무시하고 아등바등함은 무모에 속한다. 강물이 맑으면 소중한 갓끈을 빨고, 흐리면 더러운 발을 씻는다는 말은 평범한 비유이나, 말마디가 무색한 명언이다. 사실, 흐름에 따라서 헤엄치기는 싱거운 노릇이다. 술에 술 타고 물에 물 타는 수작 같지만, 이 어수룩에 만고의 진리는 깃들었다. 흐름에 따라 헤엄치되 중심을 잃지 않는 거기에 이 말의 진체가 서리었다. 자기만이 잘났고, 자기만이 드높은 체하는 구석에는 반드시 엉큼한 야망이 숨었다. 흐린 그 속에 파묻혀서 스스로를 찾고, 맑은 그 속에 파묻혀서 자기의 길을 찾음이 슬기로운 삶이다. 아무리 발버둥을 쳐보았자, 흐린 물이 절로 맑아지지는 않는다. 호랑이 굴에 들어가야 호랑이를 잡는담은 다름 아닌 이 경지의 산 교훈이다.

　문득『괴목경』이 생각난다. 거룩한 법익의 수도상이 눈에 어린다. 두 눈자위를 뺀 소경이 되었다고, 과거에 집착할 법익이 아니었다. 그는 온갖 쓰라림을 현실로 가름하는 법력이 용솟음쳐 끓었다. 고공무아(苦空無我)의 거룩을 몸과 마음으로 견디는 쓰라린 참음이 있었다. 짐짓 눈자위를 빼게 꾸민 작은어미를 오히려 어여삐 여긴 법익이었다. 그는 주어진 환경에서 자기를 알고, 부처를 찾기에 용맹정진을 멎지 않았다. 안겨진 현실을 믿음으로 가늠할 무서운 운력이 있었다.

．내 말에 이해가 가지 않는 애들은 수긍을 모르고 의아해한다. 비약을 모르는 곳에 성공은 존재하지 않는다는 고집이 자꾸 작용해서다. 하늘을 나는 새도 움츠려야 나는 이치를 까맣게 모르고 있다. 입에 바른 도약도 땅을 디디지 않고는 어림도 없음을 내내 잊고 있다. 사실 흐름에 따라 헤엄치는 것은 당연하면서도 굳이 거스르려만 드니 어수룩할손 인간의 삶이다.

　부처의 출가도 이의 보람이며, 공자의 삭적(削迹)도 이의 증험이다. 그리고, 예수의 고난도 이의 증도임은 주지의 일이다. 벼락출세가 흔한 요즘은 좀처럼 먹혀지지 않는 익살이다. 흐름을 거슬러서 우격다짐으로라도 헤엄쳐 보겠다는 생심 자체가 허풍선인데, 거기에만 눈을 파니 야단이다. 헛된 물장구로 파문만 냈지 거기에 뾰족한 소득이 있을 리는 없다. 던져진 미끼만 보이는 청맹관이 너무나 많아 명치에 달했다. 누워서 뱉은 침은 제 낯에 떨어지건만 흐름을 거스르려는 뚱딴지가 흔해 탈은 명치에 달했다. 흐름에 따라 헤엄치는 위대한 평범은 항상 역사의 증언

자가 되었음을 파악할 일이다. 그러나, '하면 된다'의 역설도 없진 않다.

조개구름이 깔린 서녘 하늘에는 빛기운이 서려 감돈다. 목이 타는 농작물은 철부지 우리 가족을 매양 웃었을 것이다. 그러나, 세사의 생리를 뚱겨 준 보람에 돌아오는 발걸음은 한결 개운했다.

(1970. 8)

봉은사와 나루

강나루는 차가웠다. 나룻배는 엄살을 잃은 채 하마처럼 다가왔다. 이런 나룻배가 근대화로 들뜬 서울에 있다는 것은 정녕 다행한 일이다. 섣불리 정상만 노리는 시민에게 평등과 질서의 보람을 가르쳐 줌에서다. 그 몸체는 리무진도 똥차도 마다않는다. 거기엔 높고 낮은 등차가 없어 눈이 편안해서 좋다. 시새움과 짜증의 아우성이 없어서 귀도 수고롭지 않아 마음마저 놓인다. 오욕과 육근을 한데 어우르는 거룩에 감싸인 듯해서 자못 부처님의 자비가 생각킨다. 이심전심의 법리가 남실거린다.

봉은사는 그 옛날의 빛나는 색상을 까맣게 잊고 있다. 보우 스님의 법력은 이미 이끼로 덮였다. 쇠북소리마저 스산한 무상감에, 모처럼의 믿음이 말린다. 완당의 현판은 하마 졸필로 매겨져 청동화로의 삭은 재가 되었다. 교종을 주름잡은 허응당의 도기가 사위어지고, 천군만마를 능지를 완당의 절품이 푸대접을 받다니 딱도 하다. 공부보다는 술수가 드세고, 독창보다는 맹종이 판을 쳐 망신을 당하다니, 눈을 부라린 사천왕이 밉다.

워낙 글씨는 "야릇한 듯하면서도 올바르고, 끊어진 듯하면서도 이어져야 한다〔斯奇反正 若斷反連〕"가 정칙이라는데, 숫제 이쁘게 그리고, 곱다랗게 개칠하는 판이니 차라리 입을 다문다.

재를 올리려 밀려드는 떡쌀을 인 아낙네가 동대문에서 봉은사까지 줄지어 메웠다는 영화는 한갓 문헌의 호사가 되고 말았다. 놓고 쓰던 사다리를 치웠는데도 호

(毫)를 댄 채 획을 그었다는 얘기는 물론 꾸밈이지만, 그 필력의 훈수는 분명하다. 아예 널판이 꿰뚫어지지 않은 것이 이상할 정돈데 얄궂게 맵시만 따지는 세상이니 어이가 없다. 차라리 눈을 돌린다. '대웅전'의 죽필로 쓴 듯한 억셈과, '판전(板殿)'의 야사하되 궁기없는 동자체가 좋은 대조를 이루었다. 이를테면 경주 불국사의 석가탑과 다보탑에 비긴 작위라고 하면 완당이 사살할 것이다.

워낙 우리나라 글씨는 고졸치 못한 것이 흠이다. 뜯어보면 천편일률이다. 그런데 완당의 글씨는 우선 속기가 덜한 데다 만만해서 보기에 눈이 번거롭지 않다. 더구나 같은 글자를 같게 쓴 예는 찾기 어려울 만큼 미리 마련된 구성품이다. 마치 왕우군(王右軍)의 「성교서(聖敎序)」만 봐도, '지(之)'자가 그렇게 많건만 한결같이 그 운필이 다름과 같다. 여기에 완당의 진면목이 경성(傾城)에 값한다. 구양순의 「예천명(醴泉銘)」만 해도 아무리 해서지만 글자는 같으나, 획의 나고 듦은 영 다름을 깨칠 일이다.

이 봉은사의 판액만 해도 미리 작품화를 구상한 완당의 심상이 역력하다. 이 천하일품이 하치않은 돌에 박힌 야광주가 되다니 기가 막힌다. 너그러운 스님도 미안할 게다.

나룻배와 봉은사는 좋은 짝이다. 마침 법안 스님의 글씨 얘기로 귀를 씻고, 김이 모락 나는 공양을 받았다. 머리가 개운하다. 다시금 완당으로 눈요기하며 예불하고 발을 돌렸다. 누엿누엿 넘어가는 해가 기승을 부린다. 나루터는 수선스러웠다. 리어카아와 오토바이가 앞을 다툰다. 소풍의 단맛을 못 가신 아베크가 사랑을 속삭인다. 강 중턱에는 보름달이 숨바꼭질한다. 짓궂은 젊음이 돌을 던진다. 젖은 달이 산산이 부서진다. 그래도 나룻배는 여전히 떠가고 있었다.

(1969. 10)

나투〔羅頭〕

얼마 전에 나투〔羅頭〕 한 장을 얻어서 떡하니 문 위에 붙였다. 해남 대홍사에서의 소득이다. 저승 문지기의 면상이 과연 그런지는 내사 모르나, 하여간 언뜻 보기에도 정말 무서운 화상이다. 그 울부라린 눈살, 무쇠 같은 눈두덩, 치돋은 뿔, 억세게 벌어진 입, 칼날 같은 이빨, 모두가 상상을 최고로 보탠 나졸의 머리통이다.

이 나투를 중방 위에 붙여 두면 잡귀가 얼씬도 못한다는 얘기다. 그래서 냉큼 액자에 넣어 문턱 위에 덩그렇게 달았다. 비록 단청은 퇴색돼 빛은 낡았지만, 그 울긋불긋이 하얀 벽에서 어리비친다. 숫제 상스런 민화 같지만 그런 대로 괜찮다.

이 나투가 누구의 손으로 그려지기 비롯했는지는 아지 못한다. 그러나, 그 험상궂은 몰골이 꿈에 뵐까 무섭긴 해도, 그래도 싫지는 않으니 조화는 조화다. 우악스런 금강역사의 그림과 더불어 절에서는 흔히 볼 수 있는 그림이다. 수호라는 명목으로 부적처럼 붙이기도 하려니와, 위엄을 보태는 뜻으로도 쓰인다. 지금은 영악해져서 문턱에 부적을 붙이는 일이 적어졌지만, 예전에는 섣달그믐이면 이 나투를 비롯해서 갖가지가 붙여졌다. 한편 '다라니'와 더불어 부적도 무척 찍어 시주에게 돌렸다. 그래서 절마다 이 목판을 간수해서 심심치 않은 물주로 물려왔다. 손바닥만한 종이 쪽지에 주묵이나 인주로 찍힌 엄정스런 부적은 지금도 없어지진 않았다. 부잣집일수록 더하다. 모름지기 재앙을 꺼림은 인정이다.

하긴 '수(水)'자를 거꾸로 붙여 놓고, 버젓이 화마를 막는다고 믿는 음식점이 한다한 서울에서도 한두 군데가 아니니 말은 다했다. 하여간 재앙을 물리침에는 천

차만별이다.

문 위에 걸린 나투를 바라보면 이런 생각이 돈다. 저렇게 험상궂은 인상을 가졌으니 몸뚱이는 오죽하며 힘인들 어련하겠냐는 느낌에, 옛 어른들의 생각이 정말 부러워진다. 그런데, 진작 처용(處容)이 이를 알고 붙였던들 역신의 겁탈은 면했을 게고, 임진란 때 선조가 아셨던들 왜놈의 사품은 얼씬도 못 했을 것이 아닌가. 혼자 웃어넘긴다.

한편 자명고(自鳴鼓)에다 나라의 안위를 맡긴 미련과, 호국룡만 믿고 주색에 빠져 나라를 빼앗긴 바보도 생기지 않았을 것이라 믿으니, 생각사록 분하기 그지없다.

구설수에 지친 나는 나투를 달아놓고 제법 둘도 없는 방패나 얻은 것처럼 안심하고 있다. 이유없이 시기하는 무리의 출입을 막고, 아람된 이해에 팔려 들이굽는 팔만 믿는 무지가 근접을 하지 않으리라 생각하니, 마음부터 놓인다. 아무렴, 미신을 믿는 것은 아니나, 무엇보다도 이마의 '천(川)'자가 펴져 좋기만 하다. 세상은 요지경 속이라, 저만 좋으면 그만인 것이 다행이라니까.

(1970. 1)

마　늘

　마늘은 서아시아 원산으로 진작 중국을 거쳐 들어온 양념감이다. 우리에겐 강장제와 암의 제독제라는 사품에 제법 날개가 돋칠 정도로 먹히고 있다. 따라서, 제법 노린내를 꺼리는 외인들도 곧잘 찾는다. 한편 마늘장아찌의 애용도 바람을 탄다. 특히 입맛이 떨어진 정2월의 풋마늘은 텁텁한 묵은 김치로 물린 구미를 돋우는 전령사로 미나리에 앞서 판을 친다. 그 아릿한 매움과, 그 나긋한 햇기가 봄을 씹는 개운에 사로잡혀서렷다.

　마늘은 파, 고추와 함께 우리 백의에겐 필수의 양념이다. 절에서야 오신채의 하나라 해서 질색이지만, 고기를 즐기는 무리는 방역을 겸한 감칠맛 때문에 술상에서도 좋이 불리운다.

　이 마늘에 관한 얘기가 불경에 있는 줄은 미처 몰랐다. 석보상절의 제24에 보면, 아쇼카왕의 태자 법익에 반한 왕의 소실 하나가 흉측스럽게 짝사랑으로 맘을 주었다가 보기 좋게 거절을 당하자, 그 일이 탄로날까 두려워 꾸민 흉계가 낯을 붉힌다.

　"왕이 병환을 앓는데 온몸에서 곪은 더러운 고름 냄새가 나서 천하의 의사가 고치려다 못 했다. 그 부인이 몰래 사람을 시켜 왕의 병과 같은 환자를 데려다가 해부를 해보았다. 그랬더니 그 뱃속에 길이 두어치나 되는 검은 벌레가 있고, 냄새가 하도 고약해서 근접을 못할 지경이었다. 갖은 약을 써도 그 냄새는 여전하다가 덧없이 마늘 기운을 쐐 보았더니, 그 벌레는 죽고, 냄새도 이내 가뭇없이 가셔졌다.

간악한 그 부인이 왕께,

"제가 왕의 병환을 고쳐 드릴 테니, 대신 저를 이레 동안만 임금이 되게 해 주옵소서."

하였다. 왕은 하도 기뻐서,

"내 병을 낫게만 한다면야 어찌 이레 동안만 왕이랄 게 있냐"

고 당장 다짐했다. 부인이 곧 마늘을 받들어 자시게 했더니, 왕의 병환은 씻은 듯이 나았다. 그래서 그 부인이 정말 임금이 되어 스스로 칙서를 꾸며서 태자에게 보내되,

"두 눈알을 빼서 보내라."

고 신하를 우정 뒤따르게 했다. 태자는 아버님의 칙서인 줄만 알고, 기뻐하며 한 눈알을 빼서 손바닥에 얹고, 한참 바라보니, "고공무아를 알아 수다원도를 깨치었다."

라는 대문이 눈을 앗는다. 비림과 누림을 가셔 주는 마늘, 고약한 냄새를 가시는 마늘, 이 마늘로 인간의 어수선함마저 가시게 할 수는 없을까. 하염없이 생각해 본다.

끔찍한 기생충과 고약한 냄새를 가신 마늘보다도 그 효험을 악용한 아낙의 망측한 시단은 모질다는 말이 모자랄 독부의 야망이다. 이것이 인간이요 이것이 삶이라니, 오싹 소름이 끼쳐진다.

이 고약한 소갈머리마저 가셔낼 위대한 마늘의 출현을 고대하는 마음, 그래 이 사연이 객적은 나만의 수다일까. 옴마니반메훔.

(1969. 10)

처염상정(處染常淨)

'가만'을 고요라면, '과갈'은 그 반대 헌사다. 이 가만과 과갈은 언제나 어디서나 상대를 이루는 존재임을 이번 해인사에서 새삼 깨달았다.

일주문을 지나 해탈문을 들어서면, 문득 드뷔시의 가락이 흥얼거려진다. 이 월인천강의 '가라앉은 사원'은 참으로 잘도 마련된 악상이다. 이 도량에 감히 과갈이 곁따르다니, 아무리 셍겨도 괴이한 조화다. 삼가 순응 화상의 주석에 경배한다.

뜨내기는 판을 쳤자 찰나에 지나지 않는다. 그러나 가얏골을 내달으며 춤추는 옥류가 우뢰를 무색케 하니 가만에 맞선 과갈이 분명하다. 우람스런 멧부리, 짓푸른 나무숲, 소쿠라치는 백설의 수선이, 모처럼 고요에 안긴 마음에 금을 그으니, '호사다마(好事多魔)'의 옛말이 바로 이 고비다.

공이 색이요 색이 공이라고 곧잘 외우면서도, 가만과 과갈의 대응을 이해하지 못한 감정이 부끄러워 짐짓 염주를 굴린다. 처염상정의 가르침이 설익은 과갈에 팔리다니, 미(迷)의 끈질김은 거머리처럼 차지다. 헤살짓는 과갈을 원음(圓音)으로 달래는 심기가 도도할 때, 자장을 벗어난 몰골이 향연처럼 해맑다. 자갸의 가만만 알고, 남의 과갈을 묵살함은 고고가 아닌 독선이다.

그렇다고, 그 과갈에 말려 홀림은 우직이다. 여세추이(與世推移)는 환각에서 벗어나 자주를 부릴 때, 이른바 거룩을 풍긴다. 자갸의 가만과 남의 과갈을 품앗이하는 거기에 수행의 꽃은 자아를 도사리고 남을 사로잡는다.

이런 뜻에서 가얏골의 임자, 옥류를 좋이 꼽는다. 그는 오롯한 가만을 헌사한 과갈로 감싸고, 드높은 깨달음에로 내달으니 멋도 멋이려니와, 품성 또한 거기에 맞았다.

기울어지는 나라 형편은 하마 시운이었다. 하소는 오히려 빛나가는 훈수임을 고운 최치원은 알았다. 가만이 과갈을 다잡을 용이 모자람을 시름한 나머지 차라리 가얏골에 몸을 숨긴 고운이었다.

이승을 외면한 가만에 과갈이 기승할 순 없다. 그러나, 그는 헌사한 옥류를 방패로 심령을 성녕하는 나위가 있었다. 이것이 세사에 통현(通玄)한 최고운의 높깊은 절조다.

광목대왕과 다문대왕의 사살이 무서워 눈이 감긴다. 두어라, 최고운의 뉘누리에 심신을 잠그고, 두어 모금으로 처염의 속을 가신다. 초라한 농산정, 그 건너 벼랑에는 최고운의 선어가 새겨 있다.

바윗사이 섯돌아 깊은 골 마주 울려	狂奔疊石吼重巒
지척의 이야기도 가리기 어려웨라	人語難分咫尺間.
옳다 그르단 수다가 귓전에 스칠까봐	常恐是非聲到耳.
일부러 물을 흘려 온산을 감싼거다.	故敎流水盡籠山.

(1969. 8)

눈사냥과 속리산

지난 섣달 열나흗날 새벽이었다. 앞뜰의 자취눈을 보다가, 천안 삼거리 이남엔 함박눈이 수북하게 내렸다는 새벽 뉴스를 듣고, 부랴사랴 전화로 눈사냥을 맞춘 우리 일행은 등산복 차림으로 속리산 버스를 탔다.

과연 차창에 어리는 전사(田舍)의 물색은 눈으로 수놓여 볼수록 대견한 동양화의 연속이었다. 매화를 찾아나선 고인의 멋이랄까. 아니, 반가운 봄에 맞들인 광연(狂狷)들이었다. 제멋에 겨워 외는 두보의 입춘시가 빠르다며, S는 캔맥주를 들이키고, 화상(畫想)에 취한 그미는 붓부터 꺼내 들고, H스님은 염주만 굴리고 있었다.

청주에서 중화(中火)하고, 보은을 거쳐 말티고개를 넘어서자, 송백(松柏)에 얼룩진 눈꽃은 한결 소담스러웠다. 그 아리따운 너울로 해서 속리(俗離)의 이름이 자못 돋뵀다.

워낙 이 고장의 솔은 '세한후조(歲寒後凋)'도 걸맞아 저 해인(海印)의 솔잎처럼 송충이조차 엄접 못하는 푸르름이다. 이 청청(靑靑)에 백화(白花)가 만발했으니, 시흥에 취한 S와 크로키에 바쁜 그미를 개갤 심사는 전혀 없었다. 그러나 미에 둔감한 내 눈에도 설경은 정말로 고왔다.

지금은 말끔히 포장돼서 눈길의 생태는 예전의 황토길에 비겨 훨씬 덜했다. 그래도 굽이굽이 펼쳐지는 숨바꼭질은 금석의 호대(好對)라서, 그런 대로 새로운 맛이 넘쳤다.

하학하는 아이들이 손을 흔든다. 울긋불긋한 가지각색의 대열이다. 가방에 털신까지 고루들 갖췄다. 그전만 해도 남루했던 시골 아이들 옷을 생각하며 한가닥 화두를 잡았다. 고작 두루마기에 고무신을 얻어 신고 뻐겼던 핫바지의 우리 소년시절과는 아주 딴판이란 S의 추억담이 새로웠다. 하다못해 새댕기만 매도 샘을 내었던 그제라며, 샐쭉 웃는 그미의 눈매가 되우 앳되서 짐짓 다시 보았다. 오종총한 H스님 역시 어린 소녀시절을 되새기는지 혼자 함박꽃처럼 웃는다.

이 두메에 네온이 반짝이고 게딱지 같은 오막살이가 깡그리 없어져 속리(俗離)는 아예 환속했다. 그러나 하늘과 산이 어울리는 포물선의 초가지붕에 대신 슬레이트를 얹은 살풍경과는 달라서, 그미의 말마따나 바로 신읍(新邑)이다. 그래도 고향 같은 속리요, 이따금 찾아도 항상 내 집 같은 법주사다.

큰절의 새벽 종소리가 은은히 번져왔다. 무상의 메아리가 심성(深省)을 자아낸다. 동짓달 기나긴 밤이라더니 늘어지게 잤는데도 3시반이었다. S는 고단하다면서 그냥 처지고, 그미와 그리고 H스님만이 일어나 수선을 피웠다. 우리는 파카를 걸치고 밖으로 나왔다. 찬바람이 의락 밀려와 목덜미가 시렸다.

으슥한 절길로 접어들었다. 그미의 눈썹과도 같은 그믐달이 지새는 어둑침침한 10리의 숲길이었다. 귀가 아리고 콧날이 새콤했다. 눈이 얼어붙은 길은 매우 미끄러웠다. 길가 철책 너머 풀섶에서 뭔가가 후다닥 달아났다. 아마 다사로운 우리의 발굽소리를 시새웠던 모양이다. 깜짝 놀란 그미는 펄썩 주저앉고 말았다. 나도 실은 머리카락이 곤두섰다. 그 바람에 그미와 H스님과의 팔짱이 불현듯 나에게로 옮겨왔다. 이윽고 우리의 긴몰이의 이인삼각은 잦은몰이로 바뀌었다. 『삼국유사』의 '김현감호(金現感虎)'의 옛야기를 연상하며, 그미를 이끌다시피 일주문에 다다랐다.

잠귀가 밝은 목지기가 창을 열며 입산료를 내란다. 참으로 악착스런 문지기였다. 맙소사, 새벽예불을 가는 데도 통과료를 내라니 부처님이 야속했다. 좋이 맞아들여도 뒤질 판인데 너무하다면서, 혀를 차는 그미가 적이 부끄러웠다. 해묵은 승속의 담을 헐자는 불교의 대중화가 이런 소리(小利)와 방관으로 해서 나날이 으깨짐을 생각할 때, 스스로가 겸연쩍었다. H스님은 숫제 외면을 하며 돌아섰다. 아난도 좋고, 박구라도 좋다. 스쿠루우지라면 대수랴. 그러나 받는 재미보다도 주는 구실을 외면하는 세연이 미워 '호서제일가람'의 현판을 보기가 쑥스러웠다.

호젓한 숲길을 벗어나 수정교를 건너니, 어떤 세가(勢家)처럼 담을 둘러 싼 법주사가 반색을 한다. 허나, 그 이름에 비겨 부러 속리한 듯해서 아주 멋적었다. 비록 학인의 이력과 정진을 위해 도리가 없어 막았다 하나, 하나만 챙기는 실상(實相)은 알다가도 모르겠다.

글씨 공부에 재미를 붙인 그미와 H스님이다. 그래선지 '금강문'을 보기가 무섭게 입씨름을 걸어왔다. 아무리 글씨가 없기로니 삼보의 마루인 법주의 첫문인데, 딱하다는 사설이었다. 사실 오늘의 획으로서 문향(聞香)의 고졸이야 욕심이다. 겁도 없이 써붙이고, 마구잡이로 새겨서 파는 통에 느는 것은 아만이니, 도시 누구부터 탓해야 할지 이맛살이 꼿꼿하다.

천왕문에 들어서자 그미는 질겁을 하며 도망갔다. 사천왕의 부라린 눈과 앙물은 이빨에 소름이 끼쳐진 눈치다. 더구나, 그 우악스런 발굽에 짓밟힌 사마(邪魔)의 배알이 당장 꿰져나올 것만 같다면서, 팔을 바싹 끄는 바람에 나도 슬그머니 물러섰다. 정말 여간내기가 아니고는 보기도 끔찍스런 몰골이다. 더구나 새벽이라 침침해서 더했다. 높깊은 반야(般若)의 길목도 저러려니 되새긴 나마에 문을 나섰다. 생노병사는 커녕 난 것도 없어진 것도, 없다는 가르침이 아스라한 주제로도, 딴에 신실을 꾸미는 허풍선이부터가 수다다.

이어 팔상전을 우러렀다. 팔상의 묘보다는 안로공(顔魯公)의 딱딱한 운력이 싫은듯, 아예 아무 대꾸도 않고, 속절없이 발을 옮기는 그미였다. 미끈한 구·저(歐·褚)에 재미를 붙여서다. 소매의 화장처럼 늘씬한 추녀의 곡선미도 눈에 차지 않는 아집이었다. 옳거니, 제 발의 꽃당혜요 제 눈의 안경이렷다.

조례에 늦을세라 짓궂게 발목이 빠지는 눈 위를 가로질러 곧장 대웅전 협문에 이르렀다. 문고리를 암만 잡아당겨도 막무가내 열리질 않는 문이었다. 독경 소리는 낭랑한데 들어갈 방편이 없었다. 문설주를 두드려도 보았다. 한참 서성거리다가 허술수로 문을 안으로 밀었더니, 어렵쇼, 그냥 열리는 밀문이었다. 이른바 견성의 문이 바로 이러려니 생각하니, 웃고 들어갔다가 울고 나온다는 불교가 새삼 헤아려진다.

법당 안은 컴컴한데 촛불빛을 받은 삼존불이 끔뻑이고, 다만 몇 스님만이 염불과 경배에 여념이 없었다. 기대에 비겨 실망이 컸다. 그렇다고 그냥 나올 숫기도 없었다. 삼배를 마친 그미와 H스님은 걸음을 죽여 부처 앞으로 나아가 공손히 향을 피워 올렸다. 그리고는 물러나와 큰절을 올렸다. 나도 따라서 했다. 발목이 아프고 무릎이 시렸다. 뭐라고 빌었는지 다잡아서 묻진 않았지만, 다사한 그미 역시 물으려 들진 않았다.

예불을 마치고 밖에 나오니 선방에선 예불의 끝순서인 「심경(心經)」을 외는 목청이 요란스러웠다. 뜰안이 온통 흔들렸다. 아마도 안거라서 말미를 얻은 모양이나, 모처럼의 우리로서는 동참을 못해서 섭섭했다.

고새 주위가 훤해졌다. 보리수 너머로 우람스런 미륵상이 우뚝 서서 우리를 굽어보고 있었다. 그 경건한 미소에 매무새부터 고치는 그미였다. 혜식은 쌍사자등이 발을 잡는다. 허리에 힘을 받은 두 마리의 사자가 느낄 수 없는 안간힘을 삼키며 명등(明燈)을 받들고 서 있다. 용을 쓰는 모습이 보기에도 안타까웠다. 과시 국보에 값하는 대손의 성녕이다. 일컬어 일조일도(一彫一禱)의 사명과 본분, 아니 믿음의 화신이 분명하다. 돌은 낡았으나 예술의 맥박은 풍화에도 덤이 있는 듯 사뭇 천년을 비웃으며, 그 자상한 솜씨가 상기도 물씬하다.

바로 그 옆에는 연조가 더 오래된 희견보살상이 현대산 미륵상과 맞서 있다. 비록 귀가 떨어지고, 코가 뭉개지고, 허리가 두 동강이 났을 망정 시공을 초월한 구원의 자세다. 비바람에 갈닦여져 혜식도록 부처에의 이바지를 받들고 섰으면서도 인간을 하늘이는 오롯한 고고(孤高)가 안쓰러워 가만히 두 손을 모았다. 그 옆의 석연지(石蓮池)도 한가지다.

시대의 감각을 등진 의고(擬古)의 때는 모작(摸作)이다. 그는 차원부터가 낮가워 보기도 싫다. 아무리 의양(依樣)의 환골이래도 개성만은 옹골져야 예술이다. 서화도 그렇고, 조소도 그렇다. 모해(摸楷)를 넘어선 탈태의 환골이 하냥 아쉬우니 말이다.

하얀 눈으로 덮인 법주(法住)는 속리(俗離)가 돼서 한결 싱그러웠다. 환속을 면한 허실에 자리(慈理)가 감돌았다. 맞추어 이번의 눈구경은 대화를 더불어 나눌 수 있는 그미로 해서 마냥 즐거웠다. 이를테면 오브제와의 대화랄까.

가라앉은 경내는 여전히 으슥했다. 보아주는 아무도 없는 자가발전의 전등불이 나란한 그림자를 던지며, 우리를 따독거리고 있을 따름이었다.

느닷없이 두보의 남다른 강단이 나를 사로잡았다. 보다 나은 삶을 찾아 보따리를 꾸리면서도 이유가 버젓했던 우직이 부러웠다. 이면치레에 앞서 현실의 충실을 꾀한 용단에 못내 지질려서다. 나 역시 그냥 어디론가 더불어 떠나고 싶은 충동에 잠겼다. 그래서 무작정 검각(劍閣)으로 떠나면서 지은 '발진주(發秦州)'를 고즈넉히 외웠다. 거느림과 누림의 보람에 잠긴 하염없는 하소의 실마리였다.

진주를 뜨며(發秦州)

내 늙은 데다 게으르고 옹졸해서	我衰更懶拙
생계를 스스로 마련치 못했노라.	生事不自謀.
먹을 것 없다 보니 낙토(樂土)를 찾고	無食問樂土
입을 옷 없다 보니 남방(南方)을 그린다.	無衣思南州.
한수(漢水)의 발원이라 시월에 들어서도	漢源十月交
날씨가 서늘해서 가을과 같다네.	天氣涼如秋.
초목도 시들어 떨어질 줄 모르고	草木未黃落

게다가 산수조차 그윽하다니…….	況聞山水幽.
율정(栗亭)이라 이름도 아름다운데다	栗亭名更佳
그 아래엔 기름진 밭이 있거든…….	下有良田疇.
마가 많아 주린 배를 채울 것이고	充腸多薯蕷
벼랑엔 산꿀마저 따기 쉽다네.	崖蜜亦易求.
빽빽한 대밭이라 죽순도 나고	密竹復冬笋
맑은 못에선 뱃놀이도 할 만하다네.	淸池可方舟.
나그네 더부삶이 외져서 섧긴 하지만	雖傷旅寓遠
한평생 살 만한 델 찾은 셈이다.	庶遂平生遊.
이 고장은 요로(要路)를 굽어보는 데다	此邦俯要衝
인사가 번거로워 사실 걱정이라니.	實恐人事稠.
응접(應接)이란 이예 본성이 아니고	應接非本性
산수를 찾아도 시름을 삭히지 못해.	登臨未銷憂.
골짝에는 야릇한 바위도 없고	谿谷無異石
변방 밭이란 워낙 수확이 적거든….	塞田始微收.
어찌 다시 이 늙은 나를 편안케 하랴	豈復慰老夫
하도 삭막해서 오래 머물긴 어려워.	惘然難久留.
햇빛은 외로운 수자리에 은은하고	日色隱孤戍
우짖는 가마귀는 성 위로 몰려든다.	烏啼滿城頭.
한밤중에 수레를 몰고 나와서	中宵驅車去
차가운 못물을 말에 먹이네.	飮馬寒塘流.
말똥말똥 별과 달 소스라치고	磊落星月高
아득하게 피어난다 구름과 안개.	蒼茫雲霧浮

천지(天地)사 이렇듯 우람타마는　　　　　　大哉乾坤內

나의 도(道)야 언제나 유유하여라.　　　　　　吾道長悠悠.

왜 하필 이 시가 떠올랐을까. 모름지기 덧붙일 반죽은 없다. 그렇다고 구구로 있기엔 좀이 쑤신다. 실존(實存)의 구가요 진퇴의 발버둥이다. 그 안분지족의 훈수로써 보다 멋진 삶을 마련하고, 그 자연수순의 안표로서 보다 아람된 마무리를 누비려는 가늠이다. 만남과 헤어짐이 한갓 소꿉장난이 아닌 이상 운명에 반납하긴 꿈에도 싫으니, 야속할손 월모(月姥)의 야속한 짬짜위다.

조공(朝供)을 든 우리는 백설이 깔린 복천암(福泉庵)길로 가지런히 걸었다. 발걸음을 내디딜 적마다 빠각빠각 자가사리가 운다. 경쾌한 리듬이 마음을 간지렸다. 두 볼이 발갛게 달은 그미의 머리에선 보얀 김이 모락모락 일고 있었다. H스님은 벌을 쓴 사람처럼 혼자서 뚜벅뚜벅 앞장서서 걸어가고 있었다.

눈부신 눈길은 걸어도 걸어도 그저 새로웠다. 반야의 낙토가 바로 저너머 같았다. 우리는 '이태리 기상곡'에 맞춰 흥을 돋우었다. 그래도 오름길은 미끄러워 가쁘기만 했다. 산에 가려 느린 해는 기지개를 펴며 우리의 그림자를 가지런히 포개고 있었다.

(1974. 5)

다사한 인연의 사연

따끔한 연비(燃臂) 끝에 '연당(蓮堂)'이란 계를 받은 나다. 카세트에 빌붙어 『금강경』을 외는 주제로서 언감생심 「인연의 사연」을 초하려니, 헛찧는 붓방아가 진실로 수고롭기 그지없다.

물론, 직접적인 원인이 '인'이고, 간접적인 원인이 '연'이다. 그러나 나로서는 그런 그윽한 풀이보다 수월하게 불교와 맺어진 삶의 실마리를 적어 글빚을 갚고자 한다. 하지만 이것이 '나의 인생, 나의 불교'에 걸맞을까 자꾸 조바셔진다.

워낙 할아버지께선 엄한 노나리셨다. 얼마나 꼬장하셨는지 우는 아기를 달래는 대명사셨으니, 그 호령은 지금 생각해도 오싹해진다. 그러나, 할머니께선 무척 자상하셨다. 자하문 밖 옥천암을 나드시며, 손이 귀한 우리라서 기도를 올리신 독신이셨다. 그래서인지 그렇게 엄격하신 할아버지셨지만 화주승은 물론 동냥중도 후한 대접을 하셨다.

그때만 해도 승려라면, 으레 깍듯한 '해라'의 하대지만, '하게'로 '왔나'가 아닌 '왔는가'로 반기시며, 마루까지 앉히신 것을 보면, 감응 탓인지 몰라도, 아예 파격적이셨다.

아버지께서도 여전하셨다. 어머니께서는 진작 신심이 도타우셨다. 옥천암도 자주 가셨지만 영험하다는 동대문 밖 숭인동의 청룡암에도 종종 다니셨다. 모두가 막내인 나 때문이셨다.

이래저래 나도 홍지문 아래 옥천암을 몇 번 갔었다. 울긋불긋한 단청에 험악스런 나투(羅頭)가 너무 무서워서 어머니의 치마폭을 감싸면서도 분을 바른 아미타불의 미소가 근엄하기만 했었다. 더욱이, 그 앞을 흐르는 맑은 시냇물은 정말로 차고 깨끗했다. 그때 어머니께서는 내가 하도 약질이어서, 부처님께 정성을 드리신 줄로 안다. 지금이야 길이 뚫려 자동차가 줄을 이었지만, 50여 년 전 그때만 해도, 말승냥이가 득실거리던 호젓한 오솔길이었다.

그 시냇물에서 세수를 시키시고 법당으로 이끌고 오르셔서 자꾸 절을 시키셨다. 왜 한 번만 하지 않고 계속 절을 하라시는지도 몰랐다. 막무가내 그저 시키시는 대로 절을 했는데, 몸이 떨려 못견딜 정도였다. 학질이 도져서였다. 금계랍(기니네)을 먹어도 소용이 없었다. 복학이 돼서 하루직이가 아니라, 매일 대낮이면 오들오들 떨었었다. 그런데 정말 이상한 일이었다. 사천왕의 험상궂은 부라림을 보았다가 자지러졌는데, 나중에 알고 보니 주지이신 노스님이 손바닥에 침을 놔주어서 소생했단다. 그 인연으로 지금도 옥천암을 지날라치면 반드시 모자를 벗고 합장을 하며, 그제를 회상하는 믿음이다.

자아완성과 중생제도를 건학이념으로 섬기는 동국대학교다. 그 국문학과에 들어와서 비로소 『불교개론』 강의를 들었다. 1946년 9월이었다. 고집멸도와 십이연기를 듣다보니, 오히려 어려워진 불교였다.

게다가 '마음이 곧 부처'라든가, '들어가긴 쉬워도 나오긴 어렵다'는 강의에 정말 지레 지질렸었다. '빈 것이 공이 아니라, 채울 수 있는 것이 공이라니, 정말로 도로 아미타불이었다. '옴마니 반메훔'을 한갓 주문으로 간직하면서도, 선생께서 부르시는 강의를 억지로 노우트하느라 진땀만 흘렸었다.

그러면서도 당시 제1강당은 무척이나 보람찼다. 지금은 옮겨져 정각원이 덩그렇지만, 그때는 바로 법당이었다. 지금의 테니스장 자리였다. 거기서 자리와 이타의 거룩을 몸받았다. 신실한 마음가짐, 자애와 도세 모두가 부처에의 지름길이어서, 그 높깊은 교리를 두루 더듬었으니, 사실 나에게 있어 동국대학교는 눈에 발이 묻힌 창밖의 신광의 사연과, 면벽 9년의 달마를 새기는 길라잡이였다.

아침 예불을 올리려면 학생들이 웃는다. 절도 할 줄 모른다는 핀잔이다. 중동(中東) 학교에서 축구를 하다 다친 무릎이 비가 올 날씨면 쑤셔서 굴신이 부자유스러워서 엉거주춤해서다. 걷는 데는 지장이 없는데, 예불을 올리려면 질색이다. 그러나 남이 웃는다고 물러설 눈치꾼은 아니다. 출근 버스에서 정각원을 향해 합장하는 버릇도, 교정에 모신 불상 앞을 지날 때 모자를 벗는 고집도 이미 몸에 밴 나다. 다만 한 가지 예불을 해서 복을 빌어본 적은 없고, 또한 두 손을 펼쳐서 유난을 떨거나 손바닥을 오무려 받들지도 않는다. 바친 것이 없으니 받을 것도 없다는 신념에서다.

나와 동국대학교, 불교와 나의 삶, 정녕 떨어질 수 없는 경지에 이르렀다. 동국대를 나와 거기에 몸을 담고 있으니, 모름지기 인연의 소관이다. 더도 덜도 말고 자아의 완성을 위해 오늘과 내일을 갈닦기에 바쁜 나다. 물론 내가 있은 뒤에 남이다. 가만히 정각원에 가부앉았노라니 더위가 삭는다. 고까운 마음의 불씨가 연못처럼 가라앉는다.

자비의 거룩, 자애의 울력은 갈수록 태산이다. 사찰순례를 하며 선사를 묻자니 불교는 어느 스님 말씀마따나 우러를수록 아득만하다. 스스로 불목한이 됐다가 못내는 득도한 어느 동학이 부럽기 그지없다.

1942년 일제의 토지수용령에 걸려 동대문 밖 신설동 탑골승방 앞으로 이사를 했다. 지금야 우람스런 보문종이지만, 그때는 정말 고요한 여승의 수도원이었다. 그런데 어머니께서는, 고개너머 숭인동 청룡암을 자주 다니셨다. 옥천암이 동란 뒤에 황폐되고, 영험하신 부처님을 방치한다고 아예 옮기신 것이다. 게다가 청룡암의 음식이 퍽 맛갈스럽다시며, 떡과 튀각도 종종 반기로 가져오시며 자랑하셨었다. 그런데 선고(先考)의 유언도 계셔서, 그 청룡암에서 재까지 올렸다. 더욱이 기제날이면 모이기도 편하고, 음식도 정갈스러워서 유훈을 계속 받드는 나다. 물론 선비(先妣)의 보챔이셨지만, 진작부터 절집의 바루공양을 실천에 옮기신 선고의 과단은 열없이 뷔페가 성한 오늘에 생각해도 놀랍다.

따라서 청룡사는 바로 우리 절처럼 마음의 샘터가 됐다. 비단 어버이의 위패를 모셔서가 아니라 새로 지은 덩그런 큰법당에 앉았노라면 헤벌어지는 마음이 절로 옹골차지니, 이 또한 인연의 소관이다. 거룩한저 부처의 울력이다.

나와 해인사는 남다른 인연이 짙다. 운허 스님께서 봉선사에서 옮기신 뒤부터이니까 꽤 오래 됐다. 지금이야 말끔히 포장돼서 양반길이지만, 예전에는 장마 때면 발을 빼고 내를 건너기도 했었다. 그래도 해인사에만 가면, 모든 껄끄러움이 말끔히 가셔져, 오라진 않아도 가서 잘 안기는 큰절이다. 이것 역시 인연 치고는 큰 인연이다.

한번은 차마 듣지 못할 비방을 샀었다. 아무리 해명을 해도 소용이 없었다. 내 마음만 믿고 밀고 나가는 고집이 못마땅해서 받은 인과이었다. 그래서 한거울이었는데, 대학원생 L군을 앞세우고 남행차에 올랐었다. 날씨는 퍽 푹신했었다. 홍류동의 빠른 물살이 얼음 밖에서 춤을 추었다. 지관 스님이 강사로 계실 무렵이었다. '마음이 안쓰러워서 귀를 씻고 속을 헹구려고 왔다'는 말에 어이없다는 눈치였다.

이튿날 햇발이 퍼지자, L군과 함께 굳이 홍제암 위로 올랐다. 여울물이라 한겨울이건만, 가에 살얼음이 잡혔을 뿐이었다. 냇물에 발을 담그자 발목이 빠져나갈 것만 같았다. 이를 악물고 그예 몸을 씻었다.

L군은 안절부절 어쩔 줄을 몰라 자꾸 말리건만, 그러나, 하려다 못할 나는 아니었다. 그예 깨끗이 씻고 물까지 마셨다. 이 일이 있은 뒤에 그 여울을 '세심소(洗心沼)'라 부르며, 아무리 바쁜 걸음이라도, 해인사에 참배하면 거기는 꼭 들렀다 오는 나다. 아마 비로자나부처님의 울력이신 모양이다.

글쎄 생일날도 큰절에서 지내는 아집의 나다. 누가 뭐라든 그야 그이고 나는 나이니, 올여름도 농산정 곁에서 더위를 씻은 나다. 이러구러 산은 산이요 물은 물인 나의 해인사다.

세종로 복판에서 이사를 한 곳이 서대문 창천동 바람산 마루턱이다. 실로, 인연 치고는 묘한 주사위다. 바로 옆집이 안양암이라서다. 처음은 첫새벽에 치는 종소리와, 천수 치는 요령소리가 무척 과갈스러워 귀에 거슬렸다. 그리고, 둔탁한 목탁소리 역시 신경을 곤두세웠다. 아마, 그래서 이웃에서 성화가 잦았으나 나의 중재로 종만은 치지 않기로 했었다. 그래저래 헐값에 팔고 판교로 나갔다고 생각하니, 그저 안되기도 했다.

처음 이사할 무렵은 신촌역을 돌아서 연세대로 빠지는 길이 나지 않았었고, 또한 금화산 터널을 나와 성산대교로 달리는 길도 없었다. 다만 요란스런 기차가 멋대로 울려대는 기적소리가 되우 시끄러웠었다. 그래서 목련을 심어 수벽(樹壁)을 만들고 이중창까지 장만했다.

그러나 옆집이 절집이래도 나는 아무렇지도 않다. 새벽의 목탁소리는 새벽잠을 깨워주는 자명종이 됐고, 그것이 아예 습관화됐으니, 큰 복을 받은 셈이다. 동네의 사갓집인 안양암이라서 도량석은 안하지만, 재가 드는 날은 다소 헌사로운 절집이다.

안양암 아랫집에서 사는 이로움도 따져보면 커다란 인연이다. 그 목탁소리로 해서 일찌감치 일어나서 문밖에서나마 예불을 올린 뒤, 봉원사 뒤의 무악산 기슭 안산의 샘터를 누구보다 일찍 오르는 것도 덕의 하나다.

인연으로 맺어진 인연이니 좋든 싫든 인연대로 살겠다. 그것이, 비록 마음에 병을 망정 자업자득이니, 그런 대로 사는 거기에 또다른 인연의 과보가 새로우리라 믿고 공손히 합장한다. 옴.

(1985. 11)

해인사와 세심소(洗心沼)

나는 합천 해인사를 자주 참례한다. 좋은 일이 생기면 좋아서, 궂은 일이 생기면 마음을 씻고자 곧장 내려간다. 이끼 묻은 기복발제의 너울이다. 고운 최치원을 뒤따른다면야 오죽이나 값지런만, 알량한 집착에 팔린 나로는 사상(捨象)이 아닌 심화를 삭히기 위한 헴가림이다.

지금부터 5년전, 그러니까 1968년 12월 초순, 어느 푹신한 겨울날이었다. 해인사를 향해 굽돌아 어귀에 접어드니, 송강 정철의 노래마따나, 하마 물빛부터 달라진다. 저 새하얀 물살에다 내 더러워진 귀를 씻고, 내 개개진 마음의 상처를 헹궈내고자 찾는 해인사였다.

일주문을 지나 해탈문에 드니 운목(雲木)을 탄 해인의 우람스런 용마루가 반색을 한다.

산촌의 햇살은 석양도 아니건만 벌써 희미하다. 높은 봉우리에 가려서다. 어느새 통기가 된 듯, C스님의 반겨 주는 목소리가 낭랑하다.

"마음이 하도 쓰리려 가야산 맑은 물에 먹을 감으려고 왔소이다."

"앙이, 이 추위에 목욕을 하당이……"

"몸을 씻으려고 온 게 아니라 마음을 닦아내고자 왔다니까요."

상냥한 C스님은 인사조차 받는둥 마는둥, 시봉에게 냉큼 탕에다 불부터 지피란다. 정말 목욕물을 데우라는 간곡한 분부였다.

"아니올시다. 하 더러운 욕을 먹어서 헝클어진 맘을 저 깨끗한 물에 가셔내려고 왔다니까요.”

천둥처럼 쿠루룽쿠루룽 소쿠라쳐 흐르는 물소리를 가리키는 내 손가락에 야속한 저주가 도사렸다.

그때, 나는 가당치 않은 공모에 말려, 차마 못들을 누명을 썼었다. 하도 억울한 나머지 당장 그 손모가지를 도려내고 싶었으나 나이가 눌렀었다. 친구의 훈수도 자못 컸었다.

“치를 떠는 것은 잠깐이고, 참는 것은 한참이라니까.”

하긴 그렇다. 못내 냉가슴만 앓다가 대학원생 L군을 앞세워 홀연히 남행열차에 몸을 실었었다. 분에 겨워 국으로 앉아 배길 도리가 없어서였다. 차창에 어리는 경치엔 아랑곳없이 엉뚱한 두시 얘기로 화를 삭였다.

내려온 사연을 들은 C스님은 이미 사단을 들었음엔지 상심하지 말고 깨끗이 잊으란다. 말만도 고마워 악물었던 잇집을 드러냈다.

이튿날 아침, 햇발이 퍼지자 주섬주섬 속옷을 싸 들고, L군과 더불어 홍제암 아래 폭포로 발을 옮겼다. 살얼음이 잡힌 웅덩이는 몹시도 시퍼랬다. 좀처럼 발을 벗을 용기가 나질 않았다. 작심한 다부짐이 흔들렸다. 이내 발길을 돌려 산길로 접어 올랐다. 마음이 자꾸 산란해졌다. 분한 생각이 되살아 조바서서 입술이 마른다. 속절없는 냇물은 한겨울인데도 여울져 내닫는다. 인 곳을 알 길 없는 메아리가 귓전을 울린다.

먼저 웃통을 벗었다. 오싹 소름이 끼쳐 한기가 몸에 스민다. 양말을 벗고 손과 발을 씻었다. 차갑다기보다는 아주 매워 쓰라렸다.

“아이 감기 드실려구……”

“아냐, 씻어내야 직성이 풀리겠어……”

L군은 어쩔 줄을 모르고 안절부절 손만 비빌 따름이었다. 사실 말뿐인 줄 알았고, 고작 냉수마찰 정도로 짐작한 모양이었다. 팔을 닦고 앞가슴을 적셨다. 마치 잠자리를 잡으려는 아이처럼 발을 담그고 두어 걸음 내디디었다. 발가락이 끊어져

나가는 듯, 시리다 못해 아주 쑤신다. 도저히 참을 도리가 없어 금방 나왔다. 이가 맞부딪쳐 딱딱 소리가 난다. 몸이 와들와들 떨린다. 다시 어금니를 악물고 덤벙 물 속에 들어갔다. 사뭇 아랫도리가 두 동강이 나는 것만 같았다.

"하나 둘 셋 넷 다섯……."

숨이 닿는 데까지 세었는데, 과연 몇을 세었는지 나도 모르겠다. 딴엔 백을 세었다. 참아 넘기기 어려운 고비가 지났다. 몇 번이고 귀바퀴를 씻고, 굳이 서너 모금 물을 들이켰다. 심신이 한결 개운해져 L군을 바라볼 나위가 생겼다.

시퍼렇게 지질린 살갗에 경련이 왔다. 이윽고 얼굴에 화기가 달아온다. 이를테면 반사작용이 분명했다. 보다 못한 L군이 팔을 내저으며, 구두를 신은 채 물 속에 뛰어 들며,

"이젠 그만 하세요 됐어요 됐다니까요……."

L군으로서는 마땅한 말림이었다. 오기도 좋지만 몸을 망치면 평생 고생해야 하는 걱정에서였다.

이로부터 나는 이 늪을 세심소(洗心沼)라 명명하고, 마음이 가난할 때마다 찾는다. 아무리 바쁜 걸음이래도 여기는 꼭 들른다. 모르괘라, 신광을 배워선지도 모른다.

한번은 눈이 수북히 내려 발목이 덮였었는데도, 길을 뚫으며 찾아가 얼음을 깨고 손발을 씻었다. 저번 국어국문학 대구대회 때도 찾았었다. 공석에서의 시퍼런 논박이 가슴에 걸려서였다. 웬일인지 '세심소'에서 몸을 씻으면 속이 후련해지니, 글쎄 인심이란 양은냄비처럼 얄팍한 주사위인가보다.

워낙 해인사 냇물은 되우 유난해서, 지리산이나 설악산의 그것과 또 다르다. 오죽하면 한여름에도 소름이 끼쳐지는 해인사 산골물이다. 이래저래 '세심소'는 찾기만 해도 마음이 가라앉는다.

산에서 내려와 C스님에게 이 우스꽝스런 판토마임을 보고하는 L군의 입가에 냉엄한 다짐이 감도는 것을 보는 내 눈시울이 자꾸 뜨거워졌다. 입술이 한일자로

다물렸다.

　세사는 돌고 도는 요지경이다. 그 모진 사단도 잊은 지 하마 오래다. 이미 세상을 떠난 미꾸라지도 있다. 모두가 꺼져버린 구름처럼 사위었다.

　C스님이 손수 끓여 주는 하부차로 입을 가신 뒤, 장경각에 올랐다. 침략에 시달리는 고려의 슬기를 좋이 갈무린 과학의 정수가 이렇게 고스란할 수 있다니, 조상들의 조심이 매양 우러러진다. 목판보다도 그 일각일도(一刻一禱)가, 경판보다도 그 전각의 꾸밈과 앉힘새가 심탄을 자아낸다. 새도 앉지 않는 우람이 요, 장마도 아랑곳없는 뽀숭뽀숭이 현대를 넘보는 거기에 천년이 서렸다.

　오대산 중대의 적멸보궁이 최고의 명당이라지만, 이 장경각의 자리는 아무리 따져도 못지 않은 자리이다. 게다가 그 살뜰한 장엄은 그 거룩을 한결 보태서 볼수록 새롭다. 내려와 학사대에 올라 고운 최치원의 지팡이를 짚으니, 문득 농상정이 생각혀 고운의 등선시 「제가야산독서당(題伽耶山讀書堂)」을 읽기 위해 아랫마을 대처로 내려왔다.

　큰절에서 울리는 쇠북소리가 허전해진 심지를 다잡는다. 열없이 돌아서는 발길에 그림자가 곁따라 한결 가뜬했다. 뉘엿뉘엿 넘어가는 태양의 어진 선물이었다.

　구겨진 추억의 갈피를 넘기다 보니, 그제가 더욱 그리워 세심소의 사연을 옮기고 싶으니 이 역시 속세의 때묻은 주착이다.

　이 '세심소'를 찾으려면, 으레 55년 수복된 동해안을 노닌 일이 되산다. 그때 어줍지 않게도 시조 6수를 얻었었다. 나무꾼조차 감감한 설악산에서 흘러내리는 냇물이 하도 맑아, 일행과 더불어 먹을 감았었다. 그때만 해도 사람이 귀한 3·8이북이었다. 옹이도 없는 미끈한 아름드리 소나무가 한길가에도 즐비했었다. 그 늘씬한 소나무와, 그 깨끗한 냇물은 이젠 두메에 들어가도 볼 수가 없다. 바로 해인사의 세심소는 커녕 탁족조차 하기 싫은 오수로 변했다. 심히 섭한 일이다.

　그러나, 그때의 노래는 세심소를 찾을 때마다 속절없이 읊어진다. 세월은 가고

냇물은 궂어도, 그때의 인상은 생생하고 노래는 남았다. 일컬어 제행무상이랄까.

동해기행

산 밝고 물 맑단 말 왼 말이 전혀 않의
이리도 후련한 걸 마련도 한저이고
눈 먼저 소스라치니 하염없어 감아라.

옥파에 하느끼는 명사십리 저 해당화
한창은 아니로되 웃는 얼굴 장히 좋다
한두확 붓방아로선 그릴 재주 없어라.

파란 물 저 바다로 하늘마저 한빛인제
디닫는 분홍돛에 네들조차 나니나냐
백구야 반길 재 없다 헌사 작작하여라.

물결쳐 부서져도 고대 속이 들이뵈네
내 마음 헹궈지고 잠아보고 삼켜보다
속들이 어설킨 시름 적이나마 가셔라.

이 물을 길어내어 온누리 일깨고자
골고루 헤어하니 가멸찮아 한이로다
구타나 해타(咳唾)라 말고 자로자로 외압세.

검푸른 태백 위엔 흰구름이 머흘고야
바다밖 저 하늘선 한숨따나 없돗다지
탐탁히 오라진 않되 돛 기우며 가고파.

(1974. 2)

연꽃의 사연

　노리께한 버들이 파릇해지면 이끼 덮인 연못에는 푸른 돈이 깔린다. 갓나오는 구질스런 말린 잎을 보면, 매우 수줍고 초라하지만, 한편 앙징스런 것이 연이다. 거기서 두루미의 목처럼 미끈한 대가 돋을 줄은 아무도 안 믿는다. 그러나, 새침한 꽃샘이 스쳐가면 봐라는 듯이 무럭무럭 크는 것이 연이다. 구태여 군자의 덕을 이에 비긴 옛글을 옮길 필요는 없다.

　그 "진흙에서 나오되 물들지 않고, 해맑은 여울에 씻기어도 야사하지 않고, 속은 비었으되 겉은 꼿꼿하고, 넝쿨지지도 가지지지도 않고, 내음은 벙을수록 조촐하고 꿋꿋하여, 의젓이 박혀 있어 멀찌감치서 바라봐야지 마구 매만질 수 없다"〔周敦頤·愛蓮說〕는 대문이 과연 거기에 맞는다.

　그 나는 곳이 질궂되 생장에 관계없고, 그 바탕이 수렁처럼 무르되 흔들리지 않는 오롯한 자세가 못내는 어여쁜 꽃을 빚어낸다. 하기야 연잎에 떠지는 빗방울을 구슬이라 외친 낭만도 있기는 하다. 그렇지만 연은 그 생장보다도 결실보다도 꽃송이가 값지다. 꽃바대 위에 엇먹게 바라진 겹겹의 꽃잎, 홍백의 빛깔이 푸르른 잎새에서 방긋 웃음을 엿보이며, 의지해야 견디는 푸른 우산은 바람을 더불어 시샘을 한다. 일컬어 부처님과 대중과의 사이랄까.

　연꽃은 꼬임도 홀림도 자랑도 보람도 아랑곳 없다. 거기에는 오직 스스로의 구실을 스스로가 가릴 뿐이다. 꽃바대가 벌어지면 홍백의 입시울은 더욱 빛난다. 날렵한 홍백치마가 가는 바람에 하늘거린다. 오똑한 자존(自存)이 한눈을 파는 볼을 당기는 맵시가 민망스럴 만큼 야무지다. 물씬한 내음이 코를 찡그린다. 갖은 고난을 겪고 엎치락뒤치락 기어오르는 슬기의 법열(法悅)이 바로 이 경지다.

게다가 활짝 핀 연꽃이 풍기는 안팎의 자세는 도를 닦아 피안에 도사린 노장처럼 의젓해서 오히려 우람하기도 하다. 여기에 연화대에 가부앉은 부처님의 거룩이 생생하다. 헌데, 연은 청련이 가장이란다. 이백(李白)이 청련거사람도 이에 기인한다.

우리는 열없이 연화왕생을 바라며 경을 외우고, 연화대를 우러러 염불을 한다. 한 송이의 연밥을 끼치기 위해 온갖 부대낌을 겪어나는 연꽃, 그 자세는 화사한 듯하면서도 청초하고, 매서운 듯하면서도 너그럽기 그지없다. 여기에 자비의 가르침을 누리에 끼친 부처님을 모시는 뜻이 있으니, 정작 연화대의 받침은 잘도 꾸며진 모심이 분명하다.

바야흐로 부처님이 오신 날이다. 연꽃등을 달고 연등행렬을 하는 잔치가 벌어진다. 우리의 괴롬과 우리의 허전을 가름한 부처님을 섬기는 마땅한 갚음이다. 진흙에서 피어난 연꽃, 그러나 진흙일 수 없는 연꽃은 한 비구의 용맹정진으로 드디어는 아라한과를 얻어 연꽃 위의 자리를 차지했다. 이 설화는 우리의 헝클어지는 마음을 항시 사로잡는다.

연꽃을 받들고, 연꽃을 모시는 연꽃의 무리는 연꽃의 보람은 알지만, 연꽃의 고난의 발자취를 까맣게 잊고 있음이 오늘의 실상인 듯하다. 연꽃은 구정물에서도 핀다는 역설을 뇌이는 대신, 연꽃은 진흙에서 핀다는 엄연한 가르침을 다시금 음미할 일이 아닌가 한다. 여기에 연꽃을 받드는 참뜻이 사무쳤다고 생각할 때, 연꽃의 교훈은 만세의 진리요, 만고의 가르침이 분명하다.

부디 연꽃의 영원한 교훈을 영원에 심을 연꽃의 무리가 푸짐하소서 가만히 두 손을 모은다.

(1969. 5)

신륵사와 주련(柱聯)

경기도 여주의 잔치 '세종문화제' 덕으로 신륵사에서 이틀을 자는 신숙(信宿)의 호궤를 누렸다. 속인으로 하여금 깊은 뉘우침을 돋운다는 쇠북소리에 새벽잠이 부서졌다. 미닫이를 여니 싱그런 강바람이 와락 기어든다.

지금은 경내마저 흐리는 속기로 해서 헌다한 유적을 개개지만, 진작 보제 존자 나옹 화상이 이승을 거둔 곳이고, 특히 세종의 영릉과 효종의 영릉의 원찰이라서 금석의 감회가 짙은 가람이다.

다함 없는 강물은 여전히 치렁치렁 흐르는데, 세사는 물거품이라 새삼 앙가슴을 친다. 문득 선방의 주련 "불탐야식금은기 원해조간미록유"(不貪夜識金銀氣　遠害朝看麋鹿遊)라는 글귀가 오욕에 젖은 눈을 앗는다. 이는 당나라 두보의 시 '제 장씨은거(題張氏隱居)'의 대련으로, 두루 읊조려지는 율시다. 그런데 맙소사, 이 시의 구절이 섞갈려 걸렸대도 영 아랑곳하지 않으니, 오히려 내가 무안했다.

묵묵히 돌아 비각에로 오르면서 이렇게 생각했다.

그 옛날 저 글귀를 붙인 뜻은 도량의 거룩을 과하렸음인데, 오늘은 복을 비는 무리가 부산하다니 어이가 없다. 금은의 기운을 낮도 아닌 밤에 알아 보다니, 견성의 가녘이 환하다. 염불보다 잿밥에 홀린다는 구설이 하 부끄러워 외면을 했다. 탐을 낸다고 금은기를 깨친다면 인고란 헛말이다. 모름지기 용맹정진을 거쳐야 얻어지는 보람임은 물론이다.

아득한 옛 날, 왕제 선용이 번뇌를 끊지 못함을 걱정한 아육왕이 그에게 이레 동안의 말미를 주어 쾌락을 마음껏 누리게 하였것다. 곤룡포를 입히고, 왕관을 쓰이고, 궁녀를 주고, 궁악을 잡히게 했다. 그러나, 7일의 국한은 그런 호강이 소용없었다. 게다가 날마다 대신을 보내서 남은 날수를 알리며 따지는 데는 사뭇 피가 졸았다. 이윽고 7일이 되자 왕은 짐짓 노기를 보태서 "그래 이제는 쾌락을 다했느냐"고 다졌다. 이에 동생 선용이 "이미 죽을 몸이어니 잠깐 살아 있은들 죽음보다 나을 리가 있겠소이까. 어느 겨를에 탐욕을 펴겠나이까"하고, 하염없이 고개를 떨뜨렸다.

왕이 다잡아서 "어린 것아, 네 오직 한 몸의 목숨을 위해서도 그런 탐욕에 즐거운 마음이 없거니, 하물며 무수겁에 죽을락 살락하여 그지없이 수련함이야 어쩌겠느냐. 사문이 이를 걱정하여 출가해서 도리를 배워 윤회를 벗을 일을 구하는 것이다" 고 간곡히 달렜다. 그제야 선용이 비로소 발심해서 출가하여, 마침내 아라한과를 깨쳤다는 『구리뢰옥경(求離牢獄經)』의 말씀을 되새기며, 무거운 발길을 뚜벅뚜벅 옮겼다.

소원이 그대로 성취된다면, 그 누가 수고를 마다겠는가 말이다. 개갤 눈치가 전혀 보이지 않아야 비둘기도 앉는 법이다.

두보의 "강물은 흘러나도 옛날 쌓았던 돌은 그대로다(江流石不轉)"를 외우며 걷는 발자국에 그새 진 낙엽이 바람에 앙탈을 한다. 이악스런 장사치는 소매를 붙잡으며 알량한 기념품을 사래고, 잿밥의 모락김은 시장기를 보챈다. 이러구러 혜화의 조짐은 아스라해지니 탈은 벗어질 날이 아득만 하다.

끝으로 참고를 겸해서 두보의 '제장씨은거(題張氏隱居)'의 원시를 번역해서 소개한다.

봄 산을 벗도 없이 혼자서 찾아가자니	春山無伴獨相求
나무 베는 정정소리 산이 더욱 그윽해.	伐木丁丁山更幽.
시냇길 남은 추위 눈얼음을 밟고 거쳐	澗道餘寒歷氷雪

돌문에 석양 무렵 숲언덕에 닿았었다.

탐욕 없어 밤에도 금은 기운 식별하고

해칠 마음 없기로 아침에도 사슴떼 본다.

흥에 겨워 아슬하다 나갈 곳 잊었는데

자네를 대하니 신선의 빈 배를 탄 듯하구나.

石門斜日到林邱.

不貪夜識金銀氣

遠害朝看麋鹿遊.

乘興杳然迷出處

對君疑是泛虛舟.

(1969. 11)

석보상절과 월인천강지곡

내가 불교에 들기는 1946년 9월 자아완성과 중생제도의 건학정신을 받드는 동국대학교에 입학해서부터다. 따라서 포교나 입문서로 결정된 나의 신불(信佛)은 아니었다.

물론 어릴 때 어머니의 치마꼬리에 매달려 자하문 밖 가파로운 오솔길로 우리 집안의 원찰인 홍은동 옥천암에 가서 마애불상에 예배를 하고, 단청이 요란한 전각에서 벌벌 떨면서 붉은 가사를 걸친 노스님이 나의 복학(말라리아)을 떼느라고 손바닥에 칼침을 놓아 싸래기 같은 하얀 응어리를 뽑고 나온 것이 절집과의 최초의 인연이었다.

그 뒤에 신설동으로 이사를 해서 교통 편의상 숭인동 청룡사로 옮겨 지금껏 대를 이어 참례하고 있는 우리집이다.

한편 1943년 여름, 사릉으로 이사하시기 전 광릉 봉선사 어귀의 광동학교로 춘원〔李光洙〕 선생을 뵈러가서 비로소 삼배를 올린 운허 스님의 인상에 비겨 매우 자상하신 도력에 진한 감응을 샀던 발단 또한 호젓한 초발심의 비롯이었다.

또한 대학에서 생불 같으신 「유식론」의 김동화 선생, 그리고 「한문강독」의 권상로 선생의 인도가 나의 신심을 북돋은 빌미가 되고 연기가 되었다. 더구나 퇴경 권상로 선생을 꼬박 5년간 독선생으로 모시고 『두시언해』의 자상한 특강을 받은 탓으로, 선생께서 상송하시는 『금강경』을 따라서 읽고 또한 『반야심경』도 욌지만 도탑지는 못한 나의 믿음이었다.

물론 나도 한때는 친구와 더불어 교회에도 나가는 보았고, 또 지금도 가학(家學)의 물림상 탓으로 사문학회(斯文學會)와 유도회(儒道會)에 관계는 하지만, 절집을 찾거나 스님을 뵈면 스스로 손을 올리며 합장하는 판이니 모름지기 자비에 가위눌린 조짐이다.

워낙 연대별로 엮어진 두시집 첫머리엔 공교롭게도 「유용문봉선사(遊龍門奉先寺)」가 실려 있다. 그 결구에 "새벽 종소리를 듣자하니, 나로 하여금 깊은 뉘우침을 깨우치게 한다"는 감명이 보석처럼 아롱져 있다. 정녕 은은한 쇠북소리처럼 마음을 흔들어 사로잡는 소리는 드물다. 맞추어 내가 사는 신촌역 바람산 마루턱 우리집 담너머에 안양암이 자리해서 새벽 도량석 소리에 앞서(민가 속이라 짐짓 5시 30분부터 아침 예불) 4시면 일어나는 나의 새아침이다. 그때면 건너편 무악산 기슭 새절〔奉元寺〕의 새벽 종소리는 신촌의 부지런들을 따독거리는 진리의 메아리로 울려 퍼진다.

철문이 닫혀서 밖에서 예불을 하고 방에 돌아오면 작년 12월부터 방송된 불교방송의 아침 예불이 시작돼서 더욱 차진 나의 새벽이다. 비록 승주 송광사에서 올리는 아침 예불을 녹음한 테이프여서 울리는 탓으로 음향이 개운친 않아도 자꾸 헤벌어지는 마음을 가라앉혀 주어 나로 하여금 마음을 열어 가셔주는 실마리임엔 틀림이 없다.

그러나 불교서적을 읽고 감명을 받기는 아무래도 1449년 동활자로 찍은 『석보상절』이다. 나는 문헌을 수집하느라고 경향 각지를 누비고 다녔었다. 1948년 가을 희방사와 부석사를 거쳐 예천 용문사에 가서 전경대 마루 밑에는 함부로 쌓여 있는 『고려대장경』 등 희구본이 지천이었다. 옛날 스님들의 본분과 사명에 의한 일각일도(一刻一禱)로 새겨 인쇄돼 오늘에 남긴 선인의 신심은 정말 놀랍다. 특히 몽고의 침입으로 강화에 피난해서 그런 방대한 장경을 인출한 그 운력에는 절로 머리가 숙는다.

특히 세종은 훈민정음을 창제한 뒤에 대궐 안에 내불당을 짓는가 하면, 1446년 훈민정음을 반포하고 그를 보급시키기 위해 하마 민간신앙으로 해묵은 불교인구를 활용해서 『석보상절』을 간행한 사실은 잘도 마련된 세종의 영단이었다. 더욱이 누구나 쉽게 익혀 날로 써서 생활에 편안케 한다는 취지를 굳히기 위해 가르치지 않아 거의 문맹이었던 부녀자를 활용하되, 날마다 쓰는 말을 문답체로 서술해서 최초의 산문체를 창출했으니, 이것이 우리 부녀자들의 내간체의 본밑이 됐던 것이다.

내가 제일 먼저 『석보상절』을 본 것은 『월인석보』로 합본된 책에서였다. 본시 『석보상절』은 불경 가운데서 가장 재미나는 이야기를 간추려 엮되, 석가의 전생담과 본생담, 그리고 내생담을 중심으로 그 집안의 출가연기와 성불연기까지 실려있어 실로 값지다. 특히 석가의 출생담에서 선혜와 구이의 7경화의 꽃사연은 5백여 년이 지난 오늘 읽어도 우리의 마음을 흔든다. 그리고 선용의 출가연기, 아육왕의 8만4천 사리탑의 조성연기는 신통력까지 곁들여 우리나라에도 강원도 금강산과 전라도 천관산에까지 세워졌다는 기술은 이채롭다. 게다가 아육왕의 아들 법익(法益)을 둘러싼 희빈의 사련기(邪戀記)에는 못내는 눈알까지 빼게 하는 끔찍한 얘기도 있다. 물론 부왕의 독실한 기도로 회복했다는 사설은 어지러운 우리의 망측하고 고약한 사회상을 예시한 듯해서 가슴이 뜨끔하다.

이런 뜻에서 나날이 흐트러지는 심지를 다잡는 기틀을 찾은 나다. 더구나 『석보상절』 제23·24를 입수하여 그 복원 영인을 하면서 그 전면적인 분석을 정리한 「해제(解題)」는 나로 하여금 "들기는 쉬워도 나오기는 어렵다"는 불교에 잠겨 아예 「연당(蓮堂)」이란 계첩까지 받았다.

이 『석보상절』은 우리와 같은 손방에게는 꼭 걸맞는 불교에의 길라잡이다. 속절없이 공(空)을 드세우고 사제(四諦)와 오온을 들어 12연기를 세우니까 괜히 어렵기만 한데, 예사로운 설화의 사단(事端)을 통해서 절로 터득하는 방편을 잘도 활용한 『석보상절』이다. 이는 그윽한 교리보다는 차라리 속강(俗講)으로 실효를 거둔 당나라의 사실과도 상통한다. 그런데 세종은 더욱 신실하게 『석보상절』에서

이야기의 줄거리를 줄잡아 손수 노래로 지어 부르게 한 찬불가가 바로 『월인천강지곡』이니, 이를 읽고 부르다 보면 자연 참다란 진리의 감로수를 두루 마시게 했으니 정녕 잘도 시도된 불교입문서라 할 수 있다.

요새야 우리도 합창대가 있지만 전에는 웬만해서는 들어서 알지도 못하는 노래를 읊으니 딱한 유아독존이었다. 그러니까 참여하는 동참의식도 식어지고 한갓 기복과 관광의 절집이 되고 말았으니, 글쎄 누구를 탓하랴.

나는 지금도 『석보상절』이나 『월인천강지곡』을 잘 읽는다. 딴은 국문학을 공부해서가 아니라, 그 문체의 비롯은 그야말로 중국문화권에 과감히 맞선 자주와 민주와 실용을 꾀한 도전이었다. 만일 당시 부녀자를 위한 산문체, 곧 상용하는 대화체의 문투가 아니었다면, 그 그악스런 숭유억불의 모진 서슬로 불교는 더욱 된서리를 맞고 말았을지도 모른다. 더구나 훈민정음도 일반대중에의 착근(着根)은 커녕 『동국정운(東國正韻)』의 표기처럼 못쓴 글자가 됐을지도 모름을 상기할 때, 사뭇 불교중흥에 대단한 밑거름이 된 책이니, 이 풍조는 세조의 간경도감(刊經都監)에로 이어져 그 대대적인 불경언해에 거창한 보람판이 되었다. 물론 『법화경』과 『능엄경』을 비롯한 경전의 번역을 앞세웠지만, 그에 버금한 영가(永嘉) 대사의 게송이나, 아리숭한 무(無)의 화두로 시작되는 『몽산법어(蒙山法語)』의 번역본이 크게 유행하여 판을 거듭했음은 주목된다. 그래서 진작 쉽게 풀이된 『불교성전』이 많이 읽힌다.

욕심이지만 이왕이면 거기에 널리 회자되는 이야기만 골라서 보다 간편하게 꾸며 주었으면 좋겠다. 물론 야소교를 부추긴다고 비양할지 모르나 실은 그네가 우리 선각의 슬겨운 방법을 효율적으로 활용했다 해도 망발은 아니다.

이런 뜻에서 『석보상절』과 『월인천강지곡』 그리고 그 합본인 목판본 『월인석보』는 비단 나뿐 아니라 널리 대중의 불심을 여는 도화선이 되었음을 솔직히 고백한다. 물론 퇴경 선생의 법문집 『광명의 길』과 운허 스님의 『불교의 깨묵』이 있으나 역시 일반대중과는 거리가 있어 구태여 고전을 들추어 입문을 밝히었다.

(1990. 12)

봉정암에서의 별

그믐께 두메산골에서 별을 헤는 재미는 도시인으로선 맛보기 어려운 호궤이다. 특히 맑게 갠 설악산에서의 밤은 물색이 하 다사스러워 붓마저 주눅이 들 정도의 고장이다. 문득 두보의 "등림다물색 도야뢰시편(登臨多物色 陶冶賴詩篇)"에 감긴 시상이 저절로 밝혀지는 파노라마다.

지난 7월 25일 내설악 봉정암에서의 일이다. 오르는 막바지에서 고꾸라져 부러뜨린 팔목의 통증으로 해서 잠을 이루지 못하고, 동행의 세우는 코고는 소리가 퍽이나 미웠다. 곤하다 보니 도리가 없었다. 간신히 일어나서 바깥으로 나왔다. 안겨진 고독보다도 아픈 마음을 잊기 위해서였다.

사면은 고요로 일색인데 별은 내기나 하듯 반짝이고 있었다. 게다가 풋내가 짙은 바람은 벌레소리를 곁따라 더욱 소슬했다. 「송강가사」의 "인간 6월이 여기는 삼추로다"가 무색할 지경이었다.

샘에서 넘치는 물소리가 흥을 돋운다. 해발 1500m나 되는 이 산마루에서 졸졸이라도 모르는데, 참으로 경의에 값하는 물소리다. 강물의 비롯은 또드락 떨어지는 남상(濫觴)이란 말은 적어도 여기서는 거짓말이다. 제법 물이 콸콸 흘러 넘치는 차가운 샘이다. 물을 마시고 싶은 생각도 나지 않았다.

추녀 밑에 앉아서 생각해 보았다.

—— 대체 여기에 물줄기가 있을 줄 어찌 짐작을 했으며, 이 높은 마루턱에다 사리탑을 쌓는 슬기가 어디에서 나왔을까. 그 높은 스님의, 높은 도덕이야말로 신통의 화신이

분명하다. ──

통통 부은 팔목은 대고 쑤신다. 그러나 짐작에는 부기만 가시면 아무렇지도 않을 것만 같다. 다행히 왼팔이라 멜빵에 건 채 사리탑쪽 계단으로 오르기 시작하였다. 마치 「천국에의 계단」이 연상되는 신비스러운 감응에 아픔도 잊었다. 차라리 이것 저것 없다는 복밭에로 오르는 착각에 마음이 즐거웠다. 맹수의 습격과 같은 사위스런 생각은 생심조차 안 됐다.

돌계단이 놓여 있지 않았을 그제는, 가파로운 산길을 올라야 했기 때문에, 그런 발심이 나올 수가 없었다. 그렇던 길이 독실한 보살님의 보시로 해서, 이 돌계단이 놓아졌다는 것을 생각하니 절로 머리가 숙었다.

플래시에 비쳐진 시계판은 4시를 가리켰다. 벌써 어느 늙은 보살님이 부축을 받아가며 탑길을 오르고 있다. 극성보다는 그 정진이 무척 부러웠다.

우리 일행 때문에 산장을 차지하지 못한 산사람들이 고는 코는 텐트를 벌렁벌렁 흔들건만, 사면은 부연 스모그에 잠긴 적막이다. 달이 짝했으면 작히나 좋을까. 그러나 그건 욕심이다. 여기서는 별을 보는 것만도 큰 복에 속한다. 하도 높아선지, 대륙성 기후와 해양성 기후와의 교차에선지, 비교적 빗발이 잦은 봉정암이다. 그 옛날, 이 정상에서 물줄길 찾고, 수도를 하고, 탑을 세우기 위해 고행한 대덕의 용왕(勇往)이 다시금 덜미를 잡는다.

몸이 편치 않다 보니 집생각이 외락 치민다. 이른바 지아비의 독선적인 헤아림의 소갈머리 요, 거느림의 허울이다. 평상시라도 집을 떠난 지 사날이 되면, 불편과 피곤이 겹쳐 사정이 달라짐은 자못 인정이다.

기운 북두칠성의 국자가 북극성을 얼싸안고 있다. 그를 안표로 삼아서 서울을 바라보았다. 보이는 것은 별뿐 아무것도 없다. 저렇게 밝은 별이 어째서 서울에서는 보기가 어려운지, 공해의 푸념에 앞서 외면하는 별들이 미워졌다. 학교에서는 커녕 밖에 나와서는 전화조차 안 거는 내가 집생각이라니 좌우간 인심은 얄팍한 소갈머리다.

3층 사리탑 앞에 가부앉음한 나는 크게 「반야심경」을 외워나갔다. 조상들의 끊임없는 발원이 도도했던 그제를 생각하며, 하치않은 아픔으로 해서 엄살하는 나의 꼬락서니가 몹시도 가엾어졌다.

나는 이럴 때면 믿음보다도 전공을 하는 두보를 상기함이 버릇이다. 괴로우나 즐거우나 외우는 두시이다. 물론 전공을 굳히기 위한 짐짓에서 비롯된 필연적 발작이다.

다시 암자로 내려왔다. 남에게 눈치조차 보이고 싶지 않아 조심조심 방에로들어갔다. 방마다 코고는 소리는 양철지붕이 흔들릴 판인데도, 저마다 곯아떨어져서 잠을 자니 야속할손 일행이다.

나도 잠을 청했다. 가파로운 1,708m의 대청봉을 올라야 하니 도리가 없다. 아슴프레 짝을 찾는 짐승의 소리가 들려온다.

(1973. 9)

낙산사와 동해바다

동해를 지키는 낙산사는 해돋이로 해서 바지런들의 절이 됐다. 길이 좋아져 너나없이 몰려 더하다. 게다가 바다를 보살피는 관음상이 들어선 오늘은, 그 아늑한 가람이 왁자지껄해진 낙산사다. 일찍이 우리의 가성(歌聖) 송강의 멋진 가락으로 이름난 '관동팔경'의 하나다. 그러나, 낙산사는 신라 의상대사 창건에 비겨 해묵은 고적은 부실하다. 딴은 다른 데서는 보기드문 자연석의 홍예문과, 원통전을 두른 나직한 담장의 짜임새는 고인의 슬기가 자못 부러운 발자국이다.

그리고, 오종종한 칠층탑은 비록 전화에 개개져도 이냥 값지다. 한결같이 우람스런 규모는 못돼도, 오밀조밀한 수품은 거느리는 자랑보다는 스스로 도사린 끈기의 살림마저 엿보이는 천상 말사(末寺)다. 더구나, 그 울창한 소나무숲이 잘려진 6·25 뒤는 야사(野寺)의 몰골이 드러나 가라앉은 가람의 감이 무척 덜해져 우러름도 덜하다.

그러나, 새로 지은 본채 용마루에 얹혀진 청기와는 동양제일의 관음상을 외면한 채 사뭇 독야청청이라 자꾸 돈뵌다.

그 차고 맑고 단 우물물, 시누대가 솔바람에 버석거리는 서늘함에 잠겨, 밀려 와서 부딪치고, 다시 밀려 나가는 옥파(玉波)의 조화가 서린 홍련암의 한정(閑靜)은 삭아버린 비늘구름처럼 생각사록 아섭기만한 낙산사다. 절이 절집이 아닌 저자가 됐으니, 하도 딱해서다.

그러나, 그것은 부산한 현대의 밀물에 반한 노라리의 소견이다. 낙산사는 고요와 어수선이 어울려 현실의 볼모가 된 관광이 열없이 투정하는 고장만은 아니다. 의상대의 일출을 뇌이고, 넓고 먼 동해의 위용과 거침없는 청봉(青峰)의 위엄만이 아니다.

혹 사리 때를 만나 오징어를 잡는 선단(船團)의 휘황찬란한 불꽃이 시꺼먼 바다에 어리비치는 장관을 꼽는가 하면, 해수욕장에서의 로맨스가 되려 짙은 그림자일지도 모른다.

그렇지만, 믿음의 낙산사는 손이 들이굽어 차라리 속진을 덮는다. 더구나, 부처의 가이 없는 울타리를 펼칠 행(行)도 없는 나다. 다만 여름마다 벌이는 동국대 교양학부의 프로젝트로 인한 강한 인상의 낙산이 하도 차져 더불어 있고 싶어서 자랑이 앞선다.

베개맡에 드높은 파도 소리에 잠을 앗긴 나는, 큰절 낙산사의 쇠북소리에 밖으로 나섰다. 굳이 해돋이를 위해서만은 아니었다. 동국대 하계별장 앞 해변의 모래를 밟으며 혼자 하염없이 걸었다. 시꺼먼 바다는 죽은 듯 검붉은 하늘을 받고 꿈틀거리고 있었다.

의상대에는 아무도 없는 오경(五更)이었다. 큰절로 오르려다가 관음상으로 올랐다. 자애롭게 우연하는 얼굴이 아닌 심술스런 낯이 다소 무안은 해도, 그 앞에 가부앉아 「심경(心經)」을 외웠다. 관음보살님이 굽어 살핀다. 굳이 오욕(五欲)뿐이랴. 잠을 이루지 못하는 야릇한 심사, 또한 헤일 수 없는 허욕이라 나무라는 보살님의 새하얀 모습에 후광이 빛났다. 큰절의 북소리가 다시금 번져왔다. 헤살짓는 뉘우침을 깨우치는 거룩한 메아리였다.

동해는 잔잔한 채 먼동은 트고 있었다. 발 아래서는 일출꾼들의 왁자글이 더해 왔다. 고요와 헌사가 넘나는 낙산사지만, 언제 가도 반가운 낙산이다. 비릿한 망망대해가 반색을 해서 기차다. 조화로운 돛배라도 떠 있으면 더욱 좋다. 오죽하면 송강이 거나해서 무릎을 치며 읊은 아니리인 "종용(從容)한 자 저 기상, 활원한 자저 경계"와 "바다 밖은 하늘이니 하늘 밖은 무엇인고"가 절로 웅얼여지는 낙산의 멋이냐. 나무관세음보살.

(1978. 5)

우리와 함께 하시는 부처님

싱그러운 내음에 활력이 용솟음치는 우리들의 초파일이다. 중생을 건지기 위해 오신 부처님이시다. 어둠을 밝힐 법등에의 기대가 구겨진 마음을 일깨운다. 거룩한 저 부처님 오신 날의 보람이다.

우리는 기념일을 맞을 때마다 나름대로 다짐을 앞세운다. 그것이 항용 높은 자리표여서 뒤통수를 긁는 수가 많다. 누울 자리를 살피지 않고 속절없이 발부터 뻗기 때문이다.

우리 신도로서는 초파일은 가장 기쁜 날이다. 그런데 매양 다짐으로 끝난 처지여서 부처님을 뵙기가 면구스런 나다. 해마다 보다 차진 믿음, 보다 잦은 참배를 세웠건만 아직까지 인도의 성지순례도 이루지 못했으니 스스론 심정 감출 길 없다.

워낙 나는 어머니의 도타운 기도로서 태어났단다. 당시의 여건으로는 두루 어려운 행보인데, 불교에서 쇠는 날이면 으레 자하문 밖 옥천암에 참배를 하셨단다. 그래저래 얻어진 나여서 지금도 근엄하신 미륵상 앞을 지나려면 반드시 모자를 벗고 합장을 올린다.

그뒤 공교롭게도 보문동 탑골승방 앞으로 이사를 했다. 어머니께서는 절집이 너무 과갈스럽다고 굳이 산길을 넘어 숭인동 막바지의 청룡암을 자주 다니셨다. 물론 나도 따라다녔다. 지금은 덩그런 청룡사로 시내버스도 넘어다니지만, 그제는 가파른 산길이었다. 주지 윤호 스님의 간곡한 인도가 인연이었으나, 워낙 독실한 어머니의 신심이셨다. 그때 절값으로 받은 약과와 중배끼, 그리고 고소한 튀각맛은 지금도 군침을 돋운다.

이러구러 돌아가신 뒤는 49재도 거기서 올리는 동시에 명절은 물론 기제도 거기서 올리는 우리 청룡사가 됐다.

그러다가 소설공부에 빠져 광릉 봉선사로 춘원 선생을 뵙고, 덩달아 운허 스님께 삼배를 올렸었다. 그때는 외진 산골이어서 꼬박 하룻길이었다. 광복을 앞두고 춘원 선생께서 사릉으로 옮기신 바람에 발길이 뜸해지긴 했어도 봉선사의 절밥은 꽤 축을 냈다.

이런 인연으로 해서 1950년 동국대학교를 나왔고, 또한 거기서 자랐기 때문에 불심은 자못 도타워져 못내는 서옹 종정께서 연당(蓮堂)이란 계명까지 주셨다. 그때 호된 연비로 말미암아 달포를 고생한 곤욕을 생각하면, 스님들의 용맹정진이 얼마나 고단한 울력인가 자꾸 되새겨진다. 그래서 가끔 백팔참회를 하다가 분발의 빌미가 되기도 한다.

우리야 아무래도 참배가 고작이다. 물론 큰절에 가면 조례에 동참하기는 해도 기도회에 끼기는 어렵다. 그러나 수련대회는 곧잘 앞장을 서기는 한다.

부처님 오시는 날이라면 먼저 법등이다. 열없이 헤벌어지는 마음의 가녁을 법등으로 해서 가라앉힘에서다. 다만 행사로 그치는 봉축불사를 탓하면서 연등 하나라도 더 켜서 달고자 조바심을 하나, 워낙 사나운 사회라서 여간한 등불로는 밝아지지 않으니 안쓰럽다.

사실 우리 불교는 조직이 낡만 못함이 흠이다. 힘을 과시하려는 동원도 부실하다. 딴은 서울근교의 신도만 움직여도 여의도 광장 정도는 메우고도 남을 교세다. 남처럼 극성을 떨면 아마 마프는 커녕 용산과 영등포 길목까지 미어질 것이다. 그러나 스님들은 자발적인 동참을 원하지 종용은 덜한다.

우리 불교라고 봉축행사에 소홀한 종단이 아니고, 종립학교만 해도 남다르다.

신도회의 특별연보도 수월치 않건만, 요는 때문은 목탁을 꺼리고 억불 정책의 모진 물림장으로 흐려져 떳떳치 못한 눈치 때문에 주저해서다. 게다가 날로 노화해서 더하다.

당나라의 시성 두보의 말처럼 "새벽 쇠북소리를 듣자하니 사람으로 하여금 깊은 뉘우침을 깨치게 한다"는 그 보람이 현대의 밀물로 해서 은은보다는 발랄로 기울어져서다. 모름지기 거듭 재고해야 할 일이다.

워낙 우리 불교는 그 지독한 비양에서도 그예 견디어냈다. 남세스럽게 산간불교로 밀리고 빌붙는 기복불교로 전락되면서도 부처님의 도력은 다함이 없었다. 생로병사를 초월한 거기에 불생불멸이 영원한 삶을 누리게 했다. 비단 극락을 앞세운 인과만으로는 이해가 될 수 없는 가치관의 차이다. 영원히 우리와 함께 하시는 부처님이시기 때문이다. 티가 없는 마음자리가 바로 부처인데, 구태여 사사롭게 복을 독점하겠다는 것은 무서운 탐욕이다. 자제와 지족을 모르는 야망이다.

그러나 문제는 인간이기 때문에 복에 복을 보태고자 하고 부에 부를 바라나 그렇다고 부귀가 그냥 올 리는 만무하다. 요는 흐트러지는 마음을 고이 챙겨서 본연의 마음, 부처의 마음으로 돌아가는 것이 값진 기도이며, 마음을 비운 곳에 부처의 거룩이 깃들고 복이 다가선다. 아당하는 천 배를 하고 만 배를 해도 부질없는 탐욕이 더불면 복은 오다가도 물러간다. 오로지 우연하시는 부처님을 모시고 빈 마음으로 스스로를 도사림이 이른바 방하착(放下著)의 길이다. 비우면 차고 차면 비워진다는 진리가 여기에 있다.

법등도 정성이 다북하면 족한데 얄궂게 화려함에 기우는 것은 장엄이 아니라 우세스런 과장이다. 비록 조그만 연등이라도 흐린 사회를 밝히려는 마음의 자세가 다부지면 넉하다. 꼭 큼직한 듬이라야 직성이 풀리고, 꼭 화려해야 심편이 편다는 것은 아집이니, 절에 달아 위세를 부리기에 앞서 버젓하게 자기의 집부터 다는 신심이 절실하다.

사실 장엄은 분수에 맞아야지 우람스럽고 가멸차다고 부러워할 사람은 없다. 속이 빈 강정은 감칠맛으로 닷지다. 후미진 산중에 집만 덩그러면 부처님이 외로우시다. 법당이 크면 그에 걸맞는 기도의 마당이 곁들여져야 하는데 거기에는 인색함이 아쉽다. 관광객이 몰리는 큰절만 해도 해묵은 연혁의 설명에만 치중하지, 그윽한 교리를 풀어주는 성불에의 인도는 소홀함이 예사다. 참선의 묘체도 수련대회에만 의존치 말고 대중을 위한 배려도 힘써 법당에로 인도하는 법사로 하여금 텅 빈 법당을 활용했으면 오죽 보람차냔 말이다. 대대로 물려진 공리적인 바루공양의 실효도 매한가지다.

법문만 해도 그렇다. 귀에 거슬리는 법어보다는 실제 생활에 상응하는 일상 용어가 포교의 지름길임을 명심할 일이다. 당나라에서 변문과 속강이 불교의 중흥을 가져왔듯이, 우리도 세종의 영단으로 이뤄진 『석가보』를 바탕으로 불경 가운데서 가장 재미나는 이야기를 간골라서 엮은 『석보상절』이 중흥의 징검다리가 되었음을 상기할 일이다. 법문은 스님보다도 대중의 교도가 주여야 하는데 학술발표로 착각하니 자연 마음이 벙그러질 밖에 없다.

한편 찬불가만 해도 진작 세종의 『월인천강지곡』은 당시 아녀자들로 하여금 즐겨 불러서 절로 부처의 영원한 말씀을 터득케 한 엄청난 사실은 비록 불교인구를 이용한 어문정책의 슬거운 방편이었지만 생각사록 우렁찬 세종의 단안이었다.

이런 뜻에서 찬불가는 법문에 못지 않은 길라잡이다. 노래를 하다보면 마음을 비우고 마음을 비우다 보면 부처님의 말씀이 되살아 정녕 효과적이다. 물론 찬불가는 알기 쉽고 부르기 쉽고 듣기 좋아야 한다. 색즉시공 공즉시색도 좋고, 무명이 무무명이고 비상이 비비상이 되는 이치도 깨우칠 필요는 있다.

그러나 이런 이론적인 전개보다 절집의 생활주변의 실재가 더욱 중요하다. 이론에의 고집은 공론을 짝하기 일쑤다. 따라서 노래를 통해 이론과 실제를 겸한 찬불가의 대대적인 보급을 간구한다. 참스런 마음이 곧 부처 요, 부처가 자기일 수 있다는 곳에 불교의 존엄이 있다. 저만큼 떨어져 계신 부처님이 아니라 항상 자기와 함께 계셔 자애로 쓰다듬어 주시는 부처님임을 깨치게 해야지 어려운 연기사상이나 되풀이하면 대중은 들어오다가도 나가게 마련이다.

뜻깊은 부처님 오신 날을 맞아 부처의 거룩을 되새긴다는 것은 비단 신도만의 경사가 아니다. 견성이나 성불은 신도만의 전유가 아니다. 더욱이 무슨 날이라야 다짐이 새로워질 수도 없다. 항상 우리와 함께 계시는 부처님이니, 언제나 어디서나 누구나 가까이 모실 수 있는 부처님이시다. 그러나 우리가 공기의 아쉼과 식수의 귀함을 까맣게 모르듯, 바로 옆에 계신 부처님이기에 그를 잊었다가 불교에서 세우는 날에야 새삼스럽게 다지는 다짐은 오로지 요식에 불과하다. 다짐이 다짐으로 끝날 때처럼 허무맹랑한 낙심은 없다.

마침 이웃에 안양암이 있다. 조례를 마치고 행길을 말끔히 쓰는 스님들의 이마에 구슬땀이 아롱졌다. 그리고 승방에서는 연등을 개비하기에 손길이 바쁘다. 올해는 나도 연등을 정성껏 만들어서 내집부터 밝혀야겠다. 흔히 나보다 남을 위한다지만, 우리야 내가 있은 뒤에 남이다. 그래서 유가(儒家)에서도, 수신 다음에 제가다. 우리 불가에서도 분명 자리행(自利行) 다음에 이타행(利他行)이다. 따라서 선공후사(先公後私)나 선우후락(先憂後樂)보다도 먼저 내집부터 밝힌 뒤에 골목까지 밝힌 다음에 봉축장에로 나가련다.

(1987. 5)

연(蓮)

　워낙 꽃을 좋아하는 나다. 섣불리 매란(梅蘭)과 정을 나누고, 연(蓮)에 반해서 그와 마주앉기를 즐긴다. 물톤 어줍잖은 소성(素性) 탓이다. 따라서 학사(學事)에 시달리고, 공부하다 진력이 나면, 곧잘 고궁의 연당을 찾아 연과의 대화를 누리는 나의 주착을 아는 이는 안다.

　딴은 자란 곳이 '화전(花田)'이고 계명(戒名)도 맞추어 '연당(蓮堂)'이니, 우연이라기에는 너무 차진 당연이다. 그렇다고 하임을 과하고 싶지는 않다. 하물며 거나한 꽃시연을 심은 이천의 연꽃을 못잊어서라면 낭만보다도 풍류가 개개져 연이 도리질한다. 이래저래 '상간양불염(相看兩不厭)'의 호사가 하도 오붓해서 매양 꾸미는 짐짓이라 얼버무려 둔다.

　흔히 봄의 연은 '청전(青錢)'이요, 여름의 연은 '청장(青壯)'이요, 가을의 연은 '청상(青孀)'이란다. 그러나 나게는 그렇지 않다. 두보를 닮아 돈이라기엔 아예 자신이 초라하고, 연화화생(蓮花化生)을 비는 것은 젊음에의 모독이다. 더군다나 연밥이나 연근에 솔깃함은 '창양(昌陽)'을 보채는 미련 같아서 오히려 무안하다.

　독판 정정하여 우뚝하고 싱싱한 연이다. 비록 하루 밤 무서리에 주접이 들망정 못내 의젓한 연이다. 딴은 시들어 꺾어지면 주검처럼 처참하고, 다 파먹은 벌집 같은 연방(蓮房)이 해골인 양 참혹하긴 하다. 그러나 거기에 깨우침이 넘친다. 사실 진흙에서 자라는 연이다. 그 진구렁에서도 물들지 않는 처염상정(處染常淨)이

도섭스럽고 보람차다. 후련스런 소나기면 더욱 그렇고, 보슬비까지도 외면하는 그 객기가 맘에 잡힌다. 방울방울 구슬로 바꾸되, 제 결백을 보채는 그 오기는 파초 따위는 따를 바가 못된다.

가는 바람이 와 연을 간지린다. 잎이 흐느적거리며 속삭인다. 그윽하게 묻어오는 향긋한 풋내음, 앙상한 연대 사이를 누비는 금붕어, 못물에 어리비쳐진 연의 물어린 그림자, 그것은 분명 피안의 보금자리가 되기에 맞는 색상이다.

한적한 연못가 벤취에 앉아서 연의 생태를 살피노라면 요지경 같은 인사(人事)가 마냥 수고롭다. 그 당당하고 만만한 연과 혼교(魂交)하는 보람에 연의 거룩이 두드러진다. 비록 구질어도 자갸를 잊지 않고, 비록 도도해도 분수에 사는 연이 크게 우러러진다. 안분지족과 자연수순의 이치를 연과 더불어 주고 받는 기쁨에서다. 그 줄기로는 지탱하지 못할 만큼 바라진 큰 잎을 받고 선 연이다. 필경 하늘이 부끄럽고 땅이 스스러운 모양이다. 그러나 잎과 잎이, 줄기와 줄기가 어울려 외세에 견디는 생리는 그야말로 의젓한 도인의 자세다.

군자를 드세우는 선비는 꽃이라면 질색하면서도 국화를 치키고 연을 받든다. 그 짓푸르러 투박스런 잎 사이사이에 돋아난 꽃대, 예쁘다기보다는 사뭇 앙징스럽다. 백련이면 어떻고, 홍련이면 대수랴. 청련이라니 그것은 유난스런 이백의 과장이다. 그 와들와들한 잎 사이에서 강하게 반색하는 운력은 바로 부처의 미소이니, 진작 불교의 상징화가 되고 남는 연화다.

밋밋한 꽃바대, 가지런한 꽃잎, 잔양스런 꽃술, 그리고 피어서 수이 지는 꽃이 활짝 벌면 신비의 조화가 도사린 아기 연밥, 모두가 눈에 익은 전통미의 물림장이다. 게다가 바람이나 일면 그 물바람에 풍겨오는 은은한 꽃내음, 마치 온누리에 울려퍼지는 쇠북의 메아리처럼 두고두고 맡아도 싫지 않은 그윽한 향기다. 모름지기 모진 세사에 흐려진 심지를 가셔내는 운기가 드러나는 자비의 내음이랄까. 아니 득도(得道)의 길잡이다.

그렇다. 도인이 보는 연은 분명 수행의 거울이요, 의태(意態)의 보람판이다. 그러나 현실의 옥로에 사로잡힌 볼모가 보는 연은 보배의 화신과 같아서 자칫 분에 넘치는 허욕을 자아낼 따름이니, 도시 고르지도 못한 허울 좋은 인간의 가늠대다.

연이야 비오는 날 보는 것이 가장 윗길이다. 연의 진한 영상이 빗소리에 어울려 이른바 물아일체의 경지까지 승화하는 기틀이 마련되어서다. 그러니까 연은 연대로 흥에 겨워 춤을 추고, 나는 나대로 덩실거리다가 문득 하나의 가락에 어울리는 동화를 넘어 몰아의 지경을 다지는 사품에서다. 저 고인의 '우중간하도(雨中看荷圖)'는 바로 이 멋의 낳임이다.

소나기 한 줄기미 연잎에 쏟다룩에
물 묻은 흔적은 전혀 몰라 보리로다
내 마음 저 같아야 닮을 줄을 모르과저.

가성(歌聖) 송강의 오롯한 투한(偸閑)이다. 사미인(思美人)의 한을 누르고자 거문고에 몸을 싣고, 연잎에 지는 빗소리에 맞춰 시울을 공그르며 산 멋장이다. 시름을 멋으로 헤아리되 전혀 구김살을 모른 송강이다. 연잎에서 쏟아지는 만곡(萬斛)의 구슬이 오직 흥취를 보태는 진주였고, 그 유혹과 시련에도 끄떡하지 않는 연을 어수선한 삶에 견주는 여유가 있었다. 점잖게 "탐내질 않아 한밤중에 금과 은의 기미를 알아차린다(不貪夜識金銀氣)"라고 토한 샌님도 있지만, 비를 뱉는 아름다운 구슬이 아니라, 멋으로 둔갑하는 관조의 반기로 챙기는 연이다.

붐비는 버스에서 내려 걷다가 잔망스럽게 더미로 짤라다 파는 거무죽죽한 연밥이 하도 민망스러워 그 이튿날 경복궁엘 갔었다. 무서리에 작살이 났을 망정 연인처럼 반겨 줄 연을 그리며 걸음을 재촉했다. 매연으로 찌든 은행과 후박의 잎이 뒹구는 숲길을 빠져 연당에로 직행했다. 그러나 아뿔싸, 연은 간 곳 없고, 향원정(香遠亭)이 어리비친 잔잔한 물살만이 일고 있었다. 무심코 던진 돌이 동그라미를 퍼치며 가라앉는다. 없어진 연에 대한 아쉼의 표였다. 하갸 이악스런 무리들이 저지른 이해의 제물로 사라진 연이었다. 스케이트장으로 단장하는 것도 좋고, 구질스러워서 깡그리 베어버렸다 해도 할 말은 없다. 고까운 나마에 전주의 자랑인 연밭을 상기했다.

그러나 깨끗한 연못만 알았지 시연을 갈무린 연못의 존재를 무시하는 조막손이가 야속했다. 모진 서리의 행패를 견디다 못해 몸부림치는 연의 몰골이 사납기로 소니 별로 흠일 것이 없는 경복궁이다. 마치 낙엽 쓸기가 귀찮다고, 아예 나뭇잎을 흔들어 떠는 우직과 같은 소갈머리가 무척이나 미웠다. 물론 그네들에겐 봄의 요염이나, 여름의 영화 따위를 기릴 연당의 주인일 수는 없다. 그것은 차라리 나의 지나친 욕심이다. 그러나 그냥 두어도 갈 것은 가고, 올 것은 오기 마련인 것이 인과다. 반긴다고 무궁하며, 좋다고 가멸다면 세상은 살맛이 없다. 여기에 아리숭한 삶의 주사위가 엄정한 법이다.

마구 버려진 연에의 장송곡이 이내 드뷔시의 「가라앉은 사원」으로 바뀌어 그 우람스런 텃치가 귀에 와 닿는다. 「이스」의 성이 아닌 베어 버린 연이 장엄한 가락에 되살아 못물을 비집고 솟아나며 눈앞에 아른거린다. 연이면 사죽을 못쓰는 그미는 숫제 소녀처럼 눈을 감은 채 합장하고 섰을 뿐, 대꾸조차 않고 그 밝은 눈이 글썽했다. 나 역시 하염없어 고개를 돌렸다.

낙엽이 깔린 고궁에는 정다운 발걸음도 드물었다. 그러나 윤회설을 믿는 우리는 삶의 부정은 고사하고, 긍정의 환희에 팔려 한참을 우두커니 서서 있었다. 그만큼 새 순이 날 날이 가까웠는데도 현실은 현실이니 나인들 어찌하랴 말이다. 시무룩한 그미는 "함초롬히 이슬을 머금은 연꽃잎이 떨어진다"면서 실성한 사람처럼 소매를 당겨도 영 막무가내였다. 에라, 「채련곡(采蓮曲)」이나 외우자.

(1975. 1)

보리암(菩提庵)의 얼레달

그러니까 만물의 가을이 문턱에 들어선 지난해 8월 그믐께의 시연이다.

비좁은 버스에서 함부로 시달린 몸은 남해와 대교(大橋)의 출현으로 해서 비로소 생기를 찾았다. 자그만치 10시간만에 상주 해수욕장에 내린 우리 일행이었다.

예정보다 무척 저물긴 했으나, 스님네와 동행이라 곧장 금산(錦山) 막바지에 자리한 보리암(菩提庵)으로 걸음을 재촉했다.

몹시 망설이다가 겸사겸사 따라 나선 나였다. B여사 역시 그렇게 발랄하면서도 마련이 잦다가, K스님이 하도 졸라싸서 기도와 소풍을 핑계로 동참한 판이었다.

워낙 B여사와 나와는 수년래 같은 글을 배우는 처지지만, 굳이 '남녀유별'을 앞세워, 사뭇 '황소가 닭 보듯' 지낸 서먹한 사이였다. 그러다가, B여사의 그림자 같은 K스님의 불사(佛事)관계로 자주 만나게 됨으로부터 피차 사귐의 길을 텄다. 딴은 이번 행사도 그들의 기도회를 돕는 한편, 해수욕도 하기 위해서였다. 그러니까, 오리발도 묶고, 일도 마물자는 양수겸장의 나들이였다.

시골길을 걷는 B여사의 맵시는 모란꽃처럼 밝았다. 그러나, 산기슭을 돌아 가파로운 중턱에 다다라서는 숫제 내 팔에 감겨 매달리는 숫기였다. 아예 끌어 당기는 작업의 비로솜이었다. 역시 여자라 강단만으로는 어림도 없었다. 지난 여름 설악에서 다친 왼팔이 아프다고 뿌리칠 수줍음은 전혀 없는 나였다. 더구나, 스님네가 본다고 해서 군자를 가장하고 싶지도 않았다.

그새 시꺼먼 밤이 땅거미를 깔기 시작했다. 달은 커녕 별조차 뜨지 않은 초열흘

밤이었다. 더위를 견디다 못해 웃옷을 벗어 제쳤다. 그미는 진작에 노슬립이었다. 결국 스님네조차 거추장스런 동방아를 벗어 들었다. 땀은 비오듯 흐르고, 길은 오를수록 험궂고, 깜깜한 밤은 자꾸 밀어닥치고, 보리암은 감감하니, 바케이션이 아니라 아주 고역이었다.

녹초가 된 그미는 드디어 주저앉고 말았다. 사죽을 뻗은 채 숨조차 가누지 못하고 새끈거렸다. 꼬박 10년만의 외출을 K가 구겼다고 푸념이 대단했다.

그 앙도라진 야망과, 그 암팡스런 암상의 서슬이 자못 시퍼랬다. 저만 아는 철딱서니 없는 안달도 간 곳 없었다. 만만해서 저주하느니 애꿎은 K스님이었다. 하긴 나도 힘드는 오름길인데, 하물며 굽이 높다란 운동화를 신고 밤산을 오르겠다는 앙끼부터가 잘못이었다.

도리가 없어서 그나마 견디는 스님네를 먼저 보내고 우리는 처졌다. 우선 그미의 신을 벗기고, 졸라진 허리 단추를 빼 주었다. 얼결에 질겁을 하는 사품에 안심이 됐다. 하염없이 초콜렛을 꺼내 그미의 입에 물려 주었다. 나도 담배를 피우며 숨을 돌렸다.

한참만에 깨어난 그미는 정신이 도는 모양이었다. 조심조심 부축을 해서 일으켰다. 다시 엉금엉금 길을 찾아 기어올랐다. 미끌어지고 고꾸라지며 플래쉬를 밝혀 더듬더듬 발을 옮겼다. 그런데, 아뿔싸, 20분도 채 못됐는데, 비상용 전지라 불이 나갔다. 겁이 덜컥 나서 머리카락이 쭈뼛 곤두섰다. 다급한 나머지 선발대에다 신호를 보냈다. 그러나 "그냥 길만 따라 조금만 더 올라오라"는 응답이 내려올 뿐이었다. 실로 어이가 없었다. 더군다나 초행인데다 지척을 분간할 수 없고 보니, 그냥 죽치고 앉아 구원을 기다릴 밖에 도리가 없었다. 날 믿고 따라 나선 그미에게 자못 부끄러웠다. 딴에 제법 등산을 한답시고 앞장선 꼬락서니가 참으로 민망했다.

그미는 무서운지 그 도톰한 눈두덩을 동그랗게 깔고 바싹 내 옆으로 다가왔다. 퍼질대로 우거진 나뭇잎으로 가려진 밤하늘은 가뜩이나 호젓한 우리를 더욱 으슥하게 흔들었다.

사실 보리암까지는 늘잡아 40분이면 넉넉히 오른다기에 그냥 내처 걸은 우리들이었다. 더욱이 아랫마을 해수욕장에서 빤히 바라다보이는 암자라, 아무리 가파로와도 관광 붐을 타서 오름길이 반반하려니 짐작한 것부터가 오산의 시발이었다.

마침 우리보다도 늦은 대학생들의 일행이 올라오는 바람에 우리는 비로소 눈을 얻었다. 그들이 비춰주는 랜턴 덕으로 겨우 발을 내디딜 수 있었다. 이러구러 보리암에 도착한 것이 무려 10시였다.

따져보니 엎어지면 코 닿을 데를 무려 2시간이나 걸린 셈이었다.

암자의 객실은 이미 기도회원으로 꽉 찼고, 방마다 코를 고는 소리만 드높았다. 먼저 도착한 K스님의 어거지로 우리는 구석진 요사채에 들어갔다. 툇마루에서 자래도 그만인데, 선뜻 방을 비워준 주지스님에게 냉큼 합장을 올리는 그미가 여간 고맙지 않았다. 한편 대견스럽기도 했다.

허나 스님이 나가기가 바쁘게 그미는 벌렁 눕고 말았다. K스님에게, 대뜸 시원한 냉수부터 먹이고, 어서 다리를 주무르란다. 좀처럼 주눅을 모르는 그미의 불호령이었다. 혀를 내둘러 도리질을 하며 짜증까지 내는 판이었다. 매섭게 흘겨 부치는 눈초리에 암상까지 서리었다. 그러나, 그것은 고작 아낙네의 토라진 본능일 뿐 악의는 전혀 없는 넋두리였다. 그래저래 안절부절하는 K스님과, 그리고 눈치만 보고 있는 J스님의 모습은 내가 보기에도 여간 딱하지 않았다. 그러나 도리가 없었다.

목욕을 마친 우리는 그냥 자자고 했다. 너무도 뻔한 절집 음식이라 오히려 우리끼리 장만해온 주전부리로 때우는 것이 백 번 만만해서였다. 그러나, 보리암의 인심은 깍듯했다. 군상까지 차려내는 떠돌이 백운(白雲)에의 대접이었다. 나보다도 그미가 먼저 일어나 밥상머리에 도사리고 앉는 데는 과연 질렸다. 나도 구수한 숭늉에 말아 악쉰 싱건지로 몇 술 넘기고 이내 물러 앉았다.

공양을 마친 우리는 차례로 누웠다. 싸구려 만수향내와, 스님네의 운기로 쩔은 매끼한 내음이 코를 찔렀다. 게다가 옆에는 B여사가 눕고, 그 옆에는 K스님, 그 다음에 J스님이 차지했으니, 막무가내 잠이 오지 않았다. 암만 눈을 감아도 영 감기지 않았다. 현실의 볼모가 된 나의 몰골이었다. 투정도 엄살도 통하지 않는 산중의 암자라 전혀 속수무책이었다. 더구나, 자정이 넘었으니 헤어날 방도도 없어 속절없이 엎치락뒤치락 잠을 청할밖에……

짝을 찾는 벌레 소리가 딱딱한 목침 밑에서 귀가 따가웠다. 차라리 돌아 눕고 말았다. 그 바람에 미어진 창살로 새어드는 얼레달과 눈이 맞았다. 막다른 골목에 사로잡힌 나를 부르는 손짓 같았다. 이지(理智)와 감정의 갈등에 가위눌린 자신이 생각할수록 수줍었다.

얼결에 잠을 포기하고 슬며시 일어나 밖으로 나왔다. 희미한 달빛으로 천하가 온통 잿빛이었다. 유난히도 반짝이는 별들이 눈을 잡아 당겼다. 그림자를 짝하여 뜨락을 거닐다가 층계를 내려 널찍한 반석에 덥썩 주저앉았다. 시누대를 스치는 가는바람이 와삭와삭 밀어닥쳤다. 문득 외로움을 달과 나눈 저 두보가 생각났다. 걷잡을 수 없는 마음의 싱숭이 스스러워 나이를 탓하며 피식 웃었다. 앞에 깔렸던 그 쪽빛 바다가 시꺼먼 동경(銅鏡)처럼 출렁인다. 겨드랑으로 기어드는 신량(新涼)이 경련을 자아내어 한결 허전하다. 짝을 부르는 멧새의 울음이 왠지 나의 귓전을 간지렸다. 사뭇 인간의 번뇌를 비웃는 시비가 분명했다.

어느새에 그미도 내곁에 나와서 고즈넉히 턱을 괴고 앉아 있었다. 얼결에 소스라쳐 벌떡 일어났다. 난생 처음의 잠자리에다 뒤숭숭한데, 당신마저 나와 버리니 불안스러워서 그냥 따라나왔다는 그미의 실토이었다. 우리는 약속이나 한 듯이 탑 앞으로 내려왔다. 중천에 떠 있는 달이 굽어보는 아래에서 밀어(密語)가 오손도손 오갔다. 칠석(七夕)을 아쉬워하는 견우와 직녀를 스스로 회상하며, 어지러운 옷섶을 여미었다. 가지런히 겹친 손가락이 달을 가리켰다.

"아녜요, 보람의 얼레빗이죠."

"뭘 수수하게 마음의 거울이라지."

"또, 그 알량한 추억이 소생하나 보죠."

"그 멋에 바라보고, 그 멋에 살죠."

그미와의 입씨름은 한이 없었다. 철학의 널을 뛰고, 문학의 시운을 스치었다. 베토벤의 변죽을 두드리다가, 석도(石濤)의 가녁과, 문징명(文徵明)의 울타리를 훗두루 오르내렸다. 특히 오브제와의 대화가 부실한 우리의 회화를 탓하고, 어줍잖은 큐비즘의 실존(實存)을 마냥 노닥거렸다. 차분히 그리고 진지하게 주고 받는 X선으로 해서 이른바 4차원의 밤은 다사하게 곤두박질했다. 널따란 바위가 안기는 정감은 해풍(海風)을 더불어 우리의 옷자락을 연신 들추었다. 후꾼한 바람이 오가는 가운데서 인간의 바닥이 드러났다. 장군멍군의 우격다짐이 결국 피장파장으로 다져졌다. 보름달에로 향하는 얼레달의 시새움이 우리의 눈을 앗았다.

가느단 풍경소리가 이을락 끊길락 메아리쳐왔다. 해수욕장 노라리판의 나른한 네온은 구태여 눈에 차지도 않았다. 그미는 캬라멜을 내 손에 넘겼다. 야릇한 단맛이 입안을 가신다. 뚱딴지처럼 이백의 '월하독작(月下獨酌)(1)'을 웅얼거리는 딴전에 샐쭉 혀를 차며, 고개를 꼬는 그미였다. 물론 때가 묻은 도덕의 너울을 어서 벗기라는 새파란 욕구였다.

꽃사이의 한 병의 술을	花間一壺酒
친구가 없다 보니 혼자 마신다.	獨酌無相親.
잔을 들고 밝은 달을 맞으니	擧杯邀明月
그림자 알라서 셋이 되었네.	對影成三人.
달이야 술을 아나	月旣不解飮
그림자 또한 내 몸에 딸린 것이니.	影徒隨我身.
아쉬우나마 저 달과 이 그림자로	暫伴月將影
즐겁게 노닐며 봄을 누리자.	行樂須及春.
내가 노래하면 달은 어칠거리고	我歌月徘徊
내가 춤추면 그림자는 너울너울.	我舞影凌亂.

취하기 전에는 함께 얼리고	醉時同交歡
술취한 뒤에는 이냥 헤진다.	醉後各分散.
하염없는 정취를 길이 맺어라	永結無情趣
기약도 멀구나 저기 저 은하수.	相期邈雲漢.

과시 천래(天來)의 포에지요, 천고(千古)의 환타지다. 그러나, 임도 아닌 술과 달로 외로움을 새김질한 이백이 도리어 수다스러운 우리의 밤이었다. 게다가 보름달도 아닌 얼레달이라 한결 야릇했다. 보람찬 열흘달은 우리의 판토마임을 가차없이 그림자로 옮겨 주었다. 거기에는 덤도 없고, 에누리도 없었다. 꾸밈이 없는 지순의 품앗이였다.

그림자가 갈라지자 우리는 다시 제자리를 찾았다. 잇몬은 탑이 굽어 봐도 우리는 인간 이외에 아무것도 아니었다. 그미는 바시시 일어나 매무새를 고친 뒤, 새삼스럽게 얼레달이 걸린 탑신을 가리키며,

"쟤가 웃네요. 그러나 이것이 바로 참된 삶이라니까요 그 따분한 관념부터 벗길 참이에요."

하고 덧없이 하소거렸다. 나는 받아서,

"걔 역시 도사리느라 나위가 없어요. 아무렴 간직하는 여운도 분명 멋이죠"하고 그미의 눈을 쏘았다. 아무 반응도 없었다. 갑작스런 별똥에서 서로의 눈길이 한데 모아졌다. 만상이 우리를 위해 존재하는 착각에 그저 심신이 즐거웠다. 그미는 다소 을씨년스럽다며 다시 방으로 들어가잔다. 열없어 뒤따랐다.

또 나란히 누워 잠을 청했다. 영 눈이 감기지 않았다. 감아도 감아도 애꿏은 별만 총총했다. 외로운 얼레달이 눈에 어른거려 달무리가 졌다. 자장에 든 쇠붙이처럼 주착없이 자꾸 끌려가는 나의 가죽주머니였다. 옴마니반메훔.

(1975. 7)

가만한 마음의 운두

우리 고려가요 「동동(動動)」9월조에 보면

9월 9일에 아으
약이라 먹는 황화(黃花)
꽃이 안에 드니
새서 가만하여라.

라는 가락이 드높다. 이 바깥 짝은 두 가지의 풀이가 있다. 하나는 주격조사로 풀어서 "꽃이 안에 드니 세서(歲序)가 만(晩)하구나!"요, 다른 하나는 동명사로 풀어 "국화꽃이 몸 안에 드니, 그 기운이 새어나서 마음이 가만하구나!"로 각각 풀이하고들 있다.

그러나, 격조사라면 문법적 사단이 문제이고, 동명사라면 '가만'이 아닌 'ᄀ만'이어야 하니, 음운이 문제다.

물론, 말은 쓰기에 따라 퍼진다. 가령 '고요'나 '거룩'만 해도 '고요하다'와 '거룩하다'라야 마땅한데, 아예 명사로 쓰게 됐듯, 쓰면 쓰지 못할 바도 아니다.

워낙, 형용사와 같은 원시어는 흔한데, 명사와 같은 실사(實辭)가 모자라는 우리 말이다. 따라서 외국처럼 날로 신어를 만들어 내고 복합명사는 물론, 품사의 전화에 손을 씀이 선결이다. 이는 15세기 초반 세종이 시도한 과감하고 창조적이고, 또한 실질적인 어문의 보기로 미루어도 불가능한 일이 아니다.

위에 보인 '가만'이란 말도 그렇다. '가만'이 마음의 고요라면, '고요'는 환경의 안온이다. 고요가 흐르는 법당에 오롯하게 결가부좌한 스님의 가만은 거룩에 값한다. 신변의 위해를 무릅쓰고, 오대산 상원암을 지킨 방한암 스님의 가만한 모습은 열반의 거룩이다. 거기에는 우연[微笑]스런 법열이 있었고, 우람스런 개오(開悟)가 빛났다. 서원이 다부졌고 믿음이 생동했다.

이 가만한 마음이 곧바로 평화다. 이 가만한 도사림이 평화의 비로솜이다. 알량한 가죽부대로 남을 윽박하고, 엉뚱한 위세를 떨치니까 환란이 오고 반발을 산다. 남이 저가 아닌, 자기의 처지인 곳에 파탄은 범접하지 못한다. 물론 말은 쉽지만 도시 어려운 일이다.

사실, 생로병사는 우리 인간의 업보다. 희노애락은 우리 인간의 배냇병이다. 그러나, 그 기쁘고 성내고 슬프고 즐거움을 가만한 마음으로 걸러내어 가라앉히는 데에 부처님의 가르침이 도도하다. 이 가만한 마음은 믿음의 울력이요, 보다 당당하게 사는 평화의 길잡이다.

평화는 이해를 떠난 공(空)의 마음에만 깃든다. 이 자비가 곧 가만한 마음의 작동이다. 딴은 나보다 남을 위하긴 어렵지만, 나도 위하고 남도 위하는 일이 바로 자애다. 남의 기쁨과 노함과 슬픔과 즐거움을 자기의 것으로 더불어 헤아릴 수 있는 가만한 마음이 자비심이다.

그렇다고, 나를 버릴 수 없는 것이 우리 인간의 고민이다. 내가 존재한 연후에야 남이니 말이다. 이 '나'라는 아집을 버림이 불교의 신실한 가르침이다. 그러나, 그 방하착은 우리 인간의 보람표이지, 범인의 현실일 수 없음은 원죄의 탓이다. 그래서 살신성인이 거룩하다.

가만한 마음, 거기엔 평화가 넘실거린다. 거기에는 분란이 있을 수 없다. 섣불리 평화를 외칠 필요조차 없다. 우격다짐으로 자기만을 세우자니까, 마음의 가만이 깨지고 마음의 평화가 일그러진다.

가만한 마음, 마음의 평화, 정말 이 세상에서 가장 높깊은 말이다. 남을 개개지 않는 가만한 마음, 생각사록 믿음의 안표가 틀림없다. 가만한 마음의 운두, 그것은 믿음으로 드높아진다.

(1978. 4)

장흥 천관산(天冠山)기행
―아육왕탑(阿育王塔)과 지제지(支提誌)

 지난해 11월 30일 서로 마음을 나누는 산소회(山小會)에서의 송년등반을 전남 장흥의 천관산을 택해 홀가분한 차림으로 연래의 숙원을 푼 소담스런 산행이었다.

 일단 광주에 내렸는데 이왕 내친 김에 장흥이나 관산읍으로 직행하자는 성화에 못이겨 곧장 택시로 달렸다. 남쪽인데다 날씨가 겨울답지 않아 차창을 여니 싱그러운 들바람이 사뭇 가슴속까지 가셔 주어 아예 맛졌다.

 도타운 길라잡이인 동덕여대 M교수가 "관산읍에서 묵느니보다 차라리 시설이 나은 장흥에서 쉬었다가 내일 일찍 떠나자"는 바람에 이내 탐진강 상류의 탐진장에 들어 쉬었다. 대중탕 시설이 자못 온천장 못지 않았다.

 이튿날인 섣달 초하루는 일요일이라 버스가 붐벼 다시 택시로 달려 천관산 기슭의 천관사에서 내렸다. 국내의 다른 절은 한결같이 대형화하는데 천관사는 외진 탓인지 10년이 여일하게 한갓져 5백년전 엄지로 꼽혔던 대찰이 초라하기 그지없었다. 다만 사리탑이 중수되고 범종각이 덩그럴 따름, 대웅전은 풍경조차 가만해서, 구태여 시성 두보(杜甫)의 "새벽 쇠북소리를 듣자하니 깨우침이 부더일어, 나로 하여금 깊은 반성을 자아내게 한다(欲覺聞晨鐘　令人發深省)"를 하염없이 웅얼거렸다.

 예불을 마치고 주지를 찾으니 공양상을 받고 있는 중이라 멋적어서 한갓 수인

사만 나누고 이내 산행에 올랐다.

워낙 천관사에 관해서는 장흥이 낳은 정조때 유학자 위백규(魏伯珪·存齋, 桂巷居士 : 1728~1797)의 감여서(堪輿書)인 「지제지(支提誌)」로 해서 소문이 자자한 명찰이다. 더욱이 세계일보에 연재중인 「유맥(儒脈)」으로 해서 진작 천관사까지는 올랐었으나, 길이 바빠서 산행은 포기하고 내려오다 장천재(長川齋)에 들러 「존재선생학규(存齋先生學規)」를 읽고 장흥 탐진교(耽津橋)를 건너 '위백규선생동상'만 경배하고 상경하면서 다산(茶山·丁若鏞)의 「탐진농요(耽津農謠)」를 상기했었다. 무척이나 바뀐 장흥의 모습이었다.

사실 천관사라면 지난 1965년 우리나라 최초의 국한혼용 산문체본인 동활자본 『석보상절(釋譜詳節 : 1447년 간행)』제 23·24의 귀중본이 발굴되어 거기에 실린 「아육왕 8만 4천탑 조성기(阿育王八萬四千塔造成記)」중에 다음과 같은 희한한 대문이 있어 생소한 나머지 놀랬었다.

아육왕(BC 264~228)이 밤에 귀신을 시켜 칠보의 가루로 8만 4천보탑을 만들고 야사존자(耶舍尊者)에게 명하여 손가락을 펴서 8만 4천 갈래에 방광(放光)하게 하고, 날랜 귀신을 부려서 "한 광명씩 따라 가서 그 광명이 다다른 땅에 한날 한시에 탑을 세우라"하니, 귀신들이 말하기를 "산이 가려서 서로 모르거니 어떻게 한때에 세우겠습니까"하니, 왕이 이르기를 "너희가 세울 준비를 옳게 하고 있으라, 내 아수라(阿修羅)를 시켜서 월식(月食)을 하게 하면 모든 천하가 한때에 북을 칠 것이니 그때에 세우라"고 하니, 그 귀신들이 월식할 때에 8만 4천탑을 한때에 세우니, 그 탑이 진단국(震旦國·중국)에 있는 것도 열아홉이니 우리나라에도 전라도 천관산과 강원도 금강산에 이 탑이 있어서 영험한 일이 계시니라.
〔아육왕이 탑을 세운 것이 주(周)나라 여왕(厲王) 46번째 해인 무진년(BC 833)이라.〕

(—석보상절 제24·24~25— 원문은 옛글이라 현대문으로 바꿔 옮겼음)

위에 보인 대문을 따져보면 무려 2,200여 년 전의 사연이다. 물론 『석보상절』은 세종 29년(1447) 수양대군(뒤의 세조)에게 『석가보(釋迦譜)』에 읽거리를 보태서 증수(增修)한 『증수석가보』를 당시의 일상용어로, 그것도 알기쉽게 묻고 대답하는 문답체로 간행한 희구본으로, 훈민정음(訓民正音)의 보급에 지대한 영향을 끼치었다. 위와 같은 진신사리탑의 기록은 일연대사(一然大師)의 『삼국유사(三國遺事)』 권3 홍법(興法) 제3「요동성 육왕탑」에 보면 부처가 열반한 뒤 불교를 크게 일으켜서 해외에 포교하고 요동에 탑을 세웠다는 대문이 있긴 하다. 물론 이능화(李能和)의 『조선불교통사』에서 「조선아육탑」조에 보면 장흥 천관산에 아육왕이 세운 부처의 진신사리탑이 있어 이따금 방광의 상서로운 현상이 나타났다 꺼졌다 한다는 부연이 있기는 하다. 그렇지만 『석보상절』에서는 오직 두 군데만을 지적한 것을 보면, 다른 10여 곳 절의 모셔진 진신사리탑은 필경 후대에 자장율사 등에 의해서 새로 봉안된 것일 밖에 없다.

그런데 위백규의 『지제지』에 보면 저자가 장흥인인만큼 훨씬 소상하게 기술되어 아육왕탑의 기실(紀實)을 상고함에 있어 신생약국 위황량 씨도, 방촌에 사는 종손 위계환 씨도 출타해서 만나지 못했는데, 공교롭게도 동아일보 지국장 정길태 씨를 만나 지난번 출간된 『지제지』는 보았지만, 그 활판본은 나도 진작 보았었기 때문에 원본을 채근했더니, 다행히 친필의 원본이 새로 발견돼서 현재 장흥문화원(원장 이상구)에서 사진판에 번역까지 곁들여 인쇄중이라는 반가운 소식을 들었지만, 마침 택시를 예약해 놓고 광주에서의 상경버스 시간이 다급해서 자세한 사연은 나누지 못하고 그냥 돌아서고 말았다.

나는 일찍이 『지제지』의 원본을 보기 위해 포장도 안 됐던 관산면을 찾았었으나 뜻을 이루지 못했었다. 곧 1965년 『석보상절』 제23·24의 해제를 위해 천관산의 아육왕탑의 고증은 못해도, 방증만이라도 찾아 문헌을 뒤지다가 작고하신 스승 퇴경당(退耕堂·權相老)의 평생사업으로 엮어 놓으셨던 『한국사찰전서』 1991년 『退耕堂全書』 권2~3에서 「지제산사적(支提山事跡)」을 찾아 매우 기뻤었다. 그래서 꼭 원본을 보려고 했지만 실은 8월 기제날이라야 사당문을 여는데, 『지제지』는 시문집 『존재집(存齋集)』 등과는 달리 자물쇠까지 잠겨 꺼내지 못한다는 단호한 거절이어서 먼지만 흠뻑 쐬고 속절없이 돌아온 처지라, 퍽 고까웠었다.

한편 이 『지제지』는 1970년 동아일보에서 『신동아』 신년호 부록으로 기획한 『한국을 움직인 고전백선(古典百選)』에 추천도서로 천거하기도 했었으나 시의에 걸맞지 않는다   해서 제외됐었음을 밝혀 원본에의 집념을 덧붙인다. 이제 후손의 전사본이 아닌 저자의 수고본이 발견되어 인출된다니 기대를 감출 길 없다.

퇴경당의 『한국사찰전서』에 실린 「지제산사적」도 실은 선종(禪宗)의 8대사찰인 가지산(迦智山) 보림사(寶林寺)에 머무시면서 겨우 베끼셨다는 정도였다. 그 「지제산사적」에 의하면 천관산의 명칭은 불두(佛頭)·우두(牛頭)·지제·천관의 넷인데, "지제는 본시 탑묘의 이름으로 이 산이 이와 비슷해서 일컬어졌다"고 했고, "산 양달에 여러 바위가 포개져 두어 길이나 우뚝한데, 서쪽 천축(天竺·인도)의 아육왕이 세운 것이다"라고 적혀 있다. 실제 산행하며 정상에 오르다 바라보면 몰골이 천연 같지 않아 자못 수긍이 되기도 해서 절로 탄성이 나와 가쁜 한숨과 더불어 일행이 소리높이 산호(山呼)를 외쳤었다.

하여간 『지제지』는 경전(經傳)에서의 전인(轉引)만은 아닌 듯하고, 더욱이 『석보상절』의 원전인 『증수석가보』는 물론 그 번역본인 『석보상절』 제24도 보았을 리 만무한데도 아육왕의 사리탑의 사실을 자세히 기술하고 있어 그는 비단 견문(見聞)만의 소산이 아님을 짐작케 한다.

천관산은 매우 신비스런 명산이다. 불과 해발 7백여m 밖에 안 되지만 그야말로 이름마따나 하늘에서 내린 갓을 쓴 산이다. 특히 고려 의종(毅宗) 때 세웠다는 봉화대인 연대봉에서, 지난해 큰 산불로 정상이 타서 온통 억새로 덮힌 능선을 바라다보면 더욱 이채로워 마치 잔잔한 다도해의 물결처럼 무척이나 아름다웠다. 특히 정상에서 아래에 펼쳐진 천관사를 조감할 때 15세기 초반까지는 우리나라에서 굴지의 사찰이었다는 사실대로 지형이 수려하고 고루 갖춰진 명당이어서 사방이 바다로 둘러싸인 천관산의 요지인데, 몇해 전에 밭갈이를 하다가 캤다는 금동불상

기사만이 헌사되니, 이른바 제행무상은 이를 두고 이름인가. 되우 껄끄러워 구룡봉
에 고여 있는 물의 살얼음을 깨면서 색공(色空)의 고단스러운 발길을 돌려 내려
왔었다.

(1992. 5)

법주사 희견보살상(喜見菩薩像)

　지난 일요일은 법주사에서 동국대학교 교양학부의 민족문화재 순례대와 더불어 하루밤을 지샜다. 비록 인솔의 구실이 걸리기는 해도, 코를 쏘는 솔 내음으로 해서 뒹구는 낙엽소리가 문제 아니었다.

　썰렁한 날씨에 하늘따라 흐려 초승답지 않게 희멀건 밤이었다. 별조차 조는 한밤이건만, 풍경소리는 소슬한 경내를 연방 보살피고 있었다.

　요란스런 북소리가 고요를 흔들었다. 도량석의 비로솝이었다. 옛글의 '상좌승의 법고(法鼓)' 치듯이란 말처럼, 정녕 잘도 치는 북소리였다. 저 숙련을 위해 쌓은 정진의 뒤안길을 생각하고, 문득 고개가 끄떡여졌다.

　일찍이 당나라 두보는 하남땅 용문(龍門) 봉선사(奉先寺)에 노녀 읊은 율시 끝 구절에,

새벽의 종소리 깨오침 있어라	欲覺聞晨鐘
나에게 깊은 감명 안겨를 주네.	令人發深省.

라고 마음을 떨구었다. 세상을 멀리한 속리(俗離)의 법주사 북소리라, 한결 심상(心象)이 도졌었다.

　일찌감치 세수를 했다. 산골이라선지 손이 저리도록 시린 물이었다.

　새로 단청한 대웅전에 올라가 예불을 올렸다. 그리고 가부앉아 참선에 들었다. 마음이 다소곳 가라앉았다.

아침 공양을 마치고 이내 산행에 나섰다. 붐벼서 미어질 놀이 손님네를 피해, 아예 경내의 유물을 더듬고 나서, 세속과 동떨어진 문장대로 오르는 대행군을 떠났다. 헤살짓는 이슬이 미웠다.

앞으로 나타나실 미륵불이 머문다는 법주사다. 누구는 일찍이 신라 최치원의 글이라 하고, 누구는 백호 임제의 글이라는 재치 겨운 일련의 글귀가 절로 웅얼여진다.

도(道)는 사람을 마다고 않는데, 사람이 도를 멀리하고
산은 속기(俗氣)를 마다고 않는데, 속기가 산을 싫다누나.

의 슬겨운 속리(俗離) 풀이다. 딴은 『중용(中庸)』의 구절을 되새긴 멋진 마물음이다.

사실 법주사의 보물이라면 팔상전과 쌍사자 석등이다. 그리고 석련지(石蓮池)와 미륵상을 꼽는다. 그러나, 나는 왠지 미륵상 앞에 함부로 놓여진 희견보살상이 볼수록 새로운 가르침을 던져 주어 그저 좋다.

머리에 큰 향로를 이고 서 있는 작달막한 석상(石像)이다. 모진 비바람과 눈서리에 동강이 났지만, 그 소박하고 고졸한 다룸새는 보통이 아님에서다. 숱한 손때를 타서 너무 헤시었고, 하 잇묻어 몰골이 딱하긴 하다. 그러나 그 동그란 눈매로 미루어, 그 차진 믿음이 내뿜는 강한 인상은 우리 인간으로 하여금 옷깃을 여미고, 머리를 조아리게 하는 보살상이다. 부처에게 바치는 신앙의 안표(眼標)라기보다 끊임없는 공덕의 상징이 분명하다. 섣불리 오늘 세우는 기복 불사와는 다른 참다란 시주다. 인고의 다부진 입김, 천년 동안을 섰어도 끄떡도 하지 않는 두 발의 안정감, 그리고 무거운 향로를 받친 두 팔의 강단이 하도 거세서, 사뭇 거룩에 값하는 운력이다.

본시 희견보살에 관해서는 적지 않은 언설이 알뜰하다.

저 『유마경(維摩經)』 제9장에 보면, 이 희견보살의 '평등설(平等說)'이 눈에 띈

다. 곧 유마거사(維摩居士)가 많은 보살들을 향해서,

 "여러분, 보살은 어떻게 해서 상대의 차별을 넘어선 절대 평등의 처지인 불이법문에 드는지, 각각 생각하는 바를 말해 주시오"
라고 물으니까, 법자재 보살을 비롯한 서른 한 분의 보살들이 저마다 각기 자기의 속을 밝혔다. 그 자리에서 희견보살은,

 "물질적인 형상보다 그 형상이 공한 것은, 서로 맞서고 있지만, 실은 물질적 형상은 그대로가 공한 것입내다. 물질적 형상이 멸했기 때문에 공한 것이 아니라, 물질적 형상의 본성이 본래가 공한 것입내다. 매한가지로 느낌이나 생각이나 뜻도 실은 공한 것입내다. 마음과 마음이 공한 것도 서로 대립해 있기는 해도, 마음 그대로가 공한 것이지, 마음이 멸했기 때문에 공한 것은 아닙내다. 마음의 본성 자체가 원래 공한 것입내다. 이처럼 몸소 체득하는 것이 바로 절대 평등의 경지에 드는 길이라 생각합내다."
라고 대답했다.

 물론 옳은 말이다. 미륵상 앞에 서 있는 희견보살상의 모습 역시 따져보면 공한 것이다. 그것을 있다고 생각하니까 자꾸 의아해지는 법이다. 나날이 외우는 「반야심경(般若心經)」첫머리에,

 "물질이 공과 다르지 않고 공이 물질과 다르지 않으며, 물질이 바로 공이요 공이 바로 물질이니, 느낌과 생각과 행실과 의식도 한가지이다. 사리불아! 이 모든 법의 공한 모양은 난 것도 없고 멸한 것도 없으며, 더럽지도 깨끗하지도 않으며 붇지도 않고 줄지도 않는다. 따라서 공 가운데는 물질도 없고, 느낌과 생각과 행실과 의식도 없으며, 눈과 귀와 코와 혀와 몸과 뜻도 없으며, 눈의 한계도 없고 의식의 한계까지도 없으며, 무명(無明)도 없고, 또한 무명이 다함도 없으며, 늙고 죽음도 없고 또한 늙고 죽음이 다함까지도 없으며, 괴로움과 괴로움의 없어짐을 가시는 길도 없으며, 지혜도 없고 얻음도 없다"의 축약이 여기에 맞는다.

 있다고 생각하니까 없음을 알게 되고, 없다고 우기니까 있음을 안다. 모름지기

달마 스님의 "마음을 이리 가져오너라"는 높넓은 진리를 깨치는 길잡이가 바로 희견보살상이 아닌가 해서 자꾸 우러러진다.

비록 시꺼먼 시멘트를 더덕더덕 발라 붙여 천대를 받고는 있으나, 그러나 이를 가다듬던 그제를 생각하면, 값진 희견보살상이 틀림없다.

괴로움을 참는 것 자체가 기쁨이다. 온갖 것을 기쁘게 보는 희견보살이다.

천 년을 오롯하게 섰어도 부처에게 기쁨을 바치는 것만으로 보람을 삼는 보살이다. 향로가 무거우면 대수랴.

정성의 향불이 타오르면 그만인 것이다.

다리가 아파도 기쁘고, 팔이 떨어져도 기쁘다. 공치사도 대가도 따지지 않는 희견보살상이다. 거기에는 야속도 고까움도 깃들 나위가 없고, 다만 방하착(放下著)의 기쁨이 넘칠 뿐이다.

세상에 제가 좋아하는 일처럼 즐거운 일은 없다.

반면에 남이 하래서 억지로 하는 일처럼 따분한 일도 없다.

이 희견보살상은 눈이 오나 비가 오나 덥거나 춥거나 오로지 부처에게 바치는 향불을 위해 오늘이 있을 따름이다.

턱이 떨어지면 어떻고, 코가 깎여지면 어떠냐고 막무가내다.

더구나 철부지 망나니들이 그렇게 짓궂게 놀려도 한눈조차 팔지 않는 희견보살상이다. 남의 속은 모르고 얽었다는 핀잔이나 퍼부으며, 함부로 구박하는 꼬락서니들을 아랑곳하지 않고, 남을 탓할 줄 모르는 어진 희견보살상이다.

있고 없고를 떠난 또 다른 차원에 도사린 희견보살상에 새삼 경배를 올리며, 덧없이 오늘과 내일을 헤아리는 좁은 소견을 나무라나, 그것 역시 데데한 인간의 안간힘임을 새기며, 천천히 발을 돌리는 마음에 기쁨이 왔다.

(1977. 1)

고활자 복원 『월인천강지곡』 기증
- 우리의 유엔총회 회원국 가입기념으로

1991년 9월 문화부에서 우리나라가 대망의 유엔총회에 정식으로 가입됨을 기념해서 도서출판 삼성출판사로 하여금 우리나라의 훈민정음으로 1449년 간행된 최고본 『월인천강지곡』을 활자까지, 고본대로 복원해서 유엔총회기념관에 기증한 쾌사가 있었다. 실로 우리의 활자문화를 세계만방에 과시한 일이라, 당시 불교방송국에서 그 가치에 대한 대담 '무명을 밝히고'에서 나는 다음과 같이 보람차서 토로했었다.

세종이 25년(1443) 훈민정음을 창제하여 갖가지 시행을 거친 끝에 28년(1446) 반포를 보았는데, 실은 훈민정음을 보다 널리 보급하여 사람마다 쉽게 익혀 실용케 함이 당면의 과제였습니다. 곧 훈민정음이 아무리 과학적이라도 통용되지 않으면 소용이 없음을 실감한 나머지, 당시 삼국시대 이래 사뭇 국교로 신봉한 불교여서 아예 민간신앙으로 섬겨져 깊이 뿌리를 박은 불교인구의 활용에 착안했음은 참으로 영명한 세종의 과단이었습니다. 더구나 당시는 거의가 문맹이었던 부녀자로 하여금 문자를 깨쳐 스스로 읽고 쓰는 보람을 누리게 했다는 사실은 생각할수록 거룩하기 그지없습니다.

곧 세조가 쓴 『월인석보』 서문에 보면 "세종28년(1446), 왕후인 소헌왕후께서 돌아가시자 슬픔을 가누지 못했는데, 세종께서 나에게 이르시기를 '부처에게 복을 비는 것은 불경을 번역해서 옮김만 못하니, 너는 마땅히 석가의 족보를 번역하라하셔서, 그 자애로운 명령을 받들어 중국 양나라 승우 스님의『석가보』와 당나라 도현 스님의『석가씨보』를 바탕으로 삼아 그 두 책에서 취사 선택하고, 또 갖가지 문헌과 경전을 참고해서『증수석가보』를 편찬해서 그 책을 마디마다 풀이하고 우리말로 번역해서『석보상절』을 엮어내어 사람마다 쉽게 익혀 깨치게 하여 세종29년(1447) 세종께 바쳤더니, 그를 보시고 몸소 580여장의 찬불가를 지시어 세종31년(1449)『월인천강지곡』이라 이름하셨다”고 그 경위를 밝히고 있습니다.

여기에서『석보상절』과『월인천강지곡』의 가치가 문제로 대두됩니다.

워낙『석보상절』은 모두 24권인데 전질은 전하지 않습니다. 다만 그 내용을 보면 석가를 둘러싼 재미나는 얘기가 주종을 이루고 있는, 훈민정음으로 엮은 얘기책입니다. 비록『법화경』이나『아미타경』이나『지장경』이나『목련경』의 일부분을 실었지만, 그 역시 일반대중을 위한 대문임은 이『석보상절』의 가치를 짐작케 합니다. 더욱이『석보상절』은 당시로는 가장 정교한 세종16년(1434)에 주조한 갑인동주자로 간행하되, 표기는 한자 밑에 작은 활자로 훈민정음자를 곁달아서 한자 위주의 국한혼용인데 반하여,『월인천강지곡』은 상·중·하 3권으로 역시 갑인동주자로 간행되었는데, 훈민정음자 밑에 작은 활자로 한자를 곁들여 훈민정음 위주임은 주목을 요합니다. 세종은 그만큼 그 시행에 용의주도했습니다.

물론 조선왕조는 건국과 더불어 유학을 숭상하고 불교를 억압하는 숭유억불책을 국책으로 삼아 태종 이래 유학사상이 크게 부상했고, 세종 또한 문학을 숭상하고 학문을 좋아한 성군이었지만, 실은 자상해서 그 말년에는 거국적인 반대에도 불구하고 대궐 안에 내불당을 세우기도 했습니다. 그러나 유학사상에서 가장 받드는 ‘두 임금을 섬기지 않는다’는 가르침에 어긋나는 이태조의 쿠데타를 합리화하기 위해 세종27년(1445),『용비어천가』를 지어 그 정당성을 하늘의 뜻이라는 천명사상으로 미화하여 두루 궁중의 제례에 부르게 했으니, 이 또한 훈민정음의 실효를 위한 파격적인 조처였습니다.

그러나 훈민정음은 그것만으로는 정착의 실효를 거둘 수 없다는 전제 아래 유학의 사서삼경이 아닌 『석가보』의 번역을 꾀한 점은 기상천외의 과단이었습니다. 더구나 엄전한 석가의 가보에서 얘기거리가 되는 사실만을 취택하되, 그것도 당시 부녀자가 통용하는 보통사람의 말로 알기쉽게 묻고 대답하는 대화체를 써서 예사롭게 꾸민 점은 놀랍습니다. 그러니까 읽는 동안에 절로 훈민정음을 깨쳐 실용에 적응케 했으니, 실로 문맹퇴치의 세계적인 공헌이었습니다. 이 『석보상절』이나 『월인천강지곡』의 문체는 우리나라 산문체의 시초가 되었고, 또한 부녀자들의 편지체의 본인 내간체가 돼서 지금까지도 통용되고 있으니 얼마나 영명스럽습니까.

물론 이 대중을 의식한 설법은 당나라 말기에 불교가 쇠퇴해서 절집이 날로 황폐해지자 불경 가운데서 재미있는 사연을 골라서 설법을 잘하는 강사를 초빙해서 설교를 하게 해서 불교를 부흥케 했던 이른바 속강과, 그러한 사실을 그림으로 크게 그린 변상도를 걸고, 또한 그 대목에 걸맞는 노래, 곧 범패와 게송을 불렀던 사실을 새삼 재연한 용단이었습니다. 그러니까 『석보상절』은 대사이고 『월인천강지곡』은 찬불가였던 것입니다.

본시 『월인천강지곡』의 뜻은 밝은 달빛이 온 강을 찬란하게 고루 비추듯이 가이없는 부처의 가피가 온 세상을 두루하는 거룩하고 우람스러운 불교를 기리는 찬불가인 것입니다. 그러니까 노래를 부르는 가운데서 절로 불교의 거룩을 스스로 깨침은 물론, 훈민정음을 실용화하기 위한 일거양득의 마련이었으니, 이는 『용비어천가』의 악장체가와 함께 잘도 시도된 시행이었습니다. 듣자니 이 불교방송에서 찬불가를 새로 제정해서 널리 불리려는 운동을 시작했다고 들었습니다만 늦은 감이 없지 않으나 자못 반갑습니다.

자고로 동서를 막론하고 훌륭한 임금은 음악에 정통해서 정치적 교화를 시도했습니다. 중국 후한의 무제가 음악을 관장하는 악부를 설치해서 노래의 순화를 꾀하였고, 당나라 현종은 대궐에 이원(梨園)을 설치해서 8천제자를 키워 당악을 제정했는데, 다만 즐겁되 음탕치 않음이 음악인데 그렇지 못해 탈이 생겨 나라의 걸음걸이가 삐딱해졌습니다. 우리나라 세종 또한 음악에 정통해서 국민과 더불어 즐기는 「여민락」을 짓지 않았습니까. 악보가 전하지 않아서 그렇지 『월인천강지곡』은 정말 장엄한 찬탄이었을 것입니다.

이 국보적인 『월인천강지곡』이 우리 한국이 유엔총회 회원국으로 가입됨을 기념해서, 그 기념관에 전시를 하게 되었음은 모름지기 자랑이 아닐 수 없습니다. 다만 『월인천강지곡』보다 『석보상절』이 먼저 간행되었고, 또한 세조가 계유정난(1453) 이후 4년(1459), 공교롭게 세조의 큰아들이 요절하자 부모의 정은 본시 천성이라 위의 두 책을 합쳐 『월인석보』라 해서 불경의 번역간행을 도맡은 간경도감에서 목판으로 간행한 책도 있으니, 이왕이면 나란히 전시됐었으면 금상의 첨화가 아니었을까 아쉬운 마음 감출 길 없습니다.

실은 문화부에서 『월인천강지곡』의 기증 발표가 보도되자, 내가 지심으로 복원 영인한 바의 『석보상절』 제 23, 24를 아직 간직하고 있다면서 기꺼이 보시하겠다고 해도 이미 결정되었으니, 더는 보탤 수 없다고 해서 무안하기 그지없었습니다.

사실 우리 불교는 자고로 나라를 빛내고 보호하는 선봉이었습니다. 이런 뜻에서 이번의 『월인천강지곡』의 기증 또한 값진 일이 아닐 수 없습니다. 두루 성불하시기 기원합니다. 나무관세음보살 석가모니불.

제2장

믿음이 있는 곳에────

불교는 진작 민족신앙의 지주요,
진국의 정교로 자아완성의 바람과
중생제도의 보람을 한결같이
심어주어 마침내 헤벌어지는 민심을
손아귀에 넣었다. 아득히는 신종을
부어 그 쇠북의 메아리로 섭심의
조짐을 불렀고, 가까이는 구국의
대원을 믿음으로 거느려 나라와
겨레의 향방을 가리켰다. 그러나
그것은 선인의 단련이 끼친 자랑이지,
오늘 우리의 자랑은 아니다.
훌륭한 조상을 팔기에 앞서 훌륭한
자손의 긍지가 오늘처럼 간절한 때는
일찍이 없었다.
대륙의 호령도 우리 불교가 막았고
섬놈의 야망도 우리 불교가 막았으나,
우선 종풍의 광정부터 앞세우잔
말이다.

유전우전(有田憂田)

왜 『관무량수경』에 '유전우전(有田憂田) 유택우택(有宅憂宅)'이란 법어가 있지 않소. 딴은 그렇죠. 밭뙈기가 있으니 밭 걱정을 하지, '무전우전(無田憂田)'이면야 한갓 잠꼬대죠. 밭이 없고 보면 장마와 산사태가 무슨 상관이겠소. 한가지로 집칸이라도 있으니까 집 걱정을 하죠. 아무렴 요.

허나, 나는 이 동국대학교의 '무녀리'이고 보니, '강가의 불'처럼 우두커니 구경이나 할 수는 없소. 자고로 말은 해야 맛이고, 음식은 씹어야 맛이랬으니, 방앗간을 그냥 지나는 참새가 될 수야 있겠소.

각설, 첫째 신입생에게는, 우선 '자랑하는 자세'를 터득하라 외오치고 싶소. '종남산 제일봉 낙락장송'은 하마 때로 결었으니, 때를 몹시 꺼리는 이 마당에서 따분한 수다야 어찌 하겠소. 모름지기 새 술은 새 부대로 빚는 법이라니까 독야청청은 안 돼요…….

등교할 때야 워낙 가빠서 숫제 허덕이는 108의 계단이지만, 하학할 때 우리의 자랑 동악에서 내리 바라볼 때, 눈 아래에 굽힌 '서울특별시'의 잔다란 몸골. 크게 만민을 호령하는 집도 겨우 일점(一點)이요, 어중된 '엽관(獵官)'에 넋을 잃은 모리배 또한 한줌에 불과함을 똑똑히 굽어보란 말이요. 한 번의 실수쯤, 이 쇠털 같은 앞날을 좌우하는 건 아니지요. 가슴을 펴고, 눈을 높넓혀 '거만한 서울'을 마음껏 호령해 보란 말이요. 최고래야 겨우 삐쭉이요, 보통이라면 실상 티에 불과함을 알아, 이를 평생 잊지 않는 곳에 동국대의 광장은 이른바 만세의 반석이 되고, 남보다 넘나지요. 어서 그 백상(白象)의 대패로 서울의 코를 깎으란 말이요. 파인(巴人, 金東煥)의 노래처럼 "귀도 없나 입도 없나"가 사실이지 않소. 주인의식으로 내달으란 말이요. 지금 이리 노닥거리고 있는 동안에도 남은 저리 전진하고 있지 않소.

둘째, 재학생에게는 '주체의식으로 거느리는 자세'를 가지라 타이르고 싶소. 도시 뭣이 모자라 그리도 움츠리는지 내사 모르지만, 나날 자라모가지가 돼 가니 정말 1회 출신인 내가 스스럽소. 그렇다면 진흙에선 꽃도 못 피지 않겠소. 옳거니, '소망의 쟁취'가 동국대의 지남(指南)이어야죠. 어수선한 구렁에서 굳건히 제 길을 찾고, 부실한 터전에서 떳떳한 자랑을 돋뵈어야 과시 보람있는 젊은이가 아니겠소.

그렇고 말고요. 왜 "개천에서 용이 난다"지 않았소. 그렇다고 우릴 보고 개천이라 재깔인다면 죽치고 들어야죠. 그러나, '개천'이 '한가람'이 되는 길을 우리는 그 누구보다도 잘 아니까 미리 짓눌릴 건 없소. 왜 "오르고 또 오르면 못 오를 리 없건마는……"이란 노래도 있지 않소. 그러니까 상말의 "못 오를 바위는 치어다보지도 말라"는 말은 우리 동대생의 사전에서 아예 빼어버리겠다는 다부진 용기를 세우란 말이요. 아주 막가는 말일지 모르나, 못 오르겠다면 도끼로 굽을 내서라도 오르란 말이요. 작은 샘이 내가 되어 바다에 흐르지 않소. 요는 시작이 반이요, 첫걸음이 곧 성공에의 시그널이요. 그래 꼭 '무전우전(無田憂田)'이어야겠소. 아니 '유전우전(有田憂田)'이 과연 객담이겠소. 오늘도 태양은 둥두렷이 솟아났소. 저마다 임자 없는 일월(日月)이라지만, 분명 임자는 있기 마련이니, 우리 너나 없이 제 책상의 먼지부터 말끔히 텁시다례.

부디 새 세대의 새 동국대학교를 위해, 보다 크고, 보다 넓은 눈과, 보다 밝은 귀를 주소서. 가만히 손을 모아 모자를 벗소. 우리의 제1교가의 '이 나라 이 겨레의 복토(福土)'는 바로 이 아니겠소.

(1958. 4)

원왕생가(願往生歌)

이두로 표기된 사뇌가(詞腦歌)를 읽노라면, 자연 지지난달 작고하신 양주동 선생이 눈에 어른거린다. 그 폭넓은 논석과, 그 신이 들린 열강으로서다. 삼가 명복을 빌면서 「원왕생가」에 얽힌 시연을 더듬는다.

신라가 한창 옹골차던 문무왕(661) 대의 일이다. 고작 짚신을 삼아 삶을 누리던 광덕(廣德)의 믿음은 도도했다. 애도선(愛逃禪)의 용맹정진, 드디어는 서방정토에 왕생한 청신(淸信)이었다. 광덕이 죽자, 그의 친구인 엄장(嚴莊)이 장사를 지내주고, 딴 마음이 생겨 미망인을 홀렸다. 그러나 그미의 몸가짐은 엄전했다. 그 남진에 그 지어미였다. 다부진 나무람에 크게 뉘우친 엄장은 나날이 종경(宗經)을 닦기에 정념한 나마에 못내는 그도 극락에 갔다는 설화가 『삼국유사(三國遺事)』권 5 감통(感通)편에 전한다.

광덕이 일찍이 「원왕생가(願往生歌)」를 불러 자신의 발원을 다졌었다.

"달님 달님, 이제 서방까지 가시는가요 아미타불 전에 가사 전해 주소서. '다짐 깊으신 부처를 우러러 두 손을 모아 원왕생, 원왕생을 그리는 이가 있다'고 사뢰소서. 아! 이 몸을 남겨두고 사십팔대원(四十八大願)을 이루오리까."

이상이 사뇌가〔鄕歌〕「원왕생가」의 뜻풀이다.

서녘으로 떠가는 달에다 자가의 서원을 다짐한 광덕의 신심은 도탑기 그지없었다. 부처께 귀의하는 발원의 색상, 그것은 내세를 바라는 사무침에서 무르익음은 예나 이제나 한가지다.

이 「원왕생가」는 양 박사의 발신(發身)의 입언(立言)임은 세상이 아는 사실이다. 이 역사적 논석이 「청구학총(靑丘學叢)」에 발표되자, 내외의 학계를 발끈 뒤집었었다. 덩달아 지지(紙誌)는 사뭇 다투어 자기의 자랑처럼 온통 법석들이었다.

그뒤 권상로 선생의 구독(句讀)인 "蓋十九應身之一. 德嘗有歌云…"에 따라, 이 노래의 작자가 '광덕의 처가 아닌 '광덕'으로 바로잡혀서 양 박사로는, 차마 '덕자변(德字辨)의 징명(徵明)까지 내셨었다. 실로 희한한 '일덕(一德)'의 요술이다. 그러나 '상유작가(嘗有作歌)'가 아닌 '상유가(嘗有歌)'임에는 전혀 언급이 없으셨다. 독단이지만, 광덕이 지은 「원왕생가」가 아니라, 광덕이 염불을 삼아 부른 「원왕생가」였음을 감히 덧붙여 둔다.

또한 신호열(辛鎬烈) 선생의 묘지(妙指)인 '화종도경(火種刀耕)'은 『삼국유사』의 각판마다 '대종력경(大種力耕)'이어서, 모두 '큰 농사를 짓다'로 풀이됐었다. 가난한 짚신장사 광덕을 대농(大農)으로 둔갑시켰으니, 우습지도 않다. 그래서 당장 『고가연구(古歌研究)』에 가주(加朱)하시던 양 박사의 모습이 지금도 눈에 선하다.

하여간 「원왕생가」로 인한 사단은 생각사록 솔찬하다. 저 일황(日皇)의 대상을 탄 소창진평(小倉進平) 씨가 박살이 나자, 앙큼하게 "10년 후에 다시 보자"는 야망의 편지를 강단에서 보여 주시던 일에 비롯하여, 일자일음(一字一音)을 세우는 이숭녕 박사와의 논전 「희희기(噫嘻記)」에서 '지나가는 빗소리'와 '작몽(昨夢)의 호령'이 거나했고, 나름대로의 개칠을 평계로 자못 시비가 부산했으나, 「원왕생가」와 양 박사의 뒤안길은 마냥 차지기만 했다. 끝내 광덕의 처도 아닌 광덕 자신으로 고집하셨으니, 일찍이 전해오던 「원왕생가」를 광덕이 불렀다는 사견은 한갓 일설일 따름이다.

짚신장사와 국보 선생, 그러나 저승에서도 그런 거리낌 없는 무애(无涯)의 정

토에 나셨을 것을 믿는 나이니, 이승의 자질구레한 일에 절대 말리시진 않으실 게
다. 거듭 큰절을 올린다. 옴.

(1977. 6)

믿음이 있는 곳에

보람이라니, 그냥 꿈이래도 좋고, 이상이래도 무관하다. 이를 수행하기 위해 오늘이 있고, 내일의 삶이 잦아지니 말이다. 정말로 세상은 무척 달라졌다. 우물 안의 개구리론 살 수가 없다. 남을 탓할 처지도 못되고, 무작정 의지할 세상도 아니다.

여기에 보람찬 삶이 절실하다. 보다 나은 내일을 위해 당당히 사는 진취성에 소망의 쟁취는 안겨진다고 본다. 모름지기 제 살기에 바쁜 이 살얼음판에서 보람이 없다니, 그것은 나침반을 잃은 배와 같다. 요는 보람찬 자기의 텃밭을 확보하기 위한 착실한 노력 여하에 따라 삶의 푼수는 나게 마련이다. 해외로의 진출이 잦고, 외국의 인식도 사뭇 달라진 오늘의 우리다. 선진을 빙자한 높은 코를 문대가며 억척스럽게 개척하는 판에 엉거주춤은 아예 당치도 않다. 남이야 뭐라든 보다 떳떳한 내일의 번영을 위해 용맹정진하는 용기만이 살아갈 수 있는 오늘의 현실이다.

선진한 남들도 그랬듯이 우리도 많은 시련을 겪어야 함은 물론이다. 험한 눈보라를 뚫고 나가는 고난은 비단 청교도들만의 독차지는 아니다. 비록 뒤늦은 근대화였지만, 우선 오지랖부터 여미면서 도전한 우리의 해외진출이다. 수출을 위해 바다를 건넜고, 취업을 위해 이국의 땅을 밟았던 우리였다. 보람찬 내일을 위한 시동이었다. 그 쓰라린 발자국은 피눈물과 비지땀의 연속임은 남다른 오늘의 실적이 입증하고 있다. 기적이라니, 그것은 보람을 위한 다부진 노력의 대가다.

우리는 보람찬 내일을 위해 짚신감발을 했다. 가난과 멸시를 불식하기 위해 굳건히 일어섰다. 이왕 하늘의 별을 따보려고 나선 우리이니만큼 목적을 위해 끈덕진 일꾼을 자처함이 선결이다.

　그러나 문제는 빵만으로 만족할 수 없는 것이 우리의 삶이다. 오늘보다는 내일, 내일보다는 모레를 헤아림이 삶의 당면과제다. 남이 그런다고 나마저 그러다간 결국 낙오밖에 안 됨이 현실의 엄격한 주사위다. 이미 선착한 무리들의 거드름과 야료를 감수하면서 비록 이삭을 줍는 후진이라지만, 그들이 끼친 이삭에만 눈독을 들일 수 없는 것이 우리의 현실이다.

　따라서 앞지르기를 위한 몸가짐부터가 문제인 것이다. 세상 만사가 모두 자기를 위해 존재하지 않는 한, 우리는 그 현실에 적응해서 발판부터 굳히는 것이 가장 슬기로운 삶이다. 흐름에 따라 헤엄치기는 쉽다. 그러나 거슬러 헤엄쳐야 할 처지가 없으란 법은 절대 없다. 그렇다. 강한 햇볕은 진한 그림자를 자아내고, 높게 오르면 반드시 세게 떨어지는 법이다. 옳거니, 콩밭에 콩이 나지 팥은 나지 않는다. 그러므로, 비록 야박한 국제사회일 망정 나 하나만이 아닌 우리 모두의 번영을 위한 소망이면 언제고 어디라도 다다를 수 있는 고지임을 잠시도 잊지 않는 곳에 보람은 도도한 활개를 치게 마련이다.

　사실, 나와 남을 위한 삶은 성스러운 것이다. 믿음과 소망과 사랑은 예수의 가르침이요, 자신을 닦은 뒤에 남을 다스림은 공자의 가르침이며, 자아의 완성 뒤에 중생을 제도함은 부처의 가르침이다. 곧 내가 있은 뒤에 남인 것이다. 이는 보람찬 삶을 누리려는 우리의 보람판인 것이다. 믿음이 있는 곳에 보람이 다져지고, 보람이 있는 곳에 번영은 약속된다. 그러나, 거기에 사랑이 우선해야 함은 철칙이다. 거기에는 인종도 국적도 녹아나는 용광로임을 명심하고, 우렁찬 보람을 목표로 삼아 꿈의 쟁취를 위한 대한의 당당하고 억척스런 일꾼을 간구하는 마음, 자못 하늘과 같다.

(1983. 7)

남보다 나부터

나를 완성하고 남을 건짐이 우리 불교의 떳떳한 신조다. 바꾸어 말하면 자리행과 이타행이니, 이른바 "위로 깨달음을 구하고, 아래로 중생을 제도한다"가 우리불교의 지극한 안표다.

요는 '나'가 있은 뒤에 '남'이 있다. 나가 없이 '남'을 위한다는 것은 눈가림이다. 물론, 남을 위한 의로운 살신성인(殺身成仁)의 어짐은 있다. 믿음을 위한 몸바침의 거룩도 있다. 그러나, 그것은 흔한 사람의 차지이기에는 어림도 없다. 그래서, 우선 나부터 다스리고 도사리라는 가르침이 항상 도도하다. 그렇다고 약삭빠른 이기(利己)가 아니다.

사실, 따지면 남을 보는 눈이다. 따라서, 남의 잘잘못에는 이악스러우면서도, 저를 보는 눈은 허술하다. 마음의 거울이 부실해서다.

구태여 "너 자신을 알라"는 소크라테스를 드세우랴. 공자도 그랬다. 아니 역사에 남은 그 누구이든 그들은 한결같이 자신을 가다듬기에 나날을 차지게 산 진실들이다. 그렇다, 남에 앞서 나부터 따짐이, 부처의 남을 제도하는 소망쟁취의 비로솜이다.

우리는 곧잘 남의 일에 이목을 곤두세운다. 스님이 헛되고 보살이 저러냐고 빈중거린다. 어느 절은 나쁘고, 어느 암자는 데설궂다고 이죽거리며 헐뜯는다. 심지어는 스님이 스님을, 우바새가 우바이를 찧고 까분다. 참으로 기구망측스런 비아냥의 회오리 바람이다.

그렇다고, 남을 보지 말라는 사설은 아니다. 남을 따지기에 앞서 먼저 자기의 가슴에 손을 얹고, 나부터 헤아리자는 말이다. 이를테면 남을 나무라기에 앞서 부처님부터 우러러 보는 '나'가 되자는 간구다.

이것이 청신한 불자의 구실이요, 이것이 도타운 믿음의 보람임에서다. 신도가 신도다울 때 스님은 어리비치고, 절은 정진의 도량으로 돋뵌다. 스님이 스님다울 때 신도가 꾸역꾸역 모이고, 절이 번화해지게 마련이다. 스님이 스님답고, 절이 절답고, 신도가 신도다운 곳에 불교의 저변확대는 절로 이뤄진다.

장엄이 으리으리해야 소담스런 절이고, 장삼이 요란해야 도섭스런 스님이고, 연보를 많이 해야 도타운 시주라는 가식부터가 사탄이다. 자신을 보다 돋보이게 하자는 그 자체는 결국 저를 숨기는 방술이다.

남이 부러워한다고 신심이 두터워지고, 남이 탐낸다고 도가 높아지고, 남이 쳐다본다고 절이 우람스러워진다는 착각은, 이를테면 나나니가 아니면 하루살이의 잠꼬대다.

한편, 우리를 비웃는다고 맞설 필요도 없다. 오죽 낮보이면 그런 핀잔을 듣겠나고 가만히 염불하며 살필 때, 우리의 불교는 비로소 제자리를 되찾을 것이라 믿어서다. 무려 500년 동안을, 그 유난스런 샌님들의 모진 학대에도 끄떡도 하지 않고 오늘까지 산 우리 불교임을 왜 당당히 자랑하지 못하는지 모르겠다. 왜 그 빛나는 역사와 전통을 방패로 삼지 못했는지 모르겠다. 안타까운 나머지 천마행공(天馬行空)의 새해에 이렇게 혼자 투덜거려 본다. 훔.

(1978. 1. 25)

종풍광정(宗風匡正)의 새해

그 맘부림 가운데서도 날과 달은 가서 해가 바뀌었다. 보람찬 마련으로 내디딘 1971년의 새해가 등두렷이 솟았다. 희망의 새해요, 도약의 새해다. 자비로 시새움을 가셔내고, 화합으로 망서림을 타개할 새해다. 법륜의 거룩을 돋보일 새해요, 서원의 운력을 과시할 새해다. 본분과 사명의 위안에서 자리와 이타의 지름을 한껏 넓힐 새해가 의욕을 안고 돋았다.

일찍이 추사(秋史)는 초의 스님에게 보낸 사시(私諡)에서,

> 큰 깨침에는 워낙 잗다란 스스럼과 자자분한 부끄러움도 없는 법이니, 오직 법보의 깃발을 우뚝 세우고, 곧장 자리에 올라 크게 종풍을 불러일으켜 8도의 승속을 바로잡을 일이다. 다른 곳엔 눈 돌릴 겨를이 없으니, 어서어서 율령대로 하라.
>
> 大覺之下 元無細羞小恥, 惟當高竪法幢 速卽登階, 大開宗風 糾正八道 僧俗而已. 他不暇及 急急如律令.

라는 간곡한 당부가 있다. 어수선한 조선말에 즈음한 교종의 중흥을 보채는 거사의 심인(心印)이라 하겠다.

사실 정화 이래 해를 거듭한 종단의 현로에 비겨, 밝은 실마리는 좀처럼 잡히지 않았다. 화동은 분종으로 굳어졌고, 저변의 확대도 한갓 종종걸음으로 해를 보냈다. 불교문화재와 역경문제도 그렁정 넘기었다. 다만 세계불교지도자대회로 판을 쳤을 뿐, 괄목의 자취는 마냥 아쉽기만 하다.

이에 다다라 번영의 새해를 맞는 청신의 발원과 원로의 다짐이 절실하다. 답보

를 살라먹고 솟은 새해에는 '배 주고 뱃속 비는 어리석음'을 가시는 기운부터 일궈야겠다. 구원에 뿌리박은 성교를 되새겨 피안의 슬기를 삼천리에 펼칠 구실부터 다져야겠다. 스스로의 자세를 고공무아로 벼리고 용맹정진으로 내달을 새해임을 깨닫는 곳에 법통이 이어지고, 복전이 풍성할 것을 깊이 각오할 일이다.

모름지기 선사의 탑은 도도했다. 도덕을 높이고 신의를 밝혀 사회의 교화를 꾀함에 있어 불교는 항상 앞장이었다. 나라를 바로잡고 백성을 평안케 함이 경세가의 본분이라면, 마음을 가다듬고 몸을 도사리게 함은 종교의 사명이다. 따라서 도세의 불교는 진작 민족신앙의 지주요, 진국의 정교로 받들리었고, 피아의 귀의처로 섬겨져, 그 높깊은 가르침은 자아완성의 바람과 중생제도의 보람을 한결같이 심어 주어, 마침내 헤벌어지는 민심을 손아귀에 넣었다.

아득히는 신종을 부어 그 쇠북의 메아리로 섭심의 조짐을 불렀고, 가까이는 구국의 대원을 믿음으로 거느려 나라와 겨레의 향방을 가리켰다. 이로 말미암아 부처의 터전은 더욱 깊이 아로새겨져 어제와 오늘을 자비로 누비었다. 특히 사부대중을 위한 역경사업의 방대는 드디어 신봉의 발판을 만들었으니, 그 거세찬 숭유의 서슬에서도 능히 천 년을 누렸으며, 나아가는 오늘의 알뜰한 반기가 되었던 것이다.

그러나, 그것은 선인의 단련이 끼친 자랑이지, 오늘 우리의 자랑은 아니다. 훌륭한 조상을 팔기에 앞서 훌륭한 자손의 긍지가 오늘처럼 간절한 때는 일찍이 없었다. 대륙의 호령도 우리 불교가 막았고, 섬놈의 야망도 우리 불교가 막았으나, 우선 종풍의 광정부터 앞세우잔 말이다.

종풍을 바로잡아 중흥을 다짐할 새해는 밝았다. 시비로 흐려진 불교의 이미지를 3천만에 양각할 새해는 둥두렷이 밝았다.

강한 햇빛은 진한 그림자를 자아낸다는 평범한 가르침은 오늘의 호젓한 교훈이 분명하다.

(1971. 1)

지도층부터 부끄러움을 알라

우리는 외세에 강한 듯하면서도 실은 약하다. 물론 지정학적으로 반도이어서 자못 가위눌림에 견디면서 사뭇 5천년을 누린 것은 오로지 종교의 울력이 컸다 하겠다. 그것이 불교이건 유교이건 야소교이건 문제는 자기보호에 그만큼 굳세다는 조짐이 틀림없다. 비록 삼국통일을 완수하기 위해 당의 군사를 영입하여 연합군으로 위업을 달성한 것이 이소사대(以小事大)의 의타심을 안기긴 했어도 고구려는 만주에서 내려와 실지회복을 꾀한 다물정책(多勿政策)을 폈고, 고려에 내려와서는 몽고와의 60년의 항쟁을 견딘 근기는 모름지기 호국불교의 보람이었고, 임진란의 불을 끈 것도 승군의 궐기와 오륜사상의 선비정신의 합작이었음을 또한 꼽지 않을 수 없다. 한편 대륙진출의 야망을 함부로 구사한 그 서슬에서도 우리의 흰옷은 좀처럼 물들지 않았던 우리의 끈질긴 자주정신이었다.

그런데 문제는 만만치 않아 연합군의 입성을 말미암아 우리와는 아랑곳없이 국토가 양단된 채 오늘에 이르르고 있으니 야속한 강대국의 야료다. 다만 거기에 놀아나는 무리로 해서 오늘의 걷잡을 수 없는 현실을 자아냈으니, 이러구러 역사의 아이러니다.

이 거치른 사회의 풍조는 정국의 혼란과 함께 나날이 거칠어져 이른바 난장을 이루었으니, 대체 누가 누구를 탓해야 할지 난감하다. 여기에 상잔의 동란으로 해서 더불어 사는 사회가 아닌 사사로운 이기적인 현실지상주의가 파다해져 못내는 향락 위주의 배금주의에 빠져 돈이면 윤리도 도덕도 가리지 않는 기구망측한 이기의 수렁에 빠지게 됐다.

우리는 진작 동방 예의의 나라였다. 이 소담스런 금자탑은 화랑오계와 미륵사상의 10선도와 삼강오륜사상으로 다져진 대물림의 해묵은 전통이었다. 그런데 갑자기 억압에서 풀려난 자유의 밀물과 자주와 민주의 넘나는 돌풍으로 해서 예의는 약에나 쓰는 방문으로 둔갑해 사양의 자체가 무능으로 변한 오늘이다. 질서가 무너지고 상하구조와 장유유서가 잠꼬대로 핀잔을 받게 됐으니, 내남없이 자기의 오지랖부터 여며야 하겠다.

답답이 쇠꼬리보다는 닭의 볏이 되라고 보채는 바람에 속절없이 주먹다짐을 예사로 구사해서 우두머리만 잡으면 된다는 망조가 휩쓸어 우물을 흐리고 있으니 사회가 어지러울 수밖에 없다.

글쎄 국민교육헌장에 효도를 빼고 충성만 강조하니 인과응보의 시발부터 빗나갔다. 예로부터 수신 다음에 제가요 그 다음에 치국이요 평천하다. 물론 부자유친 다음에 군신유의인데 당장 발등의 불똥이나 끄려는 얄팍한 꾀를 부리자니 무리가 올 밖에 없다. 용케 거꾸로 참외의 맛은 알았지만 덮어 놓고 앞으로 가만 가르치다보니 엉덩이에 뿔이 나는 것은 당연하다.

흔히 윗물이 맑아야 아랫물도 맑단다. 그런데 맑은 산골짝의 물도 산 밖에 흘러내리다보면 흐려지게 마련이다. 더구나 나날이 듣고 보는 것이 저질의 사건이요, 겪고 맞는 것 또한 그 어수선에서 벗어나지 못하는 판에 나무라는 것도 한이 있다.

돈이 없고 권력이 없는 것보다 부끄러움을 모른다는 것은 가장 못된 일이다. 오죽하면 그 부끄러움을 잊고자 대마초인 환각제, 그것도 히로뽕에다 코카인까지 마시냔 말이다. 그래서 어질지 않으면서 어질다고 우기는 것이 가장 나쁘다고 가르친 성현의 말씀이 마음을 찌른다. 부끄러운 줄을 안다면 벌써 물러나야 할 무리들이 장군멍군 노닥거리고 있으니까 세상이 시끄럽다. 그러니까 덩다라 망둥이까지 날뛰는 오늘이 됐다. 입으로는 국민을 뇌까리고 나 아닌 남을 위한다고 곧잘 떠든다. 참이라면 살신성인의 거룩이다. 그러나 세상은 약아서 나 다음에 남이지 남 다음에 나일 수는 없다. 그래서 차선책으로 남과 더불어 즐기는 여인동락(與人同樂)이 우세하다. 그래서 우리 불교에서도 자아완성 곧 자리행 다음에 중생제도인 이타행을 꼽는다. 위로 깨달음을 구하고 아래로 중생을 건지라는 가르침이 그것이다.

우리는 인의를 크게 우러러 받는다. 사실 인이라면 단순한 어짐이 아니다. 남을 위해 착한 일이 바로 어짐이다. 그러나 의는 자기를 희생시켜 나를 나툼이다. 이 인의에 벗어난 일을 예사로 하니까 철부지들은 기상천외의 범죄를 저지른다. 대체 청소년 출입이 불가하다면 장년도 출입해서 좋을 것도 못되는 것은 뻔하다. 그러나 이왕 법으로 정했으면 반드시 지켜야 하는데 자제력이 부족한 청소년을 홀리는 간판을 내세우니 호기심에 탈선할 구멍을 엿보는 것은 백번 당연하다.

대체 이런 판국에 저질문화를 따지는 것부터가 남우세스럽다. 한 집 건너 술집이요 두 집 건너 오락실에다 유혹의 마수가 득실거리고, 보도매체마다 금 나와라 뚝딱이 아니면 남녀가 어울리는 도색으로 가득찼는데 뭣이 저질이냐 말이다. 특히 여성 잡지의 내의 광고는 고급일수록 더하니 그레샴법칙은 구닥다리가 된 오늘이다. 그러니까 도덕이 엉망이고 돈이면 그 비싼 이름까지도 헌신짝처럼 내던지는 엉망이 되고 말았다. 한심한 현상이다.

그렇다고 한탄만 할 우리의 실정이 아니라 탈이다. 요는 저질문화를 자아내는 뿌리를 척결하는 것만이 상책인데, 그러나 저질문화의 한계가 뚜렷한 것이 아니기 때문에 어른들의 자제에 맡길 수밖에 없다. 맹자가 설파한 자기의 잘못을 뉘우치고 남의 잘못은 미워하는 풍조가 일어나야 저질은 막아진다. 미풍양속을 개개는 모든 풍속사범에 대한 철저한 단속과 가혹하리만큼 준엄한 처벌이 절실하다. 일컬어 일벌백계를 반민주적인 독선이라 비양할지 모르지만, 일단 그렇게 해서라도 민망한 불은 꺼야 하는 것이 오늘의 급선무다.

따라서 우선 질서유지를 위해 밑바닥까지 깔려 있는 불신사조부터 불식해야 한다. 큰소리로 저질문화를 단속한다면서 자기들 스스로가 거기에 솔깃하니까 절로 부채질이 된다. 도덕과 윤리의 확립을 위한 지름길은 위에서부터 솔선수범해야 한다. 제들은 딴전을 피면서 섣불리 국민을 위하고 국가를 위한다고 위장하니까 도덕과 윤리보다 실리를 따진다. 이른바 지도급의 인사들이 환각제를 복용해서까지 성의 충족을 누리니까 상상을 초월하는 말세적인 성폭행이 자행된다. 글쎄 마지막 인생이니 멋대로 행동하고 말겠다는 그 고약한 퇴폐풍조가 결국 사회의 불안이 빚는 배금사상과 향락지상주의로 빠지게 마련이므로 자중과 자책에 기대할 밖에 길이 없다.

따지고 보면 범죄를 부추기는 저질문화인데 청소년으로 하여금 눈을 감으라니 어림도 없다. 게다가 필요 이상으로 화려해지는 바람에 과소비 현상까지 조장하니 저질이 저질을 보태 더욱 민망스러워진다. 우리 문화의 자주성을 조장시킨다고 덩더쿵을 화려하게 꾸민다고 고상해지진 않는다. 남사당은 마당놀이이지 안방놀이가 아니다.

86과 88로 해서 무척 나아졌지만 칼라텔레비젼이 나돌자 울긋불긋해야 돋보인다고 아래 위에 온통 꽃수를 더덕더덕 놓는가 하면 무슨 통뼈라고 차마 왕녀의 복장을 걸치고 법석을 떨었는데, 천만 다행하게도 연한 간색(間色)이 오히려 보기가 좋다는 바람에 요즘은 훨씬 우아해지긴 했다.

윤리와 도덕을 망각했기로소니 홍등가의 불야성을 과시하는 실오리 하나 걸치지 않은 나체무용이 예사라는데, 그래 이제 비로소 단속에 나서는 것은 결국 병 주고 약 주는 격이다. 나무에 올려 놓았으면 흔들지나 말 일이지 기껏 허가를 했으니 속임수의 눈가림이 성할 수밖에 없다. 벼락부자가 됐지만 속이 비었으니 연예계의 사치에 말려 과소비가 판을 치고, 저질문화가 순간의 쾌락임을 번연히 알면서도 거기에 놀아난다는 것은 아무래도 성년층의 무분별한 방종이 빌미이니, 요는 각자의 정신작흥 밖에 도리가 없다고 본다.

일찍이 예의의 나라로 물려 받은 전통을 중시하는 풍조가 무척이나 아쉬운 오늘이다. 왕창 벌었다고 흔전만전은 패가망신 밖에 없다. 그렇다고 선진의 새로운 문물은 무시하고 방관하자는 독선은 아니다. 새로 불어닥친 신사고에 맞춰 그 흐름을 주시하면서 우리에게 맞춰 나름대로의 전진, 곧 진취적인 취사선택에 의한 섭취가 절대 필요한 오늘이다.

개혁에 의한 새로운 북방정책이 나올 이 판국에 하염없이 자아상실, 자포자기의 풍조가 거센 저질문화가 고개를 들다니. 그러면 물림상의 전통은 덧없이 사라지고 보다 망국적인 회오리바람이 불지 않는다고 장담할 수 없다. 어디까지나 우리에 맞는 삶, 우리의 때문은 전통에 맞는 행동, 그것은 우리 조상들이 대륙의 잦은 침략에도 능히 견디어 견지한 보람찬, 소담스런 나이테인 것이다. 그 전통에다 새로운 사조를 접맥시키잔 말이다.

저질문화 그것은 마약과 같이 망국의 사탕발림이다. 따라서 황금에 눈이 멀어 조장하는 무리부터 쪽집게로 척결해 내고, 그에 솔깃하는 무리에게 건전한 문화를 안겨줄 구실은 다름 아닌 문화예술인의 책무이니 부디 과갈스런 꽹과리 소리처럼 외치는 캠페인보다 솔선수범하는 진국이 아쉽다.

(1991. 10)

그래도 달은 밝아

그 무명과 무상의 뒤안길에서도 해는 지고 달이 떴다. 당나라를 비순 안록산이 아들에게 목덜미를 잡혔고, 천하가 시새운 양귀비는 스스로 목을 매었다. 이런 서슬에서도 당시(唐詩)는 대성했으니, 역사라는 건망증으로 살진 인간은 도시 요지경이다.

지난 상달 초승의 일이다. 달포를 두고 두보의 불교관을 초하다가, 그가 고승 찬공(贊公)에게 보낸 시에 새삼 정을 뺏겼다. 그 넘나는 예우가 도타워서보다도, 때가 때인 만큼 눈에 퍽 설었다.

사실 두시에는 석노(釋老)와 사관(寺觀)에 관한 작품이 상당수에 달한다. 게다가 불교에 관해서는 자못 통효(通曉)의 지경을 다진 두보다. 그러나 본시는 "유학을 받들어 벼슬을 수호함〔奉儒守官〕"을 삶의 방패로 섬긴 전형적인 샌님이다. 폐병과 당뇨 등 많은 병에 시달리며 만리를 떠돌아다닌 동서남북인이다보니 만사가 눈에 거슬렸던 것은 사실이다. 허나, 그 기구한 구렁에서도 먼저 조국을 걱정하고, 민생을 더불어 울며 붓을 공글렀다. 곧 "임금을 요순보다 위로 받들어 다시금 순박한 풍속을 만든다.〔致君堯舜上　再使風俗淳〕"의 참여의식으로 산 시성(詩聖)이다. 그래서 "밥을 먹을 적마다 임금을 잊지 않았다〔每飯不忘君〕"의 정평이 자자한 사랑과 눈물의 다부진 대변자다.

따라서 두보가 중생의 제도를 세우는 불교에 찌든 것은 당연한 귀착이긴 하다. 그 자비의 가늠대로 현실의 고발을 시화(詩化)함에 보람을 찾았다. 글쎄, 쌀을 꾸러간 주제에 불경에 귀를 모아, 지는 해를 잊었고, 한편 절필(絶筆)에다는 아예 부처에의 귀의를 다짐했으니, 진작 이백과 더불어 솔깃했던 도교와는 다름새부터가 전혀 달랐다.

진작 두보에게는 찬공의 뒷바라지가 있었다. 재상인 방관(房琯)과 같이 직접적인 인연보다도, 증시(贈詩)로 헤아려 내왕이 잦았던 모양이다. 그는 장안 대운사 주지였으므로, 우리로 치면 총본산의 원로스님이다. 이 큰스님이 난리후의 입씨름에 말려 변방인 진주(秦州：現 甘肅省 天水)로 내쫓김을 당했다. 그래저래 두보 역시 상소사건으로 좌천된 화주(華州)의 말단직을 내놓고, 의식(衣食)을 찾아 진주로 떠나왔던 참이었다. 비록 오래서 가진 않았어도, 이곳이 두보가 남에게 빌붙어 더부살기 비롯한 첫 고장이었다.

그러니 우선 찬공부터 만났을 것은 뻔하다. 집터까지 마련해 준 스님이었다. 비록 봉화가 빈번한 변방을 탓하며, 이윽고 검각산(劍閣山)의 사다릿길〔棧道〕을 넘어 친구들이 고을을 사는 성도로 옮겼지만, 진주에서 누린 찬공과의 해후(邂逅)는 얼마나 반가웠던지, 그에게 사연까지 곁들여 보낸 시가 있으니 말이다. 그 가운데서도 '숙찬공방(宿贊公房)'은 특히 저간의 사단마저 아른거리는 활화(活畫)처럼 폭 가라앉은 마음까지 두루 수놓여 알뜰하다.

석장 짚고 언제 여길 오셨소	錫杖何來此
가을 바람이 하마 을씨년스럽쇠다	秋風已颯然.
그윽한 절집 국화는 비에 꺼칠하고	雨荒深院菊
못의 연은 반쯤 서리로 꺾어졌고녀.	霜倒半池蓮.
내쫓겨 와 있다고 부처를 어기겠소	放逐寧違性
조찰한 마음은 참선에서 뜨지를 않아.	虛空不離禪.
반갑게 만나 함께 잠을 자다 보니	相逢成夜宿
농(隴)의 달이 우리를 향해 둥급니다.	隴月向人圓.

어림짐작으로 훑어 읽어도 찬공을 감싸는 상단(想端)이 장외(章外)에 묻어나, 두보의 안간힘까지 아물린 하소가 풍긴다. 사실 반군의 연금에서 탈출할 무렵, 미투리를 내주며 배웅해 준 찬공이라, 두보로서는 마땅한 대접이다. 이런 원로가 벽지로 밀려나다니, 와락 의협심이 밀어닥쳤다. 거기에 썰렁한 가을바람이 훈수하는 데는 더욱 가슴이 죄었다. 더구나 오상고절의 국화는 비를 맞아 형클어졌고, 처염상정의 연은 서리를 맞아 부러지고 시들어 몰골이 말이 아니었다. 눈에 차는 모두가 부대끼는 찬공에의 비유임은 물론이다. 그렇다고 속연으로 주눅이 들 스님은 아니었다. 오롯하게 선정(禪定)하고 가부앉은 찬공의 우람스런 후광이 그의 운력과 아울러 도도함을 엿뵈는 조심이다.

따라서 함께 푸대접 받는 처지라 푸념하는 막말로 휘갑할 듯하지만, 두보의 대손은 역시 진중했다. 그래서 결구에다는 영락없이 세간을 비치는 월인천강의 달을 잡다가 허전한 심사를 가지런히 달래는 나위가 있었다. 그러나, 그것이 '장안월(長安月)'이 아닌 '농월(隴月)'이라서, 차마 걷잡을 수 없는 한숨이 포개졌던 것이다. 차근차근 보늬를 벗겨 풀어나가노라면, 이 「숙찬공방」은 동정하는 실마리가 다복하고, 넋두리가 거나한 노래임이 속속 드러난다. 모름지기 경중(景中)에 정이 도사렸고, 정중(情中)에 경이 아롱진 두시다.

굳이 찬공을 두둔한 두시가 눈을 사로잡은 것은 종단을 둘러싼 오늘의 처지가 왁자글해선지도 모른다. 사실 정화 이래 모진 진통을 겪는 교단이다. 원장스님을 비롯하여 간부스님네가 문초를 받고 있는 기막힌 처지다. 어쨌든 개운치 않은 소용돌이다. 허물의 유무야 어련히 법이 가리겠냐마는 모든 계제가 그저 대안(對岸)의 불일 수는 없으니, 딱한 노릇이다. 등장(等狀)이나 화동(和同)이 문제가 아니라 교화에 금이 가고, 청신(清信)의 구김살이 안쓰러워서다. 매양 초연해야 하는 불교가 회오리바람에 말리다니 어이가 없다. 이러구러 항상 미소로 가만하신 부처님이시라서 천만 다행이다. 어즈버, 차라리 붓머리를 돌리련다.

이 마당에 왜 하필 이 「숙찬공방」이 생각겼는지, 아무리 인과라지만, 야릇할손 인심이다. 두보가 찬공을 기려 섬기듯, 나 또한 불교와 남다른 관계이다보니 슬그머니 눈이 감긴다. 그러나, 이 밤에도 달은 여전히 온누리를 고루 비추고 있으니, 조화는 조화다. 옴마니반메홈.

(1975. 1)

순례와 관광

성적순례는 분명 거룩한 정진이다. 그러나, 이것이 동참의 자랑일 때, 그것은 나들이가 아니면, 속스런 관광이다.

평생 녹야원을 찾기가 소원인 청신이 파다한가 하면, 예루살렘을 가고파 목을 빼는 독신도 비일비재하다. 그런가 하면 일본의 부사산이나, 나라의 천리를 찾고서 자못 버젓한 자랑으로 드세우는 혹신도 있으니, 그 속셈은 실로 알다가도 모르겠다.

사뭇 5백년 동안을 받든 우리 선비들에게 공자와 맹자의 고장을 참례한 기행이 드문 것을 보면, 신앙과 숭봉은 그 바탕부터가 전혀 다르다. 혜초의 『왕오천축국전』과, 퇴계의 『성학도설(聖學圖說)』과는 종교와 학문의 갈림이지만, 신봉의 징명(徵明)부터가 판이하다.

성적순례는 비단 종교에만 있으란 법이 없다. 슈바이처를 찾아 보람을 누리는가 하면, 토인비를 섬겨 법석을 피우고, 가와바다를 찾아 큰절을 올렸다고 뽐내는 문인도 있다. 아무리 제잘난 맛에 논다지만 사단은 만만치 않다. 마치 나랏님을 뵈는 내시처럼 굽신거린 그 꼬락서니와, 그 알량을 돋뵈는 주제는 천생 약소민족의 낙인을 물린 미욱이다.

관광은 듣봄으로 넉넉하니, 참견은 옛날 공물을 바치던 시대가 생각나서 숫제 꼴불견이다. 성적이 갈무린 성지는 공경하는 믿음의 소망을 찾는 터전이라 참례의 기쁨을 아로새긴다. 그곳에 거룩이 깃들었다는 그 우러름이 믿음을 불러일으키고,

소망을 안겨 준다. 여기에 관광과 다른 소담스러운 운력이 있다. 거룩을 앙가슴에 새겨 성현의 발자국을 더듬는 호젓을, 관광의 눈요기와 견줌부터가 남세스럽다.

성지를 참례하는 마음 구석에 이해가 따르기는 과갈스런 매스콤의 놀아남에서다. 예로부터 "속객부도처(俗客不到處)"라고 막된 사람 드나들지 못하는 데라 대접이 엉망이다 보니 성지라기보다는 관광지요, 참례라기보다는 관광으로 격하됐다. 성적을 싸구려로 팔아먹는 관광도 고약하지만, 실은 성현을 모시는 체하면서 주머니를 채우는 장사치가 더욱 밉살스럽다. 참례와 관광을 혼동하는 주착(住著)이 바로 욕이다.

나는 들었다. 성적순례는 자랑이 아니라 엄연한 수행이라고. 참례를 위장한 관광이 가셔지고, 참례를 빙자한 현신이 없어지는 곳에 자주는 깃을 친다고. 다소 곳 숙인 참례의 경건과 칼러사진에 제 알량한 육신을 담으려는 부산한 관광의 대오가 번갈아 명멸한다. 게다가 야단스런 소문의 진원이 되어 남의 입에 오르내리는 꼬락서니가 보여서 자꾸 이맛살이 찌푸려진다.

명산에 대찰이 있고, 대찰이 앉은 곳에 관광객이 몰리게 마련이다. 그러나 관광이 한갓 놀이가 아닌 이상 순례를 겸한 선남선녀가 그렇게 씨가 질 수 있을까. 구태여 동녹이 슨 예의를 찾아서까지 모처럼의 행방을 구기고 싶은 심술은 아예 아니다.

(1972. 4)

관광객을 인도하는 사찰로

정말 말도 많고 사건도 엄청난 말띠의 해였다. 변화도 참으로 대단한 경오년이 었다. 열없이 국민을 내세우는 지도층의 말이야 도시 믿기지 않으니 기다림도 한계가 있어 숫제 입을 닫는다. 대체 무슨 비가 그리 쏟아져 한강둑이 터지며, 글쎄 무슨 짓을 못해서 망나니가 난장을 벌여 범죄에의 전쟁을 선포하고 기다리라니 그 누가 믿난 말이다. 실로 알다가도 모를 판국이다.

더더구나 암만 고깝기로소니 맡겨 준 구실을 스스로 포기하며, 고작 한다는 정의구현이 날치기라니 스스럽기보다는 어이가 없다.

남처럼 멋진 개혁이나 통일이나 진취는 못하고, 어쩌자고 계파나 뇌까리고 허풍만 떨며 알량한 우세만 부리며 권리에만 기웃거리는지 기가 막힌다.

그러나 세서(歲序)는 저물어 순한 양띠의 해인 신미(辛未)년이 다가와서 꼴사나운 해가 가서 다행이다. 익낙에 양띠의 해도 역사를 거슬러보면 달갑진 않다. 우선 신라의 마지막 경순왕이 고려 왕건에게 항복한 해가 을미년(955)이고, 최근세는 방자한 일본군이 대궐에 천입(闖入)해서 명성황후[민비]를 시해한 해(1895)도 양띠의 해다. 그런가 하면, 신미년만 해도 고종 8년(1871)에는 미국 아세아 함대 로쟈스 사령관이 군함 5척을 거느리고 강화에 상륙해서 통상을 강요한 신미양요가 있은 뒤, 척화비를 세워 쇄국을 강조했고, 진작 순조 11년(1811)에는 홍경래난이 일어난 해가 신미년이니, 한결같이 겨울날의 천둥처럼 개운치 않은데, 제발 북방정책이 실효나 거뒀으면 오죽 좋으랴. 우선 백두산에 올라가 만세나 부르게 말이다.

그러나 온갖 어둠을 살라먹고 둥두렷이 밝는 새해 신미년이다. 아무리 시달려도 굳건히 견디어 내려온 우리다. 비록 널넓은 만주에서 남하해 반도에 끼어 대를 물려 살아도 오롯한 물림상은 고스란히 지켜온 우리다.

더욱이 우리불교는 조선의 건국과 더불은 숭유억불정책으로 말미암아 실로 모진 박해를 받기는 했어도, 그때마다 은인자중 법맥을 지키고 오지랖을 여미며 오늘의 번영을 누리기에는 갖가지 수모를 견디어 내기에 시공(時空)이 고단했었다. 그렇지만 이제는 타버린 전각도 거의 재건됐고, 제반의 시설도 남부럽지 않은 버젓한 도량으로 떳떳이 가꿔져 자리가 잡혀 넘보지도 못하고 구구로 당할 절집도 없어졌다. 진실로 빛저운 사실이다.

그런데 차가 흔해져서 한갓진 절이 저자처럼 붐비게 변했다. 덩달아서 길이 포장되고 곁따르는 관광객이 미어지고 경내가 왁자글해졌다. 전에 비겨 가멸차져서 다행이지만, 그 입장료로 해서 도리어 신심이 개개지고, 모처럼의 나들이가 구겨진다고 야단들이다. 특히 연휴나 되면 길이 좁다는 한스러운 비명이 이만저만이 아니어서, 아예 문경 봉암사처럼 등산객조차 막아야 하는 지경에 이르렀음이 본산(本山)의 실태다.

지난 주말 법주사에서의 시연이다. 저번 4월 청동미륵대불을 모시어서 그런지 그 입구의 5리길이 마치 서울의 명동처럼 북적거려 숫제 열을 지어 오르자니 수고롭기 그지없었다. 그저 앞사람의 뒤를 따라서 움직여야 하는 판이었다. 팔상전 뒤의 넓은 앞마당이 인파로 과갈스러웠다. 물론 우람스런 대불 앞에서 공손히 배례하는 독실한 청신(淸信) 남녀들도 많았다. 그러나 큰 법당은 텅 비어 있어 실로 어이가 없었다. 신을 벗고 법당 안으로 들어가기가 껄끄럽다고 한갓 밖에서 기웃거리기나 하니 보기가 민망했다. 불전에 나가서 향을 올리는 이는 오로지 연로하신 신도뿐이니, 그 번거로운 집착을 벗어나는 방편이 촉구됐다.

이어 복천암(福泉庵)으로 발길을 옮겼다. 역시 가볍게 차린 등산객으로 오르는 길이 미었다. 다행히 취사금지 이후 함부로 지지고 굽는 무리가 없고, 뚱땅거리며 소란을 피우는 노라리가 없어서 짙푸른 솔내가 한결 싱그러웠다. 그 어지럽게 버려지는 휴지도 없어 저번 대불 점안식 때와는 딴판이었다.

인파로 그득찬 복천암은 정녕 시골의 장날을 방불케 해서 우리 일행은 쉬지도 않고 곧장 문장대로 오르면서 곰곰 생각했다.

"저 엄청난 인파의 일부를 어떻게 법당에로 인도할 방도는 없을까."

"굳이 신교처럼 때와 장소를 가리지 않고 포교하는 우바새나 우바이는 왜 없다지."

사실 사보(寺報)를 내는 것도 좋고, 지난 번 점안식 때 덧없이 나타난 무지개 사진을 돌리는 것도 좋지만, 차라리 그것을 관광엽서로 찍어 입장객에게 돌렸으면 더욱 보람찰 것 같았다. 지금은 얄궂은 사회가 돼서 읽기보다는 보는 것으로 바뀌었고, 그것도 귀찮아서 듣는 세상으로 변했으니 그림엽서로 쓰게 했으면 해서다.

유명한 절마다 그림엽서는 지천이다. 그러나 사라면 외면하는 판이니, 그냥 나눠주어서 신비의 방광을 통하여 참다운 포교를 꾀하잔 방편이다. 이제는 우리 불교도 민중에 뛰어들어 더불어 즐기는 포교가 아니면 공염불이 되기 때문이다. 스스로 찾아오는 관광객을 선도하는 사찰일 수 없을까. 겉도는 손을 법당으로 인도하는 방안을 곰곰 토론하면서 헐떡이는 숨을 재웠다.

가파른 문장대의 사다리길은 백운대길 못지 않게 일렬로 오르는 인파였다.

"당번을 갈라서 스님을 몇 군데에 배치하되 향을 살라 받들고 있다가 공손히 손님에게 드리는 방안."

"요직만 드나시는 대웅전 문앞에다 단을 놓고 그 위에 조그마한 1회용 양초를 소복하게 마련해서 예불하게 하며 포교를 겸하는 방안."

사실 이제는 가멸찬 기복불사 밖에는 그냥 앉아서 믿음에로 인도하기는 실로 어려운 현상이다. 짐짓 오라고 권해도 오지 않을 판인데, 앉아서의 포교보다 직접 대중에 나아가서의 적극적인 유도가 절실하다고 보아서다.

굳이 남처럼 지하철이나 행길에서의 포교는 빈축을 사기 쉽지만, 목적이야 어떻든 이왕 스스로 찾아온 인파를 그냥 방임한다는 것은 아무리 생각해도 자포자기다. 물론 공부에 지장이 크고 정진에 장애가 많을 것을 모르지 않으나, 요는 포교는 더욱 중요한 과제로 안다. 따라서 구실을 매겨 시도하면 가능하다고 본다. 연령이 높은 신도보다 젊은 층이 많아져서 모름지기 생기가 거나해지게 바꿔 가자는 소원이다.

바야흐로 신미년은 밝는다. 보람에 찬 새해다. 따라서 올해는 절집을 찾는 관광객을 일부라도 법당에로 이끌어들여 오는 초파일, '부처님 오신날'에는 여의도 광장이 꽉 차서 인파로 미어지는 마포로가 되기를 간곡히 바라는 나머지 공손히 합장하며, 덕담을 대신해서 섣불리 건의한다.

(1991. 1)

수련과 참선과

　방학이면 수련대회로 붐비는 우리 동국대학교다. 물론 세존의 고행을 우러러 건학의 이념을 되새기는 신실한 과업이다.

　우리 교양학부는 해마다 설악산을 등반하면서 부처님을 찾아 참선의 실제를 닦게 하고, 내려와서는 낙산 하계별장에서 해양훈련까지 겸하는 강행군을 벌이고 있다.

　대학생의 수련은 여러 모로 값지다. 우선 리이더로서의 구실을 실습하기에 안성마춤에서다. 명령만으로는 안 되고, 대화와 실천을 통한 자리와 이타를 노리는 그들이다. 화합의 강요보다도 화랑의 본을 체득시키기 위해 직접 지휘하고, 통솔해 보는 보람을 원하는 그네들이다.

　사실 참선은 뻣뻣한 다리로서는 여간 고역이 아니다. 젊음이 좀이 쑤셔 배기기 어려운 수련이다. 그것을 참고 견디는 거기에 자꾸 헝클어지는 자세와 마음의 불안을 가라앉히는 맛이 있다. 스님들처럼 가부앉음이 아닌 책상다리로 10분, 20분, 30분 동안 인고(忍苦)와 수련의 보람을 누려보면 정진의 값을 체득하게 마련이다.

　예불도 한가지다. 절을 많이 해야 기도가 아니다. 속절없이 백팔참회를 하라니까 마룻바닥이 앙탈을 한다. 그렇다고 운동 삼아서 앉았다 일어났다 하는 요식 행위는 질색이다. 한 번이라도 올바르게 하는 거기에 발원도 도도해지니까 처음부터 강행하면 도리어 역효과가 난다.

법문도 한가지다. 수련대회에서의 불교 강의는 오손도손해서 머리에 쏙쏙 들어온다는 말을 나는 들어서 안다. 그래서 「반야심경」을 외우게 하면서 '팔정도(八正道)'의 풀이에 공을 들이고 있다.

수련대회는 집단훈련인 점에서 소득이 단단하다. 특히 '바루공양'을 통해 식생활의 개선을 꾀하고, 나보다 남을 위하는 봉사의 정신을 기르기에 공을 들인다. 간간이 울려오는 풍경소리와, 냇물이 소쿠라치는 물소리와의 화음이 귀를 간질이는 백담사에서의 참선, 그리고 싱그러운 풋내음에 코가 시큰거리는 오세암에서의 묵상(黙想)은 정녕 고요와의 값진 대화다.

그러나 설악산에서 가장 강한 믿음을 자아내는 곳은 아무래도 봉정암 사리탑 앞이다. 그것이 신라의 탑이어서도 아니다. 더구나 자장율사의 제작이어서도 아니고, 부처님의 사리탑이란 거룩 때문만도 아니다. 해발 1천 5백 미터의 바위에 우뚝 세워진 3층탑에서 풍겨 우러나오는 본분과 사명에 넘치는 신통력이 절로 옷깃을 여미게 함에서다.

모진 비바람과 엄청난 눈보라에서도 천 년을 견딘 사리탑이다. 자연의 장엄과, 인간의 신심으로 가꿔진 탑이 안겨 주는 엄숙한 가르침은 참으로 우렁차다. 거기서 학교를 향해 만세를 부르고, 다시 대청봉에 올라 북을 향해 「우리의 소원」을 부르자면 뜨거운 눈시울에 이슬이 맺는다.

우리 교양학부가 수련대회를 굳이 설악산으로 정하는 뜻이 바로 여기에 있다. 신비에 찬 사리탑에서 마음의 실마리를 도사리게 하기 위한 짐짓에서다.

(1977. 7)

자비를 나누는 신미년으로

　속절없이 험담을 일삼는 이들이 '절집은 관광객의 입장료나 받는 곳'이라고 뇌까리는 푸념을 곧잘 듣는다. 선대의 유물이라야 고작 탑과 전각이 아니냐고 비양을 퍼붓는다. 더욱이 불상을 안치하고 절이나 받는 곳이니 가람이니 도량이란 말이 우세스럽다고 빈정거림을 듣기도 한다. 모름지기 당치도 않은 비방이다. 일찍이 고려의 대문장인 김부식이 송도의 감로사를 참배하고 지은 시에

흔한 사람 드나들지 않는 곳이라　　　　俗客不到處

올라보니 정신마저 개운해진다.　　　　登臨意思清.

라고 첫마디를 열었다. 정녕 싱그러운 솔내음에 맞진 바람이 안기는 데다 고요가 흐르는 가운데에 절로 울리는 풍경의 메아리에 묻어나는 목탁소리에 함부로 헝클어진 마음을 가라앉혀 옷깃을 여미게 하는데, 거기에 곱사한 스님을 맞게 되면 절로 손이 올라가 합장하고 머리를 숙이게 되는 신비의 고장 절인데 알다가도 모를 사단이다.

　남세스럽게 바른손이 하는 일을 왼손이 모르게 남을 도우라지만 자비의 실천인 보시는 주고 싶어서 주는 거룩이다. 보시는 무상이 본이다. 아무 대가도 바라지 않고 시주의 생색도 내지 않는 희사여서 가장 윗길의 고귀한 하임이다. 저번 김밥할머니의 보시는 당사자의 본심처럼 끝까지 익명이었어야 더욱 값졌었다. 알량한 몇 푼을 내고 사진이나 내는 보시는 으시대기 위한 조막손이의 짐짓이다. 물론 과소

비의 싹쓸이보다야 낫지만 양명을 세운 보시는 한갓 빈축을 사게 마련이다. 보시는 쓰다 남아 주체를 못해서 버리는 재물이 아니다. 기꺼이 버리는 것이 아니라 내고싶어서 내야 값지다. 그러므로 아까운 나머지 만지작거리면서 망설이는 구두쇠나, 남에게 보이기 위해서 사뭇 보란 듯이 내는 것이 아니라, 절로 마음이 내켜서 내는 것이 바로 남을 위해 내는 의연이다.

그래서 『석보상절』 권24에 보면 아육왕이 각 존자의 공덕에 따라서 보시한 대문이 실려 우리로 하여금 인색한 마음을 가다듬고 도사리게 한다. 곧 전생에 모래 묻이를 하고 놀다가 부처를 뵙자 양식이라고 공손히 보시한 아이가 환생해서 부처의 예언대로 후생에 왕이 되어, 가섭 존자의 공덕을 묻자 "욕심이 적어서 매양 만족할 줄 아시고 두타(頭陀)가 제일이시니 여래께서 당신의 반좌와 가사를 벗어 주시니 중생을 가엾게 여겨 정법을 세우셨습니다"하니 왕이 무려 10만량의 보배를 내어 공양하셨고, 또 존자가 "이것은 박구라 존자의 탑입니다"하니 왕이 공덕을 묻자 "무병이 제일이셨고, 남을 위해 한마디의 법도 이르신 적이 없고 항상 말이 없으셨습니다"고 아뢨더니, 왕께서 다만 엽전 한 잎으로 공양하시니, 신하들이 이상해서 묻기를 "공덕이 다른 분과 같으신데 어째서 단지 엽전 한 잎으로 공양하십니까"하니 왕께서 "자기의 일신이 비록 지혜가 밝으셨다 해도 세상에 무엇이 유익하겠느냐고" 대답하셨다. 그때에 그 한 잎의 돈이 도로 왕께 돌아오므로 신하들이 보고 한결같이 찬양하기를 "박구라 존자는 청백하셔서 이유가 없는 돈은 비록 한 잎도 받지 않으신다"고 혀를 찼다. 존자가 또 이르기를 "이것은 아난 존자의 탑입니다"고 하니 왕께서 그 공덕을 묻자 "이는 부처의 시봉이셨으니 다문(多聞)이 제일이셨고 부처님의 경전을 엮으셨습니다"고 했더니, 왕께서 이번에는 백억량의 보배를 내어 공양하시니, 신하들이 깜짝 놀라 "어째서 보시와 공양이 남보다 더 하십니까"하니 왕께서 "여래의 몸을 모시고 다니셨으므로 공양이 남보다도 더하며, 여래의 법이 세간에 항상 있어서 미혹한 어두운 일을 없게 하심이 모두 아난 존자의 공덕이시므로 공양이 남보다 더한 것이다"고 하셨다.

위의 대문을 읽다보면 공덕의 크고 작음에 따라서 등차가 다름을 실감하게 된다. 물론 지금 우리 사회에도 가섭도 박구라도 아난도 분명 실존한다. 그러나 공양이나 보시가 연보의 많고 적음에 따라 매겨짐은 세정이긴 해도 나보다 남을 위하기는 실로 어렵기 그지없어도 남과 더불어 즐기는 여인(與人)동락의 보시도 따지고 보면 못내는 남을 위한 보시에 못지 않는 보시다.

이에 다다라 우리 불교도 이제는 받기나 하기보다 남에게 베푸는 보시의 신미년이 됐으면 한다. 이제는 우리 불교도 집도 덩그렇게 지었고, 살림도 남에 못지 않게 가멸차진 오늘이다. 비록 사회의 환원이라기보다 우선 현실에 걸맞는 교육을 통해 선지식으로 하여금 법당으로 인도하는 포교가 절실하다고 본다. 우리에도 독실한 청신사도 청신녀도 상당수가 있음을 상기할 때 넉넉하고 남는다고 본다.

자못 절로 들어가는 진입로가 서울의 거리처럼 붐비고 경내가 저자처럼 과갈스럽다고 한편 즐기고 한편 개탄만 할 것이 아니라, 그 많은 관광객을 법당으로 인도하는 방편을 꾀해서 날로 험악해지는 마음의 실마리를 다잡게 하는 새로운 운동의 신미년이 됐으면 한다. 다소 늦기는 했지만 이제 산에서는 취사가 금지됐고 난잡한 놀이도 규제되어 아예 입산까지 막는 제도가 마련됐으니, 낯갑다 말고 비디오라도 틀어주면서 하염없이 멀어지는 불교의 이념을 되찾는 새해이기를 간곡히 바라 마지 않는다.

한편 우리 절집의 자랑인 바루공양도 뷔페식으로 바꿨으면 한다. 물론 청산과 백운이 큰방에 가부앉아 전통적인 바루공양이 나쁘다는 것은 아니다. 바루공양이 바로 우리 절집의 식사방식이니 말이다. 그러나 세상은 아주 변했다. 절을 찾은 손님에게만이라도 단행했으면 한다. 불교가 시정에서 산간에 밀려 나쁜 뜻으로 변한 유아독존의 시대는 갔다. 이제는 가정마다 거의 의자생활로 바뀌었고 식사공양도 의자에 앉아 누리는 판인데 군이 안쓰럽게 가부앉아 격식만 우길 때는 지났다고 본다. 워낙 우리 절집의 바루공양은 간편하고 정갈스러운 최선의 방법이다. 자기의 구미에 맞춰서 골라 양에 맞게 덜어서 먹는 바루공양은 진작 양식의 뷔페보다 훨씬 앞섰다. 다만 까다로운 격식을 위해 죽비를 치고 위엄을 갖추는 그것이 매양 껄끄럽고, 더욱이 방에 꿇어 앉아야 하니까 도리어 꺼리어 바뀌어야 한다는 것이 내 남없는 간청이다.

다음은 교육이다. 물론 어려운 원전을 가르치고 익히자니까 자연 격리해서 강독해야 하지만 울력을 쪼개서 신도와 더불어 대화하고 모처럼의 관광객을 교도하는 일도 필수여야겠다. 스님과 신도가 믿음으로 하나가 되듯 찾아든 관광객을 열없이 겉돌게 하지 말고 일단 자장에 든 쇠붙이임을 절감하고 우월감에서 벗어나 이른바 방하착(放下著)의 가르침을 오늘에 심는 불교 책자를 편찬했으면 한다. 어려운 교리를 강요하면 질력이 나서 자연 멀어지게 마련이다. 딴은 한글로 풀어 엮은 '불교성전'이 있지만 거기에서 가장 재미나는 얘기 중심의 간촐한 책자를 펴내서 우선 입장객에게 무료로 배포하고 옛날 당의 속강(俗講)처럼 강설하는 마당을 마련했으면 한다.

게다가 '월인천강지곡'처럼 부르기 쉽고 듣기 좋고 알기 쉬운 찬불가를 불러 함께 노래하는 사이에 스스로 자비의 거룩한 보람을 터득하게 하여 오늘의 불교를 사회의 앞장인 지난날의 빛나는 불교, 도도한 전통적인 물림상을 오늘에 되새기는 신미년이 됐으면 오죽 좋을까 말이다.

김정희는 초의 선사에게 준 사시(私諡)에 "오로지 법보의 깃대를 우뚝 세워 곧장 자리에 올라 크게 종풍을 불러일으켜 팔도의 승속을 바로잡을 일이니, 다른 것에 한눈을 팔 겨를이 없으니 어서어서 율령대로 할지어다"라고 했듯이, 새로운 바람을 일으켜 우리 불교의 이미지를 삼천리에 아로새길 신미년에로의 지름길이다. 더구나 불교방송으로 해서 날로 느는 불자를 생각하면 마땅한 개혁의 새해여야 하겠다. 무릇 강한 햇볕은 진한 그림자를 자아낸다는 평범한 진리가 바로 우리가 당면한 호젓한 교훈이 아닌가 한다.

(1991. 1)

초 파 일

　공휴일로의 초파일을 두번째로 쇘다. 우리 신도들의 기쁨은 물론 불교에 솔깃하는 분네에게도 큰 이바지가 됐다고 믿는다. 정녕 보람스런 일이다.

　워낙 초파일은 2월 보름이었었다. 그것이 4월 8일로 지켜져 오늘에 이르기까지에는 많은 정진이 포개졌다. 그러나, 그 시련의 발자국이 문제가 아니라, 이 초파일을 지키는 마음의 자세가 바로 오늘과 내일을 보다 값지게 삶에 있어 얼마나 보탬이 됐나에 따라서 초파일을 쇠는 구실이 우렁찬 것이다.

　등을 달아 자기의 소원을 빌기에 앞서 온누리를 밝혀 밝은 사회, 밝은 나라를 더불어 바라는 마음다짐이 더욱 긴요함은 말할 나위도 없다.

　절에 가서 자기 몫의 등(燈)을 달아 소원의 성취를 비는 것도 중요는 하다. 그러나 그것은 믿음의 표시이자 의무에 속한다. 보다 한걸음 나가서 이웃을 밝히고 거리를 밝혀 겨레와 나라를 밝혀야 비로소 불교의 뜻이 도타워진다.

　그렇지 않아도 절이 복을 비는 곳으로 기울고 있는 대중에게 자신을 도사려 가다듬는 도량으로, 보다 신실한 삶을 버리는 수련장으로 깨치기 위해서 이 초파일을 드높여야 할 오늘이다.

　따라서 초파일의 회향이랄 수 있는 연등행렬은 신도들만의 행사일 수는 없다. 그 받들어 들고 움직이는 등이 거리를 누비며 비추는 동시에, 연도에 나온 시민의 마음의 구석을 비추게 하는 등불이 되게 하는 거기에 초파일의 본의가 있다. 한갓 장엄에 극성을 부리고 선두에 이악을 다툼은 초파일의 거룩을 구기는 집착이다.

딴은 화려함은 초라함보다 좋다. 그러나 우리는 자기의 완성을을 꾀하고 중생의 제도를 거울로 섬기는 불교도임을 잠시도 잊을 수는 없다.

여기에서 생각키는 것이 초파일의 기원대법회를 아예 전야로 앞당겨 지냈으면 하는 마음 간절하다. 더구나 공휴일이다보니 더욱 그렇다. 물론 최대의 행사요, 가장 뜻있는 초파일이다. 역사와 전통이 도도한 석탄절(釋誕節)이다. 그러나 우리 신도로 보면, 이 날은 자기가 다니는 절에서 조용하게 염불하면서 보다 착실한 신도, 보다 훌륭한 도량으로 꾸미는 기틀의 마련이 빚어졌으면 해서다.

연등행렬에 모든 신도가 총동원돼서 거리가 미어져야 교세가 우람한 것은 아니다. 그러나 적은 것보다는 많은 것이, 초라한 것보다는 풍성함이 좋다. 연등행렬이 초파일의 전부는 아니지만, 그렇다고 자기의 절에 휘감겨서 차마 소홀하면 불교의 오랜 역사가 꾸짖을테니 말이다. 전야제가 전통에 어긋난다지만, 새 전통을 만들어 새 역사를 꾸밈이 과연 잘못일까. 글쎄 우리의 초파일을 불교도의 공휴일이라고 우기면서 수업을 강행한 군자동의 S중학교도 있었단다. 우리 모두 다시 생각할 문제다.

(1977. 6)

성도일(成道日)

　오는 1월 12일은 석가모니 부처님께서 성도하신 날로, 불교에서 으뜸으로 섬기는 재일이다. 그런데 이 성도일이 '부처님 오신 날'에 비겨 별다른 유속도 없이, 다만 신도만의 명절로 지켜지고 있음은 실로 딱하기 그지없다. 마치 야소교의 부활보다도 성탄이 드세듯, 성도일보다는 4월 초파일이 오히려 사회의 상응과 대중의 신봉을 사서, 사뭇 연등이 부산해짐을 보면, 정녕 알다가도 모를 일이다.

　사실 성도일은 '카필라' 왕자로의 나심보다도, '싯다르타' 태자로의 출가보다도 훨씬 뜻깊은 날이다. 이루 형언할 수 없는 6년 동안의 고행을 거쳐, 마침내 보리의 대도를 깨친 그 거룩 때문이다. 육신이 스러져서라도 우주의 생리와 생활의 진체를 깨닫고야 말겠다는 굳은 신념이 숭앙의 대상이요, 그 고행을 통해 최고의 경지를 깨친 도피안의 사실이 기념의 실마리다.

　7일을 꼼짝달싹도 않고 보리수 아래서 가부앉은 채 용맹정진한 수도와, 온갖 집착과 번뇌를 씻고 연기의 순역(順逆)의 이치를 깨친 해탈의 새벽이 하도 고마워, 모든 중생의 경배를 받게 마련이다. 그때의 나이 겨우 35세였으니, 그 예경은 우러를수록 대단하다.

　29세의 꽃다운 젊음, 더구나 태자의 몸이라, 갖은 영화와 권세를 내버리고 출가한 그 구도정신보다도 몸까지 걸고 수도하여 드디어 생로병사의 고를 깨닫고, 고집멸도의 도리를 풀어낸 것이 참으로 위대하다. 곧 자신의 구제보다도 중생제도가 곁따라, 그 깨달은 바에 의한 전도를 통한 인간적인 갈등과, 사회적인 고뇌를 깨끗이 가셔낸 법열을 널리 중생과 함께 한 자비의 가르침을 세운 "위로는 보리를 구하고 아래로는 중생을 교화한다〔上求菩提 下化衆生〕"가 불안한 현실을 세차게 당김에서다.

우리는 사소한 고행을 크게 자랑한다. 자신의 명성을 위한 수고를 무척 내세운다. 창작에서 그렇고, 연구에서도 한가지다. 남을 놀라게 하는 새로운 말과 상대를 움직이는 예악(禮樂)을 낳기 위한 진통을 사뭇 요란스럽게 자랑함을 듣본다. 고작 스스로를 세운 보람의 충족이요, 소망의 이룸을 스스럼없이 대견이라 꼽는다.

여기에 '싯다르타'의 고행은 그 원초부터가 판이했다. 세간의 약육강식을 당신의 쓰라림으로 가눈, 그 하임부터가 크게 깨닫는 비롯이다.

그는 화려한 대궐도 돌아 보지 않았고, 왕위의 차지도 팽개치고 몸소 대궐을 나선 사실이 진작 대성에의 시발이다. 아름다운 부인 '야쇼다라'와 어여쁜 아들 '라훌라'가 있었건만, 그런 세속의 애착을 끊고 험난한 설산(雪山)으로 들어가 추위와 주림을 물리치며, 헤살짓는 마군을 다스려 최후의 승리로 이끈, 세상에서 가장 높은 세존의 수도는 이미 정각이 서렸었다.

자아완성(自我完成)을 위한 6년의 고행과, 하화중생을 위한 49년의 교화와, 경율의 유교와 주변의 유훈 등 그 우람스런 발자취를 받들지 않을 수 없다. 그는 중생이 버리기 어려운 상(相)을 능히 버리고, 중생이 참기 어려운 고를 능히 참아내고, 중생이 행하기 어려운 행을 능히 행했기 때문에, 중생이 알기 어려운 공(空)을 깨치었고, 깨닫기 어려운 각(覺)을 깨닫고, 이루기 어려운 행을 이루어 만고의 공경을 항하사에 심은 것이다.

따라서 그는 가없는 자비심을 일구어 시공을 초월한 만민의 등불이 광명의 대로를 밝혔던 것이다. 성도는 고행의 결정이요, 정각을 위한 지선의 과보다. 자리와 이타를 겸한, 곧 제중박시(濟衆博施)와 국태민안을 짝해 성자의 가력을 닦았던 것이다.

지금으로부터 2518년 전 바로 오늘, 동방의 명성(明星)이 뜰 무렵 성도하신

그 거룩한 날을 깊이 다짐하며 크게 감사함이 성도일을 기념하는 본의인 동시에
명진의 서업을 수성하기 위한 정신무장의 불이의 경각이 아닌가 한다.

(1973. 1)

법회와 포교와

자기를 위하고 남을 위함이 불교인데, 그 잘잘못을 따지는 것부터 실은 망발이다.

우리 동국대학교에선 법회가 잦다. 덩달아 참례할 기회도 많다. 그때마다 고승대덕의 어려운 법문에 고개가 갸우뚱해짐을 감출 길 없다. 워낙 모자라는 신심의 탓이다.

글쎄 우리말의 '불교성전'은 아랑곳없이 한문의 경전과 논률(論律)이 거침없이 옮겨져 몹시 귀에 설다. '삼귀의'와 '사홍서원'은 물론 「반야심경(般若心經)」은 8만대장경의 축약인데도, 날과 같은 초발심도 거치지 못한 나로선 그저 따라 외울 따름이다.

그런가 하면 공(空)의 사상이 예외없이 확산되고, 유무의 인식론이 예사로 다루어진다. 더구나 사제와 오온이, 연기와 더불어 팔정도가 두루 쓰이며, 9년 면벽으로 깨친 선행을 자주 예증하는데, 맙소사, 법당에 가부앉은 대중은 가당없어 그저 얼떨떨한 처지이니 내남없이 부끄럽다.

문제는 그뿐 아니다. 아리숭한 화두로 도력을 드세우고, 할(喝)로 위의를 드높이고, 석장으로 신통을 과한다. 그러나, 그것은 한낱 방편이다. 가뜩이나 어렵다는 불교요, 일반과 동이 뜬 속리(俗離)의 불교다. 기복도 좋고 발원도 좋다. 높깊은 차원의 법문보다도 알아 듣는 실질이라야 포교요, 저절로 우러나도록 인도함이 포교다. 남들은 되도록 일반적인 용어로 유도를 일삼아 찬송가를 반복시켜 믿음을 자아내도록 신경을 곤두세우니 말이다.

종교는 아편이란다. 그러나 포교는 그 훼방을 삭힘이 구실이다. 교리를 우기는 일 없이 딴전만 펴다가 설교의 막판에 가서야 비로소 전도(傳道)로 나서는 그 슬기를 남의 일이라 탓만 할 일은 못된다.

흔히 불교를 '수리수리마하수리'라 꼬집는다. 또한 '도로아미타불'이라 핀잔함을 듣는다. 굳이 5백년 동안 억압의 울림장이라기에는, 그 파장이 너무 거세다. 글쎄 왜 법안(法眼)이 업신여김을 받으며, 왜 목탁이 야유의 대상이 됐는가를 곰곰 되새겨, 더불어 누리는 포교가 무척이나 아쉽다. 구태여 승속을 따지니까 도리어 반박이 더하다.

법회에 나가 책상다리로 앉으니 바지가 구겨지고, 큰절을 몇 번이나 해야하니 자연 예불이 형식화한다. 꼭 절을 많이 해야 믿음이 도탑다는 고집은 현대에는 과하다. 정성껏 합장을 하는 것이 어째서 부실하며, 의자에 앉아 법문을 들으면 왜 나쁜지 전혀 이해가 안 간다.

우람스런 법당을 짓고, 요란스런 단청에다, 도섭스런 장엄이 가멸차야 신도가 모여든다면, 그것은 분명 빗나갔다. 법회가 도도하면 대중이 미어지고 대중이 많으면 시주는 으레 따르게 마련이다. 보우(普雨) 스님이 그랬 고, 서산(西山) 스님과 사명(四溟) 스님도 그랬음을 우리는 기억한다. 옳거니, 참된 포교는 원력을 보태고, 원력은 왕생을 이루는 법이다.

자아의 완성, 중생의 제도가 우리 불교의 핵심인데, 거룩한 수행을 통해 사회의 앞장을 자처하고, 중생의 제도를 위해 사회에의 참여가 도진 곳에 홍법(興法)은 온다. 요는 법회와 포교가 차진 곳에 인과 역시 차지다.

따라서 우선 법회와 포교의 신실된 대중화가 바람직하다. 열없이 속인이라 낮추고, 속객이라 일컬으니까 자꾸 멀어지는 대중이다. 그래 세종이 몰라서 얘기책 『석보상절』을, 그것도 세자에게 맡겨 번역케 했는가, 그러구러 반성할 일이다. 현대 불교의 반석을 굳건히 다지는 뜻에서 한번 생각해 보았다. 옴.

(1977. 7)

출가

　속연을 끊고 부처님께 귀의하는 출가는 참으로 거룩한 일이다. 섣불리 가출에 비기는 무리가 있다. 언감생심 출가에의 모독이다. 불평이나 불만, 그리고 사사로운 이해에 얽매여 법복에 솔깃함도 한가지다. 그것은 요망스런 가출이지 거룩한 출가가 아니다.

　이런 뜻에서 싯달태자의 출가는 감히 범인으로는 미칠 바가 못된다. 부귀와 영화를 서슴없이 박차고 집을 나와, 도를 닦느라 온갖 고행을 겪은 다음에 자비의 가르침을 깨우친 사실은, 진작 믿음의 왕이 되기에 남는 거룩이다. 생각사록 머리가 조아려진다.

　한편, 그에 버금하는 아육왕의 아우 선용(善容)의 남다른 출가 연기 또한 많은 깨우침을 자아내는 산 교훈이라, 자주 읽어지는 대문이다. 곧 우리 도서관에 간수되어 있는 『석보상절』 제24에 실린 풀이를 간추려 더불어 읽으며, 출가의 본을 도시려 보는 뜻도 바람직해서다.

　선용은 워낙 언행이 방자하여 믿음이 도탑지 못했다. 사냥을 즐기고 놀음놀이가 거칠어 존엄을 흐리었다. 그를 걱정한 왕이 그 엇가는 버릇을 잡고자 마련이 많았다. 그래서 하루는 대신과 미리 짜고 풍류잡이를 모두 선용에게 보내어 풍악을 잡히게 하였다. 그리고는 "내가 선용을 죽이라 하면 너희는 짐짓 말리라"고 일렀다.

　왕이 선용의 처소에 가서 노발대발 되게 꾸짖으며 "아무리 내 아우라고 내 풍악장이를 다려다가 놀다니 죽여 마땅하나, 이왕 벌인 판이니 이레 동안은 실컷 놀게

스리, 내 옷을 입히고, 내 관을 쓰게 하고, 내 궁전에 들어 맘대로 놀라"는 영을 내렸다. 신하들은 시치미를 떼고, 죽은 후라도 뉘우침이 없도록 자꾸 방종을 종용하였다.

그럭저럭 엿새가 지나자 왕이 선용의 처소에 납시어 "그래 한껏 놀았느냐?"고 물으니, 선용이 "쾌락은 커녕 보지도 듣지도 못했다"면서, "이내 죽을 몸이 무엇이 신에 붙겠소이까?"하고 고개를 떨구었다. 왕이 "이 미련한 것아, 네가 암만한 몸의 탐욕을 위해도 생사가 매겨지면 즐거운 마음이 없거니, 하물며 헤일 수 없도록 그지없이 수고함이 과연 어떻겠느냐. 그래서 스님네가 이를 위해 출가하여 도를 닦아 윤회를 벗어날 도리를 구하는 것이다."

이 일이 있은 뒤에야 선용의 그 거친 마음이 열려 스스로 왕께 하직하고, 수행을 거듭하여 득도의 고삐를 잡았다는 이야기다.

사실 당장의 호강보다 영생을 누리는 출가의 거룩함, 거기에 스님에의 합장이 절로 사무쳐 진다.

(1975. 5)

나와 남을 위하는 보시

보시는 심원에로 가는 지름길이니, 즐겁게 서슴없이 자기의 천량을 남에게 줌을 말한다. 요즘은 하도 이악스러워져 크게 자기를 내세우나 보시는 인색도 공치사도 안 된다. 글쎄 떼부자도 이름을 내기 바쁘니, 이른바 무상보시는 어림도 없는 잠꼬대가 됐다.

우리나라 산문의 시초인 『석보상절』에 보면, 아육왕이 가섭 존자탑에는 10만량을 보시하고, 아난 존자탑에는 100억량을 보시하면서, 박구라 존자탑에는 겨우 1량을 보시하고는, 무병장수로 이름난 부처의 제자지만 자기만 어질었지 남을 위해서는 한 마디의 법문도 이른 적이 없고, 항상 말이 없어 비록 지혜가 높깊다 해도 세상을 위해 무슨 유익함이 있었느냐면서 물러서려니까, 왕이 보시한 1량의 돈이 도로 왕에게 돌아오므로 신하들이 한결같이 찬탄하기를 박구라 존자는 워낙 청백해서 숫제 한 잎의 돈조차 받지 않는다는 대문이 있다.

참으로 거룩한 교훈이다. 우리는 언제부터 절이 복을 비는 고장으로 변했는진 모르나, 그냥 보시하는 선남선녀는 보기 드물어 딱하기 그지없다. 하갸 부처님 오신 날에 밝히는 연등에도 반드시 이름을 붙여야 심편이 펴지는 판세이니 알다가도 모르겠다. 그냥 정성껏 달면 안 될까. 못난이들이 대문짝 같은 이름자를 써서 우세하는 경조화의 수작과 무엇이 다르냐 말이다.

이런 뜻에서 이름 밝히기를 거절하는 어떤 독지가가 목천 기념관 건립금으로 거금을 선뜻 희사한 보도가 났었다. 실로 오랜만에 맛본 보시의 보람판이었다.

맙소사, 미증유의 비바람으로 재앙을 입은 딱한 수재민에게 보내는 의연금에까지 주먹 같은 활자라야 하니 두말이 부질없다. 그것도 대기업주니 말은 다했다. 그것을 부추기는 매스콤은 더욱 밉다.

굳이 바른손이 하는 일을 왼손이 모르게를 들먹이고 싶진 않다. 진작 우리 불교계에서부터 그런 남세스런 풍조는 가셨으면 한다. 보시가 무슨 경매가 아닌 이상 어서 지양돼야겠다. 갖가지 불사를 벌여야 절집을 유지한다지만, 꼭 이름을 새기라면 거침없이 거절하는 용기가 새삼스런 오늘이다. 내남없이 방하착을 외우면서 아집에 나위가 없다니 차라리 큼직한 시주함에 스스로 넣게 하는 보시의 보기를 길렀으면 한다.

다시 『석보상절』에는 아득한 옛날 아육왕의 전생인 사야와 그 동무 비사야가 정답게 모래묻이를 하며 노는데, 마침 부처께서 오심을 보고, 그 모래를 곡식으로 정성껏 바치려는데 키가 작은 아이라서 비사야의 무등을 타고 보시를 하니, 부처께서 바루로 받으시면서, 이 사야 동자는 다음 세상에 왕이 되어 8만4천탑을 세우고, 이 비사야 동자는 그 나라 대신이 되어 잘 다스릴 것이라 수기하셨다는 우연스런 대문도 있다.

사실 보시는 마음이 문제지 물질의 다과가 문제일 순 없다. 물론 후하면 박함보다야 나은 것은 세정이다. 따라서 마음을 고이 갈닦음이 심원에의 지름길이자 득도에의 첩경이다. 원래 인간인 이상 발원이야 누구에게나 있게 마련이다. 그러나 그것이 드러나면 우세스럽다. 더구나 너무 사사롭고 사특하면 득이 다가올 리가 없다. 있다면 그것은 당연이 아니면 기적이다. 그러므로 발원은 우선 나 아닌 남을 위한 소원이어야 한다. 실제는 내가 있은 뒤에 남이라지만 남이 있어야 내가 존재함을 왜 망각하는지 모르겠다. 그래서 우리 불교에서는 자아완성 다음에 중생제도다. 그런데 자기는 오악을 예사로 저지르면서도 남을 위한다고 돈이나 내놓고 으시댐은 꼴불견이 아니면 신앙의 모독이다. 속죄를 하려면 마음부터 고쳐야 복이 안긴다. 정녕 자리행 다음에 이타행이다. 그러니까 적어도 나와 남이 더불어 즐김을 누리는 행위가 바로 심원에의 지름길이다.

그래서 『논어』의 「현문편」에도 "어질음에는 반드시 용기가 곁따라야 하지만, 용기에는 꼭 어질음이 필요치 않다"고 했다. 요는 어질다는 것은 자기를 이기어 예에로 돌아감이니, 바꾸어 말하면 어질음이란 남을 위함이 요, 옳음이란 자기를 드세움이니, 『맹자』「공손축장」에 "남을 불쌍하고 가엾게 여기는 마음은 인의 비로솜이요, 자기의 착하지 못함을 부끄러워하고 남의 착하지 못함을 미워하는 마음은 의의 비로솜이요, 겸사하고 사양하는 마음은 예의 비로솜이요, 옳고 그름을 따져 가리는 마음은 지의 비로솜이다"라고 인의예지 사단(四端)을 간곡히 가르치고 있다.

요는 착하고 악함에 따라서 모든 행위는 돋보이게 마련이다. 그래서 불도를 깨치려는 신광(神光)에게 "마음이 괴롭다니 그 마음을 이리 가지고 오라"는 달마 대사의 말씀은 우리로 하여금 귀한 뉘우침을 일깨우게 한다. 데모가 한창인 6월에 그렇듯 간절하게 마음부터 비우라고 호소해도 비우기는 커녕 도리어 사무쳐 못내는 파괴의 노사분규까지 샀다. 이 색공(色空)의 자비심을 앞세우면 만사는 절로 해결이 되련만, 그것을 못하는 인간의 욕심은 세사와 더불어 걷잡을 방편이 없다. 내가 아닌 남의 처지가 되는 호양의 경지, 그것은 피차 극기(克己)의 마음 밖에 없다.

심원에로 가는 지름길, 참으로 쉽고도 어려운 길이다. 정치가 선거로 술렁이고 경제가 분규로 거덜이 나니 도리가 없다. 그렇다고 여기서 주저앉을 수 없는 우리이니 언로(言路)의 공정과 믿음의 도타움이 절실한 오늘이다. 믿음이 신실한 곳에 마음이 가라앉고, 마음이 가난하면 자연 현명한 용기가 생긴다. 그런데 마음이 욕심으로 찼으니 대화가 순조로울 수 없고 중재가 먹혀질 리가 없다. 마음을 비우라면 자기의 마음에는 허욕이 찼으니 안되지.

구태여 성선설이나 성악설을 뇌이랴만 마음의 동산은 빈 그릇에 물이 담기듯 그것이 둥글면 둥글고 모가 나면 모가 진다. 이제는 노사분규도 그렁정 꺼져가니,

부디 지도자부터 참회하길 간구한다.

마음의 동산에로 가는 길은 내가 신도라서 그런지 몰라도 공에의 길 밖에 없다. 마음이 바쁘다 보면 선악의 갈림길에서 미아가 되기 쉽다. 마음이 가난한 자에 복이 있다는 말도 바로 이것이다.

딴은 우리에겐 저마다 포부가 있고 목표가 있다. 그러나 누울 자리를 보고 발을 뻗어야 하는데 그렇지 못하다 보니 이상과 현실의 격차가 생긴다. 분수에 맞는 마음가짐이 바로 가난한 마음이자 자비심이다. 짐짓 허세를 부리려니까 마음이 바빠져 본분과 사명을 상실하게 된다.

공에로 다가서는 길, 이것은 다름 아닌 부처에의 길이다. 지심정례공양도 좋고 백팔참회도 좋다. 마음을 비우면 헤살짓는 욕심이 덜어지고 욕심이 가시면 하고자 하는 일이 수월하게 이루어진다. 초조와 불안은 결국 자기상실인 동시에 실패의 빌미이니, 모름지기 공을 위한 신실과 섭심이 다부진 곳에 심원에로 가는 길은 절로 열릴 것이니, 우선 합장부터 습관화하기를 바라는 마음 간절하다. 내가 있으니 네가 있고 네가 있으니 내가 있음을 왜 모르지.

나무관세음보살.

(1987. 11)

초파일을 맞으며

기쁜 부처님 오신날을 맞는다. 자비의 그제가 한결 새롭다. 듣건대 더욱 범종단적인 동참을 얻어, 사뭇 여의도를 뒤덮는 봉축행사가 마련되고 있다니, 실로 반가운 일이다. 남들처럼 조직을 통한 극성을 떨면, 아마 백만은 거뜬히 동원되고 남을 우리 불교의 대중이다. 게다가 진작부터 가부앉음으로 2천년을 배겼고, 바루공양으로 다져진 알뜰한 삶이라, 두루 거추장스런 뒷설거지는 각자의 몫이니, 새삼 일깨울 거리도 안 되고, 굳이 길잡이도 불필요한 우리 불교의 울력이다.

그런데, 문제는 도타운 불자가 아닌 보라꾼이 저지르는 야료 때문에 비양의 대상이 되고, 남우세스런 편잔이 저어된다. 그러나, 부처께서는 외도를 절대 탓하지 않으셨음을 명심할 일이다. 그래서, 소꿉장난하던 아이가 바치는 모래도 쌀로 받으셨고, 흙탕의 간지스 강 강물도, 해골에 고인 구정물도 좋이 받아 자신 부처셨다.

여기에 우리에의 가르침이 뚜렷하다. 남의 휴지도 내가 줍고, 남의 오물도 내가 치우는 아량이 절실한 이번의 봉축행사다. 따라서, 식전에서는 물론, 장안을 누빌 연등행렬에까지 질서정연한 절집의 법도를 일반 대중들에게 보란듯이 보여 주잔 말이다.

일찍이 완당 김정희 거사는, 조선 후기를 대표하는 운석(韻釋)이자 대둔산 기슭 일지암, 곧 일로향실(一爐香室)에서 차의 맛과 멋을 되새긴 초의 스님께 다음과 같은 사시(私諡)를 선사했었다. 비록, 유학에 젖은 경학자 완당일 망정, 그분의 불교에 쏟은 불심은 굳이 「사변만화(思辨漫話)」가 아니래도, 실로 도도한 바가 있었다. 우리나라에서 사시라면 교산 허균이 매월당 김시습에게 끼친 것이 놀랍다.
아래에다 김정희의 초의 스님에의 사시를 풀이하여 함께 읽기로 한다.

  큰 깨우침에는 워낙 잗다른 스스럼과 자자분한 부끄럼도 없는 법이니, 오직 삼보
의 깃발을 둥두렷이 세우고, 빨리 사자좌에 올라 앉아 종풍을 크게 불러일으켜, 팔
도의 승속을 바로잡을 따름이다. 다른 곳에는 눈을 돌릴 겨를이 없으니, 어서어서 부
처의 율령대로 행하라.

정말 독실한 거사의 발원이다. 무너져가는 불교의 법통과, 해이해져가는 절집의
법도를 나무라면서도, 그를 바로잡을 초의 스님을 무척이나 기대한 완당이었다. 그
가 늙마에 경기 과천에 머물면서 썼다는 봉은사의 유명한 편액인 대웅전의 갈필(
渴筆)과 판전(板殿)의 동자체(童子體)를 곰곰 상기하면서 거룩한 초파일의 향연
을 설레임으로 그려 본다.

모처럼의 기회다. 본연의 자세로 돌아가, 조선시대 선비들에 의한 그 시퍼런 구
박의 서슬에서도 오히려 굳건했던 선사의 뜻을 받들 봉축행사가 이루어지이다, 손
을 모아 간곡히 빈다. 나무석가모니불.

(1985. 5. 16)

바루공양

동국대학교에 몸을 담고 있는 관계로 수련대회에 참여할 기회가 잦은 나다. 그때마다 절집의 식사제도인 바루공양이 왜 진작 우리네의 가정에 보급되지 않았는가 자주 안타깝게 생각된다.

없는 주제에 상다리가 휘도록 차린 호사스런 반상과, 그 물림상에 당치도 않은 거드름을 누리는 여염집의 식사제도가 도시 아니꼬와서다. 한갓 비위생적이라기보다 때문은 장유유서가 싫어서다. 오죽하면 밥은 기쳐야 양반의 체통이라는 습속이 생겼으며, 푸짐하게 차려내는 교자상을 바라보며 군침만 삼키는 우리네의 실정이 얼마나 불합리하냐 말이다.

글쎄, 부자인 사돈이 모처럼 찾아와, 차마 제미(祭米)로 지어낸 이밥에다 숭늉을 말자, 손가락에 침을 발라 창에 구멍을 뚫고 조바시며 들여다 보던 개구장이가 그만 울음을 터뜨리고 말자, 눈물이 글썽한 안사돈이 고즈너기 "우리 사돈은 물을 말아도 남긴다"고 달랬다는 가난이 빚은 구성진 민담은 익살이 아닌 실례다.

이런 뜻에서 절집의 바루공양은 참으로 잘도 꾸며진 대중식사의 본보기다. 그렇지 않아도 싱그런 풋내음에 잠긴 도량이다. 그리고 질서와 규율과 청결이 생명인 집단이다. 그러나 공양에는 높낮음이 없는 평등의 절집이다. 맑디 맑은 샘물로 잇 씻어 솔가리를 꼬닿게 때서 재친 밥, 그리고 듬성듬성 버무려 만들어진 교(巧)가 없는 찬, 정말 절로 입맛이 다셔지고, 입안이 가셔지는 절집 음식이다.

튀각이 맛지고, 산채가 고소해서만도 아니다. 요는 물맛이요, 마음 탓이다. 티끌의 구렁에서 벗어난 호젓한 품앗이다. 다소 투박스럽긴 해도 구수한 맛이요, 젓과 누린내와 맛나니를 넣지 않은 소박한 맛의 조화다. 같은 밥이요 같은 찬이지만 싱싱하고 탐스러워 감칠맛이 은치를 보탠다. 더욱 한자리에서 함께 먹는 식사이기에 한결 맛이 도진다.

바루공양은 대중과 더불어 대중 앞에서 먹기 때문에 조심이 감돌아 저작(咀嚼)을 더하게 마련이다. 주눅이 들 것 같은 엄한 규제 속에서, 그 딱딱한 죽비 소리에 입맛이 달아날 것같지만 실은 딴판이다. 게다가 입승스님의 가부앉은 도사림과, 큰스님의 위엄에 밥알이 곤두설 듯하면서도 도리어 이심전심의 화기(和氣)에 감기니, 생각사록 묘한 식사제도요, 다사스런 바루공양이다.

소리를 내지 말라니까 자연 삼가지고, 조심하다 보니 자연 음식의 맛이 나도록 씹게 마련이다. 그러나 겸상도 독상도 아닌 공동식사인 만큼 짜여진 순서에 따라 해야 하므로, 저마다 식사 자체에 더 열심해야 하고, 또 대중 앞에서의 자신을 의식하면서 하는 식사라서 모든 행위에 남을 탄다는 사실부터가 수양에의 징검다리요, 절제에의 길라잡이다.

물론 처음이면 순서에 매여 바루공양의 맛과 멋을 모른다. 그러나 몇 번만 거치고 겪으면, 그 역시 길이 열려 스스럼도 덜어져 입맛도 되산다. 눈치에 눌리던 움츠림이 당겨지는 구미로 해서 차츰 긴장이 눅져진다.

워낙 절집의 공양주는 밥짓는 선수요, 찬모를 능지르는 솜씨다. 그리고 밥이나 국을 푸는 종두(鐘頭)스님(수련대회에서는 식사 당번) 역시 오랜 체험에 찌든 눈썰미의 임자다. 머릿수에 따라서 더도 덜도 안 되게 푸되, 그것도 두 번 세 번이 아닌 단번에 푸는 노느매기의 명수다. 얼마나 퍼봤으면 첫 주걱부터 마지막 주걱까지 똑 고르게, 그것도 그릇 수에 맞춰 퍼 대냐 말이다. 그야말로 저울대와 같은 정확한 대중이다. 마치 '상좌승의 법고 치듯'의 표현처럼, 그저 떴다면 한몫이다. 그래서 유명한 대중음식점의 숙수는 절집 낳이란다. 이를 익히기 위해 글쎄 녹아나는 눈(雪)을 함지에 담아서, 그것을 주걱으로 푸는 연습을 시키는 절집의 규모이니 말이다. 이러한 시련의 앙금이 결국 남지도 모자라지도 않게 짓고, 또 알맞게 나누는 손대중을 자아내는 것이다.

바루공양은 우선 간편해서 좋다. 그리고 깨끗하고 정갈스럽고 알뜰해서 좋다. 자기가 먹을 만큼 받아 분수에 맞는 식사를 한다는 것은 참으로 즐거운 일이다. 사실 음식에 얽매이는 것처럼 호된 곤욕은 없다. 더구나 먹다 남기는 일이 없이 먹기 전에 따로 덜어 깨끗이 간수한다는 그 자체가 개운하다. 절약보다도 식생활 개선의 첫걸음에서다.

바루공양에서는 먹다 남기면 안 됨이 철칙이다. 사실 아무리 시장해도 남이 먹던 상은 언짢다. 그래서 상을 다시 차리나, 결국은 되먹는 재탕과 한가지다. 이런 점에서 바루공양이 엄격하면, 개수한 천수물에 밥알은커녕 양념 찌꺼기만 떠도 야단이다. 그래서 맨처음 돌릴 때 받은 천수물과, 개수한 천수물이 꼭 같아야 한다는 다짐을 귀에 심는 절집의 규율이다. 곧 천수물에 밥알이 하나만 떠도 제석천(帝釋天)에서는 그 밥알이 썩을 때까지 합장을 하고 있다느니, 또는 개수한 천수물을 먹고 사는 아귀의 몸뚱이는 수미산(須彌山)만 한데, 그 목구멍은 겨우 바늘 구멍만 해서, 그 아귀 목에 음식의 찌꺼기가 걸리면 목에 불이 난다느니 하며, 호되게 가르치고 있다. 이러구러 명심할 교훈이 틀림없다.

바야흐로 새마을 운동이 본궤도에 올라 마무리 단계다. 식생활에 대한 개선책이 강구되어 식량전쟁에 대비한 마련도 요란한 오늘이다. 혼분식이 강조되고 칠분도를 법제화하는 현상이다. 칼로리가 문제되고 식량절약에 국민운동의 향방을 돌리는 등 실로 마련이 잦은 우리 당국이다.

따라서 아득한 옛날부터 절에서 발전시켜 대대로 실시해 오고 있는 바루공양은 합리화된 식생활로 직접 국민의 생활에 부합될 뿐 아니라 식생활로 인한 시간과 노력을 절감하는 동시에 식료품의 낭비를 막는 방법과 수단이자 실리를 따지고 절약을 외치는 오늘의 당면한 과제를 타개하는 실마리가 아닌가 한다. 도시 밥이나 찬을 받아 남기면 안되니까 찌꺼기도 남지 않아 좋다.

절집의 바루공양, 그것은 수련대회를 비롯한 단체활동에만 활용치 말고, 우리네 가정에 활착(活着)할 때 우리의 번영은 절로 뒤따르리라 믿는 나다.

(1976. 10)

자리와 이타

『한글대장경』이 계속 발간되는가 하면, 중단되었던 『고려대장경』의 축쇄판도 나오게 되었다. 합천 해인사 장경각의 새 건물까지 마련이 한창이니, 짐짓 소담스럽고 반가운 소식이다.

한편 경전의 주석과 번역도 솔찬히 나오는가 하면, 국역불전의 영인본이 속출하여 자못 풍성을 이루고 있음은 교종(敎宗)을 위해 무척이나 다행한 일이다. 삼가 그 아난의 후예들에게 경건히 감사한다.

『석보상절』에 보면 "남을 위해서 한마디가 인색했던 박구라탑에는 단 1전을 공양하고, 부처를 시봉하여 그 말씀을 모아 결집한 아난탑에는 무려 백억량을 공양했다"는 대문이 있다.

이렇듯 자리와 이타는 그 대접부터가 엄청나다. 여기에 전경(傳經)의 참뜻이 오롯하다. 그런데, 요즘의 역경이 어느만큼이나 읽히는가가 문제의 초점이다. 또한, 그 역경사업이 어디만큼 왔는가가 큰 관심사다. 남이 하니 나도 하고, 저가 있으니 나도 갖자는 울림장에서가 아니라, 남을 위한 봉장보다도 나를 위한 봉독이 아쉬워서다. 남은 전도서나 복음서의 판이 수두룩해서 말이다. 더구나 포켓판이라 언제 어디서나 싸게 읽을 수 있어 그 보급이 대단하고, 그 전도가 다양해서다. 허나 불교는 장경판으로 지어진 『팔만대장경』이란 운력에 팔려선지 이런 문제의 제기조차 무엄한 현황이다.

보수와 혁신의 삼거리에서 아직 망설이는 느낌이 짙은 우리 불교다. 보다 쉽게 보다 널리 퍼질 수 있는 경전을 추려서 번역해야만 깊이 대중에 파고든 담은 하마 15세기 조선 초기에 치른 홍역이다. 그 대담한 역경을 꿈꾸면서도 『석보상절』과 『월인천강지곡』부터 시작했음은 절대 허술히 넘길 문제가 아니다. 그것도 국한혼용인 산문체의 시용으로 시작했으니, 세종의 영명한 영단부터가 태산 같다.

따라서 『한글대장경』을 내는 반면에 더 절실한 전도서, 보다 간촐한 복음서의 장만이 곁따랐으면 하는 마음 간절하다. 물론 위엄도 좋고, 공대도 필요는 하다. 그렇다고 가부앉음이 아니고는 감히 엄두를 내지 못할 책이라면 부담이 앞서 간격이 생긴다. 신봉은 우선 그 길을 짐작한 뒤라야 진실돼진다.

뜻도 모르고 「심경(心經)」을 외우니까, 공의 피안보다도 기복이 아른거릴 밖에 없다.

문제의 사북은 여기에 있다. 옛말에 "글이 경이 되는 것이 아니며, 경이 부처가 되는 것이 아니라, 도를 풀이한 것이 곧 경이요, 도를 몸받는 것이 곧 부처다"라고 하였다. 도를 알려면 읽어 터득해야 한다. 교는 그 길이 보급돼야 성한다. 이런 뜻에서 예불의 모든 원을 시쳇말로 옮기고, 「반야심경」 또한 번역해서 외움이 다급하다. 교리의 주입은 초발심을 개개기 쉽다. 차라리 석가의 전생담이나, 아육왕전이나, 선용의 출가연기나, 혹은 법익의 『괴목경』을 알기 쉽게 풀이해서 읽힘이 오히려 포교의 지름길임을 세종은 진작 아셨다.

이윽고 바람이 가시면 내일을 위한 도사림이 필요할 게다. 과연 어디만큼이나 갈 것인지, 지금부터 이목이 소스라친다.

(1969. 9)

번뇌와 도량과

　절집에선 '煩惱'와 '道場'을 속가와는 달리 '버뇌'와 '도량'으로 읽고 말한다. 이는 큰스님일수록 철저하다. 물론 우리말 사전에는 하나같이 '번뇌'요 '도장'이다.

　이렇듯 절집에서 통용되는 어음(語音)이 일반에서는 원음대로 읽는 낱말이 숱찬하다. 가령 '十方'도 '십방'이 아닌 '시방'이며, '菩提'는 '보리·보디'외에 주문에서는 '모지'로 외우고 있다. 그뿐인가, '揭帝'는 아예 '아제'로 외운다. 도시 걷잡을 수 없는 표음이다.

　사실 이런 어음은 불가의 상식이기는 해도, 자전(字典)은 커녕 큰사전에도 올라있질 않다. 그만큼 외면을 당하는 낱말이요, 그만큼 독존(獨存)의 불교 용어다. 그러나 '四諦'는 '사체'가 아닌 '사제'요, '布施'도 '포시'가 아닌 '보시'임은 반갑다. 분명 『불교사전』을 참고한 나마에 편찬된 사전들인데 따질사록 섭하다.

　여기서 생각키는 것이 세종의 치밀한 어문정책과, 세조의 과감한 정음(正音) 보급이다.

　첫째, '훈민정음' 창제와 그에 따르는 반포에 앞서 신교(新敎)인 유교가 아닌 민간의 신앙 대상인 불교에 착안하여 산문을 시용(始用)한 용단.

　둘째, 우리의 음운을 발륜 '동국정운(東國正韻)'을 제정함에 있어 한문화권에서 탈각하여 통속화한 음운을 취택한 영단.

　셋째, 부업(父業)을 받들어 정음 보급에 나서 간경도감을 설치하여 불전(佛

典)의 국역을 대대적으로 이룩한 과단.

등은 정말 대단하였다. 더구나 당대를 주름잡던 승속을 총동원한 원력은 지금 생각해도 자랑차다. 더욱이 자주와 민주와 실리의 보람을 대중과 더불어 누릴 줄 안 영주(英主)임을 명심할 일이다.

곧 정음의 시용(試用)에 화가위국(化家爲國)의 뒤안을 기린 『용비어천가』로 선수를 치고, 당신의 친제(親製)인 『월인천강지곡』은 정음 위주(正音爲主)라 한자를 소자(小字)로 달았는데,『석보상절』은 한자 위주라 정음을 소자로 곁달았다. 이는 일용에의 편익을 꾀한 영명이다. 그러나 대중의 호응을 짐작한 세조는 한자를 먼저 쓰고 정음을 소자로 덧붙여서 이습(易習)을 보챘다. 이 대중을 의식한 어문 정책, 그것은 마침내 정음 보급을 반석에 앉힌 세조가 된 것이다.

문제는 여기에 있다. 오늘의 어문정책, 특히 한글문제는 대중과 더불어 동행해야 마땅한데, 굳이 선장(先場)을 자부하는 미련이 고립을 자초하고 있다. 비단 한글뿐이랴, 종교도 매한가지다. 세상에 독보(獨步)를 과함처럼 어리석은 고지식은 없다. 아무리 절집의 일상어라도 대중에 통용되지 않으면 문제는 다르다. 구태여 써 달라지 않아도 필요하다면 자연 써지는 것이 어문이다. 글쎄 서교(西敎)의 교인은 의식하면서도 불교의 신도는 아랑곳하지 않을 만큼 사전에도 다뤄지지 않는 불가의 관용어라는 사실을 되새기기 위해, 우선 스스로의 현주소부터 다져야 할 판이다. 옴.

(1977. 4)

어서 너는 가거라

몸부림과 맘부림 가운데서도 달과 해는 가서 70년의 마지막인 섣달에 들어섰다.

그리고, 바라던 남북통일의 기미는 감감하고, 그리도 소망인 종단의 통합 역시 실마리를 잡지 못한 채 오늘에 이르렀다.

저마다 번번이 외치는 80년대의 문턱이지만, 내외의 뉘누리는 만만치 않으니, 새삼 딱하기 그지없다.

그러나, 우리는 이런 때마다 잘도 견디고 버티었다. 그럴수록 오히려 민족의 슬기를 모아 재기의 발판을 굳히었으니, 일컬어 악바리 반도의 근성이다. 인색한 선진의 서슬에서 파동에 밀리고 밀치며 오늘의 성장을 가져온 우리 겨레다. 섣불리 기적을 세우나 거기에는 피와 땀이 서렸고, 사무친 인고의 나날을 산 우리였다.

그러나, 부처님은 우리만을 위할 순 없다.

여기에 엊그제의 사단이 안겨졌다. 전진의 나팔소리를 멈출 수 없는 이 마당에서 시련의 주사위가 던져진 것이다. 물론 올 것이 온 셈이다. 역사의 톱니바퀴는 피할 도리가 없었다.

일찍이 추사(秋史)는 초의 스님에게 다음과 같은 시장(諡狀)을 보냈었다. 특히, 그 용산예당(龍山禮堂)의 수결까지 놓인 사시다. 실은 이 사시는 꼭꼭 접어서 동정 뒤에 갈무려졌다가 오늘에 전한다.

거룩한 깨오침에는 본시 사소한 스스럼과 자자분한 부끄러움 따위는 없는

법이니, 오직 법보의 깃발을 우뚝 세우고 곧장 법계에 올라, 크게 종풍을 불러
일으켜 팔도의 승속을 바로잡을 일이다. 다른데에는 눈을 돌릴 겨를이 없으니,
어서어서 율령대로 하라.

라는 간곡한 당부가 있다.

어수선한 국말의 종단에 보내진 거사(居士)의 심인(心印)이 알뜰하다. 당시
호남에는 대흥사의 초의 스님을 기점으로 이웃에 철선(鐵船)과 백파(白坡)가
좌정했었다. 특히 초의 스님의 「사변만어」도 중요하지만, 추사와의 선문답 또한 교
종의 거울이 됐다. 위의 사시가 두고두고 생각키는 것은 그만큼 뜻이 새로워서임
은 물론이다.

사실, 정화 이래 해를 거듭한 종단의 현로에 비겨 밝은 풍조는 좀처럼 잡히지 않
으면서 20년이 흘렀다. 화동은 분종(分宗)으로 굳어졌고, 종권이 사법(司法)의
가늠으로 좌우되는 망측을 낳은 70년대였다. 다행히 경산(京山) 스님의 총무원
장 취임으로 새로운 언덕을 찾아, 부푼 기대로 80년대를 맞게 되었다. 그러나, 괄
목의 자취는 마냥 아쉽기만 하니, 연당(蓮堂)인 나의 하소가 이렇듯 안타깝다.

번영의 80년대를 맞는 신도의 발원과, 원로의 다짐이 절실해서다. '배를 주고 뱃
속을 비는 어리석음'을 다시는 되풀이 하지 않는 내일이 되어야겠다. 구원(久遠)
에 뿌리를 박은 성교를 되새겨서, 피안의 인과를 삼천리에 펼칠 구실부터 다져 신
임하는 종단, 정진하는 삼보의 우러름을 되찾는 곳에 거룩한 법통이 이어지고,
복전이 가멸찰 것은 마땅할 줄로 안다. 옳지, 자업은 자득이다.

모름지기 선사의 무은 탑은 도도하고 우람스러웠다. 나라를 바로잡고 국민을 평
안케 함이 경세가의 본분이라면, 마음을 가다듬고 몸을 도사리게 함은 우리 종교
의 사명이다. 더구나, 자애와 도세는 우리 부처의 가르침이다. 굳이 진국(鎭國)의
정교(正敎)를 바라지는 않지만, 민간신앙의 지주라는 자부가 보다 절실한 기대
를 갖게 하니 말이다.

아득히 구국의 대원을 간경(刊經)으로 거느린 우리의 선사였다. 외침의 원한을 앞장에서 다스린 우리 선사들이었다. 그 거센 숭유의 서슬에서도 끄떡도 하지 않고 종통을 잇는 한편, 사중으로 하여금 신봉의 발판을 안겨 주고, 나아가는 오늘의 알뜰한 발판이 되게 인도했었다.

그러나, 우리는 전공(前功)의 거룩에만 빌붙어 안심할 수는 없다. 그것은 선사의 거룩이지 우리의 자랑은 아님에서다. 항상 도도했던 조상을 팔기에 앞서 훌륭한 자아가 되고, 훌륭한 자손의 긍지가 오늘처럼 간절한 때는 일찍이 없었다.

80년대가 다가와서도 아니고, 70년대가 물러가서도 아니다. 각박한 석유파동의 회오리가 하도 거세서도 물론 아니다. 요는 덧없는 시비로 흐려진 우리 불교의 이미지를 삼천만에 아로새길 새로운 종단의 보람찬 바람이 일어서다. 새로운 체제를 주축으로 하는 지도이념이 구축되어, 남에 의지하지 않는 굳건한 종단이 새로운 바람을 일으켰으면 하는 기대가 사무쳐서다.

강한 햇볕은 진한 그림자를 자아내고, 높게 오르면 반드시 세게 떨어지는 법이다. 이 평범한 진리에도 화두는 어엿하다. 정녕 수다는 그만하고, 가부앉아 마음의 터밭을 갈기 위해 내남없이 손에 손에 염주를 굴리며 염불할 때가 바로 이때다. 교구(敎區)의 종풍을 불러일으켜, 그 바람으로 해서 구박받는 70년대를, 기념하는 70년대로 높일 마무리의 섣달이기를 간절히 바라는 마음 하늘에 차, 어서 너는 가라고 외오친다. 옴.

(1979. 12. 9)

불교와 문학의 깨묵

그윽한 쇠북의 메아리가 사바에 퍼져 번지자, 천지자연을 섬기던 우리의 살림은 나름대로 가라앉아, 삼국을 거쳐 신라와 고려의 천 년을 오로지 불성으로 가다듬었다. 따라서, 금은의 사경이 나돌고, 경전 간행에 있어 중국의 버금이나, 보다 차진 우람스런 『고려대장경』이 침략의 서슬을 막아내는가 하면, 시달려 헝클어지는 민심을 다잡는 기틀이 되었음은 진실로 빛저운 그제가 아닐 수 없다. 그러나, 그 장경은 한문이기 때문에 널리 민간에까지 미치기에는 워낙 거창했다.

한편, 국교로 오랜 동안 다져진 제도는, 오히려 외도의 해이를 사서 마침내는 '쌍화점'과 같은 남세스런 비양까지 받게 되었고, 더욱이 무지막지한 몽고의 침략으로 말미암은 초토의 상란은 민생을 도탄의 수렁에 몰아넣어, 국민으로 하여금 안주의 터전마저 빼앗아, 못내는 '청산별곡'과 같은 갈팡질팡을 자아내게 하였고, 사무친 사랑의 갈림길에서는 '서경별곡'이나 '가시리', 그리고 '이상곡(履霜曲)'과 같은 단장의 가락을 눈물로 얼룩지게 하였다.

그러나, 특수층의 삶은 문학과 현실의 거리를 무안케 하였고, 문학과 사회의 실상과는 차라리 병을은 향락의 구렁에서 노나니는 「한림별곡」을 남겼으니, 생각사록 딱한 어용의 문학이다. 그렇지만, 불교문학은 전혀 달랐다. 다만 조선시대에 접어들어 성리학을 드높이고 불교를 억누르는 숭유억불 정책으로 가려지고, 아울러 번거로운 세속을 떠난 스님의 고고한 삶이 선비들로 해서 짐짓 흐려졌는가 하면, 오히려 스님들의 껄끄러운 지적이 눈의 가시가 되어 자연 빛을 잃었다. 그런 전차

였는지 스님들의 시가는 물림상에 올리지 않고, 오직 절집의 문자로 묻히고 말았으니, 저 혜심(慧諶)의 『무의자시집』이나, 원감국사 충지(沖止)의 날카롭되, 박진의 시가는 숫제 거론조차 않아, 고시문을 총정리한 『동문선(東文選)』에도 짐짓 외면을 당했다.

그래서, 60년 난리에 들볶인 쓰라림을 모르는 채 강화도 피난지에서 뚱땅거린 '한림별곡'과 같은 체념과 향락을 누렸다. 그러나, 일반 스님네는 피난도 않고 함부로 시달리는 평민과 더불어 곤고를 나누면서 하늘을 주먹질하며, 그 참상을 시화한 충지 스님이다. 특히 영남지방의 쓰라린 참상을 지적한 사회시는 당나라 두보의 나라걱정과, 평민사랑에 버금하는 무서운 고발문학인 동시에, 그 풍자에 맞서는 사무친 현실비판의 헤아림이다.

조선 중기에 접어들어서는 극성스런 억불정책에 찌들어서 마구 짓밟혔으나, 그러나, 독실한 불자들의 믿음은 한갓 노방초(路傍草)만은 아니어서 오히려 중흥을 자아냈으니, 거룩한저 부처의 울력이다.

곧, 신미 스님과 김수온 형제와, 여러 대덕들의 신심은 세종으로 하여금 대궐 안에다 내불당을 모시게 했는가 하면, 훈민정음의 보급과, 그 실용을 꾀해 부처의 전생담과 본생담과 내생담을 얘기체로 엮은 『석보상절』을 비롯하여, 그 요점을 악장체 노래로 엮은 찬불가 『월인천강지곡』을 인출하여 대중 교화에 이받고, 또한 세조는 불경의 번역 간행을 관장하는 간경도감을 창설하여 『법화경』을 비롯하여 『능엄경』 등 무려 20여종을 간행하여 불교중흥의 발판을 굳혀, 저 보우 스님의 선종과 교종의 울흥을 가져와, 서산과 사명과 같은 큰스님을 내어 기우는 국가의 동량을 버티었다.

워낙, 자비의 가르침은 문학에 있어서 도도한 모탕이 되어 신라가요 '찬기바랑가'와 같은 우수한 작품을 통해 노래가 정치와 교화의 길라잡이로 등장하고, 다시 균여의 '보현십원가'로는 그윽한 화엄사상을 찬송을 통해 절로 터득하게 하고, 속강에 어설킨 강창을 통해 부처의 거룩을 스스로 체득하게 하는 방편을 문학을 매개로 이룩케 했던 것이다. 정녕 놀라운 선사들의 슬겨운 방편이었다.

　이 도타운 풍조로 해서 우세하던 선비들의 노래에도 불교의 내음이 자욱한 작품이 보석처럼 돋뵌다. 그러니까, 선사들의 시가나 게송, 그리고 타령조의 가사까지 불리는 판세를 낳았으니, 가령 국문학사에서 엄지로 꼽는 송강 정철의 단가

> 물 아래 그림자 지니 다리 위에 중이 간다
> 저 중아 게 있거라, 네 가는 데 물어보자
> 막대로 흰구름 가리키고 돌아 아니보고 가노매라.

가 은방울 같다. 덧없이 길을 막고 묻는 선비의 거오에 열없어 대답은 하되, 지팡이로 대꾸하는 스님의 고고한 자세, 그가 가는 절이 바로 속세를 벗어난 신선의 고장임을 모를 리가 없으니, 결국 아리숭한 선문답의 아나리로 장군멍군이 끝난 셈이다. 그러니까, 불교를 임자꼴로 노래의 멋과 맛을 새김질한 대손이다.

　다음은 삼당시인(三唐詩人)으로 치꼽는 이달(李達)의 오언절구를 소개하여, 부처의 입김을 재어본다. 불일암 인운(因雲) 스님에게 준 걸작이다.

> 절집이 구름 속에 파묻혔기로　　　　　寺在白雲中
> 구름이라 스님은 쓸지를 않네.　　　　白雲僧不掃.
> 바깥 손님 와서야 문 열어 보니　　　　客來門始開
> 온 골짝의 송화꽃 쇠었소구려.　　　　萬壑松花老.

　대체, 누가 주인이고 손인지 사뭇 어리둥절한 짜임새다. 물론, 선문답의 너름새다. 세속을 벗어난 절집이 요, 그조차 아랑곳없는 고집멸도를 이기는 삶이다. 따라서 쓰레질이 번거롭고, 달력이 무슨 상관이랴. 모두가 객적은 하임이 요, 수다에 불과하다. 그러나, 절간을 찾는 손마저 마다할 수 없는 것이 수고로운 인간이다. 그래서, 비로소 사립을 열고 보니 송화꽃이 함빡 쇴다는 깨오침, 거기에 시인 이달의 한갓진 그림자와, 스님의 다사론 차수가 불현듯 어른거리는 솜씨다.

우리는 진작 하늘을 섬겼고, 부처를 받들고, 유학을 대물려 익혔고, 도교의 신선사상을 두루 사상의 고향으로 섬기었다. 따라서, 그 해묵은 차림상은 우리 겨레와 더불어 깊이 뿌리 박혀 우리 배달의 사상을 간고르며 살았다. 더욱이, 우리 불교는 자그마치 2천년을 받들어 섬기는 동안 두루 민간신앙으로 절어 문학의 앙금이 되고, 깨묵이 되었다. 따라서, 불교와 문학의 갈고리는 물론 엑스의 한정수가 아닌 알파와 오메가에 속해, 못내 풀 길 아득한 과제처럼 알쏭달쏭하기만 하다. 그러나, 그 열쇠는 마냥 멀지도 가깝지도 않으니, 이른바 '색즉시공 공즉시색'의 이치를 되새기기가 수고롭다. 이 너울을 벗기기에 힘쓰면 불교문학의 길은 절로 파악되리라 믿는다.

불교와 문학의 깨묵이라니까, 불교로 얼룩진 진국만을 따지니까, 점점 어렵고 갈수록 멀어지는 불교다. 창 밖의 반색하는 매화를 미처 모르고 찾아 나서는 미련을 저지르지 말기를 바라 부질없는 언설을 펼쳤다. 나무서가모니불.

(1985. 5)

영인발심성（令人發深省）

애국연민으로 평생을 산 두보는 불교에도 통현（通玄）의 거사이었다. 아니 득도의 대덕이었다. 평민의 걱정을 앞세워 자기의 걱정을 하고, 평민의 즐거움을 뒤하여 자기의 즐거움을 챙긴 그였다. 만권서를 독파했건만 투증（投贈）으로 끼니를 이었고, 코가 찢어지는 가난에서도 평민의 곤고를 더불어 울었고, 그 구차스런 가난에서도 나라를 걱정하고, 그 많은 병으로도 만리를 떠돌은 이를테면 사발농사꾼이었다.

그러니까 민중과 더불어 울고, 민중과 더불어 웃은 그였다. 그러나, 그 눈물과 한숨은 모두가 충후책인（忠厚責人）이었지, 사사로운 호강을 위한 넋두리가 아니었다. 이 인후（仁厚）는 죽어도 마지 않겠다는 건필（健筆）로 걸러져 마침내는 시성의 추앙을 영원에 심었던 것이다. 약삭빠른 무리야 꺼리고 외면하는 시사에 있어도, 평화와 자유를 위해서는 왕공장상의 가림없이 그 시비를 따지되, 항시 전고에 몸두어 서슬이 퍼런 붓을 가다듬은 그였다. 여기에서 시사의 일컬음이 맞았다.

이 두보는 의식을 보태기 위해 동서남북인이 돼야 했다. 따라서 때로는 노장（老·莊）에 솔깃하는가 하면, 혹은 자비에도 심취했다. 그러나, 그 한눈이 한결같이 심화의 그윽이지, 한갓 겉핥기의 발림이 아니었다. 특히 불교에 관해서는 항상 용맹으로 미망의 경상（鏡象）을 벗기고자 조바시었다. 워낙 묘법을 짚고자 고승과는 수답도 잦았다. 안록산（安祿山） 반군에게 연금됐다가 샛길로 탈출할 때엔 대운사

(大雲寺) 주지 찬공(贊公)의 주선을 받은 처지다. 그래선지, 그의 시집에는 스님과 절집에 관한 작품만도 35편을 헤아린다. 이밖에도 각편에 산견되는 불성은 솔찮다. 더구나 두시를 지은 연도별로 엮은 책에는 「유용문봉선사(遊龍門奉先寺)」가 첫번째 실려 있기 때문에 두시를 읽는 이의 유다른 관심이 쏟아진다.

진작에 절에서 실컷 쉬었는데	已從招提遊
다시금 경내에서 잠을 자누나.	更宿招提境.
그늘진 골짝엔 신스런 바람이 일고	陰壑生靈籟
달 밝은, 숲에는 맑은 그림자 흩누나.	月林散淸影.
하늘을 둘러보니 별들이 가직하고	天窺象緯逼
구름에 누웠으니 옷자락 싸늘쿠나.	雲臥衣裳冷.
첫새벽의 쇠북소리 깨오침 있으니	欲覺聞晨鐘
나에게 깊은 감명 안겨 주누나.	令人發深省.

　사실 절은 언제 찾아도 반겨 맞는 신비론 곳이다. 그 싱그런 내음보다 삼성(三省)의 고요가 오욕을 사로잡는 것이다. 문득 '성불사의 풍경소리'를 연상케하는 작품이다. 일찍이 최치원이 가야산에 숨어 "시비의 수다가 들릴까봐, 일부러 물을 흘려 온 산을 감싼 거야〔常恐是非聲到耳　故敎流水盡籠山〕"의 계제가 아스라하다. 대숲 아래서 바둑을 두는 스님들이 하도 부러워, 안쓰러운 석별을 재운 박인량도 보인다. 옳거니, "흔한 사람 드나지 않는 곳이라, 올라하니 가슴이 후련하구나〔俗客不到處　登臨意思淸〕"의 김부식이 생각킨다. 혜초의 『왕오천축국전(往五天竺國傳)』에도 알뜰한 기행시가 있고, 대각 국사·태고 화상·보우 화상·서산 대사·사명 대사·초의 선사, 그리고 평양당과 영호당에게도 시는 있다.

　그러나 봉불의 그분네야 원음(圓音)은 구실에 속한다. 오로지 그렇지 않은 선비들에게 그분에게 맞서는 선미(禪味)가 우리 외도에겐 오히려 눈을 앗는다. 이런 뜻에서 사명 대사에게 사시(私諡)를 준 허균이나, 초의 선사에게 사시를 준 김정희의 반듦이 마치 새벽종의 메아리처럼 외락 귓전을 때린다. 한가지로 왕유와 백거이의 불연도 거나하다. 그러나, 두보처럼 도지진 못하다.

위의 두시 「유용문봉선사」를 읊조리다 보면 가라앉은 사원의 신기가 글자 밖에 묻어나고, 월인천강의 물색이 눈에 선하다. 풍경이 달을 흔드는 바람에 안겨, 붓을 공그르는 두보의 옷자락이 생생한 심상인 양 차갑게만 느껴진다. 이 정사에서 지새운 두보, 과연 무슨 생각에 잠겼을까, 생각사록 부럽기 그지없다. 결국 새벽종이 그의 미망을 다잡고 말았다. 곧 각오의 새벽종이요, 개안의 고비였다. 그 경정이 함께 어울리는 현실을 굳이 '영인발심성(令人發深省)'으로 휘갑한 솜씨, 정녕 '애인(愛人)'으로 평생을 바친 정성(情聖)의 시발이다. 하물며 한 술의 밥에도 임금을 잊지 않은 두보요, 일사에도 애인을 잊지 않는 하늘이 낸 정성이다. 꽃과 새를 봐도 임이요, 구름과 달을 봐도 임생각에 눈시울을 덥혀 눈물로 먹을 간 두보였던만큼 만상이 모두 애인에로 내달았다.

비록 난리로 피난 보따리를 싼 채 차마 눈을 감은 두보이지만, 흔히 반전이나 염세가 아닌 옹골찬 자세로 구비의 삶을 견디고 버틴 두보. '영인발심성(令人發深省)'의 메아리가 가슴에 스밀 때, 그에겐 자신보다도 조국의 평안과 대중의 안녕이 덮쌓인 것은 뻔하다. 남이 남긴 물림의 술이나 비우고, 식은 고깃점이나 차례오는 덤의 삶이었지만. 그러나, 그의 날카로운 붓은 현종(玄宗)의 다사와, 정승의 오국(誤國)과, 방백의 징구(徵求)를 가차없이 나무랬다. 이 날카로운 풍자의 인과가 바로 '영인발심성'인지도 모른다.

바야흐로 '영인발심성'의 종소리가 삼천리에 울려 퍼지고 있다. 이 시비의 아귀다툼은 역사의 메아리이지 산울림은 아니다.

너나없이 두보의 꿋꿋한 삶을 다시 되새김이, 글쎄 나만의 너스레일까. 곰곰 생각해 본다. "그윽한 절 뜰의 국화는 비에 거칠었고, 못의 연은 무서리에 반쯤 꺾기었구나〔雨荒深院菊 霜倒半池蓮〕"의 현실을 생각할 때, 자비의 거룩 '영인발심성'의 새벽종이 그저 아쉽기만 하다.

덧붙임 : 지난 1991년 8월 중국 하남성 낙양 교외의 석굴로 유명한 용문을 찾았는데 절은 자취도 없고 오직 돌부처만 찬란했다. 그런데 어째서 두보가 석불에 대해서 한마디도 남기지 않았는지 적이 이상했다.

(1972. 12)

꼭 읽히고 싶은 『석보상절』

　대학생들이 읽을 책을 천거키는 참으로 어렵다. 전공이 각각 다른 데다 기호 또한 다양해서, 흔히 일반적인 교양물을 권하게 마련이다. 그러나, 그 역시 나름대로의 주관일 뿐 보람차기란 실로 만만치 않다.

　일찍이 인의의 나라, 예의의 그제를 낳아 사뭇 500년을 누렸다. 그런가 하면, 광복 이후는 『성경전서』를 많이 읽어 믿음과 소망과 사랑을 두루 과감스럽게 뇌이고 있다. 물론 좋은 바람인 것은 두말이 부질없다. 안 읽는 것보다야 백번 나으니까 말이다.

　그런데, 우리의 뿌리의 하나인 불교서적은 좀처럼 읽으려고 들지 않아 탈이다. 불교라고 그것이 산스크리트어도 아니고, 또한 껄끄러운 학문도 아니건만, 한갓 어렵다는 선입견 때문에 외면은커녕 질색을 하며, 마치 미개한 종교로서 대접함은 매우 안타까운 현상이다.

　가령 『불교성전』만 해도 대장경 가운데서 가장 중요한 대문만을 간추려서 번역하되, 큰스님들의 증석(證釋)을 거쳐, 이름난 소설가들에게 윤문까지 시켜, 현대적인 감각마저 보탠 책인데, 지레 짐작으로 이단시하는 풍조는 이러구러 이해난이다.

　워낙, 중국 당나라에서도 불경번역서가 어려워 적응이 난감해지자 속강(俗講)이라는 방편을 썼었다. 그러니까, 불경 가운데서 재미있는 얘기를 골라 변상도(變相圖)를 걸어놓고 강설을 하자, 절이 미어질 정도로 대중이 모여들었다. 그래서, 역사 중에서 교훈적이고 소설적인 사건과 인물을 대상으로 강설을 보강하기도 했었다. 이것이 이상야릇한 『삼언이박(三言二拍)』으로 구화소설인 화본소설(話本小說)의 시초였다.

이에 다다라 세종이 훈민정음을 제정한 뒤, 그 실용과 효용을 시도한 불경의 번역사업은 놀라운 착안이었다. 특히 유학을 높이고 불교를 억제하는 정책이 자리잡힌 무렵이었지만, 훈민정음의 정착을 위해서는 해묵은 불교인구, 그것도 부녀자를 동원한 활용책은 비상한 과단이었다. 그래서 불경 가운데서 가장 중요한 『화엄경』과, 또한 저승에의 왕생을 강설한 『지장경』과 『무량수경』을 번역해 넣고, 한편 『석가보(釋迦譜)』를 흥미본위로 손보아 쉽게 풀이해서 줄거리로 삼았다. 이는 석가의 내력을 자세히 풀이한 『석보상절』로, 이를테면 기독교의 『구약성서』와 비슷한 석가의 족보 얘기다.

이 『석보상절』에는 아득한 옛날, 석가의 시조의 사랑얘기로부터 이승에 태어난 석가의 출가와 수행, 그리고 성도와 설법은 물론, 석가의 아우 선용(善容)의 출가 얘기 등의 참다란 사설이 갈피마다 갈무려 있다. 더구나, 석가가 열반한 뒤 아육(阿育)의 8만 4천 사리탑의 조성기, 그리고 끝에다는 법익(法益)의 눈알 빼는 사연을 마무리로 휘갑하고 있다. 그러니까, 그 편집부터가 아주 용의주도해서 아예 500년 전의 책 같지 않다. 아득한 설화는 첫머리에, 슬거운 이야기는 나중에, 그리고 높깊은 경율은 중간에 끼운 솜씨가, 이른바 읽히기 위한 책을 만들기에 힘썼다고 하겠다.

그런데, 이 『석보상절』의 진가는 당시의 상용어를 쓰되, 실감을 자아내기 위해, 거기에 걸맞는 대화체를 쓴 점이다. 이는 우리나라 산문체의 비로솜이며, 부녀자의 편지체인 내간체의 본이기도 하다. 물론 5백여 년 전의 책이라 옛말과 옛문법, 그리고 음운관계가 눈에 거슬리나, 주석책으로 읽으면 단숨에 넘겨진다. 열없이 불교서라는 편견을 버리고 읽노라면, 우리 사상의 고향이 눈에 선하리라고 믿어, 굳이 함께 읽기를 권한다. 옴.

(1983. 10. 26)

세종과 세조의 역경사업

　세종의 훈민정음 창제는 하묵은 한자문화권에 맞선 영명한 도전이었다. 자주와 민주와 실용의 보람을 치밀하게 경영한 영주(英主)의 영단이었다. 민족문화의 자랑을 만세반석에 뿌리내린 거룩이었으니, 특히 반포를 전후한 훈민정음의 보급책은 오늘날 생각해도 실로 놀라운 착상이며, 빛저운 신념의 단행이라 절로 머리가 숙는다.

　당시는 건국 이래 숭유억불의 신흥 정책이 바야흐로 본궤에 오른 무렵인데도 불구하고, 유학의 기본서인 『소학』을 본으로 삼지 않고 불교의 전적, 그것도 부처의 삼세담(三世談)을 바탕으로 삼아 갖가지 불경을 번역해서 간행케 한 사실은 선견(先見)이 아니고는 다잡을 수 없는 영단(英斷)이다. 이는 도교가 국교였던 당나라에서 불경을 한역한 구마라즙에 맞먹는 독창적인 업적으로, 사뭇 천 년을 국교로 신봉한 불교 인구, 더구나 민간 신앙으로 깊이 뿌리가 박힌 부녀자를 대상으로 삼아서, 새로 지은 문자 훈민정음을 보급시킴에 활용한 점은 생각사록 슬기로운 천안(天眼)이었다.

　물론, 도타운 신심이 아니고는 원력이 곁따를 수 없다. 게다가 세종 28년(1446) 3월 돌아간 소헌왕후의 명복을 빌기 위한 추천(追薦)과, 또한 내려와서는 세조의 왕권 쟁탈을 둘러싼 피 비린내 나는 살륙과, 맞추어 세조의 맏아들의 참척 등, 번뇌를 끊으려는 속셈도 없지는 않았다. 그러나, 세종과 세조의 경불(傾佛)은 정책을 수행함에 있어 커다란 울력이 되어, 당시의 상황으로는 실로 놀라운 업적을 낳았던 것이다. 곧 신념이 도도한 세종은 대궐 안에 내불당(內佛堂)을 모심에 있어서도 강행을 계속해서, 그 벌떼 같은 반발에도 끝내 회향(廻向)을 거둔 그였음을 상기할 일이다. 그러니까 반대 상소, 심지어는 독부(獨夫)에 비기며, 경향의 선비들과 성균관의 학생까지 총궐기했는데도 모조리 불윤(不允)과 불보(不報)로 물리었으며, 그 사업에 안평(安平)과 수양(首陽:뒤의 世祖) 대군까지 앞세운 세종의 강단이었다.

불경의 번역사업도 한가지였다. 사실 훈민정음의 반포를 반대한 선비도 최만리만은 아니었다. 그러나, 세종은 소신을 굽히지 않고, 그 시행에 다각도로 실험을 꾀하여 정음을 창제하고도, 일상에의 실용을 위해 민간에 쉽게 침투할 수 있는 노래와, 일상에 쓰는 대화 그대로를 산문체로 사용하여, 그 호응도까지 검토해서 시행(試行) 끝에 곧장 시정하는 용의주도였다.

다시 말하면, 표기에 있어 가장 중요한 한자의 음운을 우리에 맞게 제정한『동국정운(東國正韻)』을 발간해서 정속(正俗)음을 바로잡고, 장엄한 행차와 존엄한 제례(祭禮)에 부를『용비어천가』를 짓게 하여 역성혁명으로 말미암은 위화감을 가셔 천명사상을 고취하는 동시에 여민동락을 꾀하는 등, 먼저 정음 보급의 가능도를 두루 시험하였던 것이다.

또한 숭유억불책에 어긋나는『석보상절』을 인출하는 신중까지 보였다. 이『석보상절』은 당나라 때 성행한 속강(俗講)과도 같이 변상도까지 덧붙인 조심을 보였다. 곧, 불경 가운데서 가장 흥미있는 대목을 골라 이야기를 하듯, 상용어의 문답체를 빌어 정음의 효용도를 굳히고, 나아가서는 부처의 거룩을 되새겨 교화를 베푼 기막힌 영단이었다.

가령 아득한 그 옛날 선혜(善慧)와 구이(俱夷)의 꽃시연에서부터 석가모니의 탄생담, 그리고 아우 선용의 출가연기, 목련존자의 효성얘기, 사야와 비사야의 모래보시얘기, 아육왕의 8만 4천탑 조성기, 그리고 법익의 괴목얘기 등이 바로 그것이다. 그런가 하면, 중간에다는『아미타경』,『무량수경』,『지장경』, 그리고『화엄경』 등을 삽입하여 장엄을 다했으니, 이는 모두가 대중의 교화와 깊이 연관되는 경건한 편집방법이며, 한편 연기설화만도 「안락태자전(安樂太子傳)」을 비롯하여, 『보은경(報恩經)』에서는 「인욕태자전(忍辱太子傳)」과 「녹모부인전(鹿母夫人傳)」 등까지 고스란하다.

이 거국적인 정음 보급책은 단박에 이루어지진 않아, 몇 번의 시행착오도 없지는 않았다. 곧, 한자의 음을 반절로 다는가 하면, 정음으로 단 한자위주의 표기인 『석보상절』이 있기도 하고, 정음에다 한자를 작은 글자로 다는 정음위주로 표기한 『월인천강지곡』도 있고, 또한 아예 국한문혼용으로 쓴 『용비어천가』도 있다. 그런데, 실은 『용비어천가』만도 진작 한문으로 엮어 번역의 형식을 위해 노래를 앞세웠고, 『석보상절』 역시 이미 전하는 『석가보(釋迦譜)』에다 읽기에 재미나는 갖가지 사설을 보태서 『증수석가보』를 짓게 하고, 그것을 바탕으로 번역했던 것이다.

특히, 이 사업을 수양대군, 뒤의 세조에게 전담시켜 수행케 하였고, 아울러 당시로는 대표적인 큰스님은 물론, 김수온 같은 큰 선비까지 두루 동참케 하는 배려이었다. 여기에 건국과 더불어 비롯된 대대적인 국고정리(國故整理)의 물림상이 찬란한 꽃을 피게 하였고, 또한 집현전 학사들의 총동원으로 이룩된 찬란한 보탑(寶塔)이었다.

그래서 당대의 고승대덕을 양주 회암사에서 서울 정동(현 덕수국민학교)에 초치하여 증의(證義)와 교정까지 맡게 했던 것이다. 특히, 신미(信眉) 스님의 아우인 김수온의 업적이 두드러졌음은 당시의 실록이 소상하게 밝히고 있어, 사뭇 국력을 기울인 어문정책이었음을 알게 한다.

이렇게 이뤄진 『석보상절』을 받아 읽은 세종은 그 줄거리를 바탕으로 『월인천강지곡』을 손수 지어냈으니, 이 노래가 바로 찬불가인 것이다. 이 『월인천강지곡』은 무려 580여장에 달하는 악장체의 노래로, 강설로 법문하는 불교가 아닌, 노래로서 손수 체득하게 하는 조치이었다. 곧, 음악을 이용한 포교도 슬겨웠지만, 우리말과 글자의 효능을 가지껏 밝힌 세종의 정략이었던 것이다. 따라서, 도를 세움에 있어 예악을 중시하는 유학의 이념과 상통하는 교화이었다.

그러나,『월인천강지곡』의 완질이 전하지 않는 데다, 악보도 전하지 않기 때문에 범패와 화청과의 관계를 더듬을 수 없어 유감이다. 사실『석보상절』만 해도 부처의 전생담과 본생담, 그리고 내생담을 통해 높깊은 사상의 뒤안을 설명했는데, 이『월인천강지곡』은 한걸음 나아가서, 그 요령을 노래로 엮어 부르는 중에 절로 신심을 불러일으키게 하는 동시에, 정음의 보람을 시험한 찬송가다. 그런데, 이것이 한자가 아닌 일상의 실용어를 통해 생활에 결부시킨 점에 의의가 값지다. 이는 야소교의『시편』과도 같다.

이러한 시책으로 말미암아 정음의 실용은 새로운 길을 텄으니, 우리 고전의 문체인 가사체와 언해체와 내간체가 이에서 확립된 것이다. 그래서, 세조는 왕위에 오르자 위의 2책을 하나로 묶어『월인석보』로, 그것도 한정판의 동활자가 아닌 무한정의 목판으로 간행하는 한편, 여러 불경까지 모조리 간행하기 위해 간경도감까지 설치하는 극성을 보여, 그가 끼친 국어국문학의 씨앗과 불교 포교에 미친 업적은 불사로도 가장 으뜸인 공덕을 심은 임금이었음을 명심할 일이다. 더구나, 세조는 부왕인 세종의『월인천강지곡』과, 당신의 주관으로 이룩한『석보상절』을 판간(板刊)함에 있어도 정음 위주의『월인천강지곡』을 한자 위주로 바꾸는 동시에,『석보상절』로서는 이해가 쉽지 않은 순수한 우리말이나, 또는 어려운 복합동명사를 간간 고치는 조심성을 보였다. 이는 견해에 따라 다소의 이견은 있지만, 당시 많은 불경언해로의 이해도를 감안한 "사람마다 쉽게 익혀 나날이 씀에 편안하게"라는 뜻에 부합시킨 의도적인 첨삭으로 안다.

이에 다다라, 세종과 세조의 손으로 최초로 퍼진 산문체의『석보상절』은 비단 불교뿐 아니라, 이어서 빛을 본『두시언해』의 간행까지 보채는 결과를 자아냈으며,『용비어천가』와『월인천강지곡』은 악장체(樂章體)의 본으로 가사문학을 자아내어 국한문 혼용에 의한 갖가지 책이 쏟아져 판간케 하였던 것이다. 따라서, 불경언해로 빚어진 열매는 비단 훈민정음의 정착만 아니라, 대중교화의 모탕이 되고, 불교를 통한 사상의 밑그루가 유학에 앞서는 굳건을 가져와, 이른바 사상의 고향을 가꾸었으니, 세종과 세조의 경전의 번역사업은 그 목적이야 어찌됐든 우리 불교의 기반을 숭유억불의 서슬에서도 찬란한 발자국을 낳아 기복불교와 산간불교의 비양에서도 오늘의 자랑을 간직하게 하였던 것이니, 생각사록 거룩한 세종과 세조의 빛나는 발자국이다.

여기에서 오늘의 역경사업의 거울이 절로 뚜렷해지리라 믿는다. 한갓 간행에 기치는 한글로의 불경, 그것은 한자의 한글화로 해서 여간한 실력이 아니고는 읽을 수가 없다. 진작『불교전서』가 나오고, 이어『불교성전』이 곱다란 장정으로 나왔다. 그러나, 보다 널리 읽히지 않고, 꽂는 책이 돼서 안쓰럽다기보다 안타까운 마음 그지없다. 우리의 조상은 하마 5백년 전에 널리 민중과 더불어 즐겨 읽어, 그 판종만도 여럿이 오늘에 전함을 상기할 때, 그들의 도타운 불심도 우러러지지만, 그 도타운 원력에 의한 청정불사가 진정으로 그리워지는 오늘이다.

결국 읽히는 불교 서적, 그것은 껄끄러운 용어부터 말끔하게 바꾸어 대중과 더불어 즐길 수 있는 대중의 말과 대중의 글이어야 함은 물론이다. 보다 대중적인 불교, 보다 일반적인 찬불가, 그것은 비단 어제와 오늘만의 과제는 아니니, 보다 새로운 각오가 절실하다고 믿어, 세종과 세조의 역경사업을 더듬어 곰곰 생각해 보았다. 훔.

(1983. 12)

괴목경(壞目經)의 교훈

아육왕의 태자 법익은 거동이 준수하여 나라 사람의 부러움을 샀다. 글을 잘하고, 활도 잘 쐈다. 게다가 거문고까지 잘 타다 보니, 더욱 존귀했다.

그런데 망칙스럽게도 왕의 별방부인이 태자를 은근히 편애하여, 차마 사특한 소행을 걸어왔다. 그러나 법익은 좋게 거절하고, 내색도 하지 않았다. 부인이 애태우던 나머지, 그 일이 탄로날까 저어하여 왕을 졸라서 태자를 해칠 요량으로 변방의 골살이로 내보냈다. 물론 기회를 노린 간계이었다.

때마침 왕이 고약스런 냄새를 풍기는 병에 걸려 죽을 지경에 이르렀다. 백방으로 다스렸으나, 효험은 커녕 날로 도져만 갔다. 그러자 부인이 수소문 끝에 마늘을 먹여 그 병을 고쳤다. 이를 기화로 병중의 약속대로 7일 동안 왕권을 잡게 되었다. 부인은 즉시 왕의 칙서처럼 꾸며, 법익에게 두 눈망울을 빼어 보내라는 통기를 했다.

법익은 부왕의 칙서로만 알고 기꺼이 한 눈알을 빼서 손바닥에 얹고, 가만히 생각하다 고공 무아(苦空無我)를 알아 수행의 길을 깨쳤다. 그러자, 한 눈알마저 빼서 사자(使者)에게 맡기고, 아내의 부축을 받아 성 밖으로 나왔다. 길가는 사람들이 울부짖으며,

"하느님 맙소사, 태자께서 무슨 죄가 있기에 이 지경이 되셨소"

하고 절하여 배웅하며, 목이 메어 슬퍼했다.

태자는 하는 수 없이 거지가 되어 빌어 먹으며 서울에 당도했다. 그래도 거문고

는 가는 곳마다 뜯으며 다녔다. 그때 대신들은 태자인 줄 번연히 알지만, 간악한 별방부인이 무서워서, 드러내진 못하고 서로 눈치만 보았었다.

하루는 통인을 시켜,

"밖에 한 소경이 와서 거문고를 잘 타고 있습니다."

라고 왕께 사뢰었다. 왕이 귀가 솔깃하여 불러보니, 바로 태자이었다.

왕은 태자와 며느리의 사연을 듣고서야 비로소 그 까닭을 알아 별방부인을 죽이려고 하니, 태자가 가로막으며,

"아버님 그리 마옵소서."

라고 간청했지만, 왕은 이내 처형하고 말았다. 그리고서 신령에게 서원하여 기도하니 태자의 눈이 다시 나거늘, 왕이 못내 부끄러워 고개를 들지 못한 채 당장 당신의 익선관을 벗어 법익에게 씌워주고 왕의 자리를 물렸다.

이른바 법난의 본보기다. 이는 미로에 홀린 심지를 실상대로 엿보인 참다란 법구가 틀림없다.

이 법익의 『괴목인연경』을 읽노라면, 윤리와 위계의 질서가 흐려진 오늘의 사회상이 면구스럽다. 아들이 아비를, 부하가 상사를, 그리고 종단을 뒤흔든 난동도 있었다. 물론 무작정 따르라는 말은 절대 아니나, 얼마나 거룩한 활훈(活訓)인지 자꾸 되읽혀지는 경전이다.

(1976. 2)

월인천강의 인과

　태종의 숭유억불로 덜미를 잡힌 불교는 세종의 기복불사로 해서 사뭇 활개를 폈다. 왕후의 여읨을 운 『석보상절』의 간행과, 그를 바탕한 『월인천강지곡』의 찬송도 우담바라를 보는 찬란이었으며, 진작 내불당의 건립도 그 모진 등장에 부딪쳤건만, 끄떡도 않았던 세종이었다. 따라서, 그 신실은 청신의 용왕과 증도의 가교를 안기어 주었으니, 이 인과는 드디어 교종과 선종의 흥륭을 자아내었던 것이다.

　아예 찬불가인 『월인천강지곡』을 일상어로 지어낸 선각은 불이(不二)의 대오다. 그것이 비록 「훈민정음」의 보급을 위한 시책이라지만, 그것은 신념에서 우러나온 영단이요, 목민의 자상스런 다스림이었다.

　모름지기 자신이 없는 정책은 위장이 아니면 위세에 불과하다. 워낙 진실은 허장을 용납하지 않는 것이, 이른바 조화의 천안이다.

　사실 선각은 개척이요 모험이다. 피나는 고행의 비로솜이다. 『월인천강지곡』은 단순한 시행이 아니었다. 더구나 당신의 노래를 부각키 위한 사욕은 눈곱만큼도 없었다. 그것은 신념이요 신심의 나툼이었다.

　요는 세존을 둘러싼 갖가지 발자취를 일상어대로, 그것도 문답체로 부르게 해서, 그 거룩의 안팎을 일깨우는 동시에, 그 떳떳한 보람을 훈민정음으로써 누리에 펼치려는 다스림의 가늠대였다.

　바야흐로 새마을 운동에 짝하여 국민개창운동이 한창이다. 이는 건전한 노래를 함께 부름으로써 헤벌어진 정신을 가다듬고, 나른한 생활을 옹골차게 꾸미기 위한 헤아림으로 안다.

노래를 통한 정신의 작흥은 신앙에도 대입됨은 물론이다. 서구에서 찬송가를 설교에 앞세움도 이에 기인한다. 한편 신앙의 거룩을 노래로 불러제낌을 탓하는 점잔도 없진 않다. 그러나 위엄만 따지다보면, 그 운력에 눌리는 폐단도 있게 마련이다.

이런 뜻에서 일석이조의 보람을 노린 세종의 『월인천강지곡』은 인과를 가름한 시행이었다. 노래를 통하여 불교의 그윽을 깨치게 하되, 그 높깊은 이치를 자신도 모르는 사이에 몸에 배게 한 슬기이다. 손수 노래를 부름으로써 그 사연이 육근에 파고 들어, 그 보람을 누리는 찬송의 영험을 이미 530년 전에 시도한 세종임금이다. 자고로 음악을 통해 민심의 화동을 꾀함은 슬겨운 정치다. 그러나 낙이불음(樂而不淫)이 앞서야 함은 물론이다.

나는 생각한다. 아무리 훌륭한 범패라도 그것이 쉽게 대중의 입에 오르내리고, 쉽게 터득이 되지 않는 가락이라면, 그 찬송은 신심을 돋우는 빌미가 되기는 어렵다고 요즘 귀가 모아지는 화청(和請)도 한가지다. 여기에서 세종의 『월인천강지곡』은 잘도 꾸며진 인과가 아닐 수 없다.

하여간 민주의 영주 세종대왕이 왜 자꾸 이렇게 받들어지는가 곰곰 생각할 일이다.

(1972. 4)

석보상절과 포교와

세종의 어문정책은 비상하였다. 훈민정음의 실용을 꾀해 불교를 동원한 슬기는 무서운 집념의 안표였다. 한문화권에 도전하는 국한문의 산문을 쓰기 비롯한 영단은 공전절후(空前絶後)의 문화혁명이었다.

악마구리 끓는 국론을 다잡아 못내는 내불당을 지어냈고, 그 추상 같은 상소에도 「석보상절」과 「월인천강지곡」을 인출해 냈으니, 그 믿음으로 다져진 세종의 자주정신은 정녕 굉장했다.

워낙 「석보상절」은 부처님의 전생과 본생과 내생담의 간추림으로, 우리나라 최초의 산문체로 써진 책이다. 전 24권이 완전(完傳)하지는 못한다. 우리 동국대 도서관 소장의 희구본인 제 24권에 보면, 보시에 관한 다음의 이야기가 알토란 같다. 곧 사야〔德勝〕와 비사야〔無勝〕의 '모래 보시' 사연이다.

"아득한 옛날 부처께서 아난을 다리시고 사위성에 들어 빌어 자시던 무렵이었다. 때마침 길가에서 아이들이 모래묻이를 하며 놀고 있었다.

모래로 집을 만들어, 이건 본채, 이건 행랑, 이건 광이라며 소꿉장난이 한창이었다. 또 이것은 재물, 이것은 곡식이라면서, 서로들 어울려 마련이 많았다. 그때 마침 사야라는 아이가 부처님이 오시는 것을 뵙자 거리낌없이,

'이것은 제 곳간의 쌀입니다.'

하며, 간수했던 모래를 공손히 머리에 여서 부처님께 바치려 했다. 그러나 키가 작아 옆에 있던 비사야에게,

'얘, 네 어깨에 올라서서 부처께 보시를 했으면……'

하니까 비사야가 기꺼이 부처 앞에 엎드렸다. 그래서 비사야의 무등을 타고 그 모래를 부처께 바쳤더니, 부처께서 허리를 굽혀 받으시자, 사야가 경배하니 비사야도 얼른 일어나 나란히 합장하며 좋아했다.

이윽고 사야가 발원하기를,

'오늘 보시한 공덕으로 후생에 한 천하를 거느려 일산(日傘)을 바칠 임금이 돼서 여러분 부처를 공양케 하소서.'

하니, 세존께서 그 말을 듣자오시고 빙그레 웃으셨다. 그래서 아난이 합장하여 묻자옵기를,

'세존이시여, 무슨 인연으로 빙그레 웃으시옵니까?'

하니, 세존께서 수기(授記)하시기를,

"내 죽은 백 년 뒤에 이 동자 파연불(巴連弗) 읍에 나아 한 천하를 맡아 전륜왕(轉輪王)이 되어 성(姓)은 공작이요, 이름은 아육(阿育)이라하고, 또 저 동자는 그 나라의 재상이 되어 둘이 염부제를 거느려 삼보를 공양하여 정법으로 다스리고, 내 사리로 8만 4천 탑을 세울 것이다"

라는 대문이 있다. 생각사록 마음을 벼리는 교훈이다. 사실 시주는 하라면서 보시는 외면하는 사회의 핀잔부터 가셔져야겠다. 자리는 물론 이타에 앞장서는 우리 불교라면 오죽 좋으랴 말이다.

(1976. 6)

번역사업의 원점

　세종의 훈민정음 창제는 분명 한자문화권에의 도전이었다. 그 자주와 민주의 맘부림은 복리와 후생의 살뜰한 불씨이었다. 그 보급을 위해 번역사업을 짝하고, 그 통용은 문자와는 담쌓은 평민에게 문자생활의 보람을 누리게 했다. 불이의 영주요, 무상의 명군 세종이다.

　세종은 정녕 드문 대왕이었다. 임금의 오기로 당장 한자를 없애고, 훈민정음의 전용을 호령한 옹고집이 아니었다. 당신이 몸소 지은 찬불가『월인천강지곡』에다는 한자를 덧붙여 해독을 보탰고, 수양군을 시켜 짓게 한『석보상절』에다는 국한혼용으로 한자에 국음을 다는 용의주도를 더했던 왕이다. 이는 그의 어문정책을 밝히는 교훈이며, 그 자상의 헤아림이다. 그는 훈민정음을 펼치는데 있어 불경을 번역케 하여, 삼국 이래 뿌리박힌 불교인구를 동원하는 슬기가 있었다. 그는 문자와 동떨어진 아낙네와, 한자에 짓눌린 평민에게 문자의 이득을 베푸는 데 불교를 빌었다. 그러나 2천 년의 때로 결은 한자의 더께를 벗기는 우직보다 시대와의 영합을 잊지 않은 민주와 실용의 앞장이었다. 이는 사소한 다스림 같지만, 실은, 애민의 보기이고, 자주의 영단이었다. 게다가, 그 번역에 서슴지 않고 일상어를 옮긴 용단은 대단하다. 곧, 산문체를 과감하게 써서 독자의 쉬운 이해를 위한 수단과 방법으로 삼고, 곧장 민중에 파고들어 다스림의 보람판을 이룬 국한혼용의 선각을 명심할 노릇이다. 더욱이 그 산문체에 실감을 자아내는 문답체를 활용한 점은 지금 생각해도 놀랍다.

　　요즘 번역사업이 풍성해서 사뭇 심심친 않다. 고전의 전승을 위한 실로 보람찬 흐름이다. 그런데, 그 번역이 독자를 외면한 영리임을 자못 안쓰럽게 생각한다. 읽을 수 없든, 읽기 어렵든 거기엔 정신이 없고, 오직 발행에만 눈독이 쏠린 듯한 느낌이 풍겨 심히 언짢다. 보다 바르게, 보다 빠르게 읽힐 수 있는 번역이 아니라, 얼른 돈이나 받으면 그만이라는 허욕이 보여 딱하다. 사실 번역은 역자의 책임이다. 독자는 어수룩하니까 되도록 수월한 작업으로 싸게 만드는 것은 발행자의 욕심이다. 독해의 불편 따위는 생각할 나위도 없이 생산가를 줄이는 영악과, 볼품을 위한 장정에 이골이 났다. 워낙 고전의 번역은 국한혼용이 아닌 한글전용으로는 어림도 없는데, 선뜻 한글화로 해치우는 번역하는 뱃심과, 발행자의 속셈은 정말 놀랍다.

　　나는 보았다. "워낙 글이 경전인 것이 아니며, 경전이 부처인 것이 아니라, 도를 풀이한 것이 경전이요, 도를 몸받는 것이 부처이다"라고. 김수온의 『월인석보』서문에서다.

　　글쎄 본분과 사명을 다하는 번역자를 과연 물어야 할까. 아람된 미끼에 홀린 물고기는 으레 잡히게 마련이니 저마다 크게 반성할 큰 문제이다.

　　아무리 벽을 메우는 번역 전집들이 쏟아지고, 자로 재서 사들이는 개구녁이 판을 치는 세상이지만, 번역사업은 한갓 원조나 후원만으로는 이룩될 문제가 아니다.

(1972. 4)

사리영응기(舍利靈應記)

　　동국대학교 도서관에는 『서장대장경』을 비롯하여 『석보상절』 등 귀중한 불서가 꽤 있다. 그런데, 그 가치가 외면된 채 묻혀 있음은 매우 섭하다. 이 김수온(金守溫)의 『사리영응기』도 그에 속한다. 불과 24장의 얄팍한 책이지만, 아득한 세종 30년(사리영응기에는 31년, 서기 1448년)의 갑인동주자본으로, 그 내용은 숭유억불의 국시를 표방하는 대궐 안에다 불당을 낙성한 날의 의전 경위를 기록한 시종기다. 워낙 내불당의 설치는 벌떼 같은 국론에 부딪쳐 웬만한 원력으로는 어림도 없는 일이었다. 크고 작은 벼슬아치는 물론, 8도 선비들이 상소로 법석을 떨었고, 심지어는 성균관의 학생까지 동맹휴학을 벌여, 그 반대 데모로 서울이 왁자글 했었단다.

　　그러나, 세종의 한결 같은 신심은 막무가내 그 내불당을 세우고 말았다. 이 불사는 7월 28일에 착수하여 11월 20일에 마치었는데, 법당이라야 불전을 비롯하여 승당·선방 등 겨우 26간에 지나지 않지만, 그 4개월 동안 하루 3천명의 인원을 동원해 국내의 으뜸가는 재목을 써서 지은 내불당이다.

　　『세종실록』에 보면, 이 내불당을 착공한 7월부터 회향한 11월까지는 다른 정치기사는 거의 없고, 모두가 내불당 조성을 반대하는 상소로 메워져 있다. 그러나, 세종은 번번이 묵살이 아니면, 불윤으로 응수하고 있다. 등장(等狀)의 기세가 몹시 거세져 감히 '독부(獨夫)'에 비기는 판세였으나, 끄떡도 않은 세종이다. 그래도 세종은 별로 벌을 내리지 않고, 그 빗발치는 데모를 신념으로 떳떳이 외면했다. 요즘같이 페퍼포크도 없는 그때였건만, 그 벌떼 같은 여론을 오직 신심으로 막고 막아, 드디어는 완성을 보았던 것이다. 세종의 도타운 불심을 새삼 받들지 않을 수 없다. 그 인자한 정치에 그 임금 세종이다.

이 『사리영응기』에는 그 사단에 관해서는 전혀 언급이 없고, 다만 낙성식의 처음부터 끝까지만을 적었는데, 그 호화로운 차비에서 비롯하여 정근인원(精勤人員) 2백61명의 관직과 성명까지 적어 놓았다. 특히 사리의 출현과 방광(放光)의 신이(神異)는 영웅의 실제를 증험한 조짐이겠으나, 그렇다고 무심히 넘길 수도 없는 이상(異相)이다. 게다가 그 의전에 쓴 신곡(新曲)·악기(樂器)·전악(典樂)·가자(歌者)·무자(舞者)의 인원까지 세세하게 열거해 놓는 자상이 넘치고 있다. 따라서 조선 초기의 악제(樂制) 원류를 더듬는 데도 불이의 자료랄 수 있다.

가장 재미있는 것은 참예자 가운데서 성명을 한자로 적을 수 없는 사졸(司卒)의 이름을 한자의 음훈으로 적지 않고, 국문자로 적은 점이다. 가령 '韓실구디, 金도리, 朴겁동, 金횐둥, 石늑대, 金똥구디, 金올미……' 등이 그것이다. 이는 국문자로 인출된 이름으로는 가장 오랜 보기다. 물론 『석보상절』 권9에도 교정을 본 사람의 이름인 '孫티손(治孫)'의 수결이 없진 않다. 그러나 그것은 썼고 여기는 활자다.

이 『사리영응기』는 동국대학 초대 총장 퇴경당 권상로(權相老) 박사의 5천여 권 기증본의 하나로 『퇴경문고』의 진본임을 굳이 밝혀 둔다.

(1971. 8)

퇴경당 권상로 선생

　도인이라면 도를 닦아서 언행이 한결같게 산 분을 일컫는데, 요즘은 유명세로 매겨져 평가가 절하돼서 안쓰럽다. 학문이 도도하고 덕행이 그에 걸맞아야 하는데, 실은 오늘의 도인은 거의가 절름발이로 돈과 정비례해서 딱하다.

　물론 세사에 초월해서 권세와 이득에 무관한 분이 왜 없으료마는 그 뒤안을 따져보면 그렇지도 않은 몸가짐이 적지 않아 생각할수록 껄끄러움 감출 길 없다. 그래서 열 길 물 속은 알아도 사람의 마음속은 다잡을 수 없다고들 한다.

　또는 등을 털어 먼지 나지 않는 이가 있냐고 비양할지 모르나, 내가 우러 받드는 분 가운데서 서슴없이 퇴경당 권상로 선생님을 구태여 꼽는다. 물론 최근세의 도인이라면 불교계에선 석전 박한영과 만해 한용운 선생을 꼽음이 통례다.

　퇴경 선생은 정말 곱게 사신 분이다. 일찍이 국내외적으로 어수선한 한말, 곧 1876년 경북 문경 산북면의 후미진 산골에서 낳아 1965년 향년 87세(법랍 69세)로 입적하실 때까지 자리(自利)와 이타(利他)로 일관하신 참다란 도인이시다. 이웃 마을 서당에서 한문을 공부하시다가 1894년 갑오경장으로 과거가 폐지되고, 1905년 을사조규 이후 홀연히 상경하여 당시 개화의 밀물로 세운 불교의 최초의 신학문 교육기구인 명진학교(동국대학의 요람)에 입학하셨으니, 실로 개화의 선봉이셨다. 물론 1896년 이웃 마을 운달산 김용사로 출가하여 4교를 마치셨으므로 본사의 천거에 의한 진학이셨다.

　졸업과 더불어 대교까지 마쳐 대승사와 김용사의 주지를 거치는 한편 교육에 종사하시다가 다시 상경하여 1912년에는 중앙종무원의 편집부장에 임명되어 『조선불교월보』와 『불교』지를 주관하시면서 거기에다 「조선불교개혁론」을 연재하여 불교의 사회적 경제적 유신론을 전개하셨으니, 사실은 만해의 「불교유신론」에 10여년 앞선 선견을 피력하셨고, 그뒤 중앙불교전문학교 교수를 거쳐 1950년에는 학장, 53년에는 초대총장에 취임하셨으니 선생의 행적은 오로지 불교와 교육에 종사하셨고 저술 또한 후학을 위한 편저와 번역이 주이셨던 오롯한 삶이셨다.

선생은 세연을 다하실 때까지 책을 손에서 놓지 않으셨고 평생 불교관계의 자료를 초록하심을 떳떳한 구실로 삼으셨다. 따라서 책상 맡에는 으레 때묻은 고서가 놓였고 애용하시는 보자기에는 원고뭉치를 갖고 다니셨다. 지금이야 시골에까지 복사집이 흔하지만 그전에는 책이 귀해서 모조리 옮겨 쓸 수밖에 없었는데, 또 박또박 박아 쓰시는데도 어찌나 빨리 쓰시는지 놀랠 지경이었다. 이 남다른 운력으로 간직된 박람강기는 실로 초인적이셨다.

그래서 물으면 통하지 않는 것이 없어 '산 백과사전'으로 추앙을 받으셨다. 더욱 이 용맹정진으로 다지신 자비심으로 자상하게 가르쳐 주시되 사뭇 당신의 일처럼 그 원전의 지장(紙張)은 물론 풀이까지 곁들이시는 선생이셨다. 그러면서도 절대 대가를 바라시는 법이 없고 좀처럼 짜증을 내지도 않으셨으니 이른바 무상보시이셨다. 글쎄 허다한 대가의 부탁을 받으시건 섣부른 학생의 질문도 사뭇 씹어 먹여 주시듯 소상히 가르쳐 주셨다. 지금은 아예 해서로 바뀌 출판됐지만 원전은 마치 속기록처럼 휘갈겨 써진 『승정원일기』의 대목을 베껴주시면서 빙그레 웃고 선뜻 해독해 주시는 것을 나는 규장각에서 흔히 보았었다.

노래여서 돋보기에 확대경까지 보태서 딱딱한 열람실 의자에 앉아 문집에서 초록을 하시는 것이 일과셨는데, 학생이 초서의 편지를 갖고 와서 물으면 죽죽 읽어 주시면서 숫제 옮겨 써주시는 그 자상은 선생이 아니고는 누구에게서도 못봤다.

사실 선생은 초서도 잘 쓰시지만 그 원고에는 한 글자도 흘리는 법이 없음은 그 방대한 유고가 입증한다. 한번은 버릇없이 흘려 쓴 초고를 갖고 가서 첨삭을 바랬

더니 짐짓 나무라시면서,

"이사람아, 원고는 남이 읽는 거야. 나도 읽기 어려운데 이걸 누가 읽나"하시며 꾸짖으시던 그 엄한 눈매는 지금 회상해도 아찔하다. 그래서 나는 사사로운 일기까지도 박아 쓰는 버릇이 됐다.

한편 선생의 겸양이다. 혹 벗하시는 도반끼리의 내기를 하시면 승벽이 대단하셔도 선생의 겸사는 세상이 아는 가라앉은 마음씨셨다. 몇 해 동안 하루도 거르지 않고 난해한 두시의 독강을 받는데 하루는 근엄한 어조로 책을 덮으시면서,

"이젠 내가 못가르치겠으니, 시를 잘 아는 우전〔辛鎬烈〕을 찾아가 배우게"하신다. 한문학의 일인자이신 선생의 막무가내한 실토이셨다. 두루 통달하신 선생이셨건만 익을수록 숙는 수수이삭을 거듭 깨우치게 하시는 무아의 인도셨다.

절대 구찮스러워 물리치신 핑계가 아니라 보다 정확한 공부를 시키시려는 고차원의 수순(手順)이셨다. 실은 선생께 배운 보람으로 졸저인 『두시언해비주』를 출판한 것이 1958년 8월인데 두꺼운 간지(簡紙)에다 서시인 「제사(題辭)」까지 써서 주시고 교정까지 보아 주시는 분에 넘친 사랑을 받았다. 그 출판기념회에서 노환에도 불구하시고 축사를 하시는데 그 카랑카랑하신 목소리로

"글쎄 내가 무엇을 안다고 두시를 가르쳐 달래서 극성에 못이겨 뜯겨도 주었고, 서문을 조르기에 '제사'를 썼으니, 나는 시성 두보의 정수리에 앉은 폭이 됐으니 이에서 더한 영광이 어디 있겠습니까?"

하셔서 만당의 하객을 한바탕 웃기셨었다. 모름지기 도인의 하소연이 분명했다. 바야흐로 간행을 서두르고 있는 선생의 유고 『퇴경당전서(退耕堂全書)』를 편집하면서 동학들이 모여 앉아 찬탄하는 사연이 문득 떠오른다.

"아니, 어느 겨를에 이 많은 문적을 보셨으며, 무슨 근기로 이 수만 장의 원고를 쓰셨지. 그것도 후학들이 보기 좋게 말끔히 간추려 정서해 놓셨으니, 정말 도인중의 도인이신 퇴경당이셔."

정말 선생은 남을 위해 알뜰한 편저를 평생사업으로 삼고 사셨다. 일찍이 남을

원망하시는 말씀을 들은 적이 없이 매양 당신의 허물로 돌리셨고, 남을 위해서는 당신의 지식을 송두리째 안겨주시기에 조금도 인색치 않으셨음은 변명 같지만 『퇴경당전서』를 대하면 저절로 수긍이 다가설 줄로 안다.

이른바 불교정화 시절의 사연을 듣지 않을 수 없다. 선생의 고집은 보통이 아니심을 번연히 알고 있으면서도 아침 뉴스를 듣고, 그냥 이불을 박차고 천연동으로 갔었다. 무슨 절인지는 지금 잠깐 잊었지만 사태는 비상이었다.

"선생님 어쩌자고 단식을 하십니까."

"응, 별 것 아냐, 자네네는 모르는 일야. 이제 우리 불교는 걷잡을 수 없는 나락에 빠지고 말았어."

하시는 말씀에 아무리 돌아가시자 해도 막무가내셨다. 다른 스님들도 계셨는데 선생께서는 그저 염주만 굴리고 계실 뿐이었다. 정말 우리 속인네는 알 수가 없는 불교의 환란이었으니, 이때 우리 불교는 비구와 대처라는 야릇한 비웃음을 사게 되었고, 이것이 빌미가 되어 종단이 쪼개지고 말았었다.

끝으로 외람된 일이지만 선생의 해학은 정녕 윗길이셨다. 모처럼 한갓진 절에 모시고 가면 밤새 하시는 우스개에 당신께서는 오히려 엄전하게 털어놓으시는 해묵은 픽션에 선잠으로 지샌 적이 한두번이 아니었고, 또한 괄게 단 스토브 가에서 투한(偸閑)을 겸한 해학스런 말씀은 차마 듣기에도 거북한 정담(情談)이셨었다.

이제 선생께서 연화대에 가부앉으셨을 곳을 우러러 그 학덕을 회상하며 전집의 교정지를 보자니 현세하셨던 그제가 파노라마처럼 다가오나 하늘과 땅 사이가 너무 멀어 당장 여쭈어 보지 못하는 아쉬움이 사무쳐 공손히 합장하는 몰골이 하도 초라해서 짓숙는 고개를 비쳐 가늘 나위가 없다.

나무관세음보살.

(1989. 12)

운허 큰스님을 추모하며

　운허 큰스님은 자상한 도인이셨다. 학문이 높깊고 계율이 도타운 선사이셨다. 언제 어디서 뵈도 매양 다사하게 맞아 주셨고, 또 항상 겸허하셔서 오히려 상대가 송구스러울 정도로 반기시는 그 엄전한 온유돈후(溫柔敦厚)에 오히려 위압돼서 도반들은 좀처럼 시봉을 삼가는 스님의 용모이셨다.

　내가 스님을 정례로 뵙기는 1946년 단풍이 무르익던 10월 광릉 봉선사 어귀의 광동학교 교장실에서였다. 마침 소설공부 관계로 춘원(李光洙) 선생을 뵈러 갔다가 선생의 인도로 비로소 인사를 올렸었다.

　사실 지금이야 시외버스는 물론 시내버스까지 번질나게 다니고 있지만 전에는 광릉내라면 실로 후미진 산골이었다. 요새는 길도 넓어지고 말끔히 포장된 2차선이지만 전에는 꼬불꼬불한 자갈의 외길이어서 차가 서로 비켜 오가야 했다. 더욱이 왜정 때는 기름이 귀해서 목탄차와 아세치렌(카바이트)차가 그것도 오전과 오후 2차례밖에 다니지 않는 벽지였었다. 게다가 전방으로 가는 길이 뚫리기는 6.25동란 전후 군사도로가 돼서부터니까 아예 막다른 마을이었다.

　그런데 내 누이의 시댁이 광릉내 팔야리(八夜里)이기 때문에 진작에 자주 다녔었다. 그래서 매부〔任周彬〕와 함께 륙색을 메고 봉선사를 둘러 광릉에도 참배했고, 임업시험장을 거쳐 소리봉에도 몇 번 오르기도 했었다.

　이런 관계로 봉선사라면 자못 눈익은 절이었다. 그 절에 운허 스님이 계시다는 소문은 익히 들었지만 웬지 껄끄러워서 매번 외면했었다.

그러니까 1936년 중학교 때의 사연이다. 여름방학에 매부를 따라 봉선사에 들렀을 무렵 합장으로 맞는 스님께 인사를 하고 돌아서서 가파른 샛길을 오르며 "그분이 유명한 운허 선사신데 만주에서 독립운동을 하시던 분이야. 그리고 소설가 이광수 선생의 6촌동생이셔."

하는 바람에 외경의 심정에 사로잡혀 무서운 마음이 앞섰었다. 어린 눈에 붉은 가사(당시는 지금 태고종의 복식)부터가 야릇했었다. 피부가 거무잡잡하신데다 안면에 검은 점이 더덕더덕하고 금니를 드러내며 하신 거센 평안도 사투리가 무척 귀에 거슬렸었다. 당시는 이북 사람이 드물어서 더욱 유난스러웠었다.

그뒤 1946년 동국대학에 입학하자 나는 퇴경〔權相老〕 선생의 인연으로 해서 자연 불교에 관한 입김이 짙어지는 동시에 사찰순례에 눈을 뜨기 시작했고, 불전에 대한 예경도 사뭇 달라졌다. 그러나 소설공부를 중단치 못하고, 딴에 신춘문예에 응모도 해 보았고, 또한 선생님의 격려도 있고 해서 자주 뵀던 춘원 선생께서 광릉 봉선사에 내려가 계셨기 때문에 인사를 겸해 광동학교를 찾았었다. 물론 선생께서 사릉으로 떠나신 뒤는 그나마 봉선사는 멀어져 스님은 서울에서 이따금 뵈었었다.

그러는 가운데 졸업식을 올린 며칠 뒤에 상란의 6.25가 발발하고 남하를 못한 관계로 의용군을 피해 광릉 앞산인 소리봉에 숨었다가 하도 초조해서 봉선사로 내려 왔었다. 9월 인천상륙으로 그 서슬이 시퍼렇던 인민군이 후퇴하는 판국이라 밤낮없이 폭격에다 기총소사까지 퍼부어 하염없이 되돌아서고 말았었다. 마을로 내려간다는 자체가 섶을 지고 불에 드는 어리석음이었다.

이러구러 10월에 접어들어 비로소 하산하여 축석령으로 해서 서울에 들어왔다가 다시 중공군의 인해전술로 전세가 뒤바뀌어 1.4후퇴를 하게 됐고, 스님이 계시던 봉선사는 중공군의 본부였던 탓으로 폭격을 당해 몽땅 타서 스님께서는 부득이 해인사로 강석을 옮기셨다가 수복과 더불어 봉선사 복구에 나서셨다. 그때 대웅전의 현판을 아예 '큰법당'으로 고치셨고, 단청도 피하셨으니, 스님의 경전 번역은 이미 시동이 걸려 있었다.

따라서 1963년『한글대장경』발간에 착수하셔서 동국대학교 부설 동국역경원장에 취임하심과 더불어 본격적인 사업에 착수하셨으니, 이는 조선초기의 불경번역에 버금하는 대불사로 한국불교사에 길이 빛날 업적의 하나다.

물론 이에 앞서 발간하신『불교사전』도 비단 불교학만 아니라 국학 전반에 걸쳐 이바지가 컸고, 한편 선종(禪宗)의 중요한 경전인 번역본『능엄경』의 간행은 스님의 넘나는 문력이 아니고는 엄두를 낼 수 없는 명역으로 우리 불자로 하여금 쉽게 대할 수 있는 한글 경전이다. 따라서 판을 거듭한 세조 7년(1461) 간행인 천순판(天順板)본에 웃도는 스님의 대표적인 번역 경전이다.

여기에서 잠깐 짚고 넘어갈 사안은 우리 불자가 한결같이 봉송하는 당나라 구마라즙 번역인 한문『반야심경』의 번역을 둘러싼 스님의 용의주도다. 한여름에 역경원 주재로 역경용어심의회를 가져, 작고하신 최현배·이희승 선생을 비롯하여 이재복·이병주 외에 실무자와 함께 해인사 홍제암에서 5일간의 모임을 베푸셨었다. 실로 보람찬 나날이었다. 스님께서 회의를 주도하시면서 끝내 아집을 버리시고 학자의 견해를 두루 받아 토의를 거듭한 끝에 합의는 보았지만 결국 그 번역은 통용되지 못하고 오늘에 이르고 있음은 안타깝다.

특히 '공'(空)의 번역에 중론이 오갔으나 못내 매듭짓지 못하고 넘겨 '공즉시색 색즉시공'에 이르러서는 '물질이 곧 공이요, 공이 곧 물질이다'로 얼버무릴 수밖에 없자, 스님께서

"이승에 오실 때 번역을 구실로 현세한 구마라즙의 명역을 무슨 수로 한글화합네까. 글쎄 '비움'은 아녜요"

하시면서 그만 동곳을 빼고 마셨었다.

그래도 이의 없이 합의를 본 낱말에는 '나툼〔現〕', '울력〔運力〕', '죽살이〔死生〕', '가부앉음〔結跏趺坐〕', '빌먹다〔乞食〕', '두루하다〔周〕', '가만하다〔微〕', '머흘다〔險〕', '헌사하다〔喧〕', '조타〔淨〕', '니미차다〔攬〕', '보시〔布施〕', '시방〔十

方〕', '버뇌〔煩惱〕', '고양〔供養〕', '보리〔菩提〕', '사바〔娑婆〕' 등등은 이제는 사전에도 올라 널리 통용되고 있으니 모두가 스님의 한글화의 공헌이다.

또한 1965년의 사연이다. 마침 내가 교양학부장을 맡고 있을 당시, 신입생의 동국정신의 착근을 꾀하기 위해 교가와 응원가를 디스크로 만든다는 소문을 학인한테 들으시고 몸소 찾아오셔서

"이왕이면 내가 옮길 '삼귀의'와 '사홍서원'까지 취입해서 건학정신을 널리 북돋아 달라구레."

하고 간구하신 일이다. 물론 이는 스님께서 몇 해를 두고 교리의 사북을 간추려 내신 공력의 나툼이요 문력의 본이 틀림없다. 그때 스님의 촉구가 아니셨다면 그 보급이 오늘에 미칠 수 없었으니 생각사록 스님의 신실된 선견이 자꾸 우러러진다.

스님께서는 그 모습에 비해 좀처럼 역정을 내시는 법이 없으셨다. 일찍이 스님께서 해인사에 주석하고 계실 때의 일이 생각난다. 지금은 정화가 됐지만 절에는 큰절 문 밖에 홍도여관이 있었다. 마침내 생일을 맞아 예불을 위해 내외가 내려가서 묵고, 이튿날 3시에 일어나 전지를 들고 법당으로 올라갔다. 그 당시는 전기가 가설되지 않았었다. 촛불에 어리비치는 비로자나불이 무척이나 존엄스러웠다. 스님들의 가만한 발소리의 큰법당은 쇠북의 메아리가 정적을 갈랐었다.

조례가 끝나자 스님께서 지엄한 음성으로 다짜고짜

"아무개는 지금부터 뒷전에 가서 만배를 해."

하시는데, 그 노하신 모습은 바로 호령이셨다. 아무리 이골이 난 행자라 해도 만배라면 종일 걸리는 고행이다. 우리야 백팔참회를 해도 나중에는 무릎의 굴신이 어려운데 만번이라니 정말 엄벌이었다. 알고 보니, 깜빡 새벽잠을 자다가 그만 도량석이 늦어서 부과되는 죄과이었다. 그때 운허 스님의 본래의 모습을 처음 뵀었다. 바로 맹호의 포효가 틀림없으셨다.

사실 스님께서는 매사에 철두철미하셨다. 1980년 열반하시기 몇달 전의 일이다. 손수 창립해서 경영하시던 광동학교가 지역적으로 산중이라 외져 운영난에 빠

지고 청풍루의 재건을 겸해서 학교부지를 남에게 넘기시고, 면사무소가 있는 장현으로 옮겨 신축하셨는데, 그때 교정에 세울 스님의 기공비의 비문을 부탁을 받아 지어 가지고 미령으로 누워 계신 봉선사 방장실로 스님을 뵙고 첨삭을 받으러 갔었었다. 간신히 일어나셔서 비문을 읽고 또 읽고 하시길 무려 1시간만에 못마땅하신 듯

"별로 고칠 데는 없으니 써서 새기되 조촐하게 세우도록 하시오"

하시면서 하염없이 누으셨다. 그 비는 현재 광동학교 재단이사장인 일청거사 명의로 세워졌음을 굳이 밝혀 둔다.

이제 끝으로 그 비문을 옮기며 연화대에 좋이 가부앉아 계실 큰스님을 우러러 보며 경건하게 합장하고 공손히 3배를 올린다.

設立者 耘虛大宗師 紀功碑

큰 스님의 俗姓은 李氏요 本貫은 全州이시다. 法名은 龍夏요 俗名은 學洙이시고 耘虛는 法號이시다. 1892년 2월 25일 平安北道 定州郡 新安面 安興洞에서 나셨으니 아버님의 諱는 鍾彬이요 어머님은 白川趙氏이시다. 1910년 韓日條規가 발표되자 書堂에서의 漢文공부를 그만두시고 平壤으로 나와 大成학교를 졸업하시자 이내 滿洲로 건너가셔서 東昌학교 교사로 부임 抗日의 앞장에서 獨立軍의 신문 「新漢族」을 발간하셨다. 한편 1919년 3.1운동에 호응하여 〈光韓團〉을 조직하셔서 上海臨時政府의 募金責으로 서울에 잠입하여 활동하시다가 日本경찰에 쫓겨 江原道 淮陽 鳳逸寺에 피신하셨다가 1921년 5월 1일 洪月初스님의 上座 慶松 스님의 인도로 金剛山 楡岾寺에 出家하셨으니 釋譜로는 76世孫이시다. 이윽고 陳震應·朴映湖 두 스님께서 四敎와 大敎를 마치셨고, 1926년에는 李靑潭 스님과 學人大會를 열어 宗風振作을 크게 부르짖으셨다. 1929년 다시 滿洲로 건너가셔서 普成중학교 교사로 계시면서 독립운동에 가담하여 활약하시다가 同志들이

검거되자 다시금 탈출하시어 1932년 奉先寺로 돌아오셔서 講說에 전력하셨다. 1945년 8·15 광복과 더불어 京畿敎務院長으로 추대되시자 곧 本寺와 末寺의 淨財를 모아 이 光東學校를 설립하시고 1946년 4월 8일 初代校長에 취임하셨다. 1950년 6·25동란에 절과 학교가 전소되자 慶尙南道 陜川 海印寺 등 몇몇 절에서 10여년 동안 後學양성과 經典번역에 전심하셨다. 1959년 奉先寺와 우리 光東學校를 복구하시고, 1963년부터는 숙원이신 『한글대장경』간행에 착수하셔서 東國大學校 부설 東國譯經院長에 취임하여 그 발간에 여력을 바치셨다. 譯著로는 『능엄경』을 비롯하여 『불교의 깨묵』, 그리고 『불교사전』등 두루 百餘件을 헤아린다.

특히 우리가 두루 봉송하는 '삼귀의'와 '사홍서원'은 바로 큰스님의 번역이시다. 1962년에는 문화훈장을, 1963년에는 독립운동공로포상을 타셨고, 1978년에는 東國大學校 大學院에서 명예철학박사 학위를 받으셨다. 한편 奉先寺 어귀의 우리의 요람 光東學校를 이곳 長峴으로 옮겨 신축함에 있어 선뜻 학교를 위임하시어 1978년 11월 8일 그 낙성을 보아 이 새터전에서 새출발을 누리게 하신 그 거룩을 영원히 아로새기고자 이 비를 세운다.

우람스런 큰스님의 발자국이여!

거기에는 愛國의 날과 敎化의 씨와 이 光東을 아끼신 三寶의 慈愛가 짙게 스몄으니, 그 높고 깊은 공덕 이 光東과 더불어 길이 찬란하리라. 나무서가모니불.

법으로 법을 남긴 김정희

경학자요 금석학자요 문장가인 완당(阮堂)이 서화가로 굳어 추사체의 진면목이 높아지기는 근자의 일이다. 곧, 생세에는 파쟁으로 인한 질시와, 변체를 꺼리는 보수로 말미암아 외면을 당했던 것은 사실이다. 그렇다고, 일례(一例)로 극론치는 않고, 괄목의 지음도 없진 않았다. 특히 1930년대에 들어 '우리의 완당을 동양의 완당'으로 굳히기는 일본의 학자 후지쯔까(藤塚鄰) 씨의 「이조에 있어서의 청조문화의 이입과 김완당」이란 학위논문이 1936년 동경대학에서 절찬리에 통과되고, 아울러 그의 환력 기념으로 복제한 「세한도」와, 청의 거유인 옹방강(翁方綱)이 완당에게 보내온 질의응답인 『담계수찰첩(覃溪手札帖)』이 영인되자, 그 대수(大手)는 추종을 불허했다. 물론, 담계의 "경술문장(經術文章) 해동제일(海東第一)"로 진작 "완당이 있자 담계가 있고, 담계가 있자 완당이 있다"는 경앙과 애권(愛眷)이 극에 달해, 완당의 성명은 사뭇 다락 같았다. 게다가 완원(阮元)의 훈목(薰沐)과, 섭지선(葉志詵) 옹수곤(翁樹崑) 이장욱(李璋煜) 유수해(劉樹海)와의 종유로 해서, 그의 학문은 하마 동양을 주름잡은 완당이었으나, 요는 시운(時運)이 그로 하여금 행세치 못하게 했음이 생각사록 유한이다.

게다가, 헌종 9년(1964) 제주도 대정 적거에서 우선(藕船) 이상적(李尙迪)에게 그려준 「세한도」를 북경에 지니고 가서, 완당의 근황을 알리는 동시에, 오찬(吳贊)의 초연(招宴)에 모인 당대의 석학 장악진(章岳鎭) 외 16가의 제찬까지 곁들여 공개돼서, 동호의 이목을 크게 샀었다.

물론, 완당은 서화가 본업은 아니다. 더구나 그의 작품은 재주로만 이루어진 것이 아니라, 예능의 멋과 학통의 맛이 빚어놓은 신품이다. 고법(古法)을 두루 활착시킨 통서의 앙금이다. 따라서, 복서(腹書)를 울거서 마물러진 경술(經術)의 괴적이요, 진적을 걸러서 가라앉힌 기법의 물림인 것이다. 거기에 상대를 의식하지 않는 독창의 울력이 곁따르고, 거기에 독보의 거오(倨傲)가 생동하는 것이다.

· 완당은 그 문벌과 재학에 비겨 참으로 불우했다. 훈척(勳戚)을 둘러싼 안김(安金)의 세도에 밀려, 그 높깊은 학예가 구겨지는 기구한 늙마이었음은 새삼 밝히고 싶지도 않은 그제다.

완당의 서화와 값진 장서가 그 운손(雲孫)들에 의해 헐값으로 송두리째 팔려지고, 그의 고택(古宅)도 진작 남의 손에 넘어갔다. 그의 간찰이 서사(書肆)에 나돌기는 아무래도 광복을 맞고서다. 중요한 갖가지 문적, 특히 청학의 동점(東漸)을 캐는 내왕의 문찰은 진작 후지쯔카(藤塚鄰)의 손에 들어갔거나 외국에 나돌았고, 그 나머지가 겨우 호고의 손에서 떠돌고 있는 판이다. 한편, 옹방강의 진적 역시 북경 유리창(琉璃廠)의 고서포(古書舖)를 거쳐 산지사방, 이제는 바닥이 나고 말았으니, 야릇할손 인세의 주사위다. 이제는 완당이라면 그 진안(眞贗)은 고사하고 부르는 것이 값일 정도로 호되졌다. 완당을 위해 백번 다행한 일이다.

낙관만 번듯해도 경성(傾城)의 값으로 흥정되는 처지다. 하다 못해 편지에까지 낙관을 찍어 완당을 함부로 둥개고 있다. 더욱 안타까운 것은 당치도 않은 후날(後捺)을 감행하는 야바우가 지천인가 하면, 그 많은 낙관 중에서 눈에 설다고, 아예 긁어 없애는 미련도 있다. 딴은 완당이 쓰던 도장과 인주까지 지니고 있는 필가(筆家)도 있고, 또 감쪽같이 새로 복제해서 찍는 위장도 있다. 실로 한심스런 속알머리들이다.

덧없는 파산의 북새통에 절품인 가전의 완서(阮書)가 없어지긴 광복전이라 이미 오래다. 구태여 되새기기도 싫은 사연이라, 숫제 놓친 잉어와 같아서 짐짓 눈을 감는다.

지난 봄의 일이다. 후지쯔카의 논저 『청조문화동전의 연구』(嘉慶·道光學壇과 李朝의 金阮堂)가 40년만에 그의 자제 아키나오(明直)에 의해서 편간되었다. 실로 반가운 책이었다. 그 번역 관계로 알게 되어 졸저의 수필집 『세한도』를 건넸더니, 망부(亡父)가 회갑기념으로 영인한 「세한도」를 선사받았다. 무척 기뻤다. 1950년 초의 일이다. 글쎄 이름있는 고서화가가 그 복사를 진적으로 알고, 선뜻 거금을 내고 산 웃지 못할 이야기를 끼친 그 복사판 「세한도」다. 그 사품에 허욕인 줄 알면서도, 반반한 완서(阮書)가 되우 갖고 싶어졌다.

그러는 통에 중앙불교전문학교 교장을 역임한 석전(石顚) 박한영(朴漢永·映湖·鼎鎬) 선생의 간수였던 완서 족자가 절로 굴러들어왔다. 나로서는 생심도 어려운 처지였는데, 만용을 내서 어거지로 손에 넣었다. 낙관은 없지만 글씨가 하도 근사해서였다. 위는 '구연(龜淵)'의 예서이고, 밑은 '풍우시절오곡숙(風雨時節五穀熟) 대자무과예학명(大字無過瘞鶴銘)'의 대련이 한데 붙어 있는 족자다. 그리고, 가운데에는 석전노사(石顚老師)가 교인(校印)처럼 애용하시던 비로자나법인의 큰 도장이 찍혔고, 밑바닥에는 작은 '영호·정호'의 음각인과 '석전산인'의 양각인이 찍혀 있는 조촐한 족자다. 실은 석전 노사도 글씨가 무척 높고 좋으신데, 완당을 늘 못마땅하게 여기신 고집이 대단하였다. 그런데, 전북 순창에 자리한 구암사 주지로 계실 때, 완당이 초의 스님에게 '구연(龜淵) 백얼(百蘗)·만암(曼庵)'의 호를 지어 풀이까지 곁들여 써 보냈기 때문에 간수한 값진 물건이라는 미당(未堂)의 말씀이 깃든 작품으로, 이는 경북대 김영호 교수에 의해서 자상하게 밝혀져 알았고, 또 운허 스님께도 소상히 들었다.

이 완서는 석전 노사의 애완으로 당신께서 책상 앞에 걸어 놓고 보셨던 물건이었단다. 진작 간송박물관에서 위창(葦滄) 선생의 주선을 받아 많은 진품을 사들일 무렵, 저 단원(檀園)의 「달마도해상(達摩渡海像)과 맞바꾸자고 졸라도, 막무가내 지니고 계셨다는 보배라고, 노사의 법제(法弟)인 수동(秀東) 스님(법주사 강사)이 부러워함을 직접 듣기도 했다.

그런데, 족자가 낡아 동산방에 맡겨 개장(改粧)하고 나서, 여초(如初) 학형에게 간청하여 우전(雨田) 선생께서 손을 보아 주신 다음의 제찬(題贊)을 노사의 장서인 바로 오른편 빈 칸에 써 넣었다.

阮堂先生書 蒼勁古拙 腕下具金剛神杵. 今觀此幅 尤見眞面 當爲至寶, 款識有無 奚論焉. 況石顚師之所珍藏者耶.

따지고 보면, 이 제발은 진작 노사께서 밝히고 싶은 말씀이었는지도 모른다. 조심스럽게 끝머리에다 낙관까지 찍어 놓고, 고이 간수하셨으므로 더욱 그런 짐작이 된다.

방에 걸어 놓고 혼자 보기가 겸연쩍어 비로나자불을 모신 해인(海印)이나 법주사가 아니면 노사를 명기해서 우리 동국대학교에 다시 걸어 길이 간수하려는데, 인연이 닿지 않아 그냥 지니고 있다.

지난 가을 법주사에 가서다. 수동 스님을 만나 작설을 마시며, 밤이 지새도록 이 족자 얘기로 꽃을 피웠다. 실은 석전 노사께서 구암사에 계실 때, 선사(先師)에게서 물려받은 완서(阮書)이기 때문에 유달리 아끼다가, 돌아가신 뒤에 같은 문중인 배성운 스님에게 넘겨진 물건이란 내력까지 자세히 들었다.

이러구러 '구(龜)'자는 완당 특유한 '파절오정(波折五停)'의 멋과, '연(淵)'자의 포세(布勢)와 결구는 물론, 여천명의 손때로 쩔은 구양공을 마무리한 대연을 더듬으며 바라보노라면, 다시금 석전 노사의 높깊은 학문과 오롯한 모습이 우러러진다. 하여간 완당의 점파간가(點波間架)를 새겨보면, 한갓 완하지두(腕下指頭)의 글씨가 부끄럽고, 설하후두(舌下喉頭)의 수다가 스스러워진다. 이른바 방약무인의 점획이 꿈틀거리는 가운데서 그 상대를 의식치 않는 안하무인의 필력이 어리비치어 절로 고개가 짓숙으니, 고법(古法)으로 법을 자아낸 대손이 매양 무섭기만 하다. 거룩할손 완당의 인흔(印痕)이다.

(1980. 8)

손경산(孫京山) 스님 명복을 빌며

　종단 정화의 지주 경산당은 갔다. 세연이라지만 이 다난한 고비에서 율사를 보내야 하다니 슬한 마음 감출 길 없다. 삼가 명복을 빌어 이승에서의 유루(遺漏)를 그승에서는 반드시 이룩하소서 경건한 기도를 올린다.

　경산당은 1917년 6월 21일 함남 북청에서 생을 받아 19세 동진(童眞)으로 출가, 그 이듬해인 36년 초파일 금강산 유점사에서 홍수암(洪秀庵) 스님의 인도로 득도한 뒤 오늘에 이르도록 조계종단과 더불어 산 큰스님이다. 속성은 손 씨요 속명은 희진(喜璡)이다. 일찍이는 경산(慶山)의 법호를 썼으나 지난 77년 의옥(疑獄)사건 이후 경산(京山)으로 고쳤다.

　그는 열반의 순간까지 오직 종단의 대동을 위해 심신을 바쳤으니, 그날도 종무회의를 주재하다가 홀연히 쓰러진 경산당이다. 부처님의 거룩을 평생토록 받던 큰스님이라 거기에는 호국과 호법이 넘실거리고 종단의 보전과 승려의 권익을 위해 일관한 한국불교의 산 증인이었다. 40여년의 법랍을 헤아리는 동안 40대 젊은 시절에 이미 총무원장을 맡아 정화의 마무리를 맺었고, 또한 화동(和同)의 소용돌이에서도 그 살얼음을 의연히 밟아넘은 대손이다. 그리고 이번에도 화합을 전제로 맡은 총무원장 자리였음은 세상이 아는 사실이다. 그러나 현실은 너무도 사나워서 그 생불(生佛)을 뜨게 했으니 야속할손 세사요 인심이다.

　그 원만한 신통력과 그 높깊은 자비심을 풍기어 못내는 귀의의 발심을 안게 하는 운력과 모습이 지금도 눈에 선하다. 엉뚱한 송사에 시달려도 한번도 남을 탓함을 듣지 못했고, 그 모진 무리의 습격을 받고도 오히려 동안을 활짝 열고 미소하는 나위를 병상에서 두루 읽은 나였다. 한편 포교를 겸한 도미길에 나서면서도 꾸밈없는 기쁨을 보이며 구태여 사(私)를 감추지 않는 경산당의 진면이 자꾸 눈앞에 어른거린다.

경산당은 떠났다. 하늘과 땅사이가 너무 멀어 이 간절한 기원이 미칠까마는 생각사록 티없는 경산당이었기 새삼 두 손을 모아 당신께서 거느린 총무원을 향해 머리 숙여 합장한다.

(1979.12)

석전(石顚) 박한영 스님

흔히 대가를 논평함에 있어 무소불능(無所不能) 무가무불가(無可無不可)를 드세우는데 석전(石顚) 박한영(朴漢永)도 그 범주의 큰스님이요 큰 시인이었음은 자타가 공인하는 사실이다. 석전은 계율로나 강설로나 시문으로나 월등하였음은 그 끼쳐진 일화와 그 저술이 명증하고 그 지음(知音)과 그 문제(門弟)가 참다라서 정녕 금강저와 같은 존재였다.

석전의 관향은 밀양 박씨요 적명(籍名)은 한영이다. 조선말 고종7년(1870) 전북 완주군 초포면 조사리에서 중농의 가정에서 태어나 과거공부에 열중하다 고종25년(1888) 18세 때 위봉산(威鳳山)을 지나다가 법어를 듣고 출가하여 금산 스님을 은사로 득도했다. 법명은 정호(鼎鎬)로 받았으며, 다시 백양사에서 환응 스님과 선암사 경운 스님 밑에서 사교(四敎)를 마쳤다. 고종31년(1894) 안변 석왕사를 비롯하여 신계사와 건봉사에서 안거하였고, 동년 가을 순창 구암사 설유(雪乳) 스님에 나아가 건당하여 당호를 영호(映湖)라 하였다.

즐겨쓴 '정호(鼎鎬)·영호(映湖)'의 낙관은 이에 연유한다. 다만 시호(詩號)로 쓴 석전 또는 석전산인은 일찍이 김정희가 백파 스님에게 「석전·만암(曼庵)·구연(龜淵)」을 지어 주면서 "훗날 법손 중에서 도리를 깨친 자가 있으면 이로써 호를 삼으라"는 부탁에서 물려진 호다.

석전의 강설은 도처에서 길을 열어 안겼다. 산청의 대원사, 장성의 백양사, 합천의 해인사, 보은의 법주사, 구례의 화엄사, 안변의 석왕사, 동래의 범어사 등에서 계속되어 그때마다 돈독한 계도를 베풀었다. 다시 1912년에는 동국대학교의 전신인 중앙불교전문(동국대 전신 혜화전문)학교 교장에 취임하여 1938년 일정(日政)의 특별조치령으로 강제 폐교될 때까지 불교중흥과 조국광복의 인력 양성에 몸바쳤다.

한편 1923년부터 1946년까지는 우리나라 불교의 최고지도자인 교정〔宗正〕에 추대되어 높넓은 도력과 문력(文力)으로 종단을 인도하였다. 또한 1926년에는 개운사 대원암에 강원을 열어서 많은 승속을 키워냈으니 엄지로는 청담과 운허, 그리고 문인으로는 신석정·조종현·김어수·김달진·조지훈·서정주 등을 꼽을 수 있다. 그리고 당시 가까이 사귄 명사로는 이광수·최남선·정인보·변영만·홍명희·오세창·김돈희·안종원·민형식·윤희구·여규형 등을 들 수 있다. 또 한용운을 지극히 아껴 기간(寄簡)도 적지 않았다. 시문집에는 1편도 실려 있지 않지만 그러나 한용운의 한시집에는 「차영호화상(次映湖和尙)」이 3편이나 실려 있다. 그 내용으로 미루어보면 거의가 훈계임은 다음의 작품이 입증한다. 곧 내설악 백담사에 머물고 있던 한용운이 스님에게 이런 시를 올리며 고개를 떨군다.

시와 술로 시름 많은 나입니다만	詩酒人多病
당신님도 문장으로 늙으시네요	文章客亦老.
눈보라와 더불어 부쳐온 글월	風雪來書字
속절없이 설레이네 오가는 두 정.	兩情亂不少.

사실 석전은 계율을 엄격히 지키는 분이었기에 다부진 나무람을 옮길 만큼 믿는 한용운이었다. 그런데 야릇한 사단으로 해서 퇴경 스님에게는 일자(一字)도 없는 것을 보면 몹시도 치우친 석전의 자상이었다.

일찍이 석전의 시문집을 영인할 무렵 덧붙인 서(序)에는 다음과 같은 말이 있다.

"세간의 물욕을 먼지처럼 털어버리신 스님의 풍모는 그대로 고담한 매화가 눈 속에서 피되 허울을 다 벗어버리고 두세 송이 꽃으로 짙은 향기를 던지는 것과 추호도 다름이 없다."

과연 그 문하에서 공부하였기 때문에 교장이나 교수의 엄전이 아닌 석전의 모습을 여실히 비유한 시인의 지적이다.

사실 석전은 때가 묻지 않은 분이었다. 따라서 그 일거수 일투족은 바로 처염상정의 거룩을 실증한 보기요 본이었다. 그래서 하고많은 일화 가운데서도 역시 문도인 서정주의 자랑이 다락 같다.

"하루는 곱사한 보살이 노 석전의 누비옷이 하도 볼썽사납고 안쓰러워 정성을 다해 손수 지은 진솔을 바쳤더란다. 그랬더니 사뭇 어린애처럼 서슴없이 그 보살 앞에서 옷을 벗고 갈아입는 바람에 좌중이 안절부절했다…… 늙마에, 그러니까 1948년 2월 29일 세연을 다할 겨울에 통기도 없이 저녁때 들이닥쳐 반갑게 맞이하는 주지에게 '나 여기서 죽으려고 왔다'는 언사는 물론 당신의 열반을 예점한 행보였다."

모름지기 석전의 방하착은 실로 초인적이었다.

석전은 비록 일인이라 해도 학문적인 계도는 절실했다. 그래서 총활곡(恖滑谷)의 「조선선교사(朝鮮禪敎史)」는 진작 석전의 구술로 이루어졌다 해도 과언이 아니며, 또한 고교(高橋)의 「이조불교(李朝佛敎)」도 여규형의 뒷받침이라지만 실은 석전에게서의 발명이 더 컸다고 아는 이는 입을 모으고 있다.

석전은 한말의 삼대강백으로 꼽혔으니 선암사의 금봉 스님과 화엄사의 진응 스님과 더불어 종단을 주름잡은 스님이었다. 이는 스님이 교정이어서도 아니고, 불교 전문학교 교장이어서도 아니다. 석전은 강설로나 한시문으로나 계율로나 단연 으뜸이었다. 김영수(金映遂)의 「석전문초(石顚文鈔)」발(跋)인 「고태고선종교정영호화상행적(故太古禪宗敎正映湖和尙行蹟)」에서 금봉은 한시에는 조예가 깊었으나 강설에는 범연했고, 진응은 강설에는 출중했으나 한시에는 손방이었다고 밝힌 바 있다.

석전의 독보적인 학문은 '염송(拈頌)' 뿐 아니라 내전은 물론 외전인 경사자집(經史子集)은 물론 노장학까지도 정통했다. 그래서 강설법회를 열기만 하면 팔도의 학인이 운집하여 성황을 이루었다. 따라서 불교전문학교에서는 몸소 강좌를 전담하기도 했으니 이는 당시 석전을 대신할 담당자가 없었던 실정에서였다. 사실 석전의 안목으로 볼 때 맡길 만한 분이 없어서였다. 따라서 많은 수증과 심방이 있는데도 석전과 앞뒤로 동도였던 한암(漢岩)과 만공(滿空), 그리고 용성(龍城)에 대해서도 일체의 언급이 없다.

석전의 저술은 호젓한 「석전시초(石顚詩鈔)」와 「석전문초(石顚文鈔)」「석림수필」과 「석림초」가 있고, 신라 최치원의 「사산비명(四山碑銘)」의 전주와 초발심자의 교재로 지금도 쓰이고 있는 「정선현토치문(精選懸吐緇門)」이 있다. 특히 「사산비명」은 자고로 비갈(碑碣)의 본으로 유석(儒釋)을 막론하고 반드시 참호했던 문헌인데 어렵기 그지없어 그 이해를 위한 조처가 절실했다.

그리고 「치문(緇門)」과 「불교요의경(佛敎要義經)」은 석전의 지도의 용의주도를 밝히는 요점이기도 했다.

석전의 대표적인 저서인 「석전시초」는 1940년 최남선이 발행한 상·하 2권으로 당시로는 시설이 가장 훌륭한 대동인쇄에서 찍었다. 송조체 활판으로 요지는 고급인 옥판선지를 썼고 편철은 사찬공의 당판체제여서 이례적이다. 배자는 매면 11

행에다 1행에 26자 정판본이다. 상권에는 최남선의 서와 정인보의 「석전상인소전」이 상침돼 있어 이 시초 간행의 경위와 석전의 주변을 밝혀주고 있다. 또한 석전의 「희조자술구장(稀朝自述九章)」과 하권의 「석전시초후자서(石顚詩鈔後自叙)」는 스스로의 자백이어서 또한 값지다. 실려있는 총수 수는 5백98수를 헤아린다. 물론 타작이 6수여서 모두 6백4수가 실려있는 셈이다.

그를 형태별로 가르면 오언절구 11수, 칠언절구 2백93수 오언율시 30수, 칠언율시 2백23수, 오언배율 4수, 칠언고배율 8수, 오언고시 21수, 칠언고시 3수, 장단구인 악부체 5수가 창작의 연대순으로 실려있어 바로 행장을 보는 느낌이다. 다만 「희조자술구장」은 70세 되던 1940년의 작으로 제목 그대로 자술의 장편시로 그 제8수인 「불석담예(拂石譚藝)」는 다음과 같다.

글씨는 벽하에게 물어서 익히었고
시가는 강위의 법도를 사숙하였다.
문장의 길 들어보지 않음 없건만
큰솜씨 무르익어 조화가 어렵구나.
산수를 좋아하는 타고난 버릇이라
표주박 미투리로 동방을 두루 돌아,
두번씩 제주도에 건너가 보았었고
다섯번을 동악의 단풍에 취했었다.
서로가 뒤섞여서 짐바리를 따라가
조종인 백두산에 걸음을 멈추고서,
나한봉 영락없다 머리를 조아리고
앉아서는 천지의 무지개를 보았었다.
압록강 구비구비 꺾이고 휘돌아서

조각배 타고 있어 하늘에 오르는듯.
묘향의 세폭포는 기특하기 그지없고
방장산 천왕봉은 정말로 웅장했다.
북으로 칠보대에 건너가 보아하니
초호는 널넓어서 빗속에 가물가물.
서풍에 소주와 항주로 건너가서
금릉땅 대궐터를 굽어서 바라보고,
달밤에 온갖 사연 기억해 적자하니
붓끝에 이는 공력 헛되어 수고롭다.
반평생에 명산을 함께 다닌 벗에는
최남선 그사람이 정작으로 종용해서,
도잠과 육수정과 혜원의 사귐이라
몇번을 되돌아서 명산을 다 다녔다.

강호와 산간에 흩어사는 지명인사들
길이 멀다 찾아가 만나보지 않을손가.
늦게서야 정인보를 따라서 노닐자니
대범하고 온화한 말 많이 들었고,
문을 닫고 익혀서 고문을 잘헸으니
눈온 뒤 소나무가 오히려 푸르렀다.
다시금 변영만의 하는 말 들어 보니
워낙에 지혜로워 전부를 다 통해서,
흥건하게 옛일에 젖어듦 기뻐하나

구양수와 소식의 바자로움 부실해서,
저곳의 여산사람 비겨도 보지마는
뭇산을 보았건만 하는 말 같지 못해.
서울에선 권해사와 묶기를 함께 했고
중국의 전당에서 혜봉을 알게 됐다.
돌같은 재주로서 시문을 엮어내서
남으로 날아가는 기러기를 배웅한다.”
(원시는 생략)

이 「희조자술구장」은 자기의 일생에서 가장 중요한 건사를 시화한 점에 석전의
남다른 솜씨가 자랑스럽다. 더욱이 위의 「불석담예」는 석전을 알기에 걸맞는 작품
이다. 그러나 번역으로 옮기긴 했어도 지면 관계로 그 원시를 곁달지 못함이 아쉽
다.

위에서도 잠깐 언급됐지만 석전은 유난스런 기행벽이 있었다. 위로는 백두산을
비롯하여 아래로는 한라산에 이르기까지 두루 오르내렸다.

그러니 금강산, 묘향산, 지리산, 설악산을 올랐음은 물론이다. 일찍이 정인보의
「석전산인소전」에서도 “그의 시의 됨됨은 시사가 보통이 아니고 홀로 그윽하고 오
묘해서 그의 높깊은 작품은 곧바로 고인의 작품에 맞먹는다”고 했듯이 그의 기행
시는 견문의 실상을 다듬은 법력으로 간골라서 시어 자체가 가라앉아 있어 값지
다. 그러니까 비잠동치(飛潛動植)를 선가시의 통서로 엮되 특히 초의시(草衣
詩)의 내음이 진한 점에 석전의 진면목이 진하다. 가령 널리 회자되는 「헐성대(歇
惺臺)」에서도 그 특색은 짙다.

신선도 부처도 하느님도 아니건만　　　　　非仙非佛又非天

하이얀 봉우리에 어리는 보라 아롱이　　　　巖嶂皚皚唧紫煙.

뉘라서 여기 올라 붓을 던졌단 말가　　　　誰道登斯閑攔筆

분명히 온몸에 감도는 시요 선인데.　　　　通身宛爾入詩禪.

석전이 두번째 금강산에 등반했을 무렵의 작품이다. 진실로 꾸밈없이 곱게 산법안이 내뱉은 대덕의 탄성이다. 이른바 대자유인이었던 석전이 장엄한 대자연에 붓을 마물을 나위가 없어 대뜸 시선일여의 길을 열어 자기도 모르게 스스로도 붓을 놓고 말았으니 천하의 절경에는 시승 석전도 별 수가 없었다. 그래서 백두산기행의 결집인 「등백두정 부감천지(登白頭頂　俯瞰天池)」의 장편시에서는 장엄한 대상에 하염없는 볼모가 되어 붓방아는 커녕 오히려 붓이 춤을 추었던 것이다.

비바람 불어싸도 나는 조바셔　　　　　아침 햇살 우리땅을 밝히자

가쁜하게 백두산 정상에 올라.　　　　만주의 가을바람 서늘히 분다.

메뿌리는 바위에 밀려 빼어났고　　　　오히려 이촉불 나라같이 탈없고

파란 안개 하늘에 솟아 떠 있고나.　　한번보고 다시 보기 어려운데,

바위들은 오뚝해서 사자와 같고　　　　게다가 하늘은 불그레하니

물새들은 날고 날아 물이 흐르듯.　　　뉘라서 함부로 바라를 보랴.

가렸다 개어지면 거북 서린듯　　　　　자고로 몇사람이 근심을 했나

벼랑은 귀신이 깎았는가 근심되고.　　천하가 힐난하며 서로 다툴 때,

날씨가 엉기어서 눈보라 되니　　　　　천손은 길이길이 우직만 했다

움푹한 물갓을 노려서 본다.　　　　　골짝의 능선들은 평지 같은데.

모래톱은 어찌 저리 새하야며　　　　함부로 도랑 나눠 다투었었다

떼를 지은 사슴은 유유히 운다.　　　초나라 삼려대부 구성진 굴원.

대에 올라 비웃은 공자의 모습

아슬하다 천길로 높이 솟아나.

온갖뜻 벗어나니 조촐하구나

싸락눈 흩날리어 무지개 되고

높은 터전 북두에 가깝구나.

겉과 속이 맑게 씻겨 달처럼 차서

삽상한 가을 바람 갖옷 스친다.

천지가 꾸밈없는 태고 그대로

뭉게구름 붉고 푸른 파도로 변해.

지난날 강위(姜瑋)의 시 더듬어 보니

누비옷 벗는대도 기상 못따라.

추위의 울부짖음 간신히 참고

혼자서 그윽함을 읊조리었다.

내 행색 멀리왔음 안쓰러워서

너를 기울여서 옷깃 여민다.

사립 열고 준마를 휘몰아서

지팡이와 물병 갖고 빈배를 탔다.

비가 개자 좋은 경치 실컷 맛보고

산과 강을 두루 본듯 여겨지누나.

곱은손 녹이면서 돛대 휘모니

거침 없는 갈매기들 아예 부럽다.

(원시는 생략)

석전은 진실로 다정다감한 시승(詩僧)이었다. 아무리 산인을 자처해도 정에는 물러서 청허당(淸虛堂)이 덧없이 「환향」과 「과고택」을 남겼듯이, 석전도 전주 봉서사(鳳棲寺)에 들렀다가 멀리 고향집을 바라보면서 옛날을 회상하는 작품도 남겼다. 또한 대원암(大圓庵) 뜨락의 우람스런 소나무를 읊은 「영고송(詠孤松)」도 있다. 이는 분명 자화상이랄 수 있다. 굳이 악부체를 빌어 송백후조(松柏後凋)의 고고함을 엿보이고 있다. 발단에서부터 "우뚝서서 외롭게 푸른 것이 누구란가, 조촐함은 유리가 온 산에 겹친듯, 키큰 버들이 어찌 저녁바람 견디겠뇨, 중양절 서리맞은 단풍은 이미 물들었다"로 대다리를 놓고 있음을 보아도 상청(常靑)의 솔을 당신에 비기고 있다.

다음에 석전의 마음자리를 살피기 위해 그의 강백인 경운 스님의 편지를 받고 대답한 화운(和韻)을 듣기로 한다.

따스한 햇발에 매화 피고 기러기 날제	陽生梅發雁來初
편지는 옷깃 여며 두손으로 받았습니다.	斂衽雙擎一素書
글씨는 진정 강가에 뿌려진 구슬과 같고	字眞珠撒輝江際
싯구는 향그러워 골짝에 사무치고 남습니다.	詞合蘭芳透谷餘
아슬한 묘한 솜씨 구름을 어루만지신 듯해서	遙將妙手雲猶按
저와 같은 막돌로는 다잡기가 어렵습니다.	難點頑頭石不如
제자는 거나하게 마시며 옛처럼 지내오니	弟子酣嬉依昔日
뭣하시면 산문을 나아 갔으면 합니다.	可能許贈出門去.

　불과 56자에 지나지 않는 칠율에 곡진한 사연이 깍듯해서 다사스런 정단이 차곡차곡 개켜져 있어 사뭇 스며나는 옹달샘처럼 바글거린다. 구미구미 바치는 스승에의 예경이 무척이나 도탑다.

　정녕 호사가인 석전이었다. 단풍을 구경하려고 광릉에 가는 길에서 읊은 「상풍광릉도중(賞楓光陵道中)」은 더욱 간드러진다.

새벽녘에 옛절집 나서다보니	凌晨出古寺
서리 맞은 나무들 붉게 젖었다.	霜樹濕紅光
굽은 가지 산호로 단장을 했고	珊瑚匝柯曲
여울은 패옥처럼 메아리진다.	珮玉響灘長
지팡이 돌뿌리에 가만 던지니	筇杖輕委石
옷섶을 스쳐오는 싱그런 내음.	衣角亂吹香
자주 쉬며 보는 산 좋기도 해라	數息看山好
피로와 한가함을 이냥 잊었네.	勞閑一例忘.

사실 광릉 봉선사의 단풍은 어디에 못지 않다. 흔히 두시를 읽으려면 시중유화를 드세운다. 경(景)중에 정(情)이 감돌고 정중에 경이 남실거린다. 시가 이렇듯 소담스럽다 보니 석전의 위상은 도도하기만 했다. 석전에 있어 대상의 자연은 저만큼 떨어져 있는 자연이 아니라 바로 한마음의 대상이다. 이백의 "서로 바라다 보아도 싫지 않은〔相看兩不厭〕"의 자연이다. 석전에게도 이런 상념이 진하게 갈무려 있다.

끝으로 석전의 「석림수필(石林隨筆)」은 차원이 높은 시화다. 그러나 보통의 시화처럼 예사로운 허드렛말이 아니라 시론을 전개한 시평을 곁들인 점에서 주목을 요한다. 곧 그 첫머리에 실은 「유인(有引)」에 보면 "요즘 선시경(禪詩境)에 따라서 느낀 나마에 적은 것"이라고 밝혔다. 특히 그 마무리에서 "굳이 고문(古文)이 아니고 어록이 아니지만 또한 시화에도 합당치 않다 하겠으니 부질없이 생각의 하고자 하는 말을 적었을 뿐이다"라고 겸사했으나 실은 자신만만한 실토인 것이다. 「석림수필」에는 모두 21항에 걸친 천뢰중심의 시론에다 시선일여를 중시하고 또한 문이재도(文以載道)의 주장이 넘친다. 워낙 시는 선의 경지에 폭삭 빠지지 않고는 창작일 수 없다. 삼매의 경지가 다름 아닌 사무사(思無邪)의 경지이니 무자기(無自欺)가 절로 스며졌어야 함은 물론이다.

그렇지 않으면 한갓 글자의 모음일 밖에 안 됨을 강조하고 있다. 따라서 천뢰의 시는 청 왕사정의 신운설(神韻說)과 맥을 같이 하여 꾸밈없이 잘도 마물러져 왕유의 차분한 시품을 높이 평가하고 있다. 한편 인뢰의 시는 공교가 앞서 꾸미기에 이골이 난 뜯어붙이기를 말한다. 그러나 이 정공도 두보처럼 천의무봉일 때 시는 상승의 격률이란 논리다. 그러니까 바꾸어 말하면 당의 시는 성정위주이고 송의 시는 성리위주여서 대상과 더불어 혼융되어 엮어진 당시(唐詩)나, 그 이치를 따지며 얽는 송(宋)을 볼 때, 인뢰의 시보다는 천뢰의 시가 높다는 복고주의다. 더욱이 우리나라 한시의 병폐는 천뢰적인 자연스러움이 부족함을 정장으로 지탄하고 있다.

이 「석림수필」에서 고명이 되는 항은 아무래도 「급도상승 시선일규(及到上乘 詩禪一揆)」·「열상노인 가전시화수칙(洌上老人 可傳詩話數則)」·「원당시평 감하 정침(阮堂詩評 敢下頂鍼)」·「상인명가 근칭초엄초의(上人名家 近稱草广草 衣)」·「일종시식 자위반도체제(一種詩式 自爲半導體製)」·「천뢰협인뢰 시도방원 (天籟口十人籟 詩道方圓)」·「심탄금세문인상저(深嘆今世文人相詆)」」 등이 꼽히 는데 모두가 냉철한 객관을 통한 논리여서 세독을 요한다.

한편 「석림초」에는 선사의 비명과 음기 그리고 서발과 중수기 및 상량문이 실려 있다.

(1989. 4)

고궁박물원(故宮博物院)에서 본 불화

　지난해 8월 23일 남국의 낙조를 바라보면서 대북의 국제 공항에 내렸었다. 세계적인 규모의 고궁박물원을 찾아 중국 문물에 대한 나름대로의 실측을 앞세운 고서화의 눈요기가 주된 목적이었다.

　소문처럼 고궁박물원의 구모는 어마어마했다. 서울에서 차린 '중국전람회'로 해서 B.C.와 A.D가 섞갈리는 유물의 보고임을 실감시킨 고궁박물원이었다. 저 당삼채(唐三彩)로 유명한 남경박물관을 옮겨다 놓은 역사과학박물관은 말고도, 무려 60여만 점을 헤아리는 소장품, 그것도 모두가 지보(至寶)라니, 도시 어안이 벙벙했다. 그 문물을 대만까지 갖고 오는데, 그 막판에 자그마치 2사단의 병력을 투입한 장중정(蔣中正)의 용심은 생각사록 감탄하기만 했다. 모택동이 오죽 부아가 치밀었으면, 진시황릉을 발굴한 공산당의 심보에 새삼 짐작이 됐다. 그러니까, 기원 전 3천년대의 갑골로부터 청의 고희천자(古稀天子) 고종 이래 모은 서화와, 자기를 고스란히 수장한 고궁박물원은 바로 5천년 문물의 보고라는 자랑이 어김없는 실상이었다.

　이러구러 고궁박물원에 반한 나는 전공의 두시(杜詩)마저 잊는 꼴불견이었다. 글쎄 15일을 체류하는 동안에 출근하다시피 내집처럼 나드는 극성을 떨었으니 말이다.

　그런데, 공교롭게도 내가 그리도 보고 싶은 글씨는 전시돼 있지 않고, 회화와 자기의 특별 전시가 열리고 있어, 자못 위안은 됐어도 적이 섭했었다. 안복(眼福)이 없는 나들이를 자위할 따름이었다. 곧 「만명변형주의화가작품전」과, 「성화도자전」이 한창이었으니 말이다. 물론, 제 1실에는 송·원·명의 명화가 늘씬한 심수(心手)를 과하고 있었다. 그러나, 별실에 마련된 특별전은 전혀 눈에 선 16세기 말의 그림들이라 매우 안쓰러웠었다.

게다가, 서울에서는 신안의 해저문물이 더미로 건져져 온통 법석이었건만, 태깔과 멋과 살갗의 맛조차 모르는 처지라 청화(靑華)를 짐작할 도리가 없어, 해설판 『성화(成化)』를 읽고서야 비로소 눈독을 들여 송자(宋瓷)에서 관요(官窯)와 민요의 진체를 맛보았으니, 우습지도 않았다.

딴에, 첫날은 특청도 해보았었다. 그야말로 대만과도 바꾸지 않는다는 왕희지의 「쾌설첩」과 「봉귤첩」이 어려우면, 송탁(宋拓)의 「성교서」와 「난정서」만이라도 보여 달라고 간청을 했었다. 그것도 안 되면 「예천명」과 「화도비」와 「묘당비」라도 보여 달라고 떼를 썼었다. 그러나, 전시되어 있는 안진경의 「유중사첩(劉中使帖)」에 눈독을 들이며 자오(自誤)할 밖에 도리가 없었다.

명나라 말기 변형주의 화가의 작품을 정리해 놓은 특별전에는 정운붕·오빈·남영·최자충·진홍수가 가지런했다. 정녕 대단한 차림의 기획적인 차림이었다.

특히, 선미(禪味)로 다스려진 불화(佛畫)는 나의 눈을 더더욱 사로잡았었다. 그렇지 않아도, 돈황출품의 『금강경』과 「관음상」을 비롯하여, 대동석불(大同石佛)만으로도 이미 동곳을 빼 나였다. 물론, 우리의 석불이나 경판이나 탱화가 부실해서가 아니었다. 우리야 불화라면 거의 「달마도」이고, 원색으로 처리된 탱화만 본 눈썰미로 특별전에 전시된 불화의 다양한 솜씨를 대하자니, 우선 그 버거운 구도와 높깊은 풍격과 바자로운 기법에 지질려서 발이 자장(磁場)에 든 쇠붙이였다.

워낙 중국의 문화는 외침을 받아 그 지배를 받으면서도, 그 지배권에서 벗어나 오히려 새로운 발전을 자아냈었다. 몽고와 금의 유린에 한족의 문물이 영향을 받기는 해도, 못내는 그들의 외래문화를 그예 동화시키는 무서운 힘을 지녔다. 따라서, 정복자가 도리어 정복을 당하는 결과를 조성하는 융화의 명수 중국 민족이다.

불화만 해도 그렇다. 가령 만명(晩明)의 화가 정운붕을 봐도 당의 오도자의 기법을 깨쳐 그의 백묘(白描)는 이공린을 발양시킨 나머지 어지러운 명말의 화단을 다잡았다. 특히, 그의 불화는 수백년래 영도적인 지위를 확보한 당대의 거장이다.

특별전에 나왔던, 그의「소상도」는 문수보살이 벼랑 밑 큰 나무 아래서 좌관(坐觀)하는 가운데서, 상서로운 백상(白象)을 소쇄하는 그림이다. 그 포치와 필치보다도 인상이 퍽도 진지하였다. 경건한 의식의 차림이, 짙은 배색에서 생생했다. 따라서 옆에 걸린「서가모니불도」와 어울렸다. 이 서가모니불은 장엄이 생동하고 변화가 가멸찬데다가 가사의 무늬와 선조(線條)가 유창하여 추지린의 제발에 대한 왕도진의 게송에 "법본법무법(法本法無法) 무법법역법(無法法亦法) 금부무법시(今付無法時) 법법하증법(法法何曾法)"은 그림의 위엄과 어울려 존엄이 절로 풍겼다. 그리고「십팔나한도」는 특장의 백묘화(白描畵)로,「십육응진도」와 함께 운필의 가늘기가 호발 같고, 언뜻 보기에 유연하면서도 강한 필력이 스며났다. 특히 맹수를 거느린 아라한의 수행이 가만한 모습에서 풍겨나는 동시에, 성자의 위엄이 번뇌를 끊어 법열이 넘치었다. 자제(自題)에『심경』을 외우고 나서 경사(敬寫)했다는 사연을 읽는 나의 눈에 믿음을 안겨 주었다. 또한「대사십육상」도 퍽 신실스러워 과연 봉불제자(奉佛弟子)를 내세운 선화(禪畵)로, 해가 바뀐 지금에도 눈을 감으면 당시 전시되었던, 그 화폭들이 아른거린다. 이는 오로지, 그 치밀한 구도와 익숙한 준법(皴法)과, 농염의 조세(粗細)와, 필의(筆意)의 생동과, 신수(信手)와 자성(自成)이 대상을 사로잡아서이니, 모르괘라, 그림에 반해서 일까.

다음은 오빈의 불화를 곰곰 읽었다. 먼저 「능엄이십오원통불상도」는, 이른바 '색성향미촉법(色聲香味觸法)'의 육진과, 안이비설신의 육근, 육식 그리고 '화지수풍공식근(火地水風空識根)'의 칠대(七大)를 그린 그림이다. 따라서, 무량수불에서 비롯하여 달마가 그려져 있었는데, 동기창(董其昌)의 행초(行草)로 쓴 제발이 후련했다. 그런데 무량수불은 연화대에 가부앉은 부처를 아래에 크게 그리고 그 위에다 따로 조그맣게 그려 있었다. 그리고 폭포에서 목욕하는 발다라는 풍만한 젖무덤까지 그려져 있어 이채를 띠었고 마지막의 달마는 면벽수도를 상징하듯, 바위 속에서 오롯하게 좌선하는 모습에 그윽한 각오가 감돌아서, 읽을수록 도탑기 그지없는 감응을 안았다.

이 밖에 견본(絹本) 대폭의 설채(設彩) 「불상화」는 우뚝 솟은 반석 위에 초의를 걸치고, 머리를 두 갈래로 땋아 내린 것이 유달랐다. 손에 염주를 갖고, 눈은 반쯤 뜨고 있었다. 바위 옆에 두 시봉이 모시고 섰는데, 하나는 병을 받들었고, 하나는 바루를 받들고 있는 투박스런 그림이었다. 중봉(中鋒)으로 그려진, 이 우람스런 부처는 중후하면서도 고졸스러워, 그야말로 행운유수의 의태가 자자하게 풍기고 있었다.

한편 「나한도」는 절승한 영기가 자욱한 골짝에 여러 나한이 혹은 앉고 혹은 서 있고, 혹은 걷고 혹은 멈춘 그림인데, 이상한 점은 각자의 면상이 한결같이 아라비아인답게 훤칠하고, 우락부락해서 외인의 그림다웠다. 게다가 명암과 광영이 양화의 기법을 따랐음은 다른 화가와는 판이했다. 고작 농염과 원근만 보다가 투영을 보아 이상해선지도 모른다. 격조 역시 중국 특유의 과장과, 전통의 내음이 무디어 있고, 색감 또한 원색에서 간색으로 바뀌는 과정처럼 다양해 매양 눈에 설었다. 따라서 구도에 있어서도 부처 하나만을 그리지 않고 오브제와의 거나한 대화를 통해, 두루 어울리게 꾸민 새로운 시도가 자못 눈에 잡혔다. 한편 응진(應眞)이 거친 파도를 타고 바다를 건너 비행하는 모습은 외경스런 존엄성마저 보태게 해서, 읽을수록 단청의 빛이 새롭기만 했다. 따라서 우리의 단조로운 탱화와는 전혀 다른 위엄이 감돌았다.

그리고, 「십육나한도」는 시승 관휴(貫休)의 필의를 따서 그린 그림이지만, 아라한의 형신(形神)이 갖추어 있어, 그 익살스런 표정에 웃음을 금치 못하면서도, 청신으로 갈무려진 착실한 조형과, 진지한 용필에 우리 나한전에 모셔진 소박한 조상이 자꾸 연상되는 동시에, 돈독한 신심의 피안이 진하게 엿보이었다. 또한 「십팔응진도해도」는 우리 간송박물관 소장인 단원 김홍도의 「관음도해상」을 상기하면서, 그 가느다란 필치를 깡그리 읽느라고 다리가 하도 아파서 숫제 바닥에 주저앉아 바라보는 나의 꼴불견은 스스로가 생각해도 넘나는 미련스런 광연(狂猖)이었다. 성자가 배처럼 타고 있는 큰 새우와 게, 그리고 소와 용과 호랑이가 각 폭에 점철되어 있어, 신성한 위엄을 잘도 얼버무린 백묘(白描)의 수묵이 노수(老手)라서 무척이나 진귀했었다.

다음 최자충의 「소상도」는 정운붕이나 오빈에 비겨 일두가 낮았다. 그러나, 한가닥의 티도 없는 보살과 시자와 거사의 눈매는 참스럽기만 했다. 특히, 문수보살의 가만한 색상이 도섭스럽고, 시봉의 손에 걸친 단주와, 공손히 국궁한 거사의 경배 또한 생생했다. 게다가 옷자락의 흐르는 선조(線條)와, 백상의 몰골 또한 기취가 넘실거렸다. 건륭제의 어제에 일컬었듯, "동파의 붓매와 비슷한데 필의는 같지 않다"는 말이 되새겨졌다. 그런데, 탐스런 백상의 보드라운 색감과, 새하얀 어금니가 셋인 점에 이상이 더해 한결 영수다웠다.

끝으로, 반승(半僧)이요, 불자인 진홍수의 불화로 옮긴다. 워낙, 시문이 장한 그이고, 글씨 역시 능한 만큼 그림도 월등했다. 흔히 진홍수의 서화를 '민족 예술의 전통을 계승한 개화'라고 일컫는다. 따라서, 그는 고법(古法)의 외재(外在)와 내재(內在)의 함축미를 영활시킨 거장으로 꼽음이 일반적인 정견이다.

그의 「포대화상상」은 비록 용필이 연약하고, 조형이 평판이라는 핀잔이 있어, 후인의 모본이라는 의아도 있으나, 화상의 눈초리는 화기(畵記)에 밝힌 '견물즉걸(見物則乞)'대로 맛있게 먹는 모습이 정말로 이목을 독점했다. 더구나, 그 앞에 가로 놓여진 지팡이와, 그 옆에 놓은 포대[전대]는, 저 역사과학박물관 소장인 왕소(王素)의 「개락도(丐樂圖)」와 함께 매우 인상적이었다. 다음은 연꽃을 잘 그린, 이의 「하화도(荷花圖)」를 빼놓을 수 없다. 활짝 벌어진 한 송이의 연꽃과 막 피려는 연봉오리가 아주 아리땁고 연잎 두 줄기가 기석(奇石) 뒤에 그려진 그림이었다. 연꽃은 백묘법에 따랐고 가는 꽃잎의 담홍이 퍽도 앙징스러웠다. 더구나 하부의 청전(靑錢)이 잔잔한 물결에 너울거림이 정말 묘했다. 그리고, 설채인 「연화응화도」는 맨발의 부처와, 두 보살이 눈두덩을 들어 아래를 내려다 보는 그림인데, 붉고 푸르고 회색의 옷매무새가 간결하고, 머리와 구렛나루, 그리고 눈썹과 콧마루 모두가 양인답다.

게다가, 화폭 오른편에 써진 자제(自題)에 '나무아미타불·대세지보살·관세음보살……'로 미루어 이는 운문사에 출가했을 무렵의 그림이라는 감식의 부연이 그럴싸해서 다시금 살펴었다. 한편 「은거십육관도(隱居十六觀圖)」의 자제시에 "내세부지하처거(來世不知何處去) 불천긍허재래생(佛天肯許再來生), 빈아열득매추광(貧兒劣得買秋光) 일편간저작초당(一片肝猪酌草堂)"이 왕우군체(王右軍體)로 써져 있었고, 그 제20폭의 「품범(品梵)」은, 두 고승이 꿇어앉아 경을 읽고 있는 그림이었는데, 모두 날카로운 눈매에다 몰골이 우악스러워 후광이 부실한 듯했으나, 역시 차원은 높았다. 특히 책상에 펼쳐 놓은 책장에는 글씨가 그려 있지 않았고, 가사의 주름도 투박스러워 자꾸 눈이 가기는 했었다. 그리고 벗어 놓은 마른 신이 가지런해 대조적이긴 해도, 짐짓 꾸민 것 같아서 다소 눈에 설었다. 그러나, 나의 눈요기는 푸짐하기만 했다.

이상에서 대북 고궁박물원의 불화를 읽고서의 느낌을 차례로 적어 봤다. 물론 많은 전공들이 나들었고, 또한 우리 불자만도 자주 나든 곳인데, 서화에 손방인 내가 갔을 당시는 불화가 위주였으니, 야릇할손 소담스런 인과였다. 그러나 명화에 짓눌려 나의 눈은 도리어 부산하기만 했었다. 마치 소경의 코끼리 구경만 같아서 자책이 앞선다.

안타깝게도 당시에는 해설판이 나와 있지 않았었는데 인편에 듣자니 내가 떠나온 뒤에야 사진을 곁들인 방대한 호화판이 나왔단다. 보다 바르고, 보다 알찬 본바닥의 전문적인 감상은, 모름지기 그리로 밀고 대방의 질정을 바라면서 삼가 합장을 올린다.

그런데, 귀국해서 안복(眼福)이 겨웠든지 김홍도의 「달마도해상」을 읽는 호강을 샀다. 정말 뜻하지 않은 인연이었다. 게다가 수원 용주사의 탱화를 샅샅이 살필 기회도 가져, 대북 고궁박물원에서 읽은 불화의 인상에다 호젓한 보탬이 됐으니, 실로 뜻밖의 호케였다. 민화처럼 그려진 절집의 벽화가 아니면, 연담 김명국의 「달마도」가 고작이어서 식상이 과했는데, 단번에 그 많은 불화를 보았으니, 이번 고궁박물원의 나들이는 노자가 별로 아깝지 않았다.

(1978. 5)

[추 기]

그 얼마 뒤에 대만에 유학하고 있는 L씨가 당시 특별전시의 육중한 소개판인 『만명변형주의화가작품전(晩明變形主義畫家作品展)」(1977년 고궁박물원 간행)을 직접 구해 갖고 들어 왔다. 진작, 이 자료를 얻어 읽었더라면, 불화에 대한 보다 알뜰한 감상이 됐을 것을 생각할 때, 안쓰러운 마음 감출 길 없다. 이에 그를 명기하면서, 나의 주마간산격인 수박 겉핥기의 배관을 정중히 사과한다.

(1978. 8. 30)

외면당하는 중국의 한국 불적(佛跡)

이번 여름은 중국의 화독이라는 남경과 중경 등 무더운 남서부에서 지냈다. 평생 한 우물을 파는 두보공부라서, 그의 발자취를 더듬어 그 작품의 산지를 찾아 그 물색(物色)을 증험하기 위해서였다.

남경에서 배로 삼협을 거슬러 6일만에 중경에서 내려 기차로 성도로 갔다가 서안과 낙양을 거쳐 북경에 들렀다가 상해로 해서 귀국했다.

마침 남경사대에서 「당송시사국제학술토론회」가 5월말에 열려 「한국문학상의 두시(杜詩)」를 발표했고, 다시 8월초에는 성도(成都) 사천대학(四川大學)에서의 「송대문화국제학술연토회(宋代文化國際學術硏討會)」에 참가하는 바람에 펼친 한 달 동안의 여유(旅遊)였지만, 38도를 넘는 더위가 오히려 값진 나날이었다.

물론 두시기행이 주였지만 동국대에 몸담은 신도여서 가는 곳마다에 자리한 대찰과 성지는 빠짐없이 순례했다. 따라서 그 가운데서 대불(大佛)로 이름난 낙산(樂山)의 백마사(白馬寺)와 조각의 만불을 자랑하는 용문의 봉선사(奉先寺)는 하도 많이 소개되어 뒷전에 돌리고, 우리의 관광객이 뜸한 강소성 양주(江蘇省 揚州)의 대명사(大明寺)와 사천성 성도(四川省 成都) 교외 신도(新都) 선종의 본산인 보광사(寶光寺)를 순방한 소견을 옮기기로 한다.

워낙 주마관화(走馬觀花)이어서 비록 사진을 찍고 그때마다 메모는 했지만, 나의 삼관(三官)으로는 차마 입이 떨어지지 않고 붓을 가눌 나위가 없어 분명 사시(斜視)의 비양을 받을 것을 모르지 않는다.

그러나 그나마 불교방송의 아침예불을 거르지 않는 고집이 거머쥔 깨묵의 일단이긴 하다.

먼저 강소성 양주의 대명사다. 남경에서 버스로 61년에 놓았다는 장강대교를 건너 별로 통행이 없는 고속도로를 달리는데 전자공업단지가 덩그랬다.

양주는 예로부터 '양일익이(揚一益二;익은 성도의 옛이름)'로 헌사된 풍요로운 고장답게 풍광이 아름다워 덧없이 두보의 만년작 「江南逢李龜年」의 결구인 '正是江南好風景'(江南逢李龜年)이 웅얼거려졌다.

대명사는 양주 교외에 있어 비교적 한갓진 곳인데도 관광객이 무척이나 붐볐다. 그만큼 중국민도 크게 개방되어 1966년의 모진 문화혁명의 서슬이 전혀 안 보였다. 또한 그 이후 인민공사의 폐기로 농민의 생활은 도시민의 삶을 능가해 우선 보람찬 기상이 모습에 거나했다. 자유경제로 넉넉해진 낯빛을 사진으로 찍는 무리를 보고서, 짐짓 놀라면서 남경사대 상국무(常國武) 교수에게 넌지시 "참 잘들 사는군요. 복장이며 장비가 자본주의 사회에 못지 않은데요"하니까, 북경대 위욱승(韋旭昇) 교수(南京이 고향)가 맞받아서 "우리 강남의 농민은 잘 삽니다. 배정받은 농토에서 15프로의 공납을 하고 남는 것은 자유시장에 내다 팔고, 또 가내공업을 해서 수출도 해요"라고 한다. 곧 부지런히 일하고, 여가선용의 집단관광이 성해 가족동반이 줄을 이어 우리의 관광명소와 다름이 없었다.

대명사는 감진국사(鑑眞國師)가 주석한 명찰인데 그가 일본에 최초로 홍법한 관계로 일본인이 줄을 이어 우세스러웠다. 규모가 하도 크고 경내로 오르는 계단이 가파로운데다 관광인파로 앞지를순 없었다.

중국의 명찰은 어디나 규모가 대단하고 우람스럽기 그지없다. 게다가 장엄 또한 으리으리해서 즐겨 쓰는 금빛과 붉은 단청으로 온통 눈이 부시다. 꾸밈도 옹골찬 우리 절집과는 달리 거창하다. 더구나 불상이나 보살상은 고사하고 금강역사와 천왕상도 어마어마해서 그 건물에 그 조상이란 감응을 절로 자아내게 한다. 그 넓은 국토에 걸맞게 절을 짓자니 전각은 물론 향로에서 보탑까지도 상상을 초월하리만큼 웅장하다. 다만 공산치하에서 '종교는 아편'이라는 미명으로 말미암아 해묵은 전통이나 찬란한 문화는 아예 거들떠 보지도 않고 수십년을 방치했었으니 그 문혁 당시 박살이 나지 않은 것만도 부처님의 울력이다. 요즘 관광객이 밀려 그 입장료와 불전으로 그나마 보수가 되어 예불하는 마음이 그런 대로 개운했다.

　근자에 문물보존이란 견지에서 보수를 강조하지만 당국의 보조는 없는 편이라는 데도, 본래 단단하게 지은 전각에다 워낙 차진 황토로 성녕해서 구은 전와여선지 그 오랜 비바람에도 끄떡이 없다. 그 뛰어난 건축술에 새삼 머리가 숙여진다. 동참했던 일본인교수가 국사상(國師像)에 최경례를 하기에 나는 합장하고 「반야심경」을 고즈너기 외웠다. 불전을 놔야 종두가 종을 치는 법인데 나는 합장까지 받았다.

　사실 서안 자은사(西安　慈恩寺)에 가봐도 현장(玄奘)의 고제(高弟)인 우리나라의 원측(圓測)은 뒷전에 돌려졌고, 번천 흥교사(樊川　興敎寺)의 원측탑(圓測塔)도 고요만하니 진작 손을 쓰지 못한 것도 우리 종단의 허물이다. 우리는 자고로 나서기를 꺼려선지 황소란에 「격황소서(檄黃巢書)」로 이름난 최치원만 해도 금릉에서도조차 아는 이가 없는 정도이니 모름지기 내남없는 각성이 있어야겠다. 당나라 이래 우리의 학승이 적지 않게 오갔건만 스스럽게도 「왕오천축국전」의 혜초마저 돈황의 막고굴에서나 거론되니 이 사단이 대체 누구의 야로냐 생각할 때 절로 압권의 양심이 감돌았다.

　다음은 성도 교외의 보광사다. 남경사대 종진진(鍾振振) 교수의 안내로 가는 길목이 포장도 안 되고 좁아서 버스는 한편으로 비켜야 통행이 가능할 정도였다. 그런데도 절이 하도 오래되고 또 높은 사리탑과 불상이 엄전해서 기복이 미어진다. 아무리 넓은 대륙이지만 불상만 뵈도 압도할 정도인데, 사천왕의 부라린 눈매와 짓밟은 발길이 당장이라도 땅을 꺼칠 기세다. 더욱이 따로 별전에 안치한 나한당에 들어가니 대뜸 입이 벌어져 기겁을 했다. 자그마치 오백나한이 실물대로 늘어섰는데 인상이 한결같이 다르며 몰골과 복장도 각양각색임에 사로잡혀 숫제 기가 질렸다. 팔이 하도 많아 징그러운 천수관음상은 오백나한을 거느리듯 더욱 다사했다.

전에 일본 경도 광륭사(廣隆寺)의 목조 천수관음상이 대단해서 놀랬었는데 도시 비교가 안 됐다. 공손히 합장하면서 우리 해남 대흥사의 천불전을 상기하고 속절없어 혀를 찼다. 대체 이런 조상을 몇 년이나 걸려 완성했는지 모르나 대를 이은 중국민의 무서운 집념을 새삼 터득했다. 이른바 만만적(晩晩的)의 위력이 여기서도 뚜렷하였다. 이 보광사를 당말 황소의 난으로 불타서 중창한 선사의 위업은 천년이 지난 오늘에까지 자랑하고 있으니 과연 대국민의 불이의 상징이 틀림없었다.

사실 서안에서 두보의 사당인 두공사(杜公祠)를 찾아 두곡(杜曲)에 갔다가 양호성(楊虎誠) 장군 능원 뒷골목에 있는 초라한 두보기념관을 겨우 찾고, 차를 돌려 원측의 전탑이 우뚝한 홍교사나, 낙양 공현(鞏縣) 필가산(筆架山) 남요만(南瑤灣)의 두보의 옛마을과 당점망산(唐店邙山) 마루턱의 두보묘인 능원(陵園)을 간신히 찾아 재배하고 돌아오다가 차를 돌려 석굴사(용문석굴에 비겨 덜 파괴됐음)에 가서 들은 얘기지만 그나마 일본의 관광객은 자주 찾는데, 우리의 발길은 드물다는 푸념에 마음은 무겁기만 했다.

딴은 관광이지 순례가 아니라고 강변하나, 굳이 하나를 위해 백을 놓치더라도 뿌리는 찾아서 우리 선사의 입김부터 다시는 슬기로운 나들이가 되길 간구한다.

(1991. 8. 17)

중국에서 찾아본 사찰

1991년 5월 25일 토요일 맑음

강소성 남경의 영곡사 (靈谷寺)

지난해 5월 24일 소련항공(아에로프로트)편으로 상해에 내려서 이왕이면 소주의 한산사(寒山寺)를 찾으려 했지만, 항공기가 연착하는 바람에 뜻을 이루지 못해 유명한 고소성 외 한산사의 밤 종소리는 듣지 못하고, 이튿날 특급차로 남경으로 달리면서 명승지 소주를 한갓 옆으로 바라보기만 했었다.

남경이라면 6조 이래의 옛도읍인 금릉으로 신라 최치원의 「윤주자화사 상방」 시로 일찍이 귀에 익은 고장이고, 또한 당의 두보가 과거를 보기 전인 20대에 장유한 곳이기도 해서, 그의 시를 공부하는 나로서는 '두시기행'의 첫길이기도 해서 보람이 남달랐었다.

워낙 불교도인 나여서 주변의 명찰은 되도록 참배하는 극성을 누렸었다. 사실 남경은 명나라 초에 영락제가 북경으로 천도한 뒤는 남경으로 처졌지만 고적은 솔찮다. 특히 삼민주의의 손문의 중산릉 동쪽에 자리한 영곡사는 비록 명나라 때의 건축이지만, 목재를 쓰지 않고 벽돌로 쌓아 지은 무량전과 거기에 우뚝 솟은 영곡탑은 실로 남경의 명물로 꼽히며, 현장법사의 기념당 또한 보암직했다. 더구나 강남이라 날씨가 무더워 우거진 숲은 하늘을 가렸고, 줄을 이은 신도들의 기복으로 다투어 사루는 향불과 소지(燒紙)로 경내가 매케할 정도로 붐비는 영곡사다. 이로 미루어 1966년 문화혁명으로 구겨지긴 했어도 해묵은 전통의 믿음은 쉽사리 가셔질 수 없는 해묵은 습속임을 새삼 느꼈다. 그러니까 기복도 하고 피서도 하는 영곡사 경내다.

1991년 5월 28일 화요일 맑음

강소성 제주의 대명사(大明寺)

학술세미나를 마치고 양주 관광에 대비해서 신화서점에 들러 가이드북을 사고, 자유시장에서 양귀비가 즐겨 먹은 예지를 사서 시장경제로 변하는 중국의 실태를 실감했다. 도시 없는 물건이 없는 자본주의의 밀물로 북적이었다.

양주로 북행하는 버스는 각힘이 없어 잘도 달리었다. 널넓은 양자강에 놓인 길이 6,700m의 남경대교를 건너 전자공업단지를 지나 끝없는 밀밭을 끼고, 운하의 도시요 소금장사로 유명한 환락의 도시 양주에 도착했다. 일찍이 우리의 여류시인 난설헌이 읊은 「양주사(揚州詞)」를 상기했다. 그러나 환락은 간곳없고 버젓한 공업도시로 바뀌고 있었다. 역시 초록의 도시답게 가로수가 멋대로 우거졌고, 강물이 도로에 곁따라서 단조롭지 않았다. 남경의 시가처럼 가로수 플라타너스의 터널이라 우리나라 청주시의 진입로가 연상되었다.

대명사는 상당히 높은 마루턱에 자리해서 가파른 계단을 오르기에 벅찼다. 일찍이 6조시대 송나라 대명년간(457)에 지어져 대명이라 이름했는데, 청나라 고종(1736)인 건륭제(乾隆帝)가 양주에 순행해서 대명의 이름이 거슬려 스스로 법정사(法淨寺)로 고쳐 현판까지 썼으나, 지금도 그냥 대명사로 통하고 있었다.

이 대명사에는 당송팔대가인 구양수(歐陽脩)가 양주 태수로 와서 살았으므로 그의 숭상자가 건립한 그의 사당과, 당시 주석했던 감진국사의 기념당이 유명하고, 서쪽 언덕배기의 구양수가 시작에 몰두했던 평산당(平山堂)은 한창 보수중이었다.

한편 이 대명사의 감진국사는 일본에 불교를 홍법한 최초의 스님이라서 일본인 관광객이 많아 뿌리를 찾는 그들이 자못 부럽기도 했다. 당지의 참례객은 하나같이 다투어 분향과 소지에 열을 올려, 그 기복의 열성이 대단해 남경의 영곡사와 한가지였다. 앞뜰에 우뚝한 5층의 문봉탑은 실로 정교한 꾸밈새였다. 그 앞에 당대의 학자 곽말약의 비문이 그의 달필인 초서체로 새겨져 있고, 본전 입구를 들어서자 누운 관음상이 하도 아름다워 사진을 찍으렸더니, 벌금을 물어야 한다는 바람에 질겁을 하고「반야심경」을 염송했다. 우람스런 불상은 너무도 거창해서 입이 절로 벌어졌다. 특히 감진국사상 앞에는 일본의 관광객이 맨바닥에 무릎까지 꿇고 정좌하고 기도를 하고 있어, 그 도타운 불심이 놀라웠다.

1991년 7월 28일 일요일 맑음

사천성 중경의 화엄사(華嚴寺)

7월 19일 사천대학에서「송문화국제학술세미나」가 있어 초청을 받아 재차 남경에 갔었다. 실은 남경사범대학 교수와 함께 양자강을 거슬러 올라 일찍이 두보가 사천성 성도에서 배를 타고 내려왔던 그 뱃길을 되밟기 위한 나의 고집이었는데, 혼자 가기 외로워 동행했었다.

7월 21일 6시 남경선창 제4부두에서 일반 여객선 강유호를 타고서 양자강(실은 남경 위쪽은 장강이라 부름)을 거슬러 자그마치 6박 7일만에 사천성 중경에 닿았다. 실은 남경사대 종진진 교수가 장관인 삼협의 끝 지점인 봉절에서 연락

을 해서 마중을 나온 중경사범학원(대학)중국문학계 웅독 교수의 호의로 외국문
학계 왕충용 교수 사택에서 하룻밤을 묵고, 이튿날 시내 관광에 나서서 우선 우리
임시정부의 자리였던 곳을 찾았었다. 이미 개발이 돼서 짐작조차 되지 않았다. 다
시 차를 돌려 비파공원 7층 전망대에 올라가서 시내를 조감하고 내려와서 장강대
교와 가릉강대교를 건너서 대로산 기슭의 파산영경인 화엄사에 참례했다. 중국불
교협회장 조박초의 현판이 걸렸다. 본전에서는 재를 올리는데 거기서도 폭죽을 터
뜨린다. 스님들의 복식은 우리 태고종의 가사와 비슷하고, 동방아 역시 그랬다. 법
당 앞에서 삼배를 올리고 엄전한 불상의 사진을 찍으려 했더니 재를 올리는 중이
라 안 된단다. 대웅전을 돌아 벽에 붙어있는 명필을 새긴 「반야심경」을 탁본하기에
파는 것이냐고 물었더니 고개를 흔든다. 알고보니 저것을 복각해서 탁본해서 판단
다.

　화엄사의 건물은 문화혁명 당시에 파괴돼서 보수가 한창이었다. 특히 용마루에
안치된 불상이 인상적이었고, 추녀의 굽은 곡선이 우리보다는 굽은데 도리를 받
치는 보목이 없는데도 기울지 않았고, 기둥이나 대들보의 장엄 또한 알뜰했다.

　다시 절 아래 동굴의 미륵불전에 참배하고, 못가에서 납량하면서 수영하는 하동
들을 바라보면서, 우리처럼 실내수영장이 없는 탓이라 도리가 없다는 왕교수의 겸
연쩍은 설명에 동정이 갔다. 못 위에는 보트까지 젖고 있었다.

사천성 성도의 초당사(草堂寺)

　중경에서 야간급행 침대차를 타고 12시간만에 성도역에 도착해서 사천대학에
서 여는 『송대문화국제학술세미나』에 참석하기 위해 본부인 국영업체 금우회관에
들러 접수를 마치고, 곧장 성도 교외에 자리한 두보 초당을 찾아가 40년래의 숙
원을 풀었다. 아울러 뒤에 있는 초당사에 참배했다. 이 초당사는 일찍이 두보가 처

자를 거느리고 험준한 검각산의 사다릿길을 넘어 성도에 도착해서, 손수 초당을 짓기까지 3개월간 머물렀던 옛절이었다. 그래서 두보는 다음과 같은 시를 남겼다.

옛절이라 스님이 적어 쓸쓸하고	古寺僧牢落
빈방에 더부시는 나그네라오.	空房客寓居.
친구들이 녹을 타서 나눠 보내고	故人供祿米
이웃에서 채소를 얻어 먹는다오.	鄰舍與園蔬.
법당에서 부처님 설법을 듣고	雙樹容聽法
법화경 베낌을 허락 받았다오.	三車肯載書.
양웅처럼 『태현경』을 초하진 못해도	草玄吾豈敢
시를 짓는 일이라면 혹 사마상여 같달까.	賦或似相如.

—酬高使君相贈—

이는 절친한 시인 고적(高適)의 도움을 청한 오언율시다.

지금은 대웅전만이 덩그렇고, 그것도 두보초당에서 관리하고 있단다. 특히 대웅전 앞의 매화나무와 우거진 향장(香樟)의 교목이 높다랗다. 더욱이 초당사의 특색인 그 꽃향기는 사뭇 완화계 마을 밖에까지 미친다고 한다. 게다가 무더운 여름이라 피서객이 붐비고 있었다.

한편 이 초당사에는 우리 신라의 고승 무상대사(無相大師)가 주석했던 절이었는데, 지금은 불상도 경전도 없고 스님도 살지 않는다.

1991년 8월 2일 금요일 맑음

사천성 신도의 보광사(寶光寺)

학술세미나의 폐회식이 있었다. 그래서 성도 교외 18km 지점인 신도시에 있는 선종의 대찰 보광사를 찾아 차를 몰았다. 온통 관광객이 미어진다. 우선 13층의 사리탑이 우뚝하고 대웅전의 불상이 어마어마하고 사천왕도 대단해서 과연 넓은 그 땅에 걸맞는 꾸밈새였다. 가장 놀란 것은 나한당에 들어서자 절로 탄성이 나왔다. 무려 2m인 500나한의 천태만상의 모습에 위압돼서였다. 더구나 그 나한의 인상과 복식이 전부 달라 그 성녕의 대손에 짓눌렸다. 과연 대륙적인 착상에다 거창한 규모였다. 특히 불보살은 고사하고 천수관음상은 3m가 넘는데, 웬지 보기에도 껄끄럽지 않아 우리나라의 천수관음상은 물론 일본 교토 광릉사의 목조한 천수관음상보다 훨씬 다사스러웠다. 일찍이 만당 때 황소의 난에 불에 타서 중창한 보광사인데, 알고 보니 국가의 보조도 없이 오로지 청신사녀의 보시와 입장료, 그리고 여러 부대시설의 수익으로 보수에 철저를 기한다는 주지의 설명이었다.

점심공양을 위해 찬청에 들렀는데, 글쎄 일반에 어울리게 그럴 듯한 모양으로 조리한 육류와 물고기가 나와 신기했다. 다만 계란만은 그냥 쓰고 있었다. 그런데 공양이 끝날 무렵 외국인 대접인 듯이 주지가 찾아와 차수하면서 선원 내실에 보장되어 있는 보물을 관람시켜 주어 분에 넘친 안복이었다. 특히 송나라 휘종의 그림에다 성친왕의 제발이 붙어 있어 일찍이 중국회화집에서도 보지 못한 국보급이었다. 그리고 말끔히 모셔진 조사당의 조상과 위패까지 참관하고, 학인들의 참선 모습까지 보여주는데, 전혀 사회주의의 낌새가 엿보이지 않아 놀라웠다.

이 보광사는 나로서는 다른 일행과는 느낌이 남달랐다. 당말 황소의 난(881)으로 화를 입었고, 신라 최치원의 「황소격서」, 그리고 두보의 시를 타박한 양신(楊愼)이, 이백을 높이고 두보를 배척한 그가 이 절과 인연이 깊어서였다. 그래서 가까이에 양신의 계호(桂湖)가 있어 짐짓 둘러보기도 했다. 돌아오다가 문화혁명때 철저하게 파괴된 불교협회 본부가 있는 문수원(文殊院)에 참배하고, 대웅전을 돌아 장경루 2층에 봉안되어 있는 삼장법사 현장의 두개골을 모신 옥으로 만든 경통을 우러러 합장했다.

1991년 8월 3일 토요일 맑음

사천성 낙산의 대불사(大佛寺)

사천대학 주최 송문화국제학술세미나를 마치고 전원관광에 나서 사천의 명소인 미산(眉山)의 삼소사(三蘇祠)를 참방하고, 낙산(樂山)의 대불사(大佛寺)를 참배했다. 과연 진작 소개된 책자로 듣본 대로 세계적인 대불좌상이었다. 능운산 기슭의 붉은 수성암 절벽을 깎아 다듬어 조성한 불상은 전장이 무려 73m, 정녕 세계 제일이고 영험이 독실하다 해서 신도는 물론 미어지는 관광객도 압도되어, 절로 합장을 올리는 광경은 신도인 나로 하여금 새삼 깊은 감명을 자아내게 했다.

특히 앞에는 청의강과 대도하의 거센 합류가 치렁치렁 흐르고, 뒤에는 장강으로 흐르는 민강이 소용돌이치며 소쿠라치는 절경에 자리한 능운사(凌雲寺) 곧 대불사다. 이 대불좌상의 조소는 해마다 범람하는 강물의 피해를 부처의 울력으로 막기 위해 시작했다 한다. 그래서 그 영험으로 낙산 일대의 평야가 무사해졌다는 주지의 안내였다. 아닌 게 아니라 홍수가 질 무렵에는 대불좌상 바로 밑까지 강물이 불어났던 흔적이 있는 점으로 미루어 실로 대단한 신심의 발로여서 탄복을 했다.

대불좌상은 하도 어마어마해서 가파른 계단을 오르내리면서 우러러 보아하니 귀만도 3m가 넘는 판이다. 자그마치 90년이 걸려서 조각되었다니, 이른바 3대의 거룩한 불사였다. 실로 그 대륙적인 착상과 끈질긴 추진력에 저으기 머리가 숙였다. 게다가 오르는 암벽 구석구석에 새겨진 찬탄의 글귀는 자연 비림을 이루어 이른바 문자의 나라다운 솜씨가 역연한데, 하나같이 내기를 하듯 다른 기림이어서 보기에 이로웠다.

한편 마루턱에 세워진 35m 높이의 백탑은 사방을 굽어 보기에 좋아 오르느라 흘린 땀을 다소곳 식혔다. 그런데 아스라한 강 건너가 학자 곽말약의 고향이라 했다. 나는 그의 교조적인 저서 『이백과 두보』를 논박한 처지여서 만감이 오갔다. 글쎄 두보를 반동으로 몰고 이백을 애국으로 대체한 그여서였다. 거기서 듣자하니 그도 임종에 다다라는 적이 후회했다는 말을 듣고 저서의 어려움을 다시금 느끼었다.

특기할 바는 대불사의 찬청에서 내는 공양은 절집답게 깔끔해서, 짜고 맵고 기름진데 숫제 물린 나로서는 간이 맞아 호쾌했다. 두부도 성도의 명물인 진만바의 두부에 못지 않았다.

그리고 경내에는 아열대의 식물을 잘도 가꿔 놓았다. 게다가 비가 잦아 상록수가 싱스럽게 우거졌고, 매화와 파초가 지천이고 감귤이 주렁주렁 매달려 있어 신기했다.

일단 절에서 내려와서 청의강의 유람선을 탔는데, 강 복판에서 5분간 서서 건너편의 대불상을 우러러 바라보게 하는 편의가 슬겨워 우선 사진부터 찍었다. 물론 대불좌상 앞에서는 사진을 찍어 보았자 피사체가 하도 커서 따로 망원렌즈가 없으면 오직 부분밖에 못찍음을 감안한 조치였다.

1991년 8월 4일 일요일 맑음

사천성 아미산의 금정(金頂)과 만년사(萬年寺)

대불사에서 청의강을 건너 마이크로 버스를 타고 천하의 명산 아미산으로 내쳐 달려 중국식 건물인 아미대주점(호텔)에 들었다. 실은 내일 산행이라는 바람에 저녁을 들고서 뜨거운 물로 목욕을 하고 일찍 잠에 들었다. 비가 잦은 곳이라서 우비까지 꺼내고, 산행을 위한 준비를 갖추었다.

워낙 이백의 「아미산월가」로 귀에 익은 아미산인데, 실은 3099m의 높인 줄은 미처 몰랐었다.

아미산의 얼레달 가을이 한창	峨眉山月半輪秋
그림자 평강에 지고 강물은 치렁.	影入平羌江水流.
한밤중에 청계를 떠나 삼협을 향해	夜發淸溪向三峽
그리는 임 못보고 중경으로 내려가.	思君不見下渝州.

아침 일찍 일어나서 트레이닝 바람으로 냇물소리가 요란한 행길을 따라 시내를 거닐었다. 구태여 산행에 앞선 준비운동이 아니라 40년래의 습관이다. 돌아와서 발바닥에 비누까지 칠하고, 내복 역시 긴 것으로 바꿔입고 윈드자킷을 덧입었다. 그런데 8시 집합이 돼서 밖에 나와 알아보니까 3,000m까지 버스로 오른다는 바람에 실소한 나였다. 무려 2시간을 붕붕거리며 S자 산길을 오르는데, 우리의 대관령은 문제가 아니었다. 10시에 산 중턱에 있는 보국사(2,403m)에서 잠깐 쉬고 포장이 안된 가파로운 길을 오르자니 버스가 허덕인 정도였다. 창 밖의 기온이 낮아 입김이 서리고, 간간 고사목이 보인다. 상록의 고장인데 정상의 나무 숲은 거의 시들어 보기에 안쓰러웠다. 당지에 신문에는 태양계의 이변이라 보도된 것을 읽기는 했으나, 혹시 솔잎 혹파리의 충해가 아니냐고 물었더니, 역시 기후의 이상

탓이란다.

정상 가까이에서 내려 케이블카를 타고 정상에서 내려 다시 걸어서 3,077m 지점의 절 금정(金頂)에 올라 우선 불상 앞에 다가가서 삼배를 올렸다. 기온의 차가 있어 두툼한 바바리를 빌려 입는데, 나는 그냥 견디었다. 일행이 다투어 분향을 하고 소지를 올리기도 한다. 등산을 하는 나인데도 실은 3,077m 까지 오르기는 처음이다. 구름이 자욱한 아래를 굽어보며, 일찍이 노산께서 우리 금강산 비로봉에서 "금강이 어떻더냐, 물이요 구름이라"했는데, 구름에 잠긴 아미산 역시 그랬다. 구름이 헤살지어 눈을 버렸다고 했더니, 비를 맞지 않은 것만 다행으로 알란다. 사실 40일을 두루 싸다녀도 비는 한번도 맞지 않았다.

만년사의 백상(白象)을 탄 보현보살

금정에서 내려오다가 버스 안에서 비를 맞았다. 마치 우리 설악산의 비와 같이 느닷없는 소낙비였다. 다시 보국사에 내려와 아미산 중턱의 가장 장대한 만년사에 참배하기 위해 걸었다. 절로 오르는 길목에는 숭숭이 우거져 있어 우리 해남의 대흥사 입구를 연상했다. 싱그러운 내음이 코를 찌른다. 그리고 매미소리가 귀를 간지리고, 이름 모를 종소리와도 같은 청개구리 소리가 야릇했다. 길목에는 젊은이들이 들것에 의자를 얹고, 그것을 둘이서 어깨에 메고서 타고 가란다. 그리고 기념품을 사라고 아우성이다. 조심이 되어 카메라를 색에 넣고 올랐다. 엊그제 성도에서 도교의 본산인 청성산에 오를 때도 그랬다. 새삼 자본주의의 맛을 안 그들이었다.

실은 가이드북에 의하면 아미산 중턱의 세상지(洗象池)에는 원숭이가 극성을 부려 손에 쥐고 있는 카메라까지 할퀴어간다고 했는데, 그 애끓는 소리를 만년사에 오르도록 보지도 듣지도 못했다. 일찍이 두보는 명작「추흥8수」(2)에서 "원숭이의 세마디 울음소리 듣자니, 진짜로 눈물이 지고"라 읊어서 나로서는 꼭 보고 듣고 싶었는데 아쉬운 노릇이었다. 문헌에 보면 원숭이는 마치 족제비와 같고, 강남에는 많아도 강북에는 없다 했다. 더구나 삼협 아래에서는 볼 수 없다고 했다.

만년사에 다다라서 계단을 올라 우람스런 무량전에 들어가서 하얀 코끼리를 탄 보현보살을 우러러 경배를 하고 「반야심경」을 독송했다. 실은 불전을 내야 종두가 편경과 같은 종을 치는데, 나는 독경을 해서인지 그냥 종을 세번 쳐준다. 그래서 스스러워 나도 불전을 올렸다. 화폐가치에 서툴러서 10원을 냈더니 동료가 너무 많다고 놀랬다. 만년사의 규모는 대단했다. 장엄이 하도 찬란해서 눈이 부셨다. 정녕 천하의 명산 아미산의 대표적인 절인 만큼 특히 타관인 대만의 관광객이 많았고, 본고장의 관람객도 줄을 이어 변모하는 중국의 실태를 실감할 수 있었다.

1991년 8월 28일 목요일 맑음

섬서성 서안의 대안탑(大雁塔)과 흥교사(興敎寺)

아침 일찍 서둘러서 당나라 현종과 양귀비가 환락을 누린 온천궁인 화청지와 천하를 통일한 진시황릉과, 세계의 2대 발견인 병마용항을 돌아보고, 오후 늦게야 현장법사가 천축(인도)에서 불경을 싣고 와서 봉안하고 한역하던 7층의 대안탑(64.1m)에 올라갔다. 6층에는 중국 선비들의 삶의 모습을 복원한 꾸밈이 그럴싸했고, 7층에서는 바둑판 같이 정리된 장안(서안)의 거리가 안하에 전개되어, 천년전 국제도시였던 장안을 연상하며 아스라한 천복사(薦福寺)의 소안탑과, 시보를 알리던 장안로의 종루가 우뚝하고, 물론 후대 명나라때 쌓은 석벽과 높다란 문이 둥두렷했다. 대안탑은 벽돌로 쌓은 대자은사(大慈恩寺)의 전탑으로 본시는 5층이었는데, 명나라때 7층으로 개축했다. 특히 현장법사의 기행문인 『대당서역기』를 토대로 소설화한 오승은(吳承恩)의 『서유기』가 상기되었다. 그리고 이 자은사탑에 관해서는 두보가 친구와 함께 올라 지은 시 「동제공 등자은사탑」이 있어 절로 읊렁거려졌다. 실로 고도인 서안의 상징에 손색이 없는 대안탑의 장관이었다.

한편 이 자은사는 우리와는 인연이 깊은 절이다. 특히 신라의 원측법사(圓測法師)가 현장법사의 법사인 규기(窺基)와 함께 불경 번역을 도운 절이기도 해서 자못 자랑차서 으쓱했었다. 그런데 대안탑 앞의 현장법사기념관에 들렀더니, 일본의 승려는 무려 6명이 나란한데 비해 가장 먼저 꼽혀야 할 우리의 원측과 순경(順璟)스님은 맨끝에 소개돼 있어 매우 못마땅했다. 실은 어제 섬서성박물관인 비림(碑林)에서도 못마땅했었다. 사로(絲路·실크로드)의 전시실에는 우리 고구려의 유민인 고선지(高仙芝)장군의 중앙아세아 공략도, 혜초(慧超)의 『왕오천축국전』에 관한 소개는 없었다.

그래서 구태여 차를 몰아서 그 전탑이 서 있는 홍교사를 찾아갔다. 마침 그 절에 가는 길에 두보의 사당이 있는 두공사가 있어 묻고 물어서 정중히 참배를 하고, 포장도 안된 길을 달려 갔었다. 절의 정문에는 청말의 대학자 강유위(康有爲)의 현판이 걸려 있고, 현장법사의 5층 전탑을 비롯하여 원측스님과 규기의 3층 전탑이 예로웠다. 우선 대웅전에 예배를 올리고, 이내 세 전탑에 차례로 합장 배례를 올렸다. 스님이 차수를 하면서 어디서 왔냐기에 한국에서 왔다니까, 지난해 동국대학교 순례단이 다녀갔다면서 매우 반가워하면서 주지실에 안내를 받아 차를 공양받았다.

실로 한갓진 홍교사였다. 일찍이 삼장법사의 사리탑과 그 법사(法嗣)인 규기와 우리 원측법사의 사리탑을 모신 홍교사이건만 자은사의 대안탑에선 외져서 그렇다는 가이드의 말이 빈말이 아니지만, 글쎄 중국의 공항대기실에서 우리의 노래

'푸른 하늘 은하수'가 흘러나오듯 많은 우리의 관광단이 나들어도 흥교사는 거의 외면되고 있으니 실로 딱한 사실이다. 반면에 일본은 사소한 인연만 있어도 관광 일정에 반드시 넣는 야망을 주목할 일이다. 비록 주마간산의 관광이라지만 우리도 일단 뿌리를 찾는 보람이 무척이나 아쉬웠다.

흥교사 대웅전 뒤에는 보수를 위한 작업이 한창이었는데, 전기가 들어와 있건만 톱은 물론 자귀와 까뀌와 대패가 모두 예전 그대로 인력에 의한 작업이라 여기서 도 만만디(천천히)를 실감하면서, 새삼 박을 타는 「흥보전」의 장면이 연상돼서 피식 웃었다.

왕유의 남전(藍田) 망천장(輞川莊)

흥교사에서 나와 남전의 왕유(王維)의 옛터를 찾으렸더니, 국영업체인 국제여 행사의 가이드와 택시 기사도 이제까지 가 본 일이 없다기에 관광지도를 펼쳐 보 이면서, 바로 가까운 곳에 있는 옥의 산지라면서 특별 요금을 지불하겠다 우겨서 차를 달렸다. 마침 서머타임이 돼서 6시였지만 해는 서천에 이글거리는 무더운 찌 는 오후였으나, 차내는 에어콘으로 해서 선선했다. 가다가 도로확장을 위해 민가를 철거하는 광경도 목격했고, 우리의 큰 장날을 방불케 하는 '회'〔會〕를 구경하며 자 유판매에 의한 시장경제의 세상도 돌아보았다. 숫제 없는 물건이 없었다. 우리의 하동 화개장터를 상기하며 콧노래를 불렀더니, 가이드도 따라서 부른다. 그리고 늙 은이는 남녀를 불문하고 머리에 싸개와 비슷한 천을 둘러 쓴 것을 보고, 우리나라 에서는 북한 평안도와 함경도 부녀자도 예전에는 저와 같은 천을 둘러 썼다고 하 면서, 일찍이 두보의 시 「병거행(兵車行)」에는 출정하는 병사에게 이장〔里正〕이 과두(裹頭)라고 인도 사람이 쓰는 터번과 같은 것을 씌워 주었다고 일렀다. 가이 드의 얘기가 이는 관중(關中)의 8괴(八怪)의 하나란다.

드디어 남전시에 도착해서 몇번 물어도 몰라서 문화원에 가서 묻자고 했더니, 차라리 노인에게 묻는 것이 낫다면서 모택동 복장에 모자까지 쓴 노인에게 물었더니, 이미 지내왔다면서 되돌아가 왼편으로 4km쯤 가면 왕유의 망천장 터가 있는데, 거기는 공개되지 않는다고 손을 저은다. 그래도 내친 김이니 일단 가서 보자고 해서 갔더니, 산세는 수려한데 산에 나무가 없어 왕유가 냇물을 돌려 뱃놀이까지 했다는 파하의 상류인데 다만 맑은 냇물이 흐를 뿐이었다.

이윽고 삼거리에 다다르니 큰 표지판에 '왕유가 손수 심은 은행나무'라고 씌어 있어 화살표를 좇아 우편으로 달렸더니, 서안시 공안국 향양분국파출소의 간판이 달려 있어 문을 두드려도 소식이 없어, 좌편의 높다란 철문의 협문으로 들어가서 수위한테 한국에서 왔는데, 왕유의 망천장 자리를 바라보고, 왕유가 심은 은행나무도 만져 보겠다 하니, 사뭇 앞을 가로 막으면서 공안국의 허가를 받아야 들어갈 수 있다면서 아예 사진도 못찍게 한다. 기사의 얘기가 중요한 국영공장이라서 공안원까지 배치돼 있다면서 시비를 받기 전에 돌아가자는 바람에 질겁을 하고 물러나오고 말았다.

이 망천장은 워낙은 초당 때 시인 송지문(宋之問)의 별장이었는데, 왕유가 인수하여 죽리관(竹里館)을 짓고 호강을 다하다가 안록산의 난리를 만나 요직에 있으면서, 현종이 사천성 성도로 파천할 때 호종치 못해, 안록산에게 잡혀 약을 먹고 이질을 빙자하여 벙어리 행세를 했지만, 못내는 그에 기용되어 곤욕을 치르다가 관군이 수복돼서 반군에게 협조했다는 바람에 반역죄로 몰렸지만, 그가 적군에게 갇혀 있을 무렵에 지은 「응벽궁시」와, 한편 동생 왕진이 장군 이 광필과 함께 반군을 격파해서, 숙종의 행재인 영무에의 진격을 막은 공로로 크게 기용되어 변무하고, 또한 두보가 지은 「봉증왕중윤유」라는 시가 빌미가 되어 못내는 사면을 받아 다시 기용되었던 왕유다.

왕유는 이 망천장의 경관을 그림으로 그린 『망천장도』에 보면, 망천장은 굉장히 넓은 별장이었는데, 그가 워낙 불심이 대단해서, 이른바 성당의 시불이란 추앙을 받았고, 또한 그의 그림은 남화(南畫)라 해서 문인화의 조종으로 받들리며, 그의 시는 하나같이 선취(禪趣)가 자욱한 가라앉은 가람의 기미가 뚜렷하여 이백과 두보와 나란히 성당의 3대가로 꼽혔다. 만년의 그의 별장을 절로 삼았다 하며, 기록에 의하면 망천장은 입구에서 길을 쓰는데만 무려 10인의 인력이 들었다 하나, 절의 이름은 미상이다.

1991년 8월 11일 일요일 맑음

하남성 낙양의 용문 석굴

서안에서 두보의 행적을 살피기 위해 짐짓 오후 2시 40분 특급침대차로 당삼채의 고도 낙양으로 향했다. 기실 도중에 두보의 중편 「삼리삼별(三吏三別)」로 유명한 동관(潼關)과 석호(石壕)와 신안(新安)을 연상키 위해서였다. 실은 당나라의 제2수도인 동도(東都)여서 가까운 우리의 대전 정도로 알았는데, 알고 보니 무려 400㎞의 거리였다.

차안에는 이태리의 관광단이 탔는데 놀랍게도 88올림픽 노래인 「손에 손잡고」를 하는데는 자못 으쓱했다. 그리고 나의 가방에 표지된 태극기를 금방 알아보는 데는 사뭇 우리 국세의 신장을 새삼 느꼈다.

사실 용문의 봉선사라면 두보의 시문집을 편년체로 엮은 『두공부집』에는 제일 첫장에 실려 있어 나로서는 암각의 석굴보다도 그 절을 노닐고 읊은 두보의 「유용문봉선사」에 부각된 실상과, 그 결연의 정각의 종소리를 듣고 싶었다.

진작에 절에서 노닐었는데	已從招提遊
다시금 경내에서 한잠을 잤네.	更宿招提境.
응달의 골짝에는 신스러운 바람이 일고	陰壑生靈籟
달 밝은 숲에는 맑은 그림자 흩어진다.	月林散淸影.
하늘에는 별들이 가직해 초롱초롱	天闕象緯逼
구름에 누웠자니 옷자락이 싸늘쿠나.	雲臥衣裳冷.
새벽의 쇠북소리 듣자니 깨우침 있어	欲覺聞晨鐘
나에게 깊은 반성 안겨 주누나.	令人發深省.

─遊龍門奉先寺─

그런데 가서 보니 절집은 보이지 않고, 오직 석굴만이 보일 뿐이었다. 과연 진순신(陳舜臣)의 『중국기행』에서 밝힌 대로 회화의 돈황이요 석각의 용문을 실감했다. 팜플렛을 보니 불상이 자그마치 10만좌, 굴이 28개란다. 수성암의 용문산 바위 벼랑을 깎아 다듬어서 불상을 조소하느라고 온 벼랑이 숫제 벌집처럼 뚫렸는데, 연조가 오래돼 풍화로 헤식어서 아쉬웠다. 이교도의 모진 손아귀로 파괴된 것은 더욱 참혹하고, 속절없는 전화로 무참히 훼손되어 안타깝긴 해도, 진작 호화찬란했던 그제를 회상하니 절로 혀가 내둘러졌다. 혹 두상이 없어졌는가 하면, 혹 수족이 잘린 것이 많아 우러러 보기가 민망스러웠다. 특히 마애석불의 미륵불은 측천무후의 명령으로 조상하다가 정변으로 미완성된 채 다듬다가 중단된 흔적이 아예 곰보처럼 얽은 면상이라 보기에 딱했으나, 오히려 참다라서 합장을 하고 한참을 응시했다.

한편 만불동의 불상은 거의 완벽하게 보존된 석굴이었다. 적은 불상까지 무려 15,000좌가 새겨졌다는데, 관람객이 미어져 미처 헤아릴 엄두도 내지 못했다. 천정의 비천상에는 대당 영륭 11년(680)의 연기까지 새겨져 있었다. 아미타불은 연화대에 모셔졌고 광배가 찬란했다. 옆에는 문수보살과 보현보살이 모시고 섰고, 뒤에는 두 나한이 합장하고 섰고, 양 옆 벽에는 바둑판처럼 금까지 파서 가지런히 만불이 알뜰하게 새겨져 있었다. 굴 입구의 금강역사는 우리 경주 석굴암의 역사상과 비슷한데, 우리의 섬세한 공교에 비겨, 그 울력이 굳건하고 표상이 보다 험상궂어 실감이 더했다.

이윽고 사진으로 익히 눈에 익은 봉선사의 대표적인 대불에로 발을 옮겼다. 흔히 측천무후를 모델로 삼았다고 전하는 비로자나불상이다. 참으로 단정하고 우아한 모습에 절로 합장이 올려졌다. 나는 진작에 석굴암 대불 뒤에 시립한 관세음보살이 세상에서 비너스보다 윗길이라 우겼는데, 막상 대불을 친견하고 보니, 이 대불은 정녕 미의 극치였다. 다만 아까운 바는 하부가 잘려나가 안타까웠다. 간화자(簡化字)로 써진 안내판에 의하면 본존불이 17.4m, 두상이 4m, 귀가 1.9m라 했다. 그리고 처음에는 금박이었다 하니 실로 호사의 극치였을테니, 아마 이 용문산 골짝이 휘황찬란했을 것이다. 그리고 예전에는 전각이 섰던 모양인 듯, 뒤에 들보와 중방을 박은 구멍이 뚫린 것으로 짐작이 됐다. 그런데 벼랑이 바타서인지 본존불 맞은편에 천왕상과 역사, 바른편에도 역시 그렇다. 어째서 사천왕이 아닌지 이해가 안 됐다. 더구나 천왕이 보탑을 받든 것도 이상했다.

그러나 어쩌면 이렇게도 섬세하며, 어쩌면 이러한 조상들이 고스란히 2천년을 유지했는지 때문은 역사의 수수께끼가 아닐 수 없었다.

향산의 향산사와 백거이의 백원(白園)

향산은 용문산 건너편 동쪽이라 동산(東山)이 본 이름인데, 중당의 시인 백거이(白居易)가 살아서 그의 호를 따서 향산(香山)으로 바뀐 모양이다. 사실 이 동산에도 석굴이 있다. 이는 당다라 현종 때에 서쪽 용문의 절벽에는 석굴을 조성할 자리가 없어서였다. 그래서 골짝을 흐르는 이수(伊水) 건너의 동산을 불상 조상의 석굴로 삼았던 것이다.

용문석굴에서 이수의 다리를 건너니 바로 향산사 입구의 안내판이 섰다. 사실 백거이의 호가 향산거사인데 낙양에서 18년간이나 살아 이 용문을 즐겨 찾아서 동산에 머물면서 승려와 더불어 수작을 했고, 만년에는 아예 불교에 귀의하여 못내는 시불의 일컬음을 얻어 76의 나이로 죽자, 그가 즐겨 노닌 이 동산에 묻혔다. 그래서 그의 별장을 향산사라 부르고, 아예 백원(白園)이라 해서 그의 기념관과 그를 기리는 비벽(碑壁)까지 섰다. 그리고 향산사 위의 산봉우리를 비파봉이라 함은 그 모양이 비파와 같다지만, 실은 백거이의 명작 「비파행(琵琶行)」에서 인연했을 것이다.

백거이묘인 백원에 오르는 계단의 양편 구석 구석에는 모란이 그득 심겨 있다. 사실 이 낙양의 시화(市花)가 모란이어서 5월 그믐의 낙양 왕성공원의 화회(花會)는 사뭇 국제적이란다. 그래서 낙양에는 어느 곳을 가도 화사한 모란 그림이 걸렸다. 물론 송의 주돈이(周敦頤)의 「애련설(愛蓮說)」에서처럼 모란은 화중왕으로 부귀의 상징으로, 당나라 때 널리 애중되었으니 당연하다. 그런데 무덤 바로 옆에는 일본문화협회에서 큼직하게 세운 비가 서 있어 빈축을 산다. 백거이가 일본문화에 끼친 영향이 커서라지만, 대체 제들은 그런 무례한 짓을 묵인은 커녕 언감생심도 못하게 하는 아망이면서도, 해도 너무 했다. 차라리 계단 밑으로 옮김이 마땅할 듯했다.

우편 계단을 내려오니 비벽이 섰다. 백거이의 대표작으로 두보의 명작 「애강두(哀江頭)」를 변용한 현종과 양귀비의 로맨스를 시화한 장편 「장한가(長恨歌)」를 비롯하여, 현종이 이원(梨園)에서 키운 제자에게 비파를 배운 노부(老婦)의 비파

뜯는 소리를 듣고, 옛날을 더듬어 읊은 장편 「비파행」이 행초(行草)로 씌어 새겨 있고, 기타 명작을 새겨서 병풍처럼 벽에 나란히 세워져 있었다. 그리고 백거이의 시라면 중학교 교재에 실려 있는

자라서 휘늘어진 언덕 위의 풀	離離原上草
한 해에 한번씩 말랐다 퍼져.	一歲一枯榮.
들불에 불타도 다 타지 않고	野火燒不盡
봄바람이 불면은 또 돋아나네.	春風吹又生.

을 가이드가 자랑삼아 읊기에 나도 맞장구를 치며 내려왔다.

다만 향산사는 따로 없고 간경사(看經寺) 등에 아미타불상과 천정의 비천상이 특이하며, 사면 벽에는 29좌의 나한상이 가지런히 조각되어 있었다. 그러나 성도 밖 신도시 보광사 나한당의 500나한상처럼 표정이 모두 달라 수이해도 그처럼 우람차진 않다.

그리고 백거이의 별장 자리에는 일찍이 국민당 장개석 총통의 별장이었는데, 지금은 고급음식점이 들어섰다기에 굳이 가보질 않고 되돌아섰다.

1991년 8월 19일 화요일 맑음

하남성 소림사(少林寺)와 백마사(白馬寺)

중국의 오악의 하나로 중앙의 숭산(嵩山) 기슭의 소림사를 찾았다. 천축에서 온 달마대사의 9년 동안 면벽 수행한 명찰로 선종의 발상지일 뿐 아니라, 권법(拳法)이란 무술로 이름난 가람이어서 우리의 불교성적순력단은 물론 관광단도 반드시 참배하고, 그 천불전 앞에서 그 묘기를 관람하는데, 나는 박물관과 도서관을 찾는

바람에 미처 못 갔었다. 그런데 다행히 1992년 5월 15일 하남성 공의시문화원에서 『두보 생탄 1280주년 기념 학술세미나』를 겸한 춘사(春祀)가 낙양 북망산 두보능원에서 있어, 그 학술세미나에 참석할 겸 중국의 전통제례를 참관하기 위해 아시아나 항공편으로 무려 3시간만에 천진공항에 내렸었다. 북한을 의식해서 굳이 제주를 돌아 상해로 해서 중국 상공으로 돌아가기 때문이었다. 여기에도 분단의 비극은 여전했다.

다시 특급침대차를 타고 정주에서 내렸다. 무려 15시간이나 걸려 지루는 했어도 중국, 특히 황토의 고장이요, 주곡인 밀의 산지를 달리면서 농촌의 풍경을 바라볼 수 있어서 눈요기는 됐다. 노새와 나귀의 마차가 달리고, 밭에서는 농부들의 부부가 의좋게 쟁기를 끌며 가는 광경도 보았다.

정주에서 상(商)나라의 유적을 찾고 아울러 차를 달려 소림사를 찾았다. 무엇보다도 많은 비석과 부도의 탑림이 임립해 있었는데, 보려던 권법은 연습하는 것만 보고 시간 관계로 다시 훗날을 기약하고 듬성듬성 보고 돌아섰다.

낙양 교외의 백마사

다시 91년 8월 13일 오후 용문석굴에서 나와 차를 몰아 송나라 정릉(定陵)에 들었었다. 이미 원나라 때 말끔히 도굴되어 다만 석물만 덩그럴 뿐이었지만, 그 규모는 역시 대단했다. 거기서 잠깐 파괴가 덜하다는 석굴사(石窟寺)에 찾아갔다. 비록 불상은 좋았어도 뜰에는 잡초가 우거졌고, 다만 석굴로 다니는 오솔길만이나 있었고, 사나운 맹견이 지키는데 어찌나 사나운지 비록 쇠줄로 매서 가두어는 놓았지만 되우 조심이 됐다. 아마 이 사회주의 국가에서도 도굴꾼이 있는 모양이다. 불상의 조소는 용문석굴과 같은데 우선 규모가 적은 데다가 솜씨는 비슷하다. 다만 석굴 속에 새긴 탓으로 헤식기는 덜했다. 비록 외진 곳에 있어도, 택시 기사의 말에 의하면 일본인 관광객은 곧잘 찾는다고 한다. 그밖에는 별로 찾기는 커녕 알지도 못한다고 한다.

거기서 다시 송릉 쪽으로 차를 돌려 낙양 교외 백마사로 향했다. 백마사는 중국에 최초로 지어진 사찰이란 점으로 유명하다. 사마광(司馬光)의 『자치통감(資治通鑑)』에는 동한 때 명제 영평 8년(65)으로 기술되어 있지만, 실은 그 이전에 이미 이른바 실크로드를 통해서 서역과의 교역이 이루어져 한나라 무제 때 장건을 파견하였던 사실을 감안할 때 불교의 전래는 그때라고 의심의 나위가 없어서다.

백마사는 행길 가에 있어 13층의 석탑인 제운탑이 하늘에 치솟아 옛절의 모습이 뚜렷했다. 절 앞 양편에 큰 석마가 섰고, 그 뒷벽에 절의 연혁이 새겨져 있었다. 그런데 제운탑 앞에서 합장을 하며 손뼉을 치면 탑에서 벌레우는 소리가 난다는 가이드의 설명에 신지무의하고 나도 시도해 보았더니 과연 야릇한 메아리가 들린다. 그래선지 다른 관광객도 다투어 손뼉을 치며 신기하다고 헌사한다.

그리고 대불전 앞의 큼직한 향로와 그 동서쪽에 원나라 때 새겨졌다는 18나한상이 가지런해서 이목을 끌고 있다. 내가 찾았을 무렵은 한창 보수 중이어서 주변이 산만해서 경건한 분위기를 개개고 있었다. 그래서인지 낙양의 대표적인 명찰이자 중국 최초의 절답지 않게 참배객이 드물어 한갓졌다. 짐짓 대불전에 들어가서 정중히 삼배를 올리고 큰소리로 「반야심경」을 외웠더니, 밖에 있는 참관객이 의아해서 눈이 휘둥그레 들여다 보아 도리어 크게 외웠다.

시가로 읽는 삼보의 울력

본시 우리의 국문학은 불가에서 그 계통이 이어졌다 해도 과언이 아닐 만큼 그 주류가 학승들로 해서 전수되었고 도량에서 도야되었다. 신라는 고사하고 고려와 조선초기의 풍성도 실은 절집에서 쌓아진 탑이며, 또한 그에서 물려진 열매임을 크게 주목할 일이다. 독창적인 인쇄문화도 『대장경』 등이 사문에 의해 발달을 보아 마침내는 세계의 선장(先場)을 차지했던 것이다. 여기에서 이른바 일역일도(一譯一禱), 일각일도(一刻一禱)가 어엿하니, 이로 미루어 보아도 불교가 우리 문화와 문학에 미친 영향은 모름지기 무량에 값한다 아니할 수 없다.

시가로 읽는 삼보의 울력

　일찍이 미당(未堂 : 徐廷柱)은 박혁거세의 어머니 사소(娑蘇)의 아득한 사단을 다룬 시「꽃밭의 독백」발단에다

　　노래가 낫기는 그중 나아도
　　구름까지 갔다간 되돌아오고
　　네 발굽을 쳐 달려간 말은
　　바닷가에 가 멎어버렸다.

라고 하소거렸다. 물론, 신비의 뒤안을 넘짚기엔 노래야 한갓 변죽을 울리는 너사레다. 그러나 도(道)를 기리는 노래는 갖가지 사연을 안겨주는 동시에 헤벌어지는 삶을 도사리게 하는 실마리가 되어 우리를 피안으로 인도함이 사실이니, 노래야말로 다사스런 길잡이다.

　워낙 시는 말을 옮긴 언지(言志)요, 가(歌)는 길게 읊조린 영언(永言)이라 했다. 그래서 신라의 영재(永才)는「우적가」를 불러 도둑의 모진 심뽀를 달래어 삼보의 영역으로 이끌었고, 광덕(廣德)은 진작에「원왕생가」를 불러 서방정토에의 왕생을 영원에 새겼다. 이밖에도 희명은「도천수대비가」로 분황사 관음상에 빌어 멀었던 눈을 뜨게 했고, 월명(月明)의「도솔가」와「제망매가」등은 모름지기 그윽한 쇠북의 메아리로 이겨진 믿음의 안표였다.

물론 대구화상에게 엮게 한 『삼대목』이 전해졌다면야 이렇듯 자비로 다져진 노래는 지천이었을 것이다. 그러나 고려의 일연 스님은 당시까지 전하는 노래에서 가장 높깊은 가요 그것도 이상(異相)만을 골라 옮긴 노래여서, 오직 14수만으로도 당시의 사상(事象)은 짐작되고 남는다.

사실 가요라면 알기 쉽고 부르기 좋고 들어서 공감을 자아내는 가락이어야 함은 동서고금이 한가지다. 따라서, 충담의 「찬기바랑가」와 득오의 「모죽지랑가」, 그리고 「처용가」와 「헌화가」와 같은 절품도 갈무렸다.

그러나, 고려에 접어들면서 불교의 노래는 조선조의 억불정책으로 해서 된서리를 맞았다. 곧, 그 뒤안길을 간고르기 위해 오히려 사회의 어수선을 돋뵌 노래가 아니면, 남녀의 휘드러진 연모를 그린 별곡이 고작이다. 그래서 「쌍화점」의 비양이 엿보일 따름이니, 이는 노래를 정리함에 있어 조선조의 국시인 숭유정책에 따른 작동이어서 이른바 상스러운 노래나, 남녀가 노나니는 노래를 채록했기 때문이지, 불교의 노래가 전혀 없어서는 아예 아니었다. 다행히 균여의 「보현십원가」가 알뜰해서 녹익은 화엄의 입김을 오늘에 풍기었다. 그렇다고, 부르는 노래가 아닌 읊조리는 한시까지 외면할 수는 없었다.

더욱이 광장한 『대장경』을 판간한 이래 뿌리가 내린 인쇄문화의 발달로 해서 시문집의 발간이 나돌아서 김부식과 이규보, 그리고 김극기 등의 문집이 나오고, 대각국사와 균여, 그리고 나옹의 문집에 이어서 고려말에 쏟아진 이제현과 이색 등으로 다듬겨진 시를 더듬으면, 당시의 거나한 법음(法音)이 사상의 고향인 양 그윽해서 바로 대물림처럼 조촐하고 호젓함을 감출 길 없다.

다시 조선조에 내려오면, 그 시퍼런 억불의 서슬에서도 자못 도도하여 일상어로 옮긴 『석보상절』과 대화체를 들섞은 찬불가 『월인천강지곡』과 경전에 상침처럼 수놓인 게송 등을 통한 노래로 대중을 일깨워 2천년래 사뭇 민간 신앙으로 절어진 삼보의 그루를 북돋웠으니, 거룩할손 세종과 세조의 원력이었다. 이 울림장은 마침내 방대한 불경언해를 간경도감으로 하여금 간행케 해서, 훈민정음의 보급을 도맡았던 불교의 다사스런 울력이었다. 이 도타운 씨앗이 보우와 서산과 사명을 낳았던 것이다.

그러나 기승을 부리는 숭유를 앞세운 기운은 안으로는 불교에 솔깃하면서도 밖으로는 두루 배척하는 기현상을 낳았으니, 이 경향은 한우충동(汗牛充棟)의 시문집에서 쉽게 찾을 수 있다. 거기에는 으레 절집의 고요와, 스님과의 호젓한 증답(贈答)이 향내로 물씬함을 찾기에 수고롭지 않으니, 장할손 불교의 위엄이다. 가령, 보우의 「일정론(一正論)」을 사단(四端)으로 다스린 이이에서 그렇고, 노래라면 으뜸인 정철은 『성산별곡』에서도 어엿하게

> 앞 여울 가로 얼어 독목교(獨木橋) 비꼈는데
> 막대 멘 늙은 중이 어느 절로 간단 말고
> 산옹(山翁)의 이 부귀를 남한테 헌사 마오
> 경요굴(瓊瑤窟) 은세계(銀世界)를 찾을 이 있을세라.

라고 딴전을 부렸던 것이다. 묻는 정철도 남세스럽지만, 의젓하게 입산하는 스님의 고고한 모습도 대단하다. 덧없이 시정(市井)을 떠나 산중에 묻혔으면서도 산옹의 부귀를 자랑하지 말라는 당부는 분명 허풍이다. 세간과 담을 쌓을 수 없고, 비록 눈에 묻혔지만, 흔한 삶보다는 정사(精舍)가 몹시도 당기었던 선비들이었다. 절에서 공부해서 과거에 오르고 나면 도리어 타박하는 선비들의 의식구조가 바로 위의 노래에 축약되어 있다. 따라서 내남없는 기복은 안에다 시키고, 배불은 밖에서 도맡는 하염없는 허풍을 떨었던 것이다.

그러나 임진과 병자의 난리는 제행무상의 가르침을 사무치게 실감케 했고, 그

안쓰러운 인과는 하루살이에 찌들게 하였고, 다시 실학사상이 번져오자 인간의 평등성이 드세졌으나, 불교는 더욱 버림받는 굴레에서 벗어나지 못하고, 중생제도의 껄끄러운 당간만이 물려져 연꽃의 기림은 낮가운 불교가사로 천대받는 타령의 염불가로 둔갑하고 말았으니, 누구의 탓이기보다는 자리와 이타의 동산을 슬겹게 다스리지 못한 허물의 응보였던 것이다.

그러나, 해묵은 불교가 사회의 박해로 사월 수는 없었다. 때문은 절집의 향화는 풍경소리와 더불어, 그칠 뉘가 없었다. 아무리 숭유정책으로 주자학이 판을 쳐도 사상의 고향이요, 문화의 요람은 못내 가멸차서 편양과 야운의 가만한 시가가 대를 잇고, 다시 초의와 석전으로 해서 일깨워져 만해와 미당, 그리고 지훈의 도드미로 말미암아 현대시에 가라앉았으니, 저 혜초의 『왕오천축국전』에서부터 비롯된 구도의 씨앗은 길이 백의와 더불어 찬란할 것을 믿어 의심치 않는다.

이제 위로는 혜초(704-709)를 비롯으로 아래로는 박인량에 이르는 한시 가운데서, 으뜸으로 꼽혀 널리 알려진 작품을 대역해서 거기에 사려진 삼보의 내음을 함께 읽기로 한다. 다만 간단한 읽거리로 꾸미는 연재인 만큼 전문을 떠나 다소 홍미를 보태는 풀이를 곁들이고, 나아가서는 그 작품을 둘러싼 주변의 시화(詩話)까지 옮김을 전제하면서, 거룩한 믿음의 그제를 천착키로 한다.

먼저 혜초의 『왕오천축국전』은 저번 KBS의 보람찬 기획으로 재구성되어 『신왕오천축국전』이 방영되었고, 더욱이 일본 NHK의 '실크로드'를 재방(再放)하고 있는 전차로, 바랬던 빛이 한결 새로워졌다. 일찍이 동서의 여러 석학들에 의해서 주석이 덧붙여졌고, 특히 거기의 보석처럼 박힌 5수의 오언시는 1965년 10월 10일자 「대한불교」에 양주동 스승에 의해 자상한 해석이 있었고, 또한 1962년 양한승의 번역과, 1970년 이석호의 번역도 있다.

이 『왕오천축국전』은 1908년 프랑스 펠리오(P. Pelliot)에 의해서 돈황에서 발굴되어, 1910년 소개돈 이래 청(淸)의 대가 나진옥과 일본 후지타(藤田)와 다카구스(高楠), 그리고 독일 폭스(W. Fuchs)와, 미국 라더스(J. Raahdes)의 주석도 있다. 그러나, 나름대로의 새로운 번역을 곁들임은 역시의 껄끄러움을 덜어보고자 하는 스사론 마음에서다. 한가지 노정(路程)이나 지명은 한결같이 전공(前功)에 맡기고 넘어간다.

① 得達摩揭陀國 摩訶菩提寺, 稱其本領 非常歡喜, 略題述其愚志

붓다가야가 멀다고 생각지 않는데	不應菩提遠
하물며 녹야원이 아득할소냐.	焉將鹿苑遙.
가파론 길, 험하다 근심을 하고	只愁懸路險
업의 바람 거세다 짐작지 않네.	非意業風飄.
팔탑은 정성으로 간신히 봤고	八塔難誠見
삼장(三藏)은 세월 오래 불타서 못봐.	參著經劫燒.
어떻게 나의 소원 이루어졌지	何其人願滿
오늘 아침 내 눈으로 봤으니 말야.	目睹在今朝.

거의 업(業)'자를 '이미'로 풀었으나, 양 선생의 풀이를 받들어 악인(惡因)의 업보로 풀었다. 그리고 '參著'도 '參差'로 읽었으나, 원전을 세찰(細察)하면 '삼장'(三藏)으로 풀어야 '팔탑(八塔)'의 바깥짝도 되며, 또 '著'의 행초(行草)가 '差'로 보여서 의 착해(錯解)로 안다. 또한 '비의'(非意)와 '하기'(何其)의 용자법이 기고(奇古)해서 제설이 분분하나, 굳이 얽맬 그르턱이 없다고 본다. 특히 결련은 제목의 '비상환희(非常歡喜)'로 미루어 순례자의 그지없는 찬탄이니, '내 무슨 복이 있어 소원이 이루어져, 오늘 이러한 안복(眼福)이 충만하냐'는 무한한 환희에 따른 무한 감개인 것이다. 덧붙이면 '난성견(難誠見)'은 "어렵지만 지성이 감천돼서 보았

다"는 자허(自許)이기도 하다.

② 南天 爲言

달밤에 고향길을 바라다보니	月夜瞻鄕路
구름만 스산하게 떠가는구나.	浮雲颯颯歸.
편지 써서 가는 편에 부치렸더니	緘書參去便
바람 세차 듣지 않고 돌아가누나.	風急不聽廻.
내 나라는 하늘 가의 북쪽이건만	我國天岸北
이 고장은 머나먼 땅 끝의 서쪽.	他邦地角西.
남방이라 기러기도 있질 않으니	日南無有雁
뉘라서 계림 향해 날려 준다뇨.	誰爲向林飛.

수만리 타국에서의 외로운 신세를 꿰는 듯이 그려내어, 오늘에 읽는 우리 마저 뒤흔드는 향수의 앙금이다. 정성(情聖)이라는 두보의 향수시는 타향살이의 하소연이었지만, 출가한 구도(求道)의 고승도 고향 생각에는 볼모가 되지 않을 수 없었다는 듯, 속절없이 동정마저 안겨주는 곡진이 넘난다. 제4구의 '불청(不聽)'은 '들은 체도 않고'의 뜻이며, '일남(日南)'은 남방이기 때문이다. 제8구의 '林'자를 '상(柹)'으로도 읽는데, '무유안(無有雁)'으로 미루어 고향인 계림(鷄林 : 경주)의 '림'이어야 한다. 물론 원본 역시 그리 씌어졌음을 정중히 밝혀 둔다.

③ 那揭羅馱娜寺 悼一漢僧

고향집의 등불은 주인 없는데	故里燈無主
타관에서 보배나무 꺾이었구려.	他方寶樹摧.
신스러운 영혼은 어디로 갔나	神靈去何處

옥 같은 그 모습 재가 됐으니.	玉貌已成灰.
생각자니 서러운 정 사무치는데	憶想哀情切
그대 소원 못따름이 슬프다마다.	悲君願不隨.
뉘 알랴, 고향으로 가는 길에서	孰知鄕國路
속절없이 흰구름만 보고 있으니.	空見白雲歸.

성덕왕 18년(719) 나이 16세로 중국 광주(廣州)에 건너가서 정진하다가 천축으로 구도의 길을 떠난 혜초였다. 스님도 세연(世緣)을 다하고 돌아간 동료의 죽음에는 정이 물렀다. 원을 이루지 못한 그를 곡하면서 두둥실 떠가는 구름에 마음을 얹은 혜초였지만, 제1연의 밤을 새며 기다리는 고향 처자는 당신의 일처럼 안타까워, 남의 일 같지 않아 제2구를 이었고, 제4연의 심각한 쓰라림의 휘갑이 마물러졌다.

④ 吐火羅國 逢漢使入蕃, 略題四韻取辭

그대는 서쪽 변방 멀다 탓하고	君恨西蕃遠
나는야 동쪽 길 지겹다 한숨.	余嗟東路長.
길 험하고 우람한 설산 그갯길	道荒宏雪嶺
골짝에는 도적이 들끓는다네.	險澗賊途倡.
새는 날다 깎아지른 위에서 울고	鳥飛驚山峭嶷
사람들은 외나무 다릴 어렵게 건너.	人去難偏樑.
평생에 눈물은 안 흘렸는데	平生不捫淚
오늘은 주루루 뿌려지누나.	今日灑千行.

사신은 서쪽 변방으로 가고, 자기는 장안으로 돌아오는 길에서의 시다. 토화라

국(吐火羅國), 곧 지금의 아프가니스탄에서 소련의 우즈베크 공화국을 지날 무렵의 감회다. 길은 험한데 설산인 히말라야 산맥 3,600미터의 준령을 넘어야 하는데, 골짝에는 산적들이 들끓어 걱정이 태산 같았다. 이 실크로드의 비단길은 동서의 대상(隊商)들로 해서 길이야 났었으나, 커다란 모험이 분명한 것이, 구태여 현장(玄奘)의 『대당서역기』를 들추지 않더라도, 현재 방영되고 있는 천산로(天山路)와, 구자(龜玆)의 준험한 산길만 봐도 넉히 짐작이 된다. 혜초로서는 갈수록 고비에 다닫는 법난의 연속이었던 것이다. 그래서 평생에 눈물을 모른 그가 만 가닥의 눈물을 흘리며, 덧없이 주저앉은 것이다. 행로난(行路難)의 연속이었던 선각자 혜초의 참다란 고백이다.

⑤ 冬日 在吐火羅 逢雪述懷

눈덩이는 얼음과 뭉쳐 뒹굴고	冷雪牽氷合
찬 바람 땅 꺼질듯 휘몰아친다.	寒風擘地裂.
큰 바다는 얼어서 단이 되었고	巨海凍壇壇
강물은 낭떠러질 짓씹고 있다.	江河凌崖囓.
용문의 폭포조차 끊어지었고	龍門絕瀑布
정구엔 뱀과 같이 어설킨 얼음.	井口盤蛇結.
횃불 들고 중턱 올라 부르는 노래	伴火上陔歌
어찌하여 파미르 고원 넘을 것인가.	焉能度播蜜.

　마지막 제5수의 타령이다. 길은 아득한데다 재는 높아 더했다. 험악한 파미르(Pamil) 고원을 넘어가자니, 기가 막힌 처지였다. 제3연의 '용문'은 산서성의 지명이고, '정구'는 하북성의 정경구(井陘口)를 가리킨다면, 등용문(登龍門)이 된다.

따라서 험하기로 이름난 정구(井口)도 폭포가 얼어, 마치 뱀처럼 서렸을 것이란 짐작이 된다. 그러나 '밤길에 횃불을 들고'의 '상해가(上欬歌)'는 다소 어설프다. 그렇다고 지명도 아니니, 잠깐 "중턱에 올라 노래 부른다"로 돌려서 풀었다.

혜초의 기행시는 『왕오천측국전』의 뒷부분이 훼손되어 잘렸기 때문에 아깝게도 더는 없다. 다만 중국 안서도호부의 구자(Kuza)에 이르러서는 붓을 놓았으므로 더는 알 도리가 없다. 아쉽게 생각할 점은 이무렵 고구려의 유민 고선지 장군이 이곳의 도호(都護)로 이름을 날렸고, 또한, 변새시(邊塞詩)로 이름난 잠삼(岑參)이 그 막하에 있었음을 분명 알았을 것인데, 한마디가 없음은 참으로 아쉽다. 물론 승려와 장군 사이라 무관했는지 모른다.

하여튼, 이 기행시는 세계에서 꼽히는 최고의 기행문 중의 하나인데다가 세계 문화사상 막중한 문헌인 만큼 다투어 다루는데, 문(文)에 눌린 시가라서 굳이 소개하여, 우리 한시사(漢詩史)의 상침으로 받든다. 작자가 분명한 자필의 작품이어서 더욱 알뜰하다.

위에서는 스님의 오언시를 읽었다. 다음에 시인이 읊은 절집에 관한 칠언시를 읽기로 한다. 맞추어, 우리 문학의 시조랄 수 있는 최치원을 비롯하여 박인범과 박인량의 시가 모두 중국에 가서 읊은 시들임에 주목을 요한다.

한자가 전해진 이래 중국에의 유학은 해가 갈수록 불어났다. 그래서, 당말(唐末)에는 빈공과에 급제한 이가 무려 58인을 헤아렸고, 그냥 돌아온 이도 105인에 달했었다. 따라서, 삼국시대부터 드나든 스님네와, 당(唐)이 북방계의 군벌이 정권을 장악한 개원(開元)과 천보(天寶) 연간에 들어간 군사까지 합하면 상당수가 됐을 것은 짐작되고 남는다.

위에서 혜초의 오언시를 읽었지만, 그전에도 「황조가」를 비롯하여 「공후인」, 그리고 을지문덕의 「여수장우중문시」와, 진덕여왕의 「치당태평송」 등은 대표작이다.

그러나, 문적의 인멸로 말미암아 불교 관계의 시는 최치원의 『계원필경』에서 더듬을 밖에 없음은 진실로 유한이다. 물론, 중국의 사승(史乘)과 『열조시집』과, 우리의 『동인지문』과 『삼한시귀감』에 전하기는 한다. 그러나 그것은 한결같이 어떤 목적에 의한 선집이기 때문에 그만큼 주관과 객관이 뒤바뀐 감이 없지 않다.

신라 시문학에서 불교적인 제재로는 물론 최치원의 「윤주자화사상방」과, 박인범의 「경주용삭사각」과, 박인량의 「사송과사주구산사」가 첫손으로 꼽힌다. 워낙, 대표적인 시인데다가 공교롭게 모두가 중국의 사찰을 다루었고, 또한 모두가 칠률이기 때문에, 대비 역시 수월해서 흔히 삼가(三歌)라 일컫는다.

물론, 『토황소격서』로 유명한 최치원이라면, 당에서 고향을 그린 오절(五絶) 「추야우중」과, 돌아와서 실의를 달래다 못해 등선구(登仙句)로 일컫는 「제가야산독서당(題伽倻山讀書堂)」이 헌사롭다.

바위를 내닫고 깊은 골짝 마주 울려	狂奔疊石吼重巒
지척의 얘기도 분간하기 어려워라.	人語難分咫尺間.
옳다 그르단 시비 소리 귀에 다달세라.	常恐是非聲到耳
일부러 냇물 흘려 온산을 감쌌다네.	故敎流水盡籠山.

더욱이, 우리나라 연희사(演戲史)의 무녀리인 「향악잡영오수(鄕樂雜詠五首)」와, 유석(儒釋)을 막론하고 비갈(碑碣)의 표본으로 받들어 대대로 널리 읽은 『사산비명(四山碑銘)』이 호젓하다. 그러나, 여기서는 본제(本題)에 걸맞고, 또한, 두루 기려 다투어 익힌 다음 삼가(三家)의 삼시(三詩)를 고명으로 삼아 풀이를 덧붙여 이받기로 한다.

登潤州慈和寺上房

올라오자 속세와의 갈림길 잠깐 격하여 登臨暫隔路岐塵.

흥망을 상기하니 한시름이 더욱 새롭다. 吟想興亡恨益新.

바람 소리는 조석으로 이는 메아리요 畫角聲中朝暮浪

푸른 산 속에는 고금인의 그림자 서려 靑山影裏古今人.

스산하다.「옥수화곡」의 후주는 없고 霜摧玉樹花無主

따스해라, 금릉바람 멋디로의 봄 풀이라 風暖金陵草自春.

사써네 남긴 시경 기쳐 있기 때문에 賴有謝家餘境在

시객으로 하여금 정신을 싱글게 하네. 長敎詩客爽精神.

과연 개산시조(開山始祖)다운 대손이다. 일찍이 문장(文章)으로 국내외를 뒤흔든 솜씨인 만큼 여기에 갈무려진 시상 역시 차원부터가 상승의 승화다. 잠시나마 누리는 호강에 흥망성쇠가 새삼스럽기만 했다. 이 자연과 인간의 벙을음은 왕공장상인들 마다 할 수 없다. 조석으로 울려 번지는 바라소리에 시공(時空)이 갔고, 만고청산에는 헤일 수 없는 고금인의 그림자만 아른거리다 보니, 생각사록 어이가 없었다. 진(陳)나라 후주가 즐긴「옥수후정화곡」의 호강은 가뭇없건만, 따뜻한 금릉〔南京〕의 물색생태는 연년세세 피고 지는 봄풀은 우거져 무한의 호강을 하늘이듯 빈정거린다. 더구나 육조의 대가 사조(謝朓)와 사령운(謝靈運)에 맞서서 싱그러운 붓을 곤두세워 맞씨름을 자처한 최치원이었다. 그의「고취곡(鼓吹曲)」의 "강남은 자고로 제왕의 고을이라"고 읊은 대로, 구태여 덧붙임은 제3구의 남다른 풀이다. '조모랑'의 '浪'자를 물결이 아닌 '일렁이는 메아리'로 풀었음은 주목을 요한다.

왜냐하면 느닷없는 물결이 사리에 맞지 않아 군이 바라소리의 메아리로 풀은 나의 견해다.

다음은 박인범의 작품을 곁들여 읽기로 한다.

涇州龍朔寺閣

날렵한 절집이 하늘에 치솟아 있어	翬飛仙閣在靑冥.
월궁의 피리 소리 역력히 들리는듯.	月殿笙歌歷歷聽.
깜박깜박 반디불 같은 등불 오솔길 밝히고	燈撼螢光明鳥道
무지개 같은 층계 돌아 바위문에 다다랐다.	梯廻虹影到巖扃.
나 따르는 흐르는 물 그 언제 다하는고	人隨流水何時盡
산을 두른 찬 대숲 만고에 푸르구나.	竹帶寒山萬古靑.
옳다 그르단 공과 색의 이치 묻자니	試問是非空色理
평생의 취한 시름 앉자마자 깨어온다.	百年愁醉坐來醒.

하늘에 치솟은 절이라 천상의 월궁을 포착한 넘짚음이다. 그래서, 풍경 소리를 선녀들의 생황 소리로 꾸미었다. 제2연의 깜박거리는 등불을 안표로 삼아 새만이 나니는 가파로운 오솔길을 오르다니, 용삭사에 오르는 과정이요, 조도(鳥道)를 오르내리며 마침내 다다른 석문(石門)이다. 다함없는 유수에 꼼짝을 못하는 인생을 탓해 보고, 만고에 푸르른 청산의 대숲을 다잡아서 덧없는 제행무상을 간고른 작자의 휘청거리는 붓은 걷잡을 장비가 없는데, 문득 시비의 그제를 묻고 '색증시공 공즉시색'의 순리와 역리의 진리에 사로잡혀 시름하자니, 깨우침이 와락 치밀어와서 의혹을 삭힌 것이다. 두보의 「유용문봉선사(遊龍門奉先寺)」의 결련인 "욕교문신종 영인발심성(欲覺聞晨鐘 令人發深省) (첫새벽 종소리를 들을라니까, 나에게 깊은 뉘우침 깨우쳐 주네)"에 맞먹는 솜씨라 하겠다. 정녕 앉아서 보노라니 수고로운 세간이다.

使宋過泗州龜山寺

모나고 험한 바위 덮쌓여 산이 됐는데	巉巖怪石疊成山.
그 위엔 절이 있고 사방은 물이 둘렀다.	上有蓮坊水四環.
거꾸로 비친 탑그림자 컨득이는 옷밑이요	塔影倒江翻衣底
달 흔드는 풍경소리 구름 새로 메아리 진다.	磬聲搖月落雲間.
문앞에서 나그네들 빠른 물살에서 뱃놀이요	門前客棹洪濤疾
스님은 대 밑에서 대낮에 한갓진 바둑이라.	竹下僧碁白日閑.
사신 가는 길이라서 아쉬워도 차마 떠나나	一奉皇華堪惜別
다시금 오르길 다짐하고 시를 남긴다.	更留詩句約重攀.

시어의 정갈함이 본바닥에 겨루는 명작이다. 특히 제2연의 소묘는 기발한 시상보다 멋겨운 허실상배(虛實相配)의 묘수를, 더불어 한시에서 일컫는 비잠동치(飛潛動植)를, 정중동(靜中動)의 조사를 구사하여 낙자없이 양각해 놓았다. 거꾸로 비친 탑의 운치는 일렁거리는 물결로 해서 더욱 아름답고, 뎅그렁 달을 흔드는 풍경 소리는 뭉게구름 사이로 번져가는 고요 속에서 대련의 묘체는 맛갈지기까지 하다.

그리고, 제3연에서는 원근의 정경을 그리되, 빠른 물살에 뱃놀이하는 나그네와, 바둑을 두는 스님의 한갓진 사단이 아주 대조적이다. 다만, 제6구의 "죽하승기백일한(竹下僧碁白日閑)"의 직설적인 지적이 뭇사람들의 입방아를 사고 있으나, 선기(禪碁)로 보면 그닥지도 않으니, 요는 따지기 나름이다.

글쎄 사관(寺觀)이라고 예사로운 독경이 드러나면, 시의(詩意)가 높깊지 못함은 물론 군더더기가 된다. 이 성화를 모를 박인량이 아님을 미리 깨칠 일이라고 본다.

(1984. 12)

두시에 나타난 불교사상

중국 시사상 최고의 정상을 차지한 두보는 평생을 떠돌이로 사발농사를 지었지만, 그는 비록 꿈에서조차 조국의 만세를 잊지 않았던 진짜 우국연민의 골샌님이었다.

일찍이 유학의 집안에 태어나 대대로 벼슬을 산 선비였기 때문에, 그는 스스로 다짐하기를 '유학을 받들어 벼슬길을 지킴[奉儒守官]'을 평생의 신조로 섬겼다. 따라서, '시는 우리 집안의 사업'으로 자부하는 두보였다. 더구나 그의 할아비인 두심언(杜審言)은 당나라 초기의 문단을 장악하였던 만큼, 사뭇 시를 짓는 것이 본분이자 사명이었고, 자기가 아니면 그 누구도 이같은 소재를 시가로 다룰 사람이 없다는 자부심으로 평생을 살았다. 그러니까 그의 시에는 유학이 바탕이지 불교와 도교는 주변의 상황에 따라 발돋움한 사상의 받침이었을 뿐, 그의 삶의 길을 좌우한 사상의 지남철은 아니었다.

그러나 고시(古詩)를 훑어보면 거기에는 한결같이 갖가지 사상이 곁들였고, 또한 두루 쎄진 사상의 본밑이었다. 곧 절집에 가면 자비의 내음을, 도관(道觀)에 들면 노장의 입김이 예사로 쐬었음을 볼 수 있다. 그러므로 도가사상이 진한 이백에게도 덧없이 부처가 어른거리고, 성당(盛唐)의 시불(詩佛)이라는 왕유에게도 무위자연의 도교적 기운이 넘실거림을 본다. 그러니까 환경의 실상이 시상을 좌우했다고 하겠다.

이런 뜻에서 두보도 예외는 아니었다. 특히, 이백과 어울려 노닐 무렵에는 도가(道家)의 무위자연, 곧 그 통현(通玄)의 경지를 나위없이 누린 두보였다. 더욱 아름다운 산수에 다다르면, 으레 도원(桃源)을 회상하며, 도사린 시심을 느꾸고, 더불은 처자를 잊어보는 지아비였다. 그러면서도, 항상 임금을 요(堯)와 순(舜)의 위로 치켜 올려, 다시금 풍속을 옛날같이 순박하게 하고자 직(稷)과 설(契)을 자처하고, 자식에게는 3천 제자의 항렬에 들라고, 간곡히 보채는 근엄한 유학적인 아비였다.

그러나, 두시에는 절과 스님에 관한 작품이 솔찬하다. 이는 그만큼 불교에의 깊은 이해와 높은 소양의 임자임을 웅변한다. 특히 불교의 총본산격인 대운경사(大雲經寺) 주지를 지낸 찬공을 비롯한 고승대덕에 관한 16수와, 「유용문봉선사」등 19수가 모두 낱낱이 정각(正覺)의 변죽을 울리는 가작이란 점에서, 두시에 나타난 불교사상을 들추기에는 소중한 자료들이다.

먼저 「유용문봉선사」는 두보의 20대 작품으로, 별로 남지 않은 초년작의 오언고시다. 따라서 두시를 제작 연대별로 엮은 책인 『두공부집(杜工部集)』(1039년 간행)에는 맨 처음에 실려 있는 상침이다. 다음에 번역으로, 그 내재와 외재에 갈무린 격률을 읽기로 한다.

진작에 절집에서 놀았었는데	已從招提遊
다시금 경내에서 잠을 자게 돼.	更宿招提境.
그늘진 골짝에는 신스런 바람 일고	陰壑生靈籟
달 밝은 숲에는 맑은 그림자 진다.	月林散淸影.
하늘을 둘러보니 별들이 가직하고	天闕象緯逼
구름에 누웠자니 옷자락 씨늘하구나	雲臥衣裳冷.

새벽의 쇠북소리 깨오침 자자하여 　　　　欲覺聞晨鐘

나에게 깊은 감명 안겨 주는구나. 　　　　令人發深省.

사실 절이야 언제 찾아도 싱그러운 도량이다. 그 신비스런 울력보다 삼성(三省)으로 다스린 고요로 해서 오욕(五欲)을 사로잡는 기운이 감돈다.

젊은 두보인들 마냥 '반드시 저기 저 정수리에 올라가, 뭇산의 작은 것을 바라보고야 말겠다'는 오기만을 드세워, 목에 힘을 주고 버티지는 않았다. 가닥진 마음을 달래며, 깊은 뉘우침을 자아내는 종소리에 들먹이던 어깨를 재운 두보였다. 한창 때 노산 선생의 절창 「성불사의 밤」을 읊조리며, 잠들지 않은 '저 손'을 되씹게 한다.

이 때 두보는 볼썽사납게도 과거에 낙방한 판이었으니, 비록 그것이 호반들의 야바위 때문이기는 했지만, 현실의 주사위를 마다고 자포자기할 평범한 시인은 아니었으니, 그 고까움이야말로 대자대비의 부처를 새기는 안간힘이었는지도 모른다. 자못 '내 됨됨이 매우 편벽되게 아름다운 시구를 탐을 내서, 시어가 남을 놀라 자빠지게 하지 못하면 저승에 가서도 그러고야 말겠다'는 오기에 대한 참다란 참회인지도 모른다. 그러나, 윤회사상을 신봉해서 선정(禪定)에 든 것은 아니고, 어디까지나 잘 사는 태평세대, 곧 국태민안에의 발원이었다고 본다.

사실 두보는 남을 탓하지 않았다. 그 구차스런 삶에서도 중생제도의 거룩을 다진 나머지, 민중의 편이 되어 눈물과 한숨으로 시를 갈고 다듬었다. 나보다 남을 위한 걱정이 넘났다. 글쎄 "나야 그래도 세금도 면제를 받은 신분이고, 병적의 의무도 면한 계층인데, 내가 이런 구차한 수렁에서 허덕이는 판이니, 멀리 출정해서 생업을 잃은 평민을 생각자니, 근심 걱정이 남산과 같아서, 걷잡을래야 걷잡을 길이 없다"고 스스로 목을 메운 정도였다. 이는, 어린 자식이 굶어 죽었다는 아내의 울부짖음에 애비로서의 스스러움을 참고, 하소거린 장시 「봉선현영회」의 오롯한 휘갑이다.

그뿐인가, 전쟁으로 인한 과부가 울타리 밑으로 기어들어 대추를 따먹는 것을 막고자 주인이 울타리 구멍을 막는 것을 보고, "여보게, 그렇다고 아예 막아버리는 것은 너무하지 않나"하면서, 더불어 울어주는 다사한 샌님이었다. 그러니까 절로 익은 대추는 따서 먹는 것이 임자가 아니냐는 자비심이다. 그래서 저녁밥을 강에 던져 고수레하면서 물고기와 나누어 먹은 두보였다.

다음에는 절친하게 사귄 「숙찬공방(宿贊公房)」을 번역으로 읽어, 두보의 불심을 더듬는 동시에 찬공에의 호소를 캐기로 한다.

석장 짚고 어찌하여 여길 오셨소	杖錫何來此
가을바람이 하마 을씨년스럽쇠다.	秋風已颯然.
그윽한 절집 국화, 비에 꺼칠하고	雨荒深院菊
연못의 연은 반쯤이 서리르 꺾어졌소.	霜倒半池蓮.
내쫓겨 와 있다고 불성이야 어기리오	放逐寧違性
가만한 마음은 참선에서 뜨지를 않아.	虛空不離禪.
반갑게 만나서 함께 잠을 자다보니	相逢成夜宿
농의 달이 우릴 향해 둥그렇쇠다.	隴月向人圓.

워낙, 찬공은 두보와 한속이었다. 재상인 방관(房琯)이 진도사(陳陶斜)에서 안록산에게 패전한 책임을 묻게 되자, 임금의 비서관인 좌습유(左拾遺)로 있던 두보는 상소로서, 그 부당성을 극간한 바람에 치도곤을 맞았었다. 그때의 한울타리가 바로 대운경사 주지였던 찬공 스님이었다. 방관이 반대당에 몰려서 지방관리로 추방되고, 찬공 스님도 진주(秦州)로 방축되었다. 물론, 두보도 화주(華州)의 지방

주사로 쫓겨났다. 그러나, 그 하찮은 고을살이로 만족할 두보는 아니었다. 그래서, 벼슬을 버리고 진주로 떠돌이를 시작한 것이었다. 이 막다른 골목인 변방 진주에서 찬공 스님과 만나다니, 반가움에 앞선 허전함이 뼈에 사무쳤던 것이다. 게다가 찬공 스님은 두보가 안록산 반군의 연금 소굴에서 탈출할 당시, 고이 간직했던 미투리와 손수건을 넌지시 내준 스님이었다. 그러니까, 더욱 민망스러운 두보였던 것이다.

머물 곳에 있지 않고, 변방인 진주에 머물고 있는 찬공 스님을 볼 때, 어이가 없어 가을바람이 저주스럽기만 했다. 서리에 아랑곳없는 오상고절의 국화가 비를 맞아 헝클어지고, 진흙에서 곱게 피는 연은 무서리에 대가 꺾여져 쓰러진 몰골이 말이 아니었다. 모두가 무서운 비유로 어울려, 피차의 마음의 구석이 사진처럼 그려져 있다. 그러나, 어수선한 세사의 번뇌를 끊는 찬공의 자세는 고까움에 허덕이는 두보의 혼미와는 달랐다. 꼿꼿이 가부앉아 참선에 잠겨 무아를 다잡아 난위(煖位)에 치닫는 거룩을 부러워하고 있다.

그렇지만 두보는 역시 두보였다. 장안의 달이 아닌 변방의 호젓한 달을 바라며 호소하듯 뇌까리는 곳에 둥근 달이 부처의 후광처럼 다가와 불안의 씨앗을 말끔히 씻어, 월인천강의 가력을 두루 누리게 했다. 거룩한 삼보의 동산이었다. 고단한 삶에 매여 무상을 외다가 주림에 지친 두보는 덧없이 보채는 처자를 위해 쌀을 꾸러 가서도 경을 드는 거기에 부처는 못내 멀어져 집착을 벗지는 못했다. 참스런 회향을 위해 진여의 피안을 그렸지만, 현실의 눈을 씻고 씻어도 용맹스런 정진은 푼수가 나지 않았으니, 그때마다 부더이는 현실의 작희로 해서 번번이 물러선 두보의 심지였다. 그 통에, 그의 고발정신은 정성(情聖)의 붓으로 해서 하염없이 시화되어 영락없이 승화되었던 것이다.

여기에서 두보의 집필로 일컬어지는 마지막 작품인 장편 배율(排律)인 「풍질주

중복침서회(風疾舟中伏枕書懷)」의 결련을 읽어, 사상적으로 헤매는 두보의 속셈을 헤아리지 않을 수 없다.

갈홍처럼 신선은 못될 것이고	葛洪尸走解
허정처럼 식구들 도맡기엔 힘이 부치오.	許靖力離任.
남처럼 집안일은 커녕 단사 달일 비결도	家事丹砂訣
못이루게 됐으니, 눈물이 비오 듯하오.	無成涕作霖.

라고 고개를 떨구었다. 나라를 바로잡고 대중을 편안케 함을 평생의 신조로 섬긴 두보였으나, 가도 가도 난리판이라 부처의 자비도 도교에의 등선(登仙)도 소용이 없었다. 따라서 공식처럼 쓴 눈물로 먹을 갈아 한숨으로 시를 남기고, 한많은 붓을 영원히 놓고 말았던 것이다.

　그렇다고 두보의 사상이 불교에 기운 것은 물론 아니다. 더구나, 그의 사상에 균열이 온 것도 아니다. 다만 도진 병에 시달리다 못해 던져 본 넋두리였던 것이다. 당시 두보는 불치의 당뇨병에 폐를 앓고 있었고, 신경통으로 꼼짝을 못하는 데다 수전증까지 겹쳐 시작도 작은 아들 종무(宗武 ; 큰아들 宗文은 죽었음)에게 대필을 한 판이었다. 더욱이, 그를 돌봐주던 친구는 거의 사별한 무렵의 59세였고 보니, 사실 만사가 딱하기만 했다. 그것도 만리 타향인 강남 땅, 배안에서의 삶이었으니, 도시 사는 것 자체가 구차스러웠던 두보였다. 그래서 불교에의 귀의가 아니면서도 불교의 윤회사상을 짚어본 것이다. 평생을 떠돌이로 '만리상객(萬里常客)'이었고, 이루 걷잡을 수 없는 병에 부대끼는 '백년다병(百年多病)'이다 보니, 도리가 없었던 체념이다.

　따라서, 두보의 사상적 근본은 물론 봉유수관(奉儒守官)이고, 때에 따라서는 도교에도 솔깃해 보았고, 또한 불교에도 기대는 보았었으나, 그의 작품에 부각된 불교사상은 불교사상이라기보다는 불교에 의지해서 한갓 심신을 달래본 하소연에 불과하였다.

(1982. 8. 30)

불교와 국문학

　법보를 상징하는 쇠북의 메아리가 동국에 번지자 낙천적이었던 백의의 사상감정은 가락으로나 내용으로나 자못 은은해지기 비롯하였다. 이로 말미암아 유가의 도덕문학과, 도가의 과장문학이 자리(慈理)로 가다듬겨져 아시(兒時)부터 섬겨 오는 배천사상에 외래사상을 혼용시키기에 이르렀다. 곧, 넘나는 방일을 재우기 위해 사찰을 찾는가 하면, 진여(眞如)의 피안을 더위잡기 위해 다투어서 경(經)을 외워 영생을 빌었다.

　이 삼보에의 귀의는 그 신앙을 찬송으로 기치게 하였고, 그 가만한 가력을 글월로 기리는 보람을 과하게 하였다. 이 추세로 말미암아 불교와 국문학의 관계는 날로 도타워져, 마침내는 나라와 겨레의 귀의처로 섬기는 국교의 지경을 다져 신라와 고려를 두루 누볐다.

　이 국교로서의 정착을 위해 순교의 사무침과, 성적(聖蹟)의 순례로 부처님의 거룩을 중도하기에 신심을 바쳤고, 호국의 발원과 사부대중의 제도가 고승대덕의 법어와 게송으로 아롱졌고, 정사(精舍)의 호젓한 운기가 사바의 티를 가시어, 문화와 사상을 다잡아 도리로 갈무린 불교문학을 빚어내는 실마리가 되었던 것이다.

　한편, 장경(藏經)의 판각과 집전(集傳)의 역주로 인한 전등(傳燈) 또한 가멸차 드디어는 국문학의 알뜰한 받침이 되는 동시에, 그 발전을 위한 구름다리가 되었음은 물론이다.

이에 다다라 삼보의 가르침은 드디어 고유문학의 소박을 벗겨, 그 바탕을 다질러 겨레의 사상적 지주가 되어, 온갖 번뇌를 염불로 도사려서 고공무아(苦空無我)의 경지를 한결같이 우러르게 하였다. 이로써 고행을 법으로 닦고, 무상의 진제(眞諦)를 행으로 몸받아 부처의 세계를 기린 작품은 단연 타를 넘짚는 성황을 자아내어, 신라와 고려의 빛나는 불교문학을 남겼다.

위로는, 저 『삼국유사』에 전한 충담 스님의 「찬기바랑가」와 월명 스님의 「도솔가」와 광덕의 「원왕생가」 등이 각각 신라문학의 영화이고, 내려와서는 균여 스님의 「보현십원가」가 고려문학의 기반을 찬란히 수놓았다. 이밖에도 혜초 스님을 비롯한 중국유학생의 작품과, 기타 신도들의 문자와, 이에 비긴 선비들의 작품에도 그윽한 풍경소리가 지천이니, 이는 오랜 세대를 누빈 불교가 겨레의 중심사상이 되고 남았음을 명증하는 실록들이다.

그러나, 태학 건립에 더불은 유서(儒書)의 가르침과, 사대교린으로 말미암은 사절의 내왕과, 향학을 위한 유학의 빈번한 출입과, 중국을 따른 시부(詩賦)의 공과(貢課) 등은 마침내 성리학을 받아들여 유학에의 심취를 가져와, 이른바 숭유억불의 새로운 경향을 낳고야 말았다.

이는 천 년을 국교로 받든 불교를 시새우는 외도들의 탓도 있지만, 사문 자체의 해이한 움직임도 적지 않은 빌미의 하나였다. 또한 번거로운 외우내환을 틈탄 이단들의 야료와, 유학에 기운 선비들의 배불 또한 커다란 불씨였다. 여기에 사회의 혼란과 민심의 동요가 겹쳐 「청산별곡」의 불안과, 「쌍화점」의 조롱까지 취재되는 기현상을 낳았다. 따라서, 퇴폐적인 염세관과 체념적인 도피사상이 기조가 된 변풍(變風)을 드날리었으나, 문학과 사상의 저류는 여전 불교가 바탕이었다. 따라서 오늘에 전하는 여러 문집에 산견되는 법열(法悅)의 소재는 한가지로 이를 방증하는 호젓한 고임돌들이다.

　내려와 근세조선에 접어들자 불교문학은 실로 커다란 암초에 부딪쳤다. 곧, 숭유정책으로 말미암은 신흥의 기상이 대대로 스민 모화사상을 부채질한 때문이다. 그러나, 천 년을 내려온 조상 물림의 선근(善根)을 단번에 가셔낼 수는 없었다. 더구나, 세종과 세조의 신심은 드디어 불법을 중흥시키는 기틀이 되었으니, 진실로 희한한 기연이다. 저 훈민정음의 반포를 전후해서, 그 효용과 그 실용을 위해 부처의 교화와 그 일대기를 주역한 『석보상절』과, 그 대목대목에서 취재하여 찬송한 『월인천강지곡』이 세종의 손에 의해 나오고, 다시 위의 두 책을 합본한 『월인석보』가 세조의 용단으로 판간되는가 하면, 그의 명을 받들어 여러 경집(經集)의 번역이 추진되어 크게 간경도감까지 설치하였으니, 자못 '인인이효(人人易曉) (사람마다 쉽게 깨침)'를 내세우긴 했으나, 이로써 뿌려진 씨앗은 불교와 국문학의 유대를 더욱 알차게 당겨, 못내는 불일재휘(佛日再輝)의 원동이 되었음에서다.

　이 방대한 역경사업은 불전을 특수층의 독점에서 개방시켜 보편화하고, 창제한 훈민정음을 보급하려는 세종의 영단으로 해서 오붓한 궤도를 찾았다. 바꾸어 말하면 '인인이습하여 편어일용(人人易習　便於日用)'의 훈민정음을 보급시킴으로써, 한자로 시달린 평민의 눈을 뜨게 하는 동시에, 깊이 대중에 파고 들어 부처님의 가르침을 통해 민심의 허전을 다듬으려는 영명이었고, 왕위찬탈로 빚어진 불안을 씻으려는 세조의 슬거운 일책이기도 하였다.

　여기에 당대의 지식을 총동원한 번역의 감칠맛이 곁따랐다. 따라서 국문학의 보금자리는 보다 은근하고 보다 차분하게 꾸며져, 애원과 풍자와 해학과 한적(閑適)으로 기울었던 풍조를 다소곳 불식하는 오붓한 밑바대가 마련되어 이른바 사상의 고향을 자아내었던 것이다.

　본시, 우리의 국문학은 불가에서 그 계통이 이어졌다 해도 과언이 아닐 만큼 그 주류가 학승(學僧)들로 해서 전수되었고, 도량에서 도야되었다. 신라는 고사하고, 고려와 조선 초기의 풍성도 실은 절집에서 쌓아진 탑이며, 또한, 그에서 물려진 열매임을 크게 주목할 일이다.

이 유구한 학통이 도가니가 되어 신미스님을 머리한 여러 대덕과, 김수온을 비롯한 유학자들에 의해 국역불전이 빛을 보았고, 저 의침 스님의 자상한 훈수로 『두시언해』도 마련되었던 것이다. 그리고, 독창적인 인쇄문화도 『대장경』 등이 사문에 의해 발달을 보아, 마침내는 세계의 선장(先場)을 차지했던 것이다. 여기에서 이른바 '일역일도 (一譯一禱, 한 자 번역하고 한 번 기도함)'와 '일각일도(一刻一禱, 한 자 새기고 한 번 기도를 올림)'가 어엿하니, 이로 미루어 보아도, 불교가 우리 문화와 문학에 미친 영향은 모름지기 무량에 값한다 아니할 수 없다.

그러나, 대를 이은 상문호학의 다스림이 숭유로 기울자 사서삼경에 치우쳐, 모처럼의 훈민정음은 언문으로 격하되어 한갓 아녀자의 조습(鳥習)자로 구겨지는 사태를 자아내게 하였음은 생각사록 천추의 유한이다. 이 우문교화(右文敎化)는 결국 유학을 크게 발전시키고, 한문학을 요원의 불길처럼 일으켜, 못내는 풍웅고화(豊雄高華)한 목릉성세(穆陵盛世)의 난만을 낳았다.

따라서, 깊이 민간에 침투한 불교는 된서리를 맞아, 차마 산간불교로 낙착되는 비운에 빠졌다. 이로써 민중과의 사이에 금이 그어지는 동시에, 문학과의 거리마저 벌어지는 결과를 가져왔다. 비록 보우 스님의 법력으로 부흥을 보았으나, 워낙 치성한 유가의 집중공세를 배제하기에는 사문(斯文)의 극성이 너무나 시퍼랬다. 그렇다고, 명산대찰에서 간단없이 퍼지는 선미(禪味)를 저버릴 수는 없었다. 그래서, 한문학은 물론, 시조와 가사와 소설 등에 함초롬이 아롱져 문학의 본밑이 되었음은 많은 작품이 가리는 바다.

이는 배불의 통수(統帥)였던 『율곡집』만 훑어보아도 짐작되는 사실이다. 게다가 임진란으로 인한 승군의 출진과, 서산·사명 두 스님의 단충을 소재로 한 『임진록』의 출현은, 빛저운 본보기들이다. 또한, 우시연군의 대표적인 가사인 『송강가사』에조차 정토를 그리고 왕생을 바라는 노래가 어엿함을 볼 때, 사뭇 민간신앙으로 뿌리박힌 불교의 감화가 얼마나 두터웠는가를 밝히는 호자이며, 내려와 『청구영언』이나, 기타 문헌에서도 찬불의 대문은 찾기에 수고롭지 않음은 비단 자비의 너그러움 때문만은 아니었다.

이 경향은 유가의 시문집에도 한가지다. 그러나, 조선초기의 대견과, 임진란을 전후한 풍성에 비기면, 오직 명맥을 이은 정도에 지나지 않으며, 구색을 위한 장식이었고, 도피를 위한 자위에 불과했다. 다만, 고판본의 중간으로 홍법을 꾀하는가 하면, 사찰이 한적(閑適)과 청유(淸遊) 투한(偸閑)을 보태는 선경(仙景)으로 착인되었으니, 유가의 배불이 얼마나 혹독했는가를 웅변하는 실증이다.

이 사상은 북학의 전래로 말미암은 실학사상의 대두로 더욱 두드러졌다. 여기에서 깊이 민간에 스며 들었던 불교는 내리막길을 걸었다. 불사(佛事)가 오직 신도들만의 행사가 되고, 호국의 기원처가 사사로운 도량으로 밀려, 신앙보다도 사사만이 행세하는 기복의 고장으로 짐작되는 사태를 낳았다. 따라서 떳떳한 '속객부도처(俗客不到處)'가 아니라, 부귀를 비는 기도장이라는 구설까지 듣게 되었던 것이다.

이 세태는 정조의 문예부흥으로 해서 더욱 드세어졌다. 이 한학숭상의 기풍은 17세기에야 눈이 터서 늦게나마 꽃이 핀 평민문학에까지 크게 작용되어, 국문학 발전에도 다대한 가로걸림이 되었다. 이 신흥하는 기풍에 짓눌려 갖가지 작품에 조촐하게 다루어지던 불교가 숫제 조소와 비하의 문자로 바뀌고 말았음은 안타까운 일이다. 이 벙을어져가는 불교와의 거리는 좀처럼 당겨지지 않았다. 더구나, 과학사상의 전래는 자아의 발견을 짝하여, 자연과 인생의 문제를 과학으로 다루려는 새로운 기세까지 나돌게 하였다. 이에 호응한 선비들의 고고와 권귀들의 영합과,

세도를 둘러싼 사색(四色)에 지친 민생은, 차라리 현실도피를 꾀하는 익살과 체념에 흘러 신불의 문학은 도외시된 채 호화로운 과거의 전통을 무참히도 녹쓸리고 말았다.

　이상을 통합하건대, 불교와 국문학은 서로 불가분의 관계이면서도 시세를 탄 높다란 장벽이 항상 앞을 막아 서로의 제휴를 헤살짓고 있었음을 알 수 있다. 사뭇 국가와 민족의 귀의처로 천 년을 누린 불교였지만, 뚜렷한 시대문학의 깃발을 흩날리지는 못했고, 오히려 유학에 들볶일 시대에 난만을 보였으니, 저 처염상정의 연꽃의 가르침이 거기에 맞는다 하겠다. 그러나, 워낙 극성을 다한 유학사상에 휘감기고, 삶의 고락을 외친 생활문학에 말려, 약삭빠른 타협보다는 가부앉음의 꼬장한 자세로 구원을 그리다가 마침내는 알뜰한 복전(福田)마저 흐리는 오늘을 낳았다.

　그러니까 불교문자가 국학의 저류임에는 틀림이 없으나, 환경에 팔려 시조(時潮)에 좇는 국문학을 불교의 살문 안으로 당기기엔 그 자세가 너무 예로와, 날로 일깨워가는 민도와의 평행을 보여, 피차의 화음(和音)이 날로 흐려졌다고 하겠다.

　그러나, 아득한 통서로 다져진 감로의 여력은 항상 작품에 가라앉아 심원한 탁의(托意)와 고고한 인생관의 모탕이 되어 백의의 사상을 가름하고 있으니, 그윽한 쇠북의 메아리는 정녕 삼천리에서 멀어질 수 없을 것이다. 뎅그렁 울리는 절의 새벽 종소리에 깊은 뉘우침을 자아내는 인과의 메아리여서다. 옴.

(1967. 12)

만해 한용운 선사의 한시(漢詩)

1. 만해선사의 한시 관규(管窺)

만해 선사가 남긴 300여편의 유작 가운데서 한시는 절반인 165수가 전부다. 곧 선사의 유고인『잡저(雜著)』에 147수, 최범술 씨가 영인한『만해선생시집』에 보충한 3수, 그리고 이원섭 씨 번역인『한용운전집』1권에 보탠 14수, 그리고 송광사 소장을 사진판으로 소가한 칠언절구 2수까지 헤아린 총수이다. 따라서 초년의 작품을 비롯하여 아직 산재하고 있는 작품을 널리 뒤지면 아마 훨씬 더 많아질 것으로 짐작된다.

현전하는 전편을 시체별로 간추리면,

고체시	오언고시	3수	고시 5수	
	칠언고시	2수		
근체시	오언절구	60수	절구 125수	도합 165수
	칠언절구	65수		
	오언율시	12수	율시 35수	
	칠언율시	23수		

와 같다. 이를 살펴보면 우리 전현(前賢)의 한시가 한결같이 그랬듯이, 만해 선사 역시 고체시보다는 근체시를 즐겨 지었음을 말 수 있다. 더구나 절구가 거의임은 모

름지기 울력의 탓인가 자못 주목을 요한다.

한편 이를 주제별로 가름해 보면 운석(韻釋)이라 자연 석로(釋老)와 사관(寺觀)이 42수, 즉흥적인 한적(閑適)이 70수로 단연 으뜸이다. 그리고 이례적인 영월(詠月)과 사향(思鄕)이 15수이고, 기행(紀行)과 세서(歲序)가 15수, 화목(花木)과 수증(酬贈)이 10수, 또한 선사의 사상적 심충(心衷)을 표상한 시사(時事)와 열사시(烈士詩)가 12수이다. 따라서 선사의 한시는 수도를 위한 고공(苦空)의 원음과, 자적을 위한 한음의 뒤안이 엇갈려 믿음과 소망의 공유가 현실과 이상의 복합성을 풀기에 용심한 흔적이 짙다. 물론 한문공부 초기의 작품은 없고, 대개 출가 후의 작품으로 일본 유학 시절의 작품과, 삼일 운동 후의 옥중작이 두드러진다. 또한 석전노사(石顚老師)를 비롯한 강백과의 화작(和作)은 만해 선사의 실재를 더듬기에 불이의 호재로 재음(再吟)을 요하는 실록이다. 더욱이 운석인 석전노사와의 차운은 무려 10수나 돼서 실로 세즐(細櫛)의 대상이다.

그러나 선사의 한시는 『조선불교유신론』에 곁따르는 개혁의 인흔은 희미하고, 다만 『님의 침묵』에 버금하는 사향과 영월이 돋뵈어져 산간보다는 시정에의 주착이 진함을 직감하게 한다. 이는 홍익인간의 통서와 연관되지만 실은 선사의 투철한 민족 정신과 신실한 하화중생(下化衆生)의 궤적이 분명하다. 따라서 내설악 백담사에서의 작품과, 경거(京居)인 성북동 심우장(尋牛莊)에서의 교화가 선사의 시가를 다양하게 빚게 했다고 본다.

2 만해선사 한시와 그 심원

선사는 당신의 자백과 같이 '다소세간수말인(多少世間守林人) 도봉의타천변월(掉棒擬打天邊月)'의 엉뚱은 아니었다. 끝까지 소망의 쟁취를 위해 고행하는 언행 일치의 집념이 도도했다. 언어의 미각을 심미의 눈으로 도련한 재학(才學)

을 지녔다. 일찍이 송욱 씨는 '불교의 미학을 살린 이변과 신변의 주인공'이라고 기렸지만, 한시에서는 담박한 선미가 덜하고 기발한 안향(眼響)이 『님의 침묵』에 비겨 흔하지 않다. 감각의 침전이 성정의 실사에 눌려, 선시의 그윽이 『님의 침묵』에 미치지 못함은 내남없는 정평이다.

그래서 안명언 씨는 『만해선생시집』서(序)에

先生之詩　純以意行　不甚彫飾,　平仄格律　或非所拘,　然奇氣異　想　雲興泉湧,　不盡於禪理　與義憤之爲,　而時出其外　尋常摹寫景象,　發舒志趣者往往臻妙,　是果先生之大　而無有其涯際矣.

라고 하였다. 워낙 선시는 석전노사의 묘지와 같이 '獨超物外　不動清波,　天籟詩成　不謀諸禪,　而允合四照用法　天眞而狂性自恣'일 때 비로소 선미의 고요가 은은히 풍긴다. 그러나 만해 선사는 승속을 동시에 조응하기에 용심했기 때문에 주객의 넘나듦이 엿보이고 실존의 각립이 드러났으니, 결국 『님의 침묵』의 신어만큼 야릇한 함축미가 한시에서는 흔하지 못함은 생각사록 야릇하다. 더구나 게송과 같이 평측과 격률에 구애되지 않아 더하다.

1) 만해선사와 마힐거사(摩詰居士)

선사의 한시에는 석전노사 등 강백을 제외하고는 화상의 차운이 없다. 다만 소식(蘇軾)의 매시(梅詩), 그리고 의태를 점화한 이백, 조어를 모해한 두보가 고작이다. 마땅히 보임즉한 성당의 시불(詩佛)인 마힐거사 왕유(王維)는 보이지 않는다. 다만 차운은 아니지만 저 양관삼첩(陽關三疊)인 「送元二使安西」의 운을 밟은 작품이 4수가 보인다. 곧 「京城逢映湖錦峯兩伯　同啥」을 비롯하여 「養眞庵　餞春」은 그 고명이다.

여기서 문제가 되는 것이 선사의 시학이다. 진작 출가할 때까지 과거를 위한 경서를 공부했으므로 시문의 양성은 넉넉했을 것이나 선집을 읽었을 뿐, 전집류를 볼 기회가 없은 듯함에서다. 당시 문사들에게 탐독된 『음빙실문집』이나 『당시선』과 『염락아송』과 『기아』 등이 주요였고, 『고문진보』가 지가를 올렸었다. 이에는 만해 선사도 동궤였을 것이다. 따라서 일본에서 서양 문물을 접하고서의 작품과, 독립 정신의 작흥과 삼일 운동 후의 옥중작 등을 보면 선사의 기발과 이향은 비단 내전과 외전을 섭렵한 전후의 숙연만은 아니고, 본시 시인으로서의 재질이 유난했음을 곧장 느낀다. 다만 당시 사객(詞客)과의 동화를 보지 못해 대비는 못하지만 구안(苟安)을 떠난 독존이 매양 마땅치 않고, 또한 『님의 침묵』으로 인한 성예가 선사의 한시를 흩지게 했는지도 모른다. 그래서 선가의 작품에서와 같이 산거(山居)의 심상이 내연되지 못한 채 생경한 말결로 파닥거리고, 임자없는 산월이 마음의 그림자이기에는 거리가 멀었다. 따라서 왕유의 "空山不見人 但聞人語響, 返景入深林 復照青苔上"(鹿柴)과 같이 관조를 넘은 교감의 달이 되지는 못한 선사의 한시다. 시름을 잊기에 앞서 더불어 조응하는 '獨坐幽篁裏 彈琴復長嘯, 深林人不知 明月來相照'(竹里館)의 경지가 아니라 호소하는 달로 둔갑시킨 심지는 결국 비승비속의 오솔길을 걷게 하였던 것이다. 그러므로 "不知棟裏雲 去作人間雨"(文杏館)를 치닫기에는 선사의 솔선한 경영이 두루 다급했던 선사의 사회 참여였다. 따라서 "人間桂花落 夜靜春山空, 月出驚山鳥 時鳴春澗中"(鳥鳴磵)의 "相看兩不厭"(獨坐敬亭山 : 李白)의 심지가 잠길 겨를이 없어 즉흥적인 표상으로 들먹이는 가슴을 재웠다고 본다.

그래서 선사는 걸핏하면 "양관삼첩(陽關三疊)"을 읊조리면서, 하염없이 세속의 그제를 답운하였던 것이다. 그러다가도 여의치 않으면 입산하는 만해 선사였다. 그러나 "詩欲疎涼酒欲矯 英雄一夜盡樵蕘, 只恐湖月無何處 一夢青山入寂寥" 그대로 다정도 분명 병이었다.

京城逢映湖·錦峯兩伯 同唫二首 (1)

깎은 머리 으시시 서울에 오니	蕭蕭短髮入紅塵
덧없는 삶 나날이 달라만 진다.	感覺浮生日日新.
눈이 내린 산 경치 꿈에 선하니	雪後千山皆入夢
머리 돌려 六朝 얘기 부질없고녀.	回頭漫說六朝人.
저녁비 종소리에 봄 보내자니	暮雨寒鐘伴送春
센 머리 또 늘어 견딜 수 없다.	不堪蒼髮又生新.
한시름에 다사스런 이 삶으로서	吾生多恨亦多事
지다 남은 꽃으로 주인일 수야.	肯將殘花作主人.

워낙 다사다한(多事多恨)의 주인이다. 분명 "在山泉水淸 出山泉水濁"(杜甫 : 佳人)을 모를 리 없건만 그렇지 않고는 배기지 못하는 본분과 사명 때문에 하냥 얼씬거리는 넘치는 참여의식을 재울 도리가 없었던 선사다.

2) 만해선사와 영호(映湖) 화상

주지하는 바와 같이 영호 화상은 박한영 대종사의 법호다. 그의 한시집인 『석전시초』에 머리한 위당(爲堂·鄭寅普) 선생의 「석전상인전(石顚上人傳)」에는 석전은 시호이고 법명은 정호(鼎鎬), 법호(法號)를 영호(映湖)라고 했다. 종사는 동국대학교의 전신인 중앙불교전문학교장을 지낸 당대의 운석으로 선암사의 송금봉 화상과, 화엄사의 진진응 화상과 함께 삼대강백으로 꼽혔으며, 시집 외에도 평론집인 『석림수필』과 문집인 『석림초』를 합간한 『석전문초』가 있어, 당시 소단(騷壇)의 우이(牛耳)를 잡고 있던 만해 선사의 강백이다.

이 영호 화상은 만해 선사보다 9년장이었고, 입적은 도리어 4년후이다. 따라서 선사와는 훈도가 깊어 화작과 동음과 차운이 무려 9편 14수나 있다. 그러나 야릇하게도 『석전시초』에는 화운은 커녕 원운조차 전혀 보이지 않는다. 그리고 퇴경 권상로(權相老) 선생과는 동갑인데도 그의 한시집인『질려원고』(퇴경당전서 Ⅰ)에는 수창이 전혀 보이지 않는다. 모두가 선사의 위인보다 시사(時事)로 인한 부재(不載)가 아니었는가 의운(疑雲)이 가셔지지 않는다.

특히 오세암에 돌아와서의 칠절(七絶)인「自京歸五歲庵 贈朴漢永」에는 봉증도 법호도 아닌 속명을 그대로 쓰고 있어 삼고(三考)의 여지가 있다. 이 시는 유고집에 보면 끝머리에 실려 있고, 바로 다음에 옥중작이 실린 점으로 미루어 삼일 운동 직전의 작품으로 추정된다. 그리고 내용으로 미루어 몹시 고까운 내음이 풍기니, 아마 독립 운동과 연관이 있었던 투증으로 피안의 간격이 억측된다.

하늘엔 달도 밝소, 그대는 어디 계시오	一天明月君何在
단풍이 깔린 곳에 나 홀로 돌아왔쇠다.	滿地丹楓我獨來.
명월과 단풍이야 미련없이 잊는다지만	明月丹楓雖相忘
내마음은 한결같이 서성거리고 있소이다.	唯有我心共徘徊.

따지고 보면 '명월'과 '단풍'과 '아(我)'자가 중첩돼 있어 파격이다. 그러나 명월과 단풍은 잊어도 그대만은 잊을 수가 없다고 매우 안쓰러운 표상이다. 사실「贈映湖和尙　述未嘗見」에 보면 화상을 기다리다 못해 담 밖을 내다보며「竹外短墻人不見　隔窓秋思杳如年」이라 안타까워했고, 또한 밤을 타서 함께 돌아와서의 작품인 "與映湖和尙　訪乳雲和尙上乘同歸"에서는 반가운 나머지

만나보니 서로가 무척 좋아져	相見甚相愛
하염없이 밤이 되고 말았소이다.	無端到夜來.
눈 내리는 한밤에 예사로운 말	等閒雪裏語
물처럼 속 마음을 열어를 주네.	如水照靈臺.

라고 읊은 선사다. 열없이 '무단'과 '등한'으로 흐르긴 해도 실은 거기에 그지없는 선어가 도사려 있다. 그래서 영호 화상의 편지를 받고 지은「차영호화상(次映湖

和尙)」에는 사뭇 자성이나 하듯

시와 술을 남들은 다병이라니	詩酒人多病
그대 역시 문장으로 늙어 버렸네.	文章客亦老.
눈보라와 더불어 온 그대의 편지	風雪來書字
속절없이 설레이네 오가는 정에.	兩情亂不少.

라고 읊었다. 물론 시주(詩酒)를 삼가라는 사연이었을 것이다. 여기는 국문시를 말함은 뻔하다. 거침없이 취락(醉樂)을 세우고 시벽으로 몸마저 야윈 만해 선사였으나, 시주는 바로 그의 과외였으므로 맞장구를 친 것이다.

위와 같은 차운과 동음이 잦음에도 석전 노사의 원운이 없어 과연 허여(許與)는 어느 정도였으며, 힐책 또한 그 실상은 풀 길 아득한 수수께끼와 같다. 다만 주벽과 『님의 침묵』을 못 마땅히 여긴 영호 화상이었음은 비단 뜬소문만은 아닌 듯, 일찍이 퇴경 선생께서도 익히 들었다.

3. 만해선사의 한시와 그 특성

시유궁인(詩瘦窮人)은 자고로 두루 일컫는다. 그래서 선사는 시벽을 해조 삼아서 읊은「自笑詩癖」에서 속절없이,

시 짓느라 몹시 야위어도 몸을 버리니	詩瘦太酣反奪人
고운 볼에 살 빠지고 입 맛도 없어져.	紅顏減肉口無珍.
일컬어 세속을 떠났다 세우긴 해도	自說吾輩出世俗
시의 병 다사롭다, 젊음마저 잃다니.	可憐聲病失靑春.

라고 고백하기도 했다. 그렇다고 시벽은 고치지 못하는 병이었다. 그래서 출정한 지아비의 아내의 노래인 최장편 18구의 칠언고시 『정부원(征婦怨)』에다는 "一

層有心一層愁 賣花賣月學無心"이라 딴전을 부리면서도, 절로 솔깃해지는 시의 꼬임에는 좀처럼 배기지 못한 채 즐기는 경배(傾杯)가 거나하면 우선 탈인(奪人)의 시필과 씨름한 선사의 고집이었다.

여기에서 만해 선사의 한시에 삭출(數出)하는 시어를 차례로 헤아리면 월(月)·화(花)·설(雪)·매(梅)·산(山)·안(雁)·몽(夢)·시(詩)·죽(竹)의 차례이다. 이는 그만큼 현실이 아닌 이상에의 내달음이 컸다는 조짐이기도 하다. 그래서 이가원 교수는「만해선생시집」서에서

> 師嘗有「自笑詩癖」一篇 非韓而漢, 可知宿習之緣 孤倚於玆. 其「梅華詩·征婦怨·古意·安海州」諸篇 芳馨慈則 淋漓瑰麗, 至於獄中諸唫 炯然丹衷, 玉碎瓦全 自失甚皎. 嗚呼, 儻指韓中古今 禪家叢林之中 能如我師在 果有幾輩乎哉.

라고 상침하기를 마지 않았다. 한갓 와전을 감수할 선사는 아니었다. 이백이 두보에게 희증했다는 "借問別來太瘦生 總爲從前作詩苦"를 진작 알면서도, 못내 그 막 길을 걸었던 선사이니, 그의 직설적인 풍유와 개성적인 미화는 모름지기 시주(詩酒)의 대가(對價)이었던 것이다.

1) 영매시(詠梅詩)와 경한고절(勁寒孤節)

옛부터 오상의 국화와 경한의 매화는 도인의 상징이자 시화(詩畫)의 본밑이었다. 따라서 삼청(三淸)으로 받들어 읊고 그리는 물림상이었다. 이 점에 있어서는 중국이나 우리나 고금이 한가지다. 그런데 석전 노사에게는 송백이 더하고, 선사에게는 매월이 지천이다. 그만큼 선사는 경한고절의 안간힘이 억셌음을 알 수 있다. 세한후조(歲寒後凋)의 상청보다 경한(勁悍)의 기약을 지키는 매화가 한결 마음을 이끈 모양이었다.

특히 선사의 한시에는 고시가 드문데 매시(梅詩)는 전편을 통틀어 가장 장편인

16구의 칠언고시 「讀雅頌 朱子用東坡韻 賦梅花」와, 오언고시로는 고인에게는 매화시가 없기 때문에 짐짓 호기심으로 지어본 18구의 장편이 있다. 실은 매처학자(梅妻鶴子)의 임포(林逋)가 있고, 매화라면 두보가 있고, 우리에게는 조선초기의 대가 서거정(徐居正)에게는 무려 40수의 칠언율시의 연작시가 있다.

특히 『염락풍아(濂洛風雅)』를 읽다가 성리학의 종(宗)인 주희(朱熹)가 소식(蘇軾)의 운을 밟아 지은 매시를 읽고, 같은 운으로 지은 매시는 선사의 고고가 뚜렷하다. 「낙매곡(落梅曲)」장단에 싣는 사향(思鄕)은 천성까지 드러내 그 노경이 차곡차곡 펼쳐져 있다. 아예 영욕이 부끄러워 오한을 과하는 매화요, 송죽을 벗삼아 피는 매화이니, 그를 그리는 의표는 높깊기만 하다. 그래서 결구에다 스스로를 비겨 "우리는 한결같이 세상이 싫어 사는 처지이니, 우선 술잔부터 기울인다"고 자못 심화(心火)의 안팎을 털어 놓았다.

또한 오언고시의 영매는 더욱 흩지다. 발단부터 느닷없이 "梅花何處在 雪裡多江村"이라 소회를 일깨우고 나서, 다시 윤회를 내세워 "今生寒氷骨 前身白玉魂"으로 이었고, 숫제 딴전을 벌여 "三春詩句冷 遙夜酒杯溫"이라 늘이는 동시에 마무리에 접어들자 "幽人抱孤賞 耐寒不掩門"이라고 당신의 쾌지(決志)를 보이면서 "江南事蒼黃 莫向梅友言"으로 방매(訪梅)의 고사를 들어 시절을 저주하고, 마지막에다는 "人間知己少 相對倒深尊"이라 휘갑하며 지음(知音)이 없는 오솔길을 달래고 있다.

물론 영매시라면 고산에 은거하면서 이른바 매처학자(梅妻鶴子)로 종생한 서호주인 임포(林逋)의 구 "疎影橫斜水淸淺 暗香浮動月黃昏"이 회자되고, 두보가 동생에게 부친 사향곡의 절조 '巡簷索共梅花笑 冷藝路枝半不禁"을 최상승으로 꼽는 것이 고금의 통례다.

선사의 영매시로는 「觀落梅有感」이 있고, 「無題八首」(8)에는 달을 매화에다 비겨 읊었고, 「寒寂二首」(1)에서는 "雪風埋屋人相寂 禪如春酒散梅花"의 구도 있다. 자못 두보의 「飮中八仙歌」의 "蘇晉長齋繡佛前 醉中往往

愛逃禪"을 연상할 만큼의 시주벽(詩酒癖)이다. 그리고 「산주(山晝)」는 매화와 더불어 사는 선사의 독백이다.

뭇 봉우리 창안으로 몰려 들어오고	群峯蝟集到窓中
눈보라는 작년처럼 처절도 하다.	風雲凄然去歲同.
온 세상 쓸쓸하고 한낮도 쌀쌀	人境寥寥晝氣冷
매화마저 지다니 삼생이 공이로구나.	梅花落處三生空.

보기만 해도 반가운 매화까지 지다니 도시 뉘와 함께 사냐고 붓을 놓았다. 곧 한매(寒梅)에다 당신의 아오라진 삶을 쏟았는데, 하도 어이가 없어 한숨을 짓는 선사가 장중(章中)에 어른거린다.

2) 영월시와 사향곡(思鄕曲)

선사의 한시에서 수이한 소재는 영월시와 사향곡이다. 이는 월인천강의 불광, 반야바라밀의 언덕이기도 하다. 그러나 산거하는 선객이라 덧문까지 닫고 지은 시에 "自家不解明暗裡　還笑人間賣曆人"이라 비웃으면서도 "憂樂本空唯心在　釋迦原來尋常人"이라 했고, 송금봉 강백과 함께 지은 시에는 "黃花明月若無夢　古寺荒涼亦故鄕"이라고 했으니, 선사의 영월시와 사향시는 인간 본연의 표현으로 풀이함이 오히려 온당하다고 본다. 곧 정취의 표상이지 비흥(比興)은 아니라고 본다.

만해 선사의 영월시에는 내용에서보다도 곧장 표제부터 「견월(見月)」과 「완월(玩月)」, 그리고 달이 뜨려는 순간에서부터 지기까지를 읊은 「월욕생(月欲生)」, 「월초생(月初生)」, 「월방중(月方中)」, 「월욕락(月欲落)」이 나란하여 참으로 알뜰하다. 구성이나 격률보다도 동운의 평성 우운(虞韻)으로 모두 오언절구임은 선사의 대손을 읽는 듯해서 굳이 전편을 하인하여 그 심상을 더듬어 척결하며 함께 읽기로 한다.

<table>
<tr><td>달을 보며</td><td>見 月</td></tr>
<tr><td>산 사람이 달구경 하노라니까</td><td>幽人見月色</td></tr>
<tr><td>밤 내내 모두가 조촐한 기약.</td><td>一夜總佳期</td></tr>
<tr><td>애오라지 가만한 지경에 드니</td><td>聊到無聲處</td></tr>
<tr><td>다시금 시 생각에 골몰하여라.</td><td>也尋有意詩.</td></tr>
</table>

도인이라고 상월이 이상할 것은 없다. 중계(中繼)의 달은 동서와 고금이 비슷하니 말이다. 선사 역시 인간이며 그 역시 자연인데다가 두메산골의 오세암이고보니, 시가 이루어지지 않을 수 없었던 정한에 잠겼었다. 불립문자는 반드시 무소설만은 아님이 여기서도 역력하다. 홀로 가부좌하고 앉아서 심장적구(尋章摘句)에 나위가 없는 거기에 선미가 장외에 묻어나니, 선사의 이 영월시는 구김이 없는 가라앉은 인간 만해 선사의 진면목이다.

<table>
<tr><td>달 구경</td><td>玩 月</td></tr>
<tr><td>쓸쓸한 산중에 달빛이 밝아</td><td>空山多月色</td></tr>
<tr><td>어슬렁 거닐며 마음껏 노녀.</td><td>孤往極淸遊.</td></tr>
<tr><td>누굴 위한 머나먼 정의 실마리</td><td>情緒爲誰遠</td></tr>
<tr><td>밤도 이슥하다, 걷잡을 수 없네.</td><td>夜闌杳不收.</td></tr>
</table>

<table>
<tr><td>달 뜰 무렵</td><td>月欲生</td></tr>
<tr><td>뭇 별이 제 빛을 앗길 판이라</td><td>衆星方奪照</td></tr>
<tr><td>잡귀도 모조리 얼씬을 못해.</td><td>百鬼皆停遊.</td></tr>
<tr><td>밤 경치 야금야금 땅에 깔리니</td><td>夜色漸墜地</td></tr>
<tr><td>온 산이 제각기 빛을 거두네.</td><td>千林各自收</td></tr>
</table>

막 솟는 달	月初生
푸르른 동산에 달이 솟으니	蒼岡白玉出
새파란 시내엔 황금이 어려.	碧澗黃金遊.
절집이라 가난타 탓하지 마소	山家貧莫恨
천연의 보배로세. 차지는 못해.	天寶不勝收.
중천의 달	月方中
온 누리가 모두들 바라다보고	萬國皆同觀
온 사람이 저마다 즐기는 저 달.	千人各自遊.
잡으려도 다잡을 방도는 없고	皇皇不可取
멀고 멀어 어떻게 독차지하노.	迢迢那堪收.
지려는 달	月欲落
숲에 깔린 푸른 안개 가시니	松下蒼煙歇
달 가에 해맑게 노니는 꿈.	鶴邊淸夢遊.
막힌 산에 고각 소리 이미 파하고	山橫鼓角罷
차거운 빛, 정마저 자지러진다.	寒色盡情收.

전편에 흐르는 정감이 산인의 독백으로 생동한다. 그러나 못내는 증오의 고각을 아로새기고서야 붓을 놓는 선사임을 주목할 때, 제행무상의 풍경 소리가 아쉽기만 하다. 그러나 이것이 만해 선사다운 체취요 결구이니, 한시는 모름지기 관주의 옥설이다.

한편 선사의 사향시는 영월을 쩍하여 이상할 정도로 양각되었음은 저 인배(引杯)와 더불어 특성의 하나다. 출속의 선사라 이해하기 어려우나, 역시 그 고향은 보리의 피안이기도 하다. 그러나 아무리 선객이라도 덧없이 떠오르는 고향이야 도리가 없었다. 그래서 솔직한 한음으로 돌려 인정의 술회요 천성의 나타냄으로 보는 것이 마땅하다고 본다. 철 아는 귀안(歸雁)을 바라보고 속절없이 붓을 놓기도 한두 번이 아니었다. 이는 천진의 본능이기도 하니 강백인 유운(乳雲) 화상을 병문안하면서 문득 향수를 새긴 오언절구를 비롯하여, 숫제 「思鄕」과 「思鄕苦」의 칠언절구까지 엄연하니, 하물며 심우장의 다사한 사연은 감출 방도가 없다. 그래서,

고향 생각	思　鄕
섣달이라 차운 창에 밤은 길어 가고	歲暮寒窓方夜永
구름 걷힌 맑은 달에 외로운 꿈꾸니	抹雲淡月成孤夢
가질 못해 잠 못자고 몇 번을 설쳤는고.	低頭不寢幾驚魂.
신선 아닌 고향에로 내닫는 이 마음.	不向滄洲向故園.

고향 생각의 쓰라림	思鄕苦
심지를 따지 않아도 잘도 타는 등불	寒燈未剔紅連結
온몸이 자지러지고 정신마저 싱숭하다.	百髓低低未見魂.
꿈속에 매화가 학으로 변해 나타나서	梅花入夢化新鶴
옷자락 당기면서 고향 소식 전한다.	引把衣裳說故園.

라고 조바심하는 점으로 미루어 보면 선사의 다사스런 다정도 그러려니와, 임에의 귀착이니, 이 향사에 잠긴 사무치는 사회 인식과 참여 의식은 그 발자국처럼 고치지 못할 병이기도 했다.

3) 선열시(先烈詩)와 민족 정신

만해 선사의 애국 애족은 비단 삼일 운동만은 아니었다. 당면의 항일만도 아니다. 출속한 도인으로서 사뭇 서산과 사명에 버금하는 솔선의 자부가 유난했다. 해묵은 전통을 혁파하려는 개신의 깃발도 실은 구국의 기수로서 기복불교의 탈을

벗기 위한 비롯이었고, 『불교유신론』과 『님의 침묵』도 실은 시의에 겨눈 선도의
절주(節奏)이었던 것이다.

이런 뜻에서 선사의 선열시는 승속을 초월한 신민(新民)의 정표이자 백의의 진
혼곡이었다. 이는 또한 호법이자, 호국이니, 바로 중생 제도의 울림장이 분명했다.

그래서 삼일 운동을 선도했고, 모진 옥고를 치르면서도 떳떳이 항거했고, 당당
히 「조선독립의 서」를 초하여 "자유는 만유의 생명이요, 평화는 인생의 행복이다"
라는 선언을 서슴지 않았던 선사다. 따라서 감방에서 옆방과 통화하다가 간수에게
들켜 손을 철망에 묶인 몸이 되어 읊은 시에 "雄辯銀兮沈默金　此金買盡自
由花"라고 외쳤으니, 선사의 자유화는 물론 자유를 누리는 독립에의 숙원이었다.
그래서 「留仙巖寺　次梅泉韻」에 "乾坤正當風塵節　肯數西川杜甫唫"이라
고 두보의 난중음을 빌어 순국의 매천 황현(梅泉　黃玹)을 경앙하였던 것이다.

선사의 선열시에는 안중근과 황현의 2수가 있고, 이 밖에 고우 최린도 있다. 그
러나 고우 최린의 시는 짐짓 접어두기로 한다.

해주 안중근 의사	安海州
일만석 끓는 피, 열 말의 담력	萬斛熱血十斗膽
벼려 담근 시퍼런 칼 싸서 감추고.	淬盡一劍霜有韜.
벼락같이 쳐부시니 밤도 고요해	霹靂忽破夜寂寞
총알이 나는 곳에 드높다 그 모습.	鐵花亂飛秋色高.

안중근(安重根) 의사의 이등(伊藤) 암살은 김택영의 「聞義兵將安重根報
國讐事三首」에서와 같이 "海蔘港裏鶻摩空　哈爾濱頭霹火紅,　多少六洲
豪健客　一時匙箸落秋風"의 쾌거이었다. 그러나 국내에서 이러한 실사를 지은
항일은 문장보국을 역행(力行)한 망명객과는 착상부터가 판이하다. 이는 소극보
다 적극을 징명한 선열시임에 더하다. 이와 같은 작품이 삼일 운동으로 왜경의 가
택수색에서도 탈없이 챙겨졌다는 것도, 그 조심과 기사(紀事)가 범연치 않은 선

시였음에 새삼 경탄이 앞선다.

다음은 한일 합방의 공포를 듣고 망국의 통한을 가누다 못해「절명시(絶命詩)」에다 "鳥獸哀鳴海嶽嚬 槿花世界已沈淪, 秋燈掩卷懷千古 難作人間識字人"을 남기고 순절한 황현의 마지막 하소거림이다.

매천 황현	黃梅泉
떳떳하게 의에 나가 나라에 몸 바치니	就義從容永報國
한 번 죽어 만고의 꽃 길이 새로우리.	一瞑萬古劫花新.
다함 없는 저승의 한 남기지 마소	莫留不盡泉臺恨
그 충절 크게 위로할 사람 있다 오.	大慰苦忠自有人.

매천은 왜병에 끌려 대마도로 귀양가서 돌아간 면암 최익현(勉庵 崔益鉉)을 곡한「곡면암선생」의 단장곡이 있고, 스스로 목숨을 끊으며 지은「절명시 4수」가 있다. 이러한 충절을 위로할 자기와 같은 사람이 있다고 애곡하였다.

이상으로 살피건대 선사의 선열시는 그 백절불굴의 강인한 민족 정신이 아니고는 당시의 모진 애경의 추세로 미루어 망명객이 아니면 다른 시인은 감히 남길 엄두도 내지 못한 성토임을 명심할 일이다.

4.『님의 침묵』과의 등차(等差)

끝으로 선사의 한시와 국문시『님의 침묵』을 비교할 필요가 있다. 곧『님의 침묵』에 비겨 한시의 심충이 덜함에서다. 이는 선사의 언행과도 상관된다. 환언하면 한시의 정형과 평측에 얽매여 어성과 격률을 맞춰야 하는 형식이 마땅치 않았던 모양이다. 사실 남달리 자유·평등을 계도하고 실천한 사상적 이원성을 표출함에 있어 자유로운 국문시가 보다 수월하고 보다 대중에 영합됨을 절감한 나머지 까다로운 형식, 맞춰야 하는 격률조가 뜻과 같지 않아 못내는 『님의 침묵』으로 기울었다고 믿는다. 기승전결과 대우와 압운, 그리고 구성상의 체격, 한자의 함축미 등은 따지기도 번거로운 한시다. 그런데 「불교대전」을 국문으로 풀어 효험을 보았고, 또한 한글 운동의 밀물과도 깊은 연관이 있어 함축미가 진한 한시보다는, 곧장 헤아릴 수 있는 산문시에 공을 쏟았다고 본다.

워낙 한시의 비잠동치(飛潛動植)는 그 내재와 외재는 물론 인간의 형상화와 자연의 관조도가 초탈의 경지일 때, 거기에 풍미가 풍기게 마련이다. 그러니까 맞추려는 작위보다 저절로 맞춰진 듯한 격조여야 품격이 도도하게 마련이다. 따라서 송원의 성리나 명청의 실사보다 당시의 성정이 값지다고 일컫는다. 이 언외의 침잠은 인생의 정감을 반추로 삭히고, 자연과의 대화가 시공을 초월한 혼연 일체에서만이 가능하다. 그러므로 고뇌를 연소시키고 여과시키는 자제에다 저만큼 있는 자연이 아니라 자기와 더불어 있는 자연이었을 때, 사화(詞華)는 비로소 동화를 자아낸다. 인생의 승화도 한가지다. 그러므로 고차원의 선시에는 보살과 중생이 따로 없다. 상게한 왕유에서도 그랬다.

그러나 우리의 한시는 대상과의 윤합(允合)이 부실해서 피아의 간격이 엿보여 탈이다. 이것이 반도라는 여건 때문인지, 또는 환경을 지배치 못하고 도리어 환경의 지배를 받으며 눈치로 살아온 탓인지도 모른다. 그렇다고 그것이 시가가 아니라는 말은 아니니, 요는 우리의 한시문학은 이른바 저만큼 있는 대상을 중국투로 묘사하기에 평생을 바친 셈이다. 이런 뜻에서 만해 선사의 한시도 예외일 수는 없었다. 곧 허실상배(虛實相配)가 아닌 실사의 나열과, 직감의 미화가 많아졌다고 믿는다. 바꾸어 말하면 종교의 본분과 계도의 사명을 동시에 수행하는 위화가 진하면서도 벗어 버릴 수 없는 옷을 걸친 채 소진(蘇晋)과 같이 애도선(愛逃禪)의 가경을 누렸으니, 자연 형식의 자유와 어성의 자재로 『님의 침묵』에 붓을 돌리지 않았나 짐작된다. 특히 육당(六堂·崔南善)의 계몽과 함께 일컬어지는 월간지 「유심(惟心)」이후는 거의 시조와 국문시, 그렇지 않으면 게송에 그쳤으니, 시류의 앞장이었던 만해 선사로서는 당연한 귀착이었던 것이다. 그러면서도 선사의 한시로 만근(輓近)의 작품인 심우장과의 인연한 모든 작품, 그리고 당신의 회갑(回甲)을 읊은 즉흥이 현전으로는 가장 만년의 작품이고 보니, 선사에게서 한시는 성령의 도야에 앞서 놓지 못한 공리와 개인과 유미의 기벽이었던 것이다.

따라서 만해 선사의 한시는 그 보람찬 사회 의식과 우렁찬 참여 의식에 젖어 가라앉은 선시로의 오솔길을 걷기에는 직설적인 개성의 그림자가 너무도 뚜렷해서, 내외에 도사린 함축미에 있어서도 『님의 침묵』에 불급하는 형이하학적 차원에 머물고 말았다고 본다. 이는 의식에 앞선 조사(措辭)의 가다듬음이 기법의 수용에 있어 선탈(蟬脫)치 못한 조짐이며, 일체의 교감이 빚은 대화가 아니라, 호소와 하소연이 사무쳐 시상과 평행을 이루었기 때문이다. 그러므로 만해 선사의 한시는 사무사(思無邪)의 정도에로 승화된 『님의 침묵』과는 격률보다도 어성의 다룸새부터 거리가 있어 오로지 물형(物形)에 그친 느낌의 한시일 따름이다.

(1980. 11)

석보상절 제 23 · 24 해제

1

오유(烏有)의 국난과 초토의 상란을 겪은 오늘, 우리나라 최초의 역경이자 최고의 국문동주자본인 520여년 전의 『석보상절』 제 23·24가 출현하였다. 이에 다다라, 이 빛저운 법보를 고이 간수하여 오늘에 전해 준 여러 대덕에게 동호와 더불어 심사하며, 아울러 그동안의 용의주도한 간수를 동학의 이름으로 크게 명기하며, 이를 펴친 동악어문학회를 스스로 머리하는 바이다.

이 『석보상절』 제 23·24는 다음과 같은 점에서 그 성가가 찬란하다. 곧 1929년 황해도 장수산 밑 고탑이 장마비로 무너지자 나타난 것을, 당시 혜화전문학교 교수 에타(江田俊雄) 씨가 우득(偶得)해서 현재 국립도서관 소장이 되어, 1961년 한글학회에서 축사·영인한 같은 종류의 동주자 활판본 『석보상절』 제 6·13·9·19와 같은 탑장품도 아니고, 또한 전라북도 부안군 내소사 백학명 대선사(白鶴鳴大禪師)의 법안을 거쳐, 전라남도 담양읍 용화사 국묵담 대종사(鞠黙潭大宗師)가 보장하다가, 현재 서울우표보급회 진기홍 씨에게 넘겨져서, 1961년 「통문관」주인 이겸로 씨의 지의로 원척 영인된 같은 종류의 동주자 활판본 『월인천강지곡』 권 상과 같은 복장품도 아니고 1972년 강릉에서 발굴된 「동국정운(東國正韻)」 완질과 같은 세가본도 아닌 사찰의 세전본임에서 사계의 이목을 크게 집중시켰다.

남달리 잦은 병화를 겪었고, 사사론 손을 타기도 한두 번이 아니었으련만, 500여년의 세서에 견주면 완본이랄 정도로 전수되어 온 희구본(稀覯本)이다. 다만 대를 이은 수택에 절어 앞뒷장은 몹시 낡아 함부로 다루면 바스러질만큼 창연하고, 또한 들기름에 결은 데는 싯누렇게 퇴색되었다. 심히 아까운 점은 짐짓 진보를 감추렸음엔지, 또는 물려받은 책주인마다 거치른 다룸의 탓인지 상재(上梓)시의 장흔이란 전혀 없고, 본지도 앞뒤의 두어장은 떨어져 나갔다. 그리고 봉철을 위한 흔적도 고유의 오침찬흔(五針鑽痕)뿐이고, 가철을 위한 아래 위의 하철만이 그대로 남아 있었음을 보면, 후대에 갱장한 것 같지는 않다. 그런데 편철한 등바대에는 장마다 먼지가 도톰하게 끼어 있었던 것을 보면, 헌다한 비급(秘笈)이라고는 볼 수 없다. 더구나 앳되게 낙서까지 베풀어져 있고, 광곽(匡郭) 밖에는 검색을 위함인지 치졸한 여필(女筆)의 안표까지 질려 있고, 배면에는 큰 글씨로 「전적벽부(前赤壁賦)」의 발단을 습자한 점 등으로 미루어 보면, 알뜰하게 봉독하지는 않은 듯하다.

이상은 원본의 보존을 위해 복사하고자 파책할 무렵, 편차를 터치며 살펴본 사실임을 굳이 밝혀둔다.

이 귀중본은 제23·24가 합책되었었는데, 제23은 판심(板心) 나빗간〔魚尾間〕의 지장 표시로 미루어, 앞의 2장이 낙장되었음을 알 수 있고, 제24의 끝장은 편차 매듭에 붙어 있던 본지의 지편을 낱낱이 발려 보고, 또한 「법익괴목경(法益壞目經)」과의 대비로, 면지 외에 본지 1장이 낙장되었음을 짐작하였다. 따라서 제23은 본시 59장인데 57장뿐이고, 제24는 53장이었던 듯한데 52장만이 남았을 뿐이다.

그뒤 진본의 선보(善保)를 위해 방두제(防蠹劑)를 풀어 수록한 순저지로 배접하고, 다시 비단 표지까지 붙여 분권해서 2책으로 갱장하였다. 그러나 원장을 유지하기에 지성을 다했고, 원장의 천지(天地)보다는 다소 늘리어서 꾸미었다. 물론 요지(料紙)를 투시할 수 없음이 자못 안쓰러우나, 영구 보존을 위해서는 부득이한 조치로 안다.

이 희구본은 워낙 충청북도 보은군 속리산 법주사 조실 용허당 장호 대종사의 손을 거쳐, 동 청주시 용화사 주지 벽산당 영주 종사가 전수하여 선사의 유훈인 '물지상실(勿至傷失)'을 받들어 감쪽같이 비장하다가, 지난 1966년 5월 경기도 안성군 칠장사 혜련 김의정(慧連 金義淨) 주지의 손에 넘어와서 비로소 사계에 선을 보여, 그 진면목이 지지에 소개되는 동시에 동국대학교 「동악어문학회」에서는 이 새로운 법인을 자료로 해서 연구발표회까지 개최하여 널리 학계에 전파하였고, 「동악어문론집」 제5집에는 그 해제와 더불어 「어휘색인」까지 덧붙인 바도 있다. 이 해제는 그 해제와 원척 복원판의 해제에 가주한 해제임을 구태여 밝혀 둔다.

생각컨대, 이 책이 세조와 연기가 깊은 법주사에 전래해 왔었던 만큼, 혹시 복장이나 탑장이 꺼내져서 전승되다가, 그 마지막 권차만이 오늘에 전지되지 않았는가 억측된다. 그리고 우연인지 모르지만 현전되는 『석보상절』의 권차가 모두 다른 점은, 저 을해동주자 『능엄경언해』의 교정본도 역시 발견되는 족족 그 권수가 다름과도 비슷하다. 하기야 간경도감판인 『선종영가집언해』 권하 발(木活字)에 보면, 『印出飜譯法華經 楞嚴經 各五十件, 金剛經六祖解·心經·永嘉集 各六十件, 釋譜詳節 二十件, 又印漢字「金剛經五家解」五十件,「六經」合部 三百部』의 명문이 없지도 않으니, 더욱 의아스럽다. (그러나 「몽산법어언해」 발에는 이 「석보상절」의 인건만은 빠져 있다.)

이 국보급 분전(墳典)은 현재 동국대학교도서관으로 넘겨져 소장되어 있다. 이 희구본의 안보와 전수의 위업을 중외에 천명하기 위해 원척 영인 복원에 있어, 그 요지는 방두특수저지를 수록해서 쓰는 등 온갖 정성을 경주하였다. 특히 표지의 능와[菱花]는 세조조 간경도감판을 재생하여 밀납으로 밀어 연화문양을 돋보이고, 이 해제까지 모두 3책으로 한장(韓裝)해서 포갑에 넣어 한장본의 특색을 드세웠다.

이상은 『석보상절』제 23·24의 나타난 경위와, 그 뒤의 사단이거니와, 다음에 해제를 겸하여 그 내용과 그 가치를 들추어 보고자 한다.

이 『석보상절』과 『월인천강지곡』과 『월인석보』에 관해서는 진작 이능화·권상로·송석하·전간공작·소창진평·강전준웅 씨를 비롯하여, 최현배·김윤경·이병기·방종현·김민수·남광우·김형규·민영규·심재완 씨 등의 제가가 각기, 그 출처시종을 가려 해제한 바 있고, 이동림 동학에게는 주해본까지 있어, 새삼 용훼의 나위가 없음을 모르지 않는다. 따라서 본고에는 새로 출현한 이 제 23·24 위주로 전공을 참호하고, 다시 낙수와 신득으로 보충하였을 뿐이다.

2

세종의 「훈민정음」 창제는 이른바 한문화권의 유린에서의 독립을 기도한 당당한 도전이었다. 따라서 그 국음제정의 자주정신과 인인이습의 민주의식과 편어일용의 복리증진은 우리의 전적을 간추리고 마물러 내는 원동이 되었다. 이로 말미암아 종교·문학·지력·전율·의창·가락·역수·음운·인쇄 등에 걸쳐서 공전절후의 대성을 보았음은 정녕 만세에 자랑할 위적이다.

한편 정음의 반포를 전후해서 그 시행과 보급을 위해, 육룡의 화가위국을 송영한 『용비어천가』 10권을 정음위선으로 찬진케 하는가 하면, 한음과 동음과의 이동을 다잡아 이를 동음위주로 발륜 『동국정운』 6권을 산정케 했으니, 이는 모름지기 정음의 보람과 자주의 자랑과, 민주의 보기를 내외에 선명한 거시적인 대영단이었다. 더구나 숭유억불의 국시가 바야흐로 정궤에 오른 그즈음, 빗발치는 상하의 논핵을 한결같이 물리치고, 불학의 초전을 역주인행(譯注印行)케 한 영단은 비록 소헌왕후의 천발을 위하고, 훈민정음의 홍포를 꾀한 목적에서라지만, 새삼 그 영명을 받들지 않을 수 없다. 따라서 미증유의 국고정리와 아울러 세종 말년 궐내에 설치한 내불당과, 그와 더불은 불전국역의 강행은 치성하는 국론을 억제한 뒤에 베풀은 대업이자, 교학계발의 신예를 촉성한 원점이었다. 이로써 출렴이 지나쳐 중지의 상소가 실록에 자자하였다. 그러나 끝내 이 『석보상절』과 『월인천강지곡』을 활인해 내었고, 다시 이를 거취합편(去取合編)한 『월인석보』의 거질을 간행해 내고, 나아가는 간경도감을 설치해서 대대적인 역경사업을 전개하여, 그 방대한 질책을 인출해 내었으니, 세종과 세조의 불학에의 경도는 진작 찬탄에 값했다.

다음에 당시의 일반을 『세종실록』에서 챙겨 보면,

司諫院이 啓호대 訓練注簿 金守溫이 今以西班으로 移敍東班이나 其父 訓이 曾犯不忠일새 告身을 未可署經이나이다. 上曰 守溫이 出身文科하여 已經東班하니 乃言이 不亦晚乎아. 且庭臣이 有如此瑕類者가 頗多어늘 若等이 其悉去之乎아. 宜速署經하라 하시다. 守溫之兄이 出家爲僧하니 名曰 信眉라. 首陽大君珛와 安平大君 瑢이 酷信好之하여 座信眉於高座하고 跪拜於前하여 盡禮供養하니, 守溫이 亦佞佛하여 每從大君하여 往寺披閱佛經하고 合掌敬讀하니 士林이 笑之하다.

－世宗實錄 卷一百十六 25.2－

生員 兪尙諧 等이 上疏曰 臣等이 聞호니 妖僧 信眉가 矮詐百端하여 自謂生佛하고 陽爲修善之方이나 陰懷寄生之謀하니 其眩惑人心과 蓁蕪聖學은 莫之勝說이요, 且信眉之弟 校理 守溫이 以儒術著名이나 而助說異端之敎하여 依阿貴近하여 以資進取하니, 乞將守溫하여 正名其罪하고 特斬妖僧하여 以絶邪妄이면 則臣民이 咸知大聖人之所爲가 出於尋常萬萬也니이다 하다. 不報하시다.

司憲府啓에 臣等이 聞호니 往者 佛堂慶讚之時에 自大君으로 至于輿臺樂工까지 凡赴會者는 結契하니 假使結契者가 皆善이라도 尙且不可커든 況與僕隷之輩로 結契乎아. 請禁之하소서. 上曰 ‘結契者는 有誠心이면 則歸依요, 無誠心이면 則否이니 是豈爲臺官之所知乎’아 하고 不允하시다. 初慶讚之夕에 宣言키를 佛이 放光하

라라하고, 正郎 金守溫이 作文하여 極言佛功德之盛과 今日歸崇之至하다. 自大君으로 諸君 及 左參贊 鄭苯·判書 閔伸·府尹 朴堧·都承旨 李思哲과 下至 宦寺工匠까지 焚香誓佛하고 同作契라. 故로 憲府가 言之하니라.

— 世宗實錄 卷 124, 10·2 —

命首陽大君 世祖 諱 都承旨 李思哲하여 行藥師齋于佛堂할제 兵曹正郎 金守溫이 從之하고, 安平大君 瑢이 行水陸齋于大慈庵할제 少尹 鄭孝康이 從之하다. 守溫은 姦僧 信眉之弟也라. 酷好佛하여 深信其說이라. 恒言曰 '若讀佛經하여 得其旨이면 則大學·中庸은 特粗粕耳'라 하다. 孝康이 性이 傾邪剛愎하고 好佛甚篤하여 道에 見僧이면 則必下馬致敬하고, 與守溫으로 爲脣齒하니 凡有佛事면 必命之하다.

— 世宗實錄 卷 126, 4·1 —

등의 논의는 사뭇 비등하였다. 특히 『세종실록』 권121 세종30년 칠월조는 거의 내불당 기사로 차 있고, 의정을 비롯하여 육조는 물론 유생에게까지 파급, 마침내는 사부학생의 파업에로까지 이르렀고, 감히 '독부(獨夫)'라는 극소까지 곁들였다. 그러나, 세종의 비답(批答)은 시종여일 불보와 불윤 등의 조치이었음을 보면, 그의 성심은 하마 난위(媛位)에 이르른 지경이었다.

이 청신(淸信)은 삼국이래 사뭇 민족신앙으로 정착된 불교와, 그 숭봉을 짝한 신도를 「훈민정음」 유통보급에 동원시킨 영단을 빚어내는 진원이 되었다. 이는 한 자동점후 동문으로 시달리는 우리의 어음을 「훈민정음」으로 득신(得伸)하게 하여써 편어일용(便於日用)에의 가교를 삼는 동시에, 포교에의 복음을 삼아 창제한 국자의 실용을 다짐하고, 나아가서는 대중 특히 부녀자의 문맹퇴치를 도모한 공전절후의 단안이었다.

그러나 이 자주와 민주를 위한 성모(聖謨)가 모처럼의 국자인 「훈민정음」을 한갓 언문으로 굳히는 원위(原委)가 될 줄은 세종도 예점치는 못했다. 곧 세종의 의불(依佛)은 정주학으로 다져진 신진들로 말미암아 끈덕진 장애가 되었고, 세조의 귀불 역시 유가의 반발로 초점이 다소 흐려진 것만은 사실이었다. 게다가 숭유억불과 우문홍화(右文興化)의 승계로 말미암은 신흥의 기상은, 여염에 깊이 뿌리박은 복전마저 빼앗기는 위세이었으나, 그렇다고 수천년 동안 받들던 사상의 고향을 개역하기에는 아무래도 말미가 있어야 했다.

이 잠재의식은 세종27년(1446년) 3월 소헌왕후가 돌아가자, 그 추천을 위해 수양군으로 하여금 양나라 승우가 지은『석가보』와, 당 도의가 지은『석가씨보(釋迦氏譜)』를 거취합편하여『증수석가보(僧修釋迦譜)』를 찬수하고, 그를 정음으로 역주해서 사부대중의 삼보에의 귀의를 꾀하게 하고, 한편 정음의 시용을 위해 동년 7월 25일 인출한『석보상절』공 24권과, 세종이 그를 살펴보시고 친히 악장체의 찬불가 580여장을 (『월인천강지곡』권중과 권하가 전하지 않는데다『월인석보』또한 완전하지 않아 미상이다.) 몸소 지어 이를 동주자로 상자한『월인천강지곡』상·중·하 3권과, 다시 세조가 등극한 뒤 맏이의 참척을 당하자, 사사로운 슬픔과, 부모의 추천과, 대중의 敎化 등을 위해 기간의『석보상절』을 첨척하고, 다시 부왕의『월인천강지곡』을, 그 대목마다 큰활자로 상침하여 판각 반포한『월인석보』와 기타 갖가지 역경 등은 후대의 사판(寺板)까지 성행하게 하는 풍성을 자아내었다. 그러나 그 놀라운 착상과, 그 사무친 결정과, 그 도타운 후원과, 그 자상한 지도에 비겨 실효는 기대 밖으로 한갓 부녀자간에 통용을 보았다. 이는 고승대덕보다 승문거유(承文鉅儒)의 족출로 인한 사문(斯文)의 울홍에 말린 때문이니 생각사록 유한이다.

그러므로「훈민정음」에 의한 국역본은 계발을 위한 사다리는 듬직했고, 전도를 위한 선근은 오붓했으나, 선비를 위한 입문 번역서와, 과거를 위한 배영시책(培英施策)이 부실하여, 마침내는 스님과 학습의 독점이 되고 말았으니, 이『석보상절』은 진작부터 어려움을 앞세운 셈이다. 행여 유서국역(儒書國譯)과 병행만 했어도, 이를테면 『소학(小學)』을 비롯한 『내훈(內訓)』과 책을 보다 쉽게 번역해서 널리 보급하는데 힘썼더라면, 한글문화의 판도는 오늘의 황무지보다는 판이했을 것으로 믿어진다.

이 『석보상절』 상재에 관해서는 『월인석보』 제1에 머리한 중자(中字)의 「석보상절서(釋譜詳節序)」와, 버금한 대자(大字)의 「월인석보서」, 그리고 유석을 앞세운 당시의 찬반으로 해서, 그 시말을 추상할 수 있음은 참으로 다행한 일이다. 이제 다음 수항에 걸쳐 이 『석보상절』을 둘러싼 당시의 시비를 가리고 해제를 가름하기로 한다.

(1) 이 『석보상절』과 『월인천강지곡』의 초고가 국·한문 어느 것이었던가에 관해서는 한마디조차 없음은 진실로 의아롭다. 저 『용비어천가』에서도 그렇게 느껴지듯, 먼저 한문으로 초해서 이를 번역한 듯함에서다. 곧 『석보상절서』의 "우이정음 취가석해(又以正音 就加譯解)"를 자세히 살펴보면, 선성석역(先成釋譯)하고 후가역해(後加譯解)했음이 믿어지며, 또한 「월인석보서」의 "撰成 '釋譜詳節' 就譯以正音 俾人人易曉"의 대문으로 미루어도 '先撰後譯'임이 짐작됨에서다.

이 점에 관해서는 『월인천강지곡』도 한가지다. 이는 그 결구와 대우와 행문이 반역체임에서다. 물론 『왕조실록』에 명문이 없을 뿐 아니라, 기타 기기(記紀)에는 편린조차 기쳐 있지 않으므로 독단은 잠깐 삼간다. 하긴 정음반포로 말미암은 정음위선의 주체성이 이상하나, 그렇기 때문에 오히려 '先撰後譯'이 타당해진다. 이런 뜻에서 『석보상절』은 역주에 앞서 『증수석가보(增修釋迦譜)』가 바탕이었다고 보아진다.

(2) 다음 국립도서관 소장인 『석보상절』 제9 뒷 표지 내면지에 잔글씨로 쓴

"正統拾肆年貳月初肆日

嘉善大夫黃海道觀察黜陟使 兼兵馬都節制 兼海州牧事 臣申』

으로 따져, 『석보상절』의 간행년을 정통 12년(세종 29년…1447년)과, 14년 사이로 늦추는 억설의 대두는 한갓 호사가의 해석이다. 실은 『왕조실록』에 빠졌음이

의심의 진원이지만, 그렇다고 당시의 엄연한 간기조차 불신함은 과람하다. 이 덧없는 단편의 기록이 과연 그 당시 황해도 관찰사였던 신자근의 수적인지, 또는 후인의 첨서인지도 분변이 안 되는데, 그것을 마치 『석보상절』 간행의 일증으로 시인하기에는 다음의 각항이 너무 두드러진다.

① "……臣申"으로 보아 첩정(牒呈)이거나 기타 문서로 추단하지만, 그렇기에는 관인이 찍히지 않았고 수결도 없다.

② 후재(厚載)·선사본(宣賜本)이기에는 이를 신빙할 만한 기록이 있어야 하며, 받을 사람과 함께 수결도 곁들여야 된다.

③ 불사에 바친 발원의 표시라면 기명을 하지 구태여 '臣'자는 물론 성씨만 쓸 리가 만무하다.

④ 교정지의 보첩(報牒)이라면 하필 「제9」에만, 그것도 뒷표지 내면에다만 세서할 리가 만무하다.

⑤ 책주인의 자서라면 군이 '臣'자까지 써 넣을 필요가 없으며, 더구나 「제9」에다만 세서할 리가 없다.

⑥ 교정본으로서는 요지가 너무 양질이라 탓하기도 한다. 그러나 각 교정자의 사인이 장마다 어엿함을 보면 구태여 거론의 나위조차 없다.

이런 뜻에서 『월인석보』 서에 밝혀진 대로 인쇄에 부치기 위한 교본설이 빛을 받는다. 그러므로, 이 『석보상절』 제9에 써진 세서는 한낱 반고(反古)일 따름이지 「수양군서(首陽君序)」의 간기를 뒤엎을 고증에 인거될 방증은 되지 못한다. 따라서 초간 『석보상절』의 완질이나, 또는 기타 반증될 만한 새로운 자료가 나타나지 않는 한 『월인석보』에 전인된 간기 "정통(正統) 12년 7월 25일"은 엄연히 『석보상절』의 간년이다.

여기서 덧붙인 그 "정통(正統) 14년 2월 초4일"은 『월인석보』의 합편일자와 관계될지도 모른다. 한편 당착이지만, 김수온이 『석가보』를 증수한 「세종 28

년 12월 을미」조와 같은 항에 보면, 문제의 신자근이 중추원첨지사로 제수되었음이다. 게다가 김수온이 서반에 속한 오위의 부사직이고, 신자근 역시 서반이었으며,「세종 28년 3월」조에 보면 소헌왕후 심씨가 수양군제에서 돌아간 때는 세종이 몸소 판례빈시사 신자근 저에 이어한 기사까지 보이니, 한갓 기연으로 넘기기에는 너무 다사스럽다. 그러므로,

　① 혹 신자근이『석보상절』의 교정지를 거둬다가 장책해서 간수하였던 책이 아니었는가.

　② 신자근이 해주영에 조보되어 가서 조탑시에 산질을 보시했고, 세서는 그때에 씌어진 것이 아닌가.

　③ 교정과 가위로 자른 점으로 미루어보아,『월인석보』를 편집하여 인쇄에 쓰고 남은 잔존본이 아니었던가.

의 가설도 성립되지 않는 바 아니다. 더구나 이『석보상절』로써『월인석보』를 편집하고 남은 듯한『월인천강지곡』의 잔편이 잔존해 있음을 보면, 석남 송석하 씨의 탁견(조선서물동호회보)이 정당해진다.

　(3) 이『석보상절』이나,『월인천강지곡』은 동주자본이지만, 간혹 목활자가 섞여 있어 윤흔(輪痕)이 보임은 비록 구안이 아니라도 넉히 발견되며, 한자 또한 그런 활자가 한두 군데가 아니다. 이는 동주자본의 공통적인 흠이다. 그렇다고 아예「목활자본」이라고 폄기함은 실로 이해난이다. 특히 흥미로운 보기로는,

　그새 그 거우류엣 제 그르메롤 보고 우루믈 우니.

에서 'ㅏ'로 끝난 자는 자모가 한결같이 가지런치 않은데, 밑의 '루'자는 분명해서 목활자임이 드러나며, '루'자는 '루'가 아닌 '루'로 되어 있어 쓴웃음을 자아내게 하고 있다.

　여기에서 덧붙임은 주자라 하더라도 매자가 똑같지 않은 점이다. 이는 상례이다. 따라서 같은 쪽이 아닌 다른 쪽에서 같은 글자를 채취하여 합쳐 투시해 보면 금방 인지할 수 있다. 그렇다고 매자마다 다르다는 것은 아니다. 동일자가 많은 것

은 사실이나 판이한 글자도 자주 보인다. 본시 주자본의 특징은 착흑(着墨)이 고
르지 못하고, 자획이 무디며, 계선이 바른 점 등이다.

　이제 이『석보상절』간행의 경위를 파악하기 위해 고판본『월인석보』권1에 머
리한 수양군의『석보상절서』〔중자판〕와 세조의「월인석보서」〔대자판〕를 전인하
여, 그 시말을 각기 다잡아 보기로 하며, 아울러『월인천강지곡』과『월인석보』의 한
장을 보기로 보인다.

釋譜詳節 序

佛이 爲三界之尊ᄒᆞ샤 弘渡群生ᄒᆞ시니 無量功德이 人天所不能盡讚이시니라 世之
學佛者ㅣ 鮮有知出處始終ᄒᆞ니 雖欲知者ㅣ라도 亦不過八相而止ᄒᆞ니라 頃에 因
追薦ᄒᆞᅀᄫᅡ爰采諸經ᄒᆞ야 別爲一書ᄒᆞ야 名之曰「釋譜詳節」이라고 旣據所次ᄒᆞ야 繪
成世尊成道之迹ᄒᆞᅀᆞᆸ고 又以正音으로 就加譯解ᄒᆞ노니 庶幾人人이 易曉ᄒᆞ야 而歸
依三寶焉이니라
正統十二年七月二十五日에 首陽君 諱序ᄒᆞ노라.

月印釋譜 序

夫眞源이 廓寥ᄒᆞ고 性智湛寂ᄒᆞ며, 靈光이 獨耀ᄒᆞ고 法身이 常住ᄒᆞ야 色相이 泯ᄒᆞ며
能所ㅣ 都亡ᄒᆞ니 旣無生滅거니 焉有去來리오. 只緣妄心이 瞥起ᄒᆞ면 識境이 競動ᄒᆞ
거던 攀緣取著ᄒᆞ야 恒繫業報ᄒᆞ야 遂昧眞覺於長夜ᄒᆞ며 瞖智眼於永劫ᄒᆞ야 輪廻
六道 而不暫停ᄒᆞ며, 焦煎八苦 而不能脫ᄒᆞᆯᄊᆡ 我佛如來 雖妙眞淨身이 居常寂
光土ᄒᆞ시나 以本悲願으로 運無緣慈ᄒᆞ샤 現身通力ᄒᆞ샤 降誕閻浮ᄒᆞ샤 示成正覺ᄒᆞ샤
號ㅣ天人師ㅣ시며, 稱一切智샤 放大威光ᄒᆞ샤 破魔兵眾ᄒᆞ시고 大啓三乘ᄒᆞ시며 廣演
八敎ᄒᆞ샤 潤之六合ᄒᆞ시며 沾之十方ᄒᆞ샤 言言이 攝無量妙義ᄒᆞ시고, 句句ㅣ含恒沙
法門ᄒᆞ샤 開解脫門ᄒᆞ샤 納淨法海ᄒᆞ시니 其拯擹人天ᄒᆞ시며, 拯濟四生ᄒᆞ신 功德을
可勝讚哉아. 天龍所誓願以流通이시며 國王所受囑以擁護ㅣ니, 昔在丙寅ᄒᆞ야

昭憲王后ㅣ 庵棄榮養호샤놀 痛言在疚호야 罔知攸措호더니 世宗이 謂予호샤디 「薦拔이 無如轉經이니 汝宜撰譯釋譜」호라호야시놀 予受慈命호ᅀᆞ봐 益用覃思호야 得見祐·宣二律師ㅣ 各有編譜호디 而詳略이 不同커늘 爰合兩書호야 撰成「釋譜詳節」호고 就譯以正音호야 俾人人이 易曉케호야 乃進호ᅀᆞ보니 賜覽호시고 輒製讚頌호샤 名曰「月印千江」이라 호시니 其在于今호야 崇奉을 曷弛리오. 頃丁家厄호야 長嗣ㅣ 夭亡호니 父母之情은 本乎天性이라 哀慽之感이 寧殊久近이리오. 予惟欲啓三途之苦호며 要求出離之道인댄 此捨호고 何依리오. 轉成了義호미 雖則旣多호나 念此「月印釋譜」는 先考所製시니 依然霜露에 慨增悽愴호노라 仰思聿追컨댄 必先述事ㅣ니 萬幾縱浩호나 豈無閑暇ㅣ리오. 廢寢忘食호야 窮年繼日호야 上爲父母仙駕호ᅀᆞᆸ고, 兼爲亡兒호야 速乘慧雲호샤 迴出諸塵호샤 直了自性호샤 頓證覺地호시게호야 乃講劘硏精於舊卷호며 襃栝(原本 括) 更添於新編호야 出入十二部之修多羅호디 僧靡遺力호며 增減一兩句之去取호디 期致盡心호야 有所疑處ㅣ어든 必資博問호야 庶幾搜剔玄根호야 敷究一乘之妙旨호며, 磨礲理窟호야 疏達萬法之深原호노니 蓋文非爲經이며 經非爲佛이라 詮道者ㅣ 是經이오 體道者ㅣ 是佛이시니 讀是典者는 所貴廻光以自照ㅣ오 切忌執指而留筌이니라 嗚呼ㅣ라 梵軸이 崇積이어든 觀者ㅣ 猶難於讀誦커니와 方言이 贍布호면 聞者ㅣ 悉得以景仰호리니 肆與宗宰·勳戚·百官·四衆과 結願軫於不朽호며 植德本於無窮호야 冀神安民樂호며 境靜祚固호며 時泰而歲有호며 福臻而災消호노니 以向所修功德으로 廻向實際호야 願共一切有情과 速至菩提彼岸호노라 天順三年己卯七月七日序호다

(4) 이 『석보상절』 제23·24에는 『석씨일대기』는 물론, 다른 불경에서는 미처 보지 못한 대문까지 보여 여러 이목을 집중하고 있다.

진작 『석보상절』의 저본을 완전히 검색치 못했고, 또한 『증수석가보』의 실재의 유무조차 아득한 처지라 도시 어느 집전에서 취택했는지는 불분명하지만, 제23에는 주(周) 목왕(穆王)에 관한 일자가 보이는가 하면, 제24에는 느닷없이

우리나라의 기록까지 수재되어 있음은 진실로 놀랍다. 곧 석가의 열반에 다다라 동토에서는 서방의 이변을 점성으로 관상케 하였다는 대목이 있다. 이는 비록 세존에의 예우로 짐작된다. 따라서 장중에 주왕의 연기를 협주(夾注)한 점을 보면, 석존을 돋뵈기 위한 반역(反譯) 때의 장엄인 듯하다.

…그 저긔 東土앤 周 穆王이 셔엣더시니, 二月ㅅ 보롬 나래 모딘 ㅂㄹ미 니러 집도 ㅎ야 ㅂ리며, 나모도 것거디며, 地動ㅎ며, 西方애 힌 므지게 열 둘히 南北으로 ㄱㄹ ㅄ게여 잇더니, 穆王이 臣下ㄷ려 무르신대, 太史 扈多ㅣ솔ㅂㄷ「西方ㅅ 聖人이 入滅ㅎ시ᄂ 相이샤ㅅ이다.」

그리고, 제 24 중반에 반역된 「아육왕조팔만사천탑기」에서 팔만사천탑 중 진단 국(중국)에 19기가 있는데, 그중의 2기는 우리나라 전라남도 장흥 천관산과, 강원 도 회양 금강산에, 각기 1기씩 있다는 대문은 읽을수록 그저 새롭기만 하다. 이는 아마 집전에서 기이와 홍법을 보태고, 경율에서 이상(異相)과 전교를 습유하고, 사기에 전래되는 설화까지 간추려서 번역한 탓이 아닌가 생각된다. 이로서도 이 『석보상절』의 저본은 단순한 『석가보』의 국역이 아니라, 우리 전수의 손으로 증보 된 개편임을 알 수 있다. 더구나 승우율사(僧祐律師)의 안전(按箋)은 1자 밑으 로 조판(제23 44·1)되어 대문과 분별하였으며, 또한 별문인 경우는 꼭 ○표를 머리에 놓았는데, 이 대목은 아무 표지도 없이 문맥을 이은 점으로 보면,『석보상 절』은『석가보』의 재편이지만, 전래의 구전설화까지 채록한『증수석가보』가 따로 편찬되었음을 유추할 수 있다.

다음에 그 호젓한 대목을 분절해서 전인하여 동호와 더불어 경독키로 한다.

…阿育王이 舍利塔을 셰요리라 ㅎ야 四兵 ㄷ리고 王舍城의 가 阿闍世 王이 셰욘 塔앳 舍利롤 다 내숩고, 또 녀느 닐굽 塔앳 舍利를 다 내ㅿ방 金銀· 瑠璃·玻瓈로 八萬四千筒을 밍ㄱ라 舍利를 담숩고, 또 金銀·瑠璃·玻瓈로 八萬四千瓶을

ᄆᆞ라 그 舍利ㅅ 筒을 담ᅀᆞᆸ고 ㅼ또 無量 百千 幡幢·幞蓋로 밍ᄀᆞᅀᆞᆸ니라. 그 巴
連弗邑에 ᄒᆞᆫ 上座ㅣ 일후미 取舍ㅣ러니, 王이 그 上座의 가 닐오ᄃᆡ '내 ᄒᆞᄅᆞᆺ 內예
八萬四千佛塔을 閻 浮提에 셰오져 ᄒᆞ노이다.' 耶舍ㅣ 닐오ᄃᆡ '됴ᄒᆞ시이다.' 王이
바미 鬼神을 시겨 七寶ㅅ ᄀᆞᆯᄋᆞ로 八萬四千寶塔을 밍골오 取舍尊者를 命ᄒᆞ야 숞가
라ᄀᆞᆯ 펴아 八萬四千 가ᄅᆞ래 放光케 ᄒᆞ고 놀난 鬼神을 브려 ᄒᆞᆫ 光明곰 조차 가, 그
光明 다ᄃᆞ론 ㅼ사해 ᄒᆞᆫ날 ᄒᆞᆫ ᄢ의 塔을 셰라 ᄒᆞ니, 鬼神들히 닐오ᄃᆡ '뫼히 ᄀᆞ리여 서르
모ᄅᆞ거니 어느 ᄒᆞᆫ ᄢ의 셰리잇고.' 王이 닐오ᄃᆡ '너희 가 셰욜 야ᇰ으로 올히 ᄒᆞ야 이
시라. 내 阿修羅ᄅᆞᆯ 브려 月食ᄒᆞ게 ᄒᆞ면 四天下ㅣ ᄒᆞᆫ ᄢ의 부플 티리니 그 저긔 셰라.'
ᄒᆞ니, 그 鬼神 들히 月食ᄒᆞᆯ 저긔 八萬四千塔을 ᄒᆞᆫ ᄢ의 셰니, 그 塔이 震旦國에 잇
ᄂᆞ니 도 열 아호비니, 우리 나라해도 全羅道 天冠山과 江原道 金剛山애 이 塔이 이
셔 靈ᄒᆞᆫ 이리 겨시니라. (阿育王塔 이르ᄉᆞ보미 厲王이 마의 여슷찻 ᄒᆡ 戊辰이라.)

위의 비점의 대문을 단서로 삼아서 관계문헌을 섭렵해 보았으나, 기기에는 명증
이 없고, 유실된 「진휘속고(震彙續考)」 초록(권상로·한국사찰전서)에서도, 위와
같은 대목은 못내 찾지 못하였다.

특히 끝의 소주 여왕(厲王) 46년은 서력 기원전 833년이니, 주 여왕의 연기로
치면 46년이기는 하나, 실은 즈 공화왕 8년에 해당한다. 그러므로 거금 2,320년
전의 기사임을 덧붙여 둔다.

『세종실록』 권153 지리지 7·1 「강원도 회양 금강산」조에 보면, 이곡의 「장안
사비문」에 따라 '佛書 有無竭菩薩 所住之說, 世遂謂人間淨土'의 일록이
있고 「동국여지승람」에도 이의 전재일 뿐 자세한 기록은 안 보인다. 이는 저『대방
광불화엄경』 제보살주처품 제 32에 보이는 "爾時 心王菩薩摩訶薩 於衆會
中 告諸菩薩言 佛子 海中有處 名金剛山 從昔已來 諸菩薩衆 於中止

住. 現有菩薩　名曰法起　與其眷屬　諸菩薩衆千二百　常在其中　而演說
法"에 근거한 부연임은 거론조차 부질없다.

한편「천관산」조에도 한가지로 사리탑에 관한 기록은 보이지 않고, 다만 영통화
상의 현몽사만이 보일 뿐인데, 이능화 저『조선불교통사』하편(1039면)에는 이에
관련된 간단한 언급은 있다.

그러나 고기(古紀)에는 다음과 같은 명문이 있어 한가닥의 실마리를 엿뵈고 있
음은 진실로 다행한 일이다. 곧,『삼국사기』권4 신라본기 제4「진흥왕」조에 보면,

十年(545)春　梁遣使　與入學僧覺德　送佛舍利,　王使百官　奉迎興輪
寺前路.

＊이 대목의 연기가 어윤적 저『동사년표(東史年表)』와 이능화 저『조선불교통
사』에는 "眞興王十四年己巳"로 되어 있다. 이는『삼국유사』권3「전후소장사리」조
의 연기에 의거한 듯하다.
의 기사(紀事)가 보이며, 한편『삼국유사』권3「전후소장사리」조에 보면,

國史云　眞興王　大淸三年己巳(549)　梁使沈湖　送舍利若干粒.　善德王代
貞觀　十七年(643)　癸卯　慈藏法師　所將佛頭骨·佛牙·佛舍利百粒·佛所著
緋羅金點袈裟一領.　其舍利　分爲三.　一分　在皇龍塔,　一分　在大和塔　一分
並袈裟　在通度寺戒壇,　其餘　未詳所在…….

의 유록도 있으며, 기타 사지(寺誌)와 비명 등에도 이러한 소전은 으레 과시되었
다. 이제 그를 상세히 간추려 밝힌『조선불교통사』하편에서, 그 사리탑의 소재만
초록하면 다음과 같다.

　□ 달성군 팔공산 소재 동화사 금당탑 봉안세존사리
　□ 양산군 취서산 소재 통도사 금강계단 봉안세존사리
　□ 달성군 비슬산 소재 용연사 부도 봉안세존사리

□ 평창군 오대산 소재 월정사 13층탑 봉안세존사리

□ 태백산 소재 정암사탑〈속칭 수마뇌탑 역운갈래탑〉 봉안세존사리

□ 천안군 화산 소재 광덕사탑 봉안세존사리

□ 지리산 소재 대화사탑 봉안세존사리

□ 지리산 지노구봉하 소재 법계탑 봉안세존사리

□ 지리산 소재 대원사탑 봉안세존사리

□ 보은군 속리산 소재 법주사 세존사리탑

□ 해남군 대흥사 세존사리탑 봉안세존사리

□ 인제군 설악산 소재 봉정암탑 봉안세존사리

그러나 『삼국유사』 권3 홍법 제3 「遼東城 育王塔」조 끝머리에,

按古傳 育王 命鬼徒, 每於九億人居地 立一塔. 如是八萬四千於閻浮界內 藏於巨石中, 今處處有現瑞非一 蓋眞身舍利 感應難思矣. 讚曰「育王寶塔 遍塵寰 雨濕雲埋蘇絕斑 想像當年行路眼 幾人指點祭神墦.

의 중요한 기록이 있음을 보면, 위의 『석보상절』의 2탑관계 기사는 전혀 무근거한 언전(諺傳)만은 아니고, 이 『삼국유사』의 기록 등으로 말미암은 부연이 아닌가도 억측된다. 그런데 상기 『삼국유사』의 기사를 전인한 『조선불교통사』 하편 「조선아육탑」조 (1639면)에는 이에 보태서,

朝鮮之鷄龍山岬寺 頭輪山之大興寺(「大芚志」云 阿育塔 大小二塔 在挽日菴 庭中) 長興郡之天冠山, 信川郡之九月山, 靈嚴郡之月出山, 淸道郡之雲門寺, 麟蹄郡雪嶽山神興寺之西臺 皆有育王天眞塔, 或隱 或現 時有放光之瑞.

라 인거하고서, 조심스럽게 불연지토가 아니라서 신빙을 스스로 흐리는 주저까지

곁달았다.

상기에서 「천관산」조는 과연 어디서 연유했는지 미심하나, 다음과 같은 사기(私紀)는 보인다. 곧 퇴경 권상로 박사의 백년사업이었던 『한국사찰전서』(퇴경당전서)에서 『천관산』조를 들추어 보면, 출전의 명기는 없이 「지제산사적(支提山事跡)」이 초록되어 있어 좋은 단서가 되고 있다. 곧 감여서로 지금도 장흥에 헌전되는 계항거사 위백규(호 존재 정묘조인)저서인 『지제지(支提誌)』를 다음과 같이 전인해 놓았다.

「支提山事跡」云 夫天冠山者 其名 有四. 一曰佛頭, 靈威良多 烏鵲不敢飛過其上. 二曰 牛頭, 居東南隅海濱 於中有彌勒峰 眞聖住處 巉嶮而最靈 遐逖微路 遊觀緇白 難堪覬覦其境. 或漁艇幽人 往往竟夜 聞鼓鼗鼗聲 見燈圓光. 三曰 支提 四曰天冠, 前二皆此方所稱. 後二出『華嚴大經』也. 菩薩住處品「心王菩薩 告諸菩薩言 佛子 東南方有處 名支提山. 從昔已來 諸菩薩衆 於中止住 現有菩薩 名曰天冠, 與其眷屬 諸菩薩衆一千人 俱常在其中 而演說法.' 經'音義'云 支提 本是塔廟之名. 此山似之 故因以爲號. 此翻爲積集 謂是人天積集 無量福善之所也. 又翻生淨信號. 又翻爲可供養處. 又翻爲滅惡生善處也. 山之陽, 有纍石屹數仞者 西竺阿育王所建也.『大藏一覽』云'佛在世時 入王舍城乞食 見二小兒 一名德勝 二名無勝. 弄土而戲 擁以作城舍宅倉庫 以土爲麨 著於倉中. 見佛相好 德勝歡喜 掬倉中土 名爲麨者 奉上世尊, 而發願言'使我將來 蓋於天地 廣設供養, 緣是善根 發願功德'佛般涅槃 一百年後 作轉輪王. 王閻浮提 又云'八國 共分舍利 阿闍世王 得八萬四千 以金函 盛作百歲燈 藏恒河中'. 阿育王 得其國土 因於妬嫉 殺八萬四千宮人(「破邪論」云 吾佛滅後 一百一十六年 東天竺 殺八萬四千宮人 夜聞宮外哭聲. 王悔 收佛舍利役使鬼兵 爲造散 起八 萬四千寶塔 遍閻浮提) 於是消散. 比丘化王 王卽信悟 問比丘言‘殺八萬四千宮人罪 可得贖否’. 比丘言 ‘各爲人起一塔 下著舍利常得脫罪耳’ 王卽尋覓舍利 見燈常明, 舍利旣出 燈亦盡滅. 王怪而問 蓮華比丘云 ‘阿闍世王 裁量燈油 至取舍利乃滅’. 又問道人‘何處起塔’. 道人曰 ‘卽以神力 右手掩日光 作八萬四千道 散照閻浮提 所照之處 皆可起塔 作八萬四千 金銀琉璃 玻璨篋, 盛佛舍利, 又作八萬四千寶瓶 復成此篋, 又作無量百千 幢幡繖蓋 供養之具 勅諸鬼神, 於閻浮提 城邑聚落 一億家者 立塔一座 時有上座 名曰耶舍’. 王詣白言 ‘我欲一日之中 立八萬四千塔 迨閻浮提’. 上座答言 ‘善哉 剋十五日食時一時起畢’. 此塔居其一焉.

이밖에 『지제지』에서 ‘아육왕탑’조를 보면, “阿育王塔 在蓮花洞西嶺, 巨石疊柱五層 孤立天半, 最於晴嵐半捲時 隔壑遙望 眞絶觀也. 第四層相疊處 一邊空缺 有長石片 如犁形者 橫駕支之 恰如人爲. 僧諺‘阿育王 以鐵片支之者’. 好事者 攀躋中臺 以杖叩之 正作鐵聲 殊可怪也. 佛說釋迦佛言 ‘我滅度後 閻浮提諸名山 三劫不沴之地 訪吾與迦葉燕坐處 立塔供養’ 阿育王 遂役神兵 建立寶塔 藏佛舍利 此其一也. 塔下 小石臺 是迦葉宴坐石, 其東下 石峰屼嵆者 名迦葉峰. 宣廟朝 塔上層 一半折墜焉”의 소견이 뚜렷하고, 또한 「석전」조에는 “佛告菩薩云 海東有支提山, 天冠菩薩 與其眷屬 常住其中 演說法會”(법화경)와 “支提山 放光界 天冠 海會諸菩薩”(향수해)라는 정서도 보인다. 그리고 「천관」조에는 “佛書 海東支提山 天冠菩薩 所住”라 부연하여 놓았고, 다시 「지제」조에서 “佛說 支提 塔廟之名, 此山形 似之支提, 此云積集福善也”라고, ‘지제’의 어의까지 설명하여, 천관산의 불역임을 입증해 놓았다. 그러나 법보로 받드는 『고려대장경』과는 연관이 없음은 이상하기만 하다.

이상은 『석보상절』 제24에 보이는 ‘아육왕탑’ 건과 부합되는 유록으로, 그 진안은 차치하고, 그 전래를 고구하여 이 분사리사를 이해함에 있어 둘도 없는 좋은 기기들이다.

상술로 미루어 보아도 『석보상절』은 오로지 한역 『석가보』의 반역만이 아니라, 온갖 집전까지 참고하여 그 이상(異相)을 간추려서 홍법에 이바지하였고, 그 기이를 덧붙여 우리의 원력으로 꾸며진 『석가보』라는 일설의 성립이 안 되는 바도 아니다.

(5)이 『석보상절』이 세종의 명을 받들어 수양대군의 주재하에 완성되고, 『월인천강지곡』이 세종의 친제가 아니라는 의심의 제기는, 오직 만기호한(萬機浩瀚)이라는 짐작만으로는 원만치 못하다. 만일 이 『석보상절』이 한갓 수양군의 주관이라면, 목판본 『월인석보』 권1 팔상도 뒤에 별장으로 머리한 "今上纂述釋譜詳節 慈聖王妃 共成佛果"의 전패까지 머리할 까닭이 없을 뿐더러, 연기(年紀)까지 밝힌 수양대군의 친서마저 붙일 리가 없다. 또한 『월인천강지곡』 역시 한가지다. 만일 이것이 봉명소제(奉命所製)라면 현전하는 목판본 『월인석보』서의 "輒製讚頌 名曰 '月印千江'"이 전혀 근거가 없으며, 한편 어제(御製)가 아니라면 하문(下文)의 "其在于今 崇奉曷弛"의 감개와 "念此 『월인석보』 先考所製 依然霜露 慨增悽愴"이라는 사친의 눈물 먹음이 될 리가 만무하다. 더구나 "世宗御製 '月印千江之曲' 昭憲王后 同證正覺"의 전패를 받들어 머리할 계제도 못 된다.

또 '월인석보'에 보면, 『月印千江之曲』은 대자로 다루었고, 『석보상절』은 중자로 다룬 점도 두 책의 연관을 웅변하는 호증이다. 게다가 세종은 신숙주가 『동국정운』서에 지적하였듯이 '奉承未達 每煩指顧 乃因古人編韻 定母 可併者 併之, 可分者 分之, 一併一分 一聲一韻 皆禀宸斷 而亦各有考據'의 세심한 영주였음을 명기하지 않을 수 없다. 비록 그의 시장(諡狀)에는 "聖德巍巍 人不能名. 時稱海東堯舜 晚年 雖或有以佛事言者 未嘗一燒香禮佛 終始以正云"(세종실록 권127 36·2)이라고 그의 신앙을 굳이 흐리고 있지만, 그 학문과 그 성충의 일단으로 따져 보아도 명제(命製)라는 의심조차가 도리어 송구스러울 정도의 기울음이었다.

한편 세종 말년의 내불당 관계 실기인 『사리영응기(舍利靈應記)』에 의하면, "上之三十有一年 秋七月十九日癸卯 (『세종실록』에는 30년임) 傳旨于議政府曰 太宗 常建佛堂 於文昭殿之側, 所以追冥福 於列聖者也. 文昭殿 今旣徙建 而佛堂未營, 予恐墜先王之願"을 개탄하여, 그 벌떼 같은 국론을 불고하고 "卜地于宮城之北 始於七月二十八日 壬子, 畢於十一月二十日 壬寅, 總二十六間 凡百制度 極一時之盛"의 장려를 과시했고, 다시 "初太祖康獻大王 以黃金 鑄三身如來 未就而賓天"이 사무쳐, 교야(巧冶)를 거느려 '약사·미타·보살·나한'상을 주성하게 하고, 또한 신미(信眉)와 김수온으로 하여금 「삼불여참문(三佛禮懺文)」을 찬진하게 하고, "親制新聲 仰鴻慈之曲·發大願之曲·隆善道之曲·妙因緣之曲·布法雲之曲·演甘露之曲·依定慧之曲, 其樂章 則有九 曰歸三寶·曰贊法身·曰贊報身·曰贊化身·曰贊藥師·曰贊彌陀·曰贊三乘·曰贊八部·曰希冥資"의 가락과, 수양대군이 신보를 받들어 '악자(樂者)·가자(歌者)·무자(舞者)'를 거느려, 11월 28일에는 마침내 재계를 올리고, 12월 초이틀에는 "百官 禁刑戮 屠殺"의 엄지가 추상 같았고, "所在大衆 無問貴賤 共入佛前"의 사례였음을 괄목할 일이다. 더구나 이러한 불사에는 으레 안평과 수양이 선도였음은 예사론 기사가 아니니, 모두 세종과 세조의 신심을 좌증하는 불이의 호증이다.

(6)하물며 '주관(主管)'이란 추단은 더욱 부당하다. 『월인석보』서에 엄연히 "…世宗 謂予'薦拔無如轉經 汝宜撰譯釋譜', 予受慈命 益用覃思…"가 엄연한데, 구태여 '실무'와 '주관'을 가릴 만한 기록이 어디에 있는지 실로 의심된다. 자고로 어제(御製)라면 대찬은 상식이다. 그러나 대문은 고사하고 현토에서도 "輒製讚頌ᄒᆞ샤 名曰 '월인천강이라 ᄒᆞ시니"가 엄연한데, 별반 변증도 없이 의심을 하는 그 진의를 모르겠다. 이는 아마 『세종실록』권 114 21·

1에 보이는 "命副司直 金守溫 增修'釋迦譜'"의 기사와,

> …金守溫은 承文院校理이라 守溫은 素佞佛者也라 其兄 僧信眉가 造飾僧道하
> 여 得幸於上하니 守溫이 夤緣左右하여 交結 首陽·安平兩大君하여 反譯佛事하
> 고, 若有內佛事면 則與司僕少尹 鄭孝康으로 瞑目兀坐하고, 竟日徹夜하여 合掌
> 念經하여 唱佛說法호대 略無愧色이요. 又常誘大君曰 大學·中庸이 不及法華·
> 華嚴의 微妙라하니 諸大君이 以爲忠於上한대, 上이 特命除政曹러니 會無窠闕하여
> 姑授提職하다.

> …金守溫이 守兵曹正郎 知製敎하다. 守溫이 能詩文하고 性이 酷好浮屠하여
> 夤緣得幸하여 以前直長으로 不數年에 超拜正郎하다. 嘗以未爲製敎로 爲恨이러니
> 至是에 特授之하다. 凡守溫의 除拜는 率非詮曹所擬요 多出內旨하다. 上이 連喪
> 二大君하고 王后繼薨하여 悲哀憾愴하니 因果禍福之說이 遂中其隙이라. 守溫兄
> 僧信眉 倡其妖說하고 守溫이 製讚佛歌詩하여 以張其敎하다. 嘗大說法會于佛
> 堂하고, 選工人하여 以守溫所製歌詩로 被之管絃하여 調閱數月하고 而後用之하다.
> 上之留意佛事는 守溫兄弟의 贊之也라.

등의 내용과 「월인석보서」 20·1의 '有所疑處 必資博問'조 협주에 보이는,

> 묻ᄌᆞ오신 사ᄅᆞᄆᆞᆫ 慧覺尊者 信眉와, 判禪宗事 守眉와, 判敎宗事 雪峻과, 衍
> 慶寺住持 弘濬과 前檜菴寺 住持 曉雲과, 前大慈寺住持 智海와, 前逍遙
> 寺住持 海超와, 大禪師 斯智와, 學悅와, 學祖와, 嘉靖大夫同知中樞院事
> 金守溫괘라.

등의 상주가 빗나간 빌미인 듯하나, 완전하는 수양군의 서문에다가 보기 드문
연월일까지 뚜렷한데도 불구하고, 사사로운 견해를 보탬은 첨족이라 아니할 수
없다. 부언하지만 굳이 칠석(七夕)을 택한 「월인석보서」도 주목쳐다.

  이상으로 미루어 보면, 이 『석보상절』은 치열한 대간의 모진 눈총을 물리치고 이룩한 과업으로, 이에는 세종의 신념과, 당대의 명석과 거유의 연박이 날이 되고, 봉명한 수양과 안평 양 대군의 정근이 씨가 되어 완성을 본, 우리나라의 석가보임을 짐작하게 한다.

  이제 『석보상절』의 대강을 일괄하기 위하여 현존하는 국립도서관 진장인 제6·9·13·19와 동국대학교서관 진장인 이 제23·24와 영남대학교 심재완 교수 소장인 복각본 『석보상절』 제11과, 겸하여 이후 새로 발굴된 제3·제20·제21과 또한 목판 『월인석보제』11, 제12, 그리고 제22에 실린 『석보상절』 부분을 그 내용을 요약해서 일람해 보인다.

現存 釋譜詳節 一覽

(明朝體 數字는『月印釋譜』)

卷數	版別	張數	所藏	內容 및 底經	月仁千 江之曲	摘要
一	鑄字	—	大邱	釋迦譜 卷一 釋迦賢劫初姓緣曇緣譜 第二		鑄字本을 現藏하고 있다 하나 尙未得
一	木板	—	西江大 圖書館	過去現在因果經 第一等	其1~11	見. 月印釋譜 初刻本은 1972년 西江大 에서 影印. 1568년간 豐基 喜方寺版 등 後刷本은 多傳
二	本板	—	〃	釋迦譜 卷一 釋迦降生釋種成佛緣譜 第四	其12~29	—
三	木板	四三	千炳植	釋迦譜 卷一 釋迦降生釋種成佛緣譜 第四 釋迦氏譜 法王化相(明法王下降迹)	其30~36	1985년 亞細亞文化社縮寫影印注 解(千炳植)
六	鑄字	四七	國　立 圖書館	釋迦譜 卷二 釋迦子羅云出家緣記 第十三 釋迦譜 卷一 釋迦降生種種成佛緣譜 第四 釋迦譜 卷三 釋迦祇洹精舍緣記 第二十	其145~其175	1961년 「한글학회」에서 縮寫影印(「한 글」誌에 連載)

七	木板	一	東國大 圖書館	釋迦譜 卷二 　四分律 第四卷 阿那律跋提出家緣記 釋迦譜 卷二 　雜寶藏經 第八卷 佛弟難陀出家緣記 佛說觀佛三昧海經 第七卷 龍王羅刹歸佛緣 記 鳩摩羅什 譯 佛說阿彌陀經	其177～其211	1572년간 豊基 昆盧寺版. 東岳語文學會 原尺 複寫版 刊行 1607년간 安東 中臺寺版의 後刷本이 石南 臨募의 암보니아版. 延世大學校에 서 이를 縮寫한 影印本이 있음
八	木板	一	高麗大 圖書館	佛說無量壽經 韋提希夫人滿願緣記 佛說無量壽經 法藏比丘四十八大願緣記 安樂太子經 鴛鴦夫人極樂往生緣記 　　　（祇林寺 緣起）	其212～其250	1572년간 豊基 昆盧寺版. 石南이 臨慕 한 原本은 1607년刊으로 安東 中臺寺 版 後刷本임. 이 암모니아版을 延世大 學校에서 縮刷한 影印本도 있음
九	鑄字	四一	國　立 圖書館	玄奘 譯 藥師瑠璃光如來本願功德經 全譯	其251～其260	1961년 「한글학회」에서 縮寫影印

九	木板	－	梁柱東	－		延世大學校에서 縮寫影印
十	木板	－	染柱東	釋迦譜 卷二 釋迦父淨飯王泥洹記 第十五 釋迦譜 卷二 釋迦姨母大愛道出家記 第十四 大方便佛報恩經 卷五 慈品 第七 大雲輪請雨經 卷二 龍王宮說法緣記	其261～其266	延世大學校에서 縮寫影印 （末尾 一張缺）
十一	木板	四三	沈載完	釋迦昇忉利天爲母說法 地藏菩薩本願經 卷上·下 全譯		1963년 靑丘大學에서 縮寫影印
十一	木板	－	〃	釋迦譜卷三 優塡王造釋迦栴檀像記 第甘三 釋迦譜卷三 波斯匿王造釋迦金像記 第甘四 大方便佛報恩經 卷三(波羅捺王子傳) （忍辱太子傳） 大方便佛報思經(鹿母未人傳)	－	世祖朝 學祖 譯으로 1569年 刊과 1745年 刊「地藏經諺解」등이 있음
十一	木板	百三十	金敬淑	妙法蓮華經 卷一 序品 第一 方便∴第二	其272～275	

十二	木板	五一	金敬淑	妙法蓮華經　卷二　譬喩品　第三	其276～其278	
十三	鑄字	六三	國立圖書館	妙法蓮華經　卷一　序品　第一　方便品　第二		1961년「한글학회」에서　縮寫影印
十三	木板	-	延世大圖書館	-	-	
十四	木板	-	延世大圖書館	妙法蓮華經　卷二	-	-
十七	木板	-	寶林寺 延世大圖書館	妙法蓮華經　卷六　如來壽量品　第一六　如來壽量無邊緣記 妙法蓮華經　分別功德品　第十七　如來功德無邊緣記 妙法蓮華經　隨喜功德品　第十八　法師功德品　第十九 妙法蓮華經　卷七　常不輕菩薩品　第二十　常不輕菩薩本生緣記	其310～其317	1972년　全南　長興　寶林寺에서　完本　出現. 東岳語文論集　第8輯에　壽陀寺本의　落張分만　縮寫　附錄. 壽陀寺本은　延世大에서　縮寫影印(江原道　洪川　壽陀寺　所藏)

十八	木板	－	〃	妙法蓮華經 券七 如來神力品 第廿一 如來神力無邊緣記 妙法蓮華經 囑累品 第廿二 如來付囑蓮經緣記 妙法蓮華經 藥王菩薩品 第廿三 妙法蓮華經 妙音菩薩品 第廿四 妙音菩薩讚佛緣記	其318～其324	
十九	鑄字	四四	國 立 圖書館	妙法蓮華經 卷六 隨喜功德品 第十八 法師功德品 第十九 妙法蓮華經 常不輕菩薩品 第二十 如來神力品 第二十一	―――	1961년 「한글학회」에서 縮寫影印
廿一	木板	－	李丙疇 沈載完	地藏菩薩本願經 全譯	其412～其429	1542년 간 廣興寺版과, 1569년 간 雙溪寺版 後刷本이 多傳

番號	種類	張數	所藏	內容	其500~其519	備考
廿三	鑄字 木板	五九 (前落二張) 後半 殘存	東國大 圖書館 延世大 圖書館	釋迦譜 券三 阿育王弟出家造釋迦石像記 釋迦譜 券四 釋迦雙樹輕涅槃記 釋迦譜 券四 雙卷大般泥洹經 釋迦譜 券四 釋迦八國分舍利記 釋迦譜 券四 釋迦天上龍宮舍利寶塔記 釋迦譜 卷四 釋迦龍宮佛㿋塔記 等	其500~其519 ——	東國大學校 東岳語文學會에서 原尺影印 復元 1559년 간「月印釋譜」第廿三 後半 殘存에는「目連經·盂蘭盆經」이 들었음. 延世大學校에서 縮寫影印
二十	鑄字	五三	金氏	妙法蓮華經 卷六 囑累品 第二十二 妙法蓮華經 卷六 藥王菩薩本事品 第二十三 妙法蓮華經 卷七 妙音菩薩品 第二十四	——	——
廿一	鑄字	六五	禹燦奎	妙法蓮華經 卷七 觀世音菩薩普門品 第二十五 妙法蓮華經 卷七 陀羅尼品 第二十六 妙法蓮華經 卷七 妙莊嚴王本事品 第二十七 妙法蓮華經 卷七 普賢菩薩勸發品 第二十八	——	——

廿二	木板	七二	金宗圭	大方便佛報恩經 第四 惡友品 第六	其445～其493	1985년 「現代文學」6월호 全文注 (金英培)
廿四	鑄字	五三 (後 落 一張)	東國大 圖書館	釋迦譜 卷五 阿育王造八萬四千塔記 釋迦譜 卷五 釋迦獲八萬四千塔宿緣記 釋迦譜 卷五 阿育王息法益壞目因緣經 等	———	東國大學校 東岳語文學會에서 原尺 影印 復元
廿五	木板					

＊1991년 釋譜詳節 第六·九·十一 1冊　　　　세종대왕기념사업회 縮寫影印

釋譜詳節 第十三·十九 1冊

3

무릇 불경의 국역본에는 한자음 표기에 있어 『동국정운』에 따른 개신음을 붙인 점과, 정확을 기한 사성표(四聲標)의 베풀음이 특이하며, 또한 한투어(漢套語) 아닌 고유어의 사용이 행문을 청신하고 평이하게 하였다. 게다가 기복을 떠난 사명감과, 의욕에 앞선 신실이 역경으노의 진가를 간단없이 풍김이 그 특징이요 자랑이다.

특히 최초의 역경인 『석보상절』에는 이 점이 더욱 뚜렷해서 간경도감판보다 윗길이니, 일컬어 역경의 표본이라 할 수 있다. 하물며 이 제 23·24는 설법보다도 문답이 태반이고, 그것도 문어(文語)가 아닌 구어(口語)로의 서술인 만큼 경율을 쉽게 깨침을 앞세운 고유어가 지천이며, 오가는 대화 속에 담긴 갖가지 낱말과 어법과 음운의 변이가 타에 비겨 훨씬 생생하고 풍부하며, 또한 처음 사용한 산문체로서 서술의 묘체를 뜻대로 구사한 그 문력이 하도 가멸차서 15세기 우리의 어문학연구서로도 가장 값진 보고이다.

더구나 이 제 23·24는 신화적인 태초의 설화가 아니고, 또한 온오한 교리의 연역도 아님이 주목의 대상이다. 곧 석씨가를 둘러싼 내외의 건사가 주문이므로, 이른바 장편서사시와도 같은 점이 한결 흩지며, 교화를 위한 조심과 신성을 위한 기사를 참되게 엮어 옮긴 솜씨는, 숫제 신주와 감통마저 불러 일으키니, 그 자외(字外)의 흡인은 아예 현대의 산문시를 읽는 느낌을 자아낸다. 이는 아마 나만의 아당은 아닌 듯 싶다.

항용 이와 같은 책이 풍기는 공통된 결함은 맹랑한 이상(異相)과, 치우친 전도와, 지나친 권선과, 돋뵈는 즛악인데, 이 『석보상절』은 그런 작위의 짐짓이 덜하고, 오히려 실상을 순수하게 옮겨 담은 결집이므로, 명편이자 명역임에서 일창삼탄

(一唱三嘆)의 감탄마저 감돈다. 따라서 현재도 독자로 하여금 그 도타운 신실과, 넘도는 감응에 훈목(薰沐) 케 한다. 그러므로 이 국역은 거장의 거룩한 사명감이 걸러낸 신앙의 앙금인 동시에, 제불의 비호로 이룩된 감로(甘露)가 분명하다. 이런 뜻에서, 이 『석보상절』은 바로 조선왕조 불교가 간추려 엮어 낸 우리나라의 『석가보』이며,『월인천강지곡』은 가락의 정리로 마물러진 우리의 '찬불가'라 받들어 마땅하다.

이렇듯 『석보상절』은 학불의 바탕이자 전도의 전제이다. 서지학상으로는 국문주자를 쓴 활판본으로서 아직은 최고의 희구본이고, 국어학상으로는 낱말과 어형과 음운의 변화가 타와 대거가 안 될 만큼 넉넉하고, 국문학상으로는 국어로 엮어진 최초의 산문체이며, 이른바 구어로 문답한 해묵은 언해체인 점 등으로 해서, 다각적으로 찬연(鑽硏)의 가치를 지닌 옥설(玉屑)이라 하겠다.

본시 한역불전의 장래는 순도의 전경으로 그 속등의 씨가 져서 점차 전통적인 배천사상(拜天思想)과 맞섰고, 다시 교린상 잦아진 사절의 내왕으로 백제와 신라마저, 그 자리(慈理)로 물들어 거나한 삼국의 찬란을 가져왔다. 이 계통은 삼국통일을 즈음해서 더욱 흥륭하여 그 우람스런 영인발심성(令人發深省－나로 하여금 깊은 반성을 자아내게 한다)의 메아리는 마침내 국교로까지 번져 신라와 고려의 천년을 누리었고, 나아가는 조선왕조 초기의 난만을 자아내었으니, 실로 숭유억불의 국론이 무안할 정도이었다.

이는 고승대덕의 전도와 반연취착(攀緣取著)한 전도자의 보시로 말미암은 보탑이니, 오늘에 앉아 바라면 그제의 전등이 그저 자랑스럽기만 하다. 그 국력을 기울인 방대한 『고려대장경』의 상재(上梓)와 잇달은 경집의 판각은, 그 의불(依佛)의 보람표인 동시에 일취월장하는 인쇄문화의 과시였다. 더구나 조선왕조 초기의 거창한 역경사업은 대중불교에의 거점을 확보하는 한편, 국어국문학 발전에도 보람찬 울력이 되었다. 이런 인연에서 이 『석보상절』은 세절할 요건이 골고루 갖춰져 있는 우리의 고전연구의 금자탑이다.

① 이『석보상절』제 23·24는 국립도서관 소장본과 같은 동주자 활판본으로 사주단변(四周單邊) 무계(無界) 매엽(每葉) 8행, 매행 15자의 배자로, 책의 크기는 처음의 소장자가 낙서한 뒤 대를 물려받은 새 임자가 천지를 0.2cm가량 도련해 냈으므로, 천(天)이 32.5cm, 지(地)가 20.8cm의 중본이다. 판광(板匡)은 세로 22.2cm, 가로 15.8cm이며, 나비는 흑구내향어미(黑口內向魚尾)요, 요지는 닥[楮]와 고정(藁精)을 들섞은 특수지라 침두의 자취는 없다. 그리고 주자는 한자(漢字)가 세종 16년(1434) 신주한 갑인범동주자의 중·소자로, 중자의 크기는 대개 1.5cm×1.4cm요, 소자는 1.2cm×0.8cm이다. 한편 정음동주자는「훈민정음」의 시용을 거쳐 '·'자 외의 모음자형은 전용에 편케 개신한 고딕체 대·중·소자의 활자로, 대자는 대문에만 쓰고, 중·소자는 한자음 표기에 전용한 세획의 고딕체와, 협주에 쓴 길쭉한 서서 고딕체의 2종이 각용되었음은 대중으로도 판별할 수 있다. 이 정음동주자의 크기는 균일하지는 않지만, 대개 세로가 4.4cm에 가로가 1.5cm의 대자와 1.3cm×0.8cm의 중자와 1.0cm×0.2cm의 소자로 3종이 분별 사용되었다.

그런데, 이『석보상절』은 한자(漢字) 밑에 국음을 정음으로 협주했지만,『월인천강지곡』은 반대로 국음을 선용하고 한자를 소자로 협주했다. 그러니까『월인천강지곡』은 정음창제의 이념을 드세우고, 그 시행의 보람을 시범한 유일본이다. 딴은『용비어천가』가 있지만 이에는 미치지 못한다. 그 국문 위주의 과단이 잗달은 기호 같지만 여간한 신념이 아니고서는 어림도 없는 혁신이다. 더더군다나 어제(御製)요, 국가(國歌)인 흠정(欽定)임을 상기할 일이다. 이렇듯 적극을 보인 세종이 승하하자, 그 도약의 궤적을 잃어『월인석보』를 비롯한 간경도감판의 모든 국역본이 한자위선으로 환원되었음은 정음 전용을 위해 안타까운 분기이었다. 물론 번역이라는 장애도 있었겠지만,『석보상절』을 개찬한『월인석보』와 대비해 보면, 이념상의 차질보다도 시류에의 영합이 우선했음을 알 수 있다.

사실 국문 위주의 문적을 검찰해 보면 왕양(汪洋)의 학력과, 천종의 노숙이 파

324

다했음을 익히 알 수 있다. 거기엔 국문으로도 한문에 대응할 만한 계경(階逕)을 다지고 남았다. 여기에서 『용비어천가』와, 『월인천강지곡』이 구김없이 엮어질 수 있었다. 앞에 든 『사리영응기(舍利靈應記)』 말미에 보면, 참재자 명단에 차자 대신 한글이름이 섞여 있다. 이렇게 국자상용을 다지었건만 수천년 묵은 관습을 불식할 예기가 무디어져 마침내는 한자위선의 『월인석보』가 개편되었고, 기타 간경도감판 역시 거치른 시조에 따라야 했다.

② 국립도서관 소장의 『석보상절』은 교정본인데, 다른 교정본에서처럼 교정(校正)의 주인(朱印)이 찍혀 있지 않은 것을 보면, 교정해서 따로 판간에 부치기 위한 종본이란 설이 수긍된다. 이제까지 필자가 눈여겨 본 바에 의하면 교정본이라고 특이하진 않고, 첫장 판광 우상 운두에 교정(校正)인이 찍혀 있을 뿐이다. 곧 동국대학교도서관 소장인 교정본으로서 천순판 『능엄경언해』(을해자본 초쇄고본)와, 간경도감판 『영가집언해(永嘉集諺解)』와 서강대 소장 『월인석보』제1 등을 보면, 교정의 흔적은 있어도 교정자의 서명은 보이지 않는다. 그러나 국립도서관 소장 『석보상절』에는 서명이 거의 장마다 베풀어져 있다. 그를 낱낱이 점검해 보면, 교정자는 모두 4인으로 다음과 같다.

金重賢……(仲賢) (正大) (大)
友　仁……(友) (仁)
韓衆伊……(衆伊) (伊)
朴治孫……(治孫) (朴티손)

더구나 제6 34·1에는 '9월 12일'의 교정일자인 듯한 일자까지 적혀 있음은 자못 주목된다. 이는 훈민정음의 시행과 홍포를 위해 국역본에 쏟은 면밀을 증명하는 잔흔들이다.

그리고 덧붙이지만, 국립도서관 소장본은 연전에 갱의할 무렵, 제첨까지 별지로 붙었던 고창한 표지 대신에 다른 비단 표지로 바꾸어 김태석 씨의 제자로 갈아 붙이었으며, 천지를 감히 도련까지 해냈기 때문에 책의 고(高)가 약2mm쯤 잘려졌고, 그 체재도 일신되었다. 따라서, 이 제 23·24가 출현하기 전까지만해도, 그 제6·13 편차 아랫 마구리에 씌어 있던 예의 '공卅四'로서, 이 『석보상절』의 총권수를 추정했던 흔적은 없어지고 말았다. 이러구러 아쉬운 마음 감출 길 없다.

③ 다음은 이 『석보상절』과 『월인천강지곡』 권상에 쓰인 고딕체의 동주자를 목활자로 매김하는 점이다. 이는 세찰을 던 짐작의 관견으로 안다. 이 발단은 이인영 씨의 「을해자고」(조선서물동호회보 제17호)에서 비롯해서 김두종 박사의 「한글활자고」(최현배선생환갑기념논문집) 등으로 굳어져, 이렇다 할 고증도 없이 여러 '해제'에 전용됐고, 갖가지 '전시목록'에 그랬 고, 심지어는 '전저(專著)'에조차 그에 따랐다. 고작 '?'로 다소의 언손(言遜)을 표했으나, 역시 애매한 답습이 분명하다. 실은 주자본의 어떤 장에서든지 같은 글자를 골라 전사(轉寫) 확대해서 포개어 투시해 보아도 목활자가 아님은 스스로 판별될 줄로 안다.

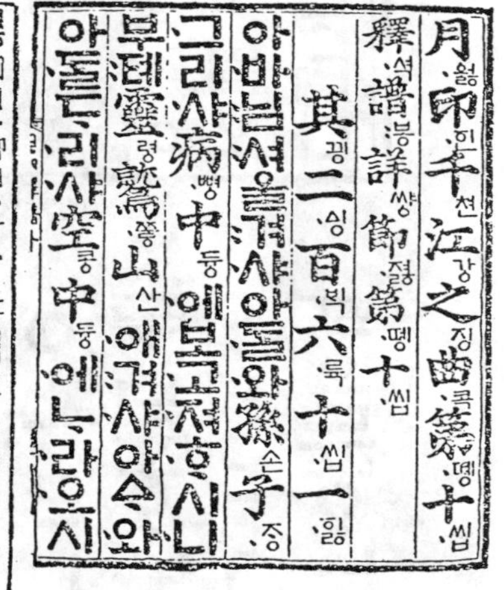

月印千江之曲

月印釋譜

圖 1：釋譜詳節　第 廿四 27·1

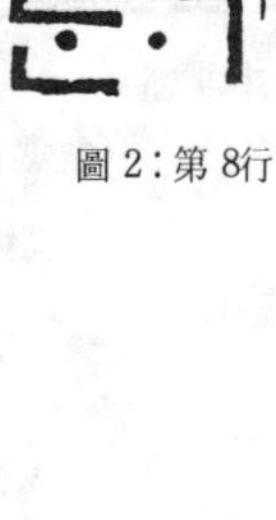

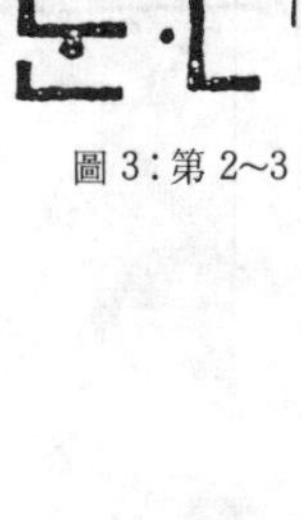

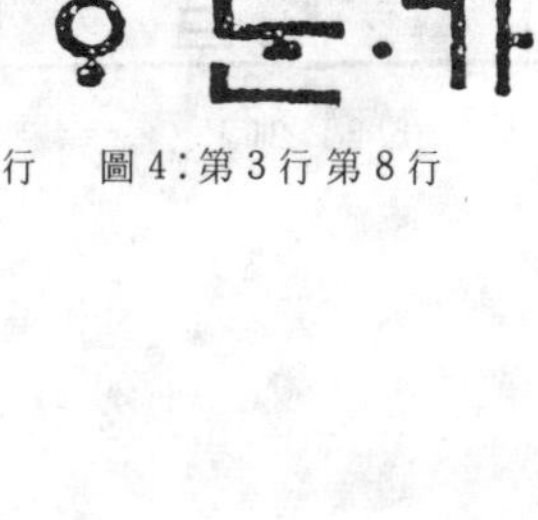

圖 2：第 8行　　圖 3：第 2～3行　　圖 4：第 3行 第 8行

또한 위에든 그림 ①과 ②와 ③과 ④로 보인 바와 같이, 1행을 반분해서 타와 부합 실측해 보면, 이『석보상절』에 쓰인 주자는 목활자가 아님이 입증될 줄로 안다. 만일 이것이 목활자라면 아무리 공수(工倕)의 장술(匠術)인들 위의 그림과 같이 동부(同符)일 수는 없다. 더구나 'ㆁ'자와, 'ㅇ'자와, '•'자, 그리고 'ㅎ•' 자 등의 일치를 자세히 살필 일이다. 혹 본을 떠가지고 오늘과 같은 정밀한 조각기로 팠다면 모르지만, 530여년전 수민(手民)의 솜씨로서는 어딘가 하자가 나거나, 각차(刻差)가 생김이 통례다. 따라서 이『석보상절』과『월인천강지곡』권상에 쓰인 고딕체 주자를 동활자가 아닌 목활자로 의심을 품음은 착인이다. 그러므로, 이 동주자본을 놓고서,

㈀ '礫'이 하도 날카로워 목각이 아니고서는 그럴 수 없다.

㈁ '掠'이 예리해서 범동(范銅)으로는 그렇게 바자로울 수는 없다.

㈂ 'ㅿ' 자의 방우(方隅)가 뾰죽하고, 목륜(木輪)이 드러난 활자가 많다.

라고 폄시함은 모름지기 속단에 지나지 않는다. 본시 최초의 국문동주자는 '훈민정음'에서이었겠지만, 이 고딕체의 자체는 그 개신체로서, 보다 쓰기 쉬운 체로 바꾸어 실용화한 점에서 그 의의 또한 적지 않다. 곧「훈민정음」해례본에서와 같이 모음자를 'ㅗㅣㆍㅜㅓㅗㅗㅣㅣㅠㅠㅕㅣ'가 아닌 'ㅏㅑㅜㅓㅛㅑㅠㅕ'로 그 자양을 발전시키고, 다만 '•'자만은 그대로 썼다. 이로 미루어 보건대,「훈민정음」의 자체는 반포와 더불어 그 실용에의 편익 등을 감안해서 진작『용비어천가』에서부터 '편어일용'의 주지(主旨)에 좇았으니, 그 용의주도한 세종의 성충에 새삼 경복치 않을 수 없다.

이 국문주자를 세찰하여 보면, 그 자모의 정밀도는 사뭇 귀부로 다듬은 느낌까지 감돈다. 특히 'ㅇ'과 '•'의 한결같은 동그라움은 오늘의 기기가 무색할 정도로 정교하다. 곧 구자(構字)에 있어 '가'=⊡, '보'=⊟의 2분과, '알'=⊞, '골'=⊞의 3분과, '밝'=⊞의 4분 등 자형이 완벽에 가깝다. 그리고 '•'자와 'ㅇ'자의 모음자는 분용치 않았는가도 우겨진다. 따라서 오늘날 식자인쇄의 원리가 진작 530여년 전에

선용되었음을 볼 때, 세종조의 인쇄문화는 오히려 현대에 맞섰다 하겠다.

④ 이 『석보상절』에 쓰인 국문활자는 현대의 고딕체 활자에 못지 않게 균형이 잡힌 활자다. 일컬어 부회(附會)라 돌리기엔, 그 자양과 자획이 하도 옹골차서 전체에 겉도는 예술미가 드높다. 다못 중성자 ‘ㅐㅔㅖ’로 된 글자의 활자는 약간 헤벌어져 첫눈에 거슬림이 미옥의 티이며, ‘•’와 ‘ㅁ’자가 다소 큰 것도 흠여다. 하여간 이 동주자 활판본은 활판사상 효시라는 쿠텐베르크의 활판술에 뒤지지 않은 인본이고 보니, 조선왕조 초기의 인쇄술이 얼마나 과학적이었나를 측정하는 척도가 분명하다. 한편 정음자의 근원을 대개 「광개토왕비」 자체에 두고 있음은 『용비어천가』의 자체가 중국의 예서체와는 다른 독자적인 서체인데, 그 자양이 바로 『훈민정음』 해례본의 자체와 같아서다. 그러나 『용비어천가』 주에는 「광개토왕비」의 사실이 전혀 보이지 않는다.

4

상술한 바와 같이 『석보상절』은 『용비어천가』와, 『월인천강지곡』과 같은 국문위선이 아닌 한자위선으로, 한자 밑에 『동국정운』식의 국음을 협주했기 때문에, 정음 창제의 취지로는 빈주(賓主)가 섯바뀐 느낌이 없지도 않다. 그러나 『월인천강지곡』에서는 정음위선인 관계로 한자음 표음에 있어 삼성이론(三聲理論)도 잉용치 않았다. 그래서 초·중성만인 한자음에 곁다는 ‘ㅇ’은 붙이지 않았다. 그러나, 이 『석보상절』과, 『월인석보』 등에서는 규례대로 ‘ㅇ’을 붙인 소자를 썼다. 이는 번거로운 지엽 같지만, 실은 『동국정운』의 시용에 있어 하마 현실음과 이상음에 있어 표기에 경정(逕庭)이 있었음을 밝혀 주는 실증이다. 따라서 이 『동국정운』식의 표기는 실제면에서 효용되지 못한 채, 다만 문헌상의 표음으로 소멸되고 말았다. 이 경향은 『월인석보』 등 중복각 사판본(寺板本)에서 ‘ㅇ’음의 삭거(削去)가 나오는

가 하면, 아예 주음을 모조리 빼는 결과도 낳았다.

　이 'ㅇ' 첨기와, ㄹ음 밑의 'ㆆ'음 첨부는 저 화음(華音)표기에서 가장 문제시된 정치음과 치두음, 그리고 순경음에 못지 않은 난제였다. 따라서『성종실록』권134 18·2에 보면,

禮曹 據黃州牧使 權引 陳言啓에 本國正韻은 先王朝가 命諸儒臣하여 校正하니 不可以一人偏見으로 更改라 命議于知漢韻하라 文臣李命崇·李春景·李昌臣이 議호대 聲韻이 有七音淸獨이라 本國之音은 無齒頭·正齒之別하고 而又無唇音輕重之辨이니라 故로 學華語者가 鮮有得其精矣라 苟能先正本國之音인대 則韻學은 可明也니라 臣等이 謹按「東國正韻」호니 私與思는 齒頭音也요, 師與獅는 正齒音也어늘 而合爲一音하고, 卑與悲는 唇重音也요, 非與飛는 脣輕音也어늘 而合爲一音하고, 芳字는 全淸音也요, 滂字는 次淸音也어늘 而亦混而不辨하니 誠若權引所言者也라 今將本國正韻컨대 分以七音하고 맏以淸濁하여 使初學者로 先習是書하고 次學『洪武正韻』이면 則七音回聲이 隨口自分하리니 其於學漢音也에 未必無補矣니라 傳曰 然하다

－成宗 十二年 辛丑 十月 癸亥條－

의 주의(奏議)까지 나왔다. 그래서『월인천강지곡』권상에 보면, 인후에 수정을 더하여 종성표기에서 'ㅅ→ㅈ ㅅ→ㅊ ㅅ→ㅿ ㄷ→ㅌ ㅂ→ㅍ ㅂ→ㅸ ㄾ→ㄿ' 등과 같은 개도(改塗)와 개날(改捺)은, 좌우간 당시 표기상의 난맥을 가려주는 뚜렷한 명증으로, 관습과 이론과의 등차를 역력히 보여 주는 흔적이다.

　다음에 수정본인『월인천강지곡』권상의 소장자인 진기홍 씨의 자상한 제보를 차례로, 개도와 개날과 오식의 보기를 표록해 보인다.

『월인천강지곡』권상 수정자 일람

張	面	行	字	原則	改塗	備考
3	1	7	3	곳	곳	
6	2	8	10	낟	낮	
10	1	7	2	낫	낱	
15	1	4	15	ㅈ	ㅈ	
〃	1	5	1	−	앓	改捺
〃	2	8	1	곳	곳	
18	1	4	6	ㅊ	ㅊ	
〃	1	4	9	빗	빙	
41	2	5	8	첫	첫	
〃	2	8	11	첫	첫	
〃	2	1	2	곳	곳	
42	2	7	3	빗	빙	
44	1	5	12	빗	빙	
45	2	2	2	ㅈ	ㅈ	
49	1	7	1	곳	곳	
〃	2	3	3	곳	곳	

張	面	行	字	原則	改塗	備考
23	1	3	2	낟	낱	
24	1	1	7	빗		
26	1	1	1	−		改捺
29	2	8	13	곳	곳	
33	2	3	2	낟	낱	
〃	2	6	13	낟	낱	
34	1	3	3	ㅈ	ㅈ	
36	2	1	3		높	改捺
49	2	6	3	곳	곳	
58	1	4	3	곳	곳	
〃	2	3	15	곳	곳	
〃	2	8	2	곳	곳	「욧字로 改塗치 않았음
64	2	8	13	웃	−	
65	2	4	6	맛	맞	
〃	2	8	8	웃	웅	
66	1	6	12 14	歎讚	讚歎	國音에 따라서 「讚歎」이 바름

5

다음, 이 「석보상절」 제23·24에서 기사의 수이(殊異)를 읽어 보기로 한다. 상
술한 바 있지만, 이 두 책에는 일상의 생활어로 차 있고, 존비에 따른 구어로의 문

답이 실감을 보태고, 전경을 앞세운 신념이 말 밖에 생동하고. 완벽에 가까운 번역이 서정을 보태 당장 읽어도, 그 법력이 문장 밖에 묻어남을 느낀다.

더구나, 이 「석보상절」 제23·24의 행문은 타권에 비겨 한결 서사시답고, 숫제 산문시다운 느낌마저 불러 일으킨다. 이 특색은 제24가 더하다. 이는 비단 우리나라에 연관된 대문이 보인다 해서 아호(阿好)의 과장은 아니고, 독실한 신심의 승화로 재와진 명편이자 명역이기 때문임은 명언이 부질없다. 이제 제23에서부터 차례로 그 두드러진 인흔을 초인하여 경건히 호독해 보고자 한다.

1) 석가의 반열반 당시의 실상

동서를 막론하고 전지전능한 성인은 신위의 표상으로 추대됨이 정칙이다. 이는 이단의 신의(信疑)를 사는 빌미도 되기는 하지만, 이 예경이 결여되면 성전으로의 존엄이 덜어지기 마련임에서도이다.

다음은 석가의 반열반 때의 신이를 결집한 「반열반경」의 일부이다. 입멸에 이르러 갖가지 유교에 앞서서, 굳이 아난의 시종까지 내세우는 자상은 아무리 보아도 그저 놀랍다.

> 내 불안(佛眼)으로 삼계에 일체 제법을 보니 무명의 근원이 성(性)이 본래 해탈하여 시방에 구해도 곧 얻지 못할 것이다. 또 근원이 없는 까닭으로 가지와 잎도 모두 해탈하며 무명이 해탈한 까닭으로 노사에 이르기까지 다 해탈할 것이다. 이런 까닭으로 내가 항상 적멸광에 편안히 살 것이니, 대열반이라 이르느라. 그때에 세존께서 칠보상에 북쪽을 베시어 오른쪽으로 누우시어 그날 밤중에 적멸하시어 반열반하시었다. 사라수림이 네 쌍으로 되어 칠보상의 사방에 각각 한 쌍씩 서 있더니, 동서에 있던 두 쌍이 어울리고, 남북에 있던 두 쌍이 어울리어 가지를 드리워서 여래를 덮으옵고, 그 나무의 빛이 즉시 백학같이 되고, 가지와 잎과 꽃과 열매가 떨어지며 으뜸(줄기)이 점점 시들어 하나도 없게 꺾여 떨어지었다. 그때에 시방의 무수

만억항하사의 넓은 부처의 세계가 모두 더욱 들먹이며 갖가지 소리를 내어 이르기를 '설업구나, 세계가 비었구나'하며 시방세계에 있는 일체 여러 산인 목진린타산과 마하목진린타산과 철위산과 대철위산과 여러 수미산과 향산과 보산과 금산과 흑산과 일체 대지에 있는 여러 산이 일시에 진동하여 터지고 모두 무너져 떨어지며 큰 소리를 내어 이르기를 '설업구나, 세간에 지혜의 해가 없으시어 우러러 볼 것이 없어졌다'하며, 또 시방세계의 일체 대해가 모두 흐려지고 물결이 일며 갖가지 소리를 내어 이르기를 '설업구나, 중생이 바른 길을 잃었다'하며 일체 강하이며 내며 우물이며 못이 모두 쏟아져서 물이 다 마르고, 시방세계가 더욱 어두워 해와 달의 광명이 비치지 못하고, 검은 바람이 불어 티끌이 가득하며 일체의 초목이 모두 꺾여 떨어졌다. 그때 시방세계 일체 제천이 허공에 가득하여 설어워 우니 삼천대천세계가 진동하더니 갖가지 꽃향기를 뿌려 수미산같이 쌓이며 또 공중에 당번 영락 보주를 허공에 가득하게 뿌리니까 변해서 칠보대가 되며, 또 무수한 풍악을 하며 갖가지 소리를 내어 이르기를 '설업구나, 세계가 비었구나'하더라. 그때에 무수억 보살과 일체 대중이 모두 정신차림을 못해서 아나율(부처의 10대 제자의 한 분)한테 묻기를 '부처가 열반하셨는가' 하니까 '이미 열반하시었다'고 했다. 아난은 이 말을 듣고 까무러쳐서 땅에 부딪쳐 숨(호흡)이 없으므로 아나율이 찬물을 얼굴에 뿌리고 위로하여 이르기를 '부처 비록 열반하셨어도 사리와 법보가 세간에 있으므로 중생이 귀의할 땅이니 우리 너희와 함께 부지런히 정진하여 불보 법보로 중생을 제도해서 여래의 은혜를 갚아야 하겠다'고 했다. 아난이 그 말을 듣고 점차로 깨어났다. 대중들이 한때에 땅에 엎어져 구르며 우니 일체 세계가 진동했더니, 그때에 무수억항하사 보살과 일체 천인 대중이 각각 마음을 눅이어 무수한 갖가지 화향과 당번 영락으로 설어워 공양하옵더니 무색계천에 이르도록 공양이 오히려 더하였다. 그 무렵에 중국에는 주나라 목왕이 서 있었더니 2월 보름날에 모진 바람이 일어나서 집도 헐어버리며 나무도 꺾어지며 지동(地動)하며 서방에 하얀 무지개 열 둘이 남북으로 가로 꿰뚫어 있었더니 목왕이 신하한테 물으시니 태사 호다가 사뢰기를 '서방의 성인이 입멸하시는 상이옵니다'하였다. 구시성의 남자와 여자들이 아난이한테 태울 법〔茶毘〕을 물으니, 그때 제석이 이르기를 '부처가 말씀하신 모양으로 전륜왕 법대로 하라'고 했다. 그 사람들이 성에 들어가서 칠보 금관을 만들어 백첩과 도라면과 갖가지 향화와 번개를 가져와서 슬퍼하며 다시 공양하고 백첩으로 손을 감싸고 여래를 들어 금관에 넣고 향유를 가득히 붓고 바로 덮개를 닫았었다.

—석보상절 제23·16~22(원문을 현대문으로 옮겼음)

2) 석가의 유계와 마야부인의 염원

다음은 「장아함경」과 비슷한 「쌍권대반니항경(雙卷大般泥洹經)」 후반에 보탠 「마야경」의 일부로, 여래 열반 때의 경동과, 마지막의 교계를 옮긴 대문이다. 여기에는, 그 「십이부경」중 800년 후에서 1500년 후까지 사문의 방종상을 예언한 대목만 옮겼다. 이는 오로지 깊은 반성의 산 교훈에 비기고파서이다. 특히 비구의 가취행매(嫁娶行媒)와, 작비범행(作非梵行)과, 호락살생(好樂殺生)과, 삼장비구(三藏比丘)의 선설법요(善說法要)와 마야부인의 곡진한 조청을 차례로 옮긴 점은 영이하다.

이 대목에서 불구부정한 비구가 외도의 속사를 좇아 시집가고 장가드는 행위가 성행하고, 가사가 염색을 받지 않을 만큼 낮가와지고, 심지어는 절집의 법보를 팔아치운다는 최후에 이르러는, 그 모든 가르침이 오늘의 번거로움을 일르는 조짐인가 싶어 마음의 참회를 재촉하는 나머지, 사뭇 모발의 충관(衝冠)을 막는 길 없다.

여래께서 열반하셨을 때 마야부인은 도리천에 계셨는데, 다섯 가지 꿈을 꾸시니, 깨어나서 이르기를 '이는 좋은 조짐이 아니다.' 내가 그전에 정반왕의 대궐에 있을 적에 낮잠을 자다가 꿈을 꾸니, 한 천자가 몸이 황금색인데 흰 코끼리를 타고 여러 천자와 함께 좋은 풍악을 연주하며 햇빛을 꿰뚫어 내 오른편 옆으로 들기에 몸과 마음이 편안하고 즐겁더니, 바로 싯달태자를 잉태하여 낳아서 세계를 밝게 하니, 이 꿈은 마땅히 여래의 열반하실 상이 분명하다'고 하시더니, 그때에 아나율이 여래를 관에 넣고 도리천에 올라가서 게를 지어 사뢰기를 마야가 들으시고 땅에 까무러쳐서 땅에 넘어져 계시다가 오래 되어서야 깨어나셔서 즉시 권속을 다리시어 쌍수 사이에 오셔서 부처님의 관을 바라보시고 실신하시니, 얼굴에 물을 뿌리고서야 깨어나셔 관 앞에 나아가 예배하시고 울며 이르시기를 무량겁으로부터 항상 모자가 되어 왔는데 하루 아침에 다시는 못 만나게 되었으니 설업구나, 중생의 복이 다하였다하시고 갖가지 천화로 관 위에 뿌리시고, 여래의 가사와 바리와 석장을 돌아보시고, 오른손으로 잡으시어 땅에 엎어져 우시니, 사중이 다 슬퍼 울더니, 제석이 그 눈물로 강이 되어 흐르게 하였다. 그 눈물은 마야부인의 눈물과 사부대중의 눈물이 이룬 것이다. 그때 세존이 신력으로 관의 뚜껑을 열어치게 하시고 합장하여 일어나 앉으시니 터럭 구멍마다 1천 광명을 펴시고, 그 광명마다 1천 화불이 나타나시어 모두 합장하여 마야께 향하여 사뢰기를 '이 염부제에 멀리서 오셨습니다. 법이 본시 이런 것이니 울지마십시오'하시고 게를 지어 아뢰기를 일체의 복전 중에 부처의 복전이 가장 으뜸이며, 일체 여자 중에서 옥녀보가 가장 으뜸이니, 나를 낳으신 어머님이 나으셔서 겨룰 사람이 없으시어 능히 삼세의 불법승보를 내시므로 내가 관에서 일어나서 합장하여 기꺼이 찬탄하여 낳으신 은혜를 갚아 나의 효도하며 생각하옵는 뜻을 나타내오니, 여러 부처가 멸도해도 법보와 승보가 항상 있을 것이니, 원하는 바는 어머님이 시름하지 마시고 무상행을 살펴 보십시오라고 하셨다. 그때 아난이 부처님께 사뢰기를 "남이 마땅히 나에게 묻기를 '여래께서 열반하실 적에 무슨 말씀을 하시던가'고 할 것이니 무엇이라 이르리까"하니, 부처님께서 이르시기를 "아난아, 네 대답하기를, '세존께서 이미 열반에 들으시었으니 마야부인이 오시거늘 여래는 후세에 불요한 중생들을 위하여 금관을 여시고 일어나셔서 합장하여 절하시고 아무런 게를 이르셨다'고 하여라." 여래가 그 말씀을 다하시고 마야부인께 하직하시고 관을 다시 덮으시니 3천세계가 다 진동하고 팔부대중이 목을 놓아 울었다. 마야부인이 아난에게 물으시기를 "여래께서 마지막에 무슨 말씀을 하셨던고"하니 아난이 아뢰기를 "밤중에 비구한테 경계하시고 또 말씀하신 『십이부경』을 마하가섭에게 맡긴다하시고, 또 '나를 따라 도와서 보급하라'하셨습니다" 하니 마야부인이 더욱 슬퍼하시며, 또 물으시길 "네 그전부터 부처님을 모시어 행동하며 듣자온 바가 있으니 여래의 정법이 언제 멸하리라 하시더뇨"하니, 아난이 울며 사뢰기를 "세존께서 그전에 이르시기를 내가 열반한 뒤에 마하가섭과 아난과 법장을 결집하고 마하가섭이 낭적산에 들어가 멸진정에 들거든 아난도 과증을 얻어서 뒤따라서 반열반에 들 적에 정법을 우바국다에게 맡기면 우바국다가 설법을 잘해서 사람을 많이 제도하며, 또 아륜가왕〔阿育王〕을 권해서 그로 하여금 부처의 법에 발심하게 해서 부처의 사리로 8만4천탑을 세우게 하고, …… 중략 …… 6백년 뒤에는 외도들이 다투어 불법을 헐뜯어서 마명이라는 한 비구가 설법을 잘해서 일체의 외도들을 항복시키고, 7백년 뒤에는 용수라는 비구가 설법을 잘해서 사견당을 없게 하고 정법의 횃불을 켤 것이다. 8백년 뒤에는 비구들이 좋은 옷을 즐겨 입고, 놀음놀이를 즐겨 하게 되므로 백이나 천 사람 가운데서야 하나 둘이 도과를 얻으며, 9백년 뒤에는 남자종은 스님이 되고 여자 종은 비구니가 되며, 1천년 뒤에는 비구들이 좋은 법을 즐기지 않아 무량비구 가운데야 하나 둘만 정수(正受)를 생각하며 1천 1백년 뒤에는 비구들이 장가들기를 하며 대중 중에 비니(毗尼)를 비웃으며, 1천 2백년 뒤에는 중과 여승이 여러 자식을 낳아 아들은 비구가 되고 딸은 비구니가 되며, 1천 3백년 뒤에는 가사의 빛이 저절로 바래어서 하얘져 물들지 않을 것이며, 1천 4백년 뒤에는 사부대중이 살생을 즐기며, 절의 물건을 모두 내다 팔며, 1천 5백년 뒤에는 구담미국에 삼장(三藏)비구의 제자가 나한비구를 죽였으므로 나한비구의 제자가 삼장비구를 죽일 것이니, 그때에 천룡팔부중이 모두 걱정하는데, 마왕 파순과 외도들이 기뻐하며 다투었으므로 탑과 절을 헐어버리고, 비구들을 죽이었으므로 일체의 경장을 아뇩달룡왕이 모두 가져가 바다로 들어갈 것이니, 그때에 불법이 다 멸할 것이다라고 하셨습니다." 마야부인이 목을 놓아 우시고 이르시기를 "여래의 정법을 네가 맡았으므로 부지런히 호지하여 읽으며 외우라. 나는 여래의 사루는 때를 차마 뵐 수 없어 간다"하시고, 부처의 관에 예배하시고 오른편으로 일곱 번을 감돌아 보시고 목을 놓아 우시어 하늘에 돌아가시니라.

—석보상절 제23·26~36 (원문을 현대문으로 옮겼음)

3) 세존의 다비와 분사리와 사리탑

세존께서 열반하시자 이레만에 다비를 올리려는데, 대가섭이 50유순이나 떨어진 기사굴산 필발라굴에 있었다. 마침 삼매경에 들었는데 마음에 경동하여 깨어나니 산이 진동하거늘 이는 여래께서 이미 열반하신 까닭이라고 5백 제자를 거느리고 바삐 걸어 구시성에 다다라 마침내 다비에 참석해서 갖가지 이변을 보인 여래의 관을 둘러싼 사단이 신이롭기만 하다. 그리고 사리를 나누어 탑을 세우는 대목이 거룩하기만 하다.

여래의 황금 불괴 색신의 부처를 씻어 도라면에 싸아 백첩으로 싸서 금관에 다시 넣으니, 대중들이 가져온 향나무가 수미산처럼 쌓이니, 향내가 온 세상에 가득 차서 퍼지더니 향나무를 빽빽하게 쌓아서 루를 만들고, 칠보로 꾸미고 당개와 번과 꽃과 영락을 여러 빛깔의 피륙으로 꾸미고, 그 향루 위에 금관을 얹고, 모두 다시 슬퍼하며 향화와 풍악으로 공양하고, 대중이 각각 칠보 향초를 잡아 향루에 불을 붙이며 함께 우니, 대천세계가 진동하더니 불이 향루에 다다라서 꺼지고 붙지 않으므로, 제천이 또 붙이다가 못하고, 해신이 또 붙이려다가 못하거늘, 모두 말하기를 "여래께서는 무슨 인연을 마치지 못하셔서 이러하시는가"하더니, 아나율이 이르기를 "천천히 하여라. 그대들의 힘으로는 사르지 못할 것이니, 대가섭이 5백 제자를 데려와서 부처의 몸을 뵈오려 하므로 불을 붙지 않게 하시는 것이다"라고 하였다. 그때에 갑자기 세존께서 금관에서 팔을 내뻗치시어 아난에게 물으시기를 "가섭비구가 와 있는가"하시니, 아난이 사뢰기를 "오지 못하였습니다"고 사뢰니까 팔을 다시 들이시었다. 그 무렵에 대가섭은 5백 제자를 데리고 기사굴산 필발라굴에 있었는데, 구시성에서 멀기가 50유순이나 되었다. 삼매경에 들어서 자연히 마음을 놀래어 삼매에서 나와 보니, 산이 진동하거늘, 여래께서 이미 열반하신 까닭이라 알고는 제자들에게 이르기를 "우리 불대사께서 이미 열반하신 지 이레가 지나서 관에 들어 계시니, 설업구나, 설업구나, 여래께 어서 가야 하겠도다"라고 하였다. 가섭이 여래를 공경하므로 하늘로 날아오지 않고 제자들을 데리고 길로 바삐 걸어 이레만에야 구시성 동녘에 오니 한 바라문이 하늘의 꽃을 잡고 오기에, 만나보고 "그대는 어디서 오시오"하니까 대답하기를 "부처님께서 열반하셨으므로 나는 그 사르실 곳에서 옵니다"고 하니, 또 묻기를 "이 꽃은 무슨 꽃인가" 하니 대답하기를 "부처님 사를 곳에 가서 얻은 하늘꽃이다"고 하기에 가섭이 달라고 비니까, 대답하기를 "내가 가져다가 어버이와 친척들을 보이고 공양하려 합니다"고 하니, 가섭이 다시 빌어 머리 위에 얹고 땅에 쓰러져 정신을 못차렸다가 오래돼서야 깨어나서 구시성 북문으로 들어가 한 중의 동네에 갔더니, 여러 비구들이 한 곳에 모여 있다가 가섭에게 이르기를 "너희가 멀리서 가쁘게 왔으니, 여기 앉아서 밥 먹으라"고 하니 가섭이 이르기를 "내 큰 스승님이 이미 열반하셨으니 어찌 밥이 넘어가겠소" 하였다. 모든 비구들이 "네 스승이란 누구인가"하니, "세존이시오"라고 대답하니, 이 말을 들은 비구들이 기뻐하며 "즐겁고 즐겁구나, 여래가 계실 때는 우리가 하는 일을 막고 또한 법이 엄하므로 심히 어려워했는데, 이제 열반하셨으니 엄격한 법이 이미 없어지겠구나"하더니, 부처의 신력으로 제천들의 귀와 제자들의 귀를 가려 서, 저 모진 비구의 말을 듣지 못하게 하시고, 가섭만이 듣게 하시었다. 가섭이 제자들을 데리고 부처께 공양할 것을 그 성 안에서 차례로 빌어 서문으로 나아가 부처께 와서 금관을 바라보고는 모든 제자와 함께 예배하고 정신을 차리지 못하고 넘어졌다가 오랜만에야 정신이 들어서 향루에 천천히 올라가 빌어온 향화와 당개와 보당과 영락과 풍악으로 공양하고 향을 피우며 꽃을 뿌리고 더욱 슬피 울며, 모든 제자를 데리고 오른편으로 일곱 번 돌고 합장하여 꿇어 앉아 못내 슬퍼하니, 세존께서 큰 자비심으로 가섭을 위하시어 즉시 두 발을 관 밖에 내 뻗치시어 가섭에게 보이시니 천폭륜으로서 1천 광명을 펴시어 시방 일체 세계를 가득차게 비치시거늘, 가섭이 제자들과 함께 예배하고 까무라쳐 땅에 쓰러졌다가 오래돼서야 깨어나 오른편으로 일곱 번을 돌고, 다시 절하고 못내 슬퍼 목을 놓아 울더니, 여래께서 큰 음성으로 이르시기를 "내가 정법안으로 너를 맡긴다" 하시고, 발을 다시 들이시니, 관이 예스러운 듯하였다. 그때에 구시성의 네 역사가 각각 칠보의 횃불을 가지고 들어와서 향루를 붙이다가 못하니, 또 여덟 역사가 들어와서 붙이려다가 못하거늘 또 열여섯 역사가 들어와 붙이려다가 못하거늘 또 설흔 여섯 역사가 들어와서 붙이려다가 붙이지 못하거늘, 대가섭이 역사들과 일체 대중들에게 이르기를 "너희는 명심하라. 일체 천인들의 불로 여래의 관을 사르지 못할 것이다"하니, 여래께서 큰 비력으로 가슴으로서 불을 관 밖에 내시어 붙이시니, 이레 동안을 모두 울음소리가 그치지 않았다. 그때에 사천왕이 각각 생각하기를 '내가 저 불을 끄고 부처의 사리를 모셔다가 공양하겠다'하고 칠보 금병에 향수를 가득 넣어 가지고 와서 끄려다가 못하거늘, 이번에는 해신 사가라용왕과 강신과 하신들이 각각 생각하기를 '내가 향수로 불을 끄고 사리를 모셔다가 공양하오리라'하고 각각 보병에 향수를 넣어와서 끄려다가 못하거늘 아나율이 이르기를 "그대들 뜻은 사리를 모셔다가 공양하려 하는 것이 아니오"하니, 대답하기를 "실은 그러합니다"고 했다. 아나율이 사천왕한테 "그대들은 탐심이 많다. 사리를 모시어 하늘 위에 가면 땅의 사람들은 어디로 가서 공양하겠소"하고, 해신에게 이르기를 "그대들이 내 사리를 모시고 물로 들어가면 이 육지에 사는 사람은 어디에 가서 공양하겠소"하니, 사천왕과 대해신들이 다 "잘못했습니다"하고 돌아가므로 제석이 와서 금병의 물을 부었더니, 불이 꺼지기에 제석이 부처의 어금니를 가지려 하므로, 아나율이 말리면서 "마음대로 하지 못할 것이니 대중들과 함께 나누십시오"하니, 제석이 이르기를 "부처께서 전에 이빨 하나를 먼저 주신다고 약속하셨습니다"하고 관을 열고 오른편 위의 어금니를 모셔 도리천에 가서 탑을 만들어 공양하였다. …… 중략 …… 세간에 큰 사리탑이 넷이니, 가비라국 부처가 나신 곳에 한 탑이 있고, 마가다국 성도하신 땅에 한 탑이 있고, 바라나국 녹야원 전법하신 땅에 한 탑이 있고, 구시국 열반하신 땅에 한 탑이 있더라.

―석보상절 제23·37~59―

4) 석가의 유행(遺行)과 아육왕

다음은 「석가보」권5 「석가획팔만사천탑숙연기」의 전반부와 같은 권 「아육왕조팔만사천탑기」 전반부의 반역(反譯)이다. 여기에서 특이한 대목은 부처님께서 사위성에서 걸식할 적에 두 아이가 모래문이를 하고 놀다가, 부처님을 만나뵈자, 가지고 놀던 모래를 곡식이라고 받들어 올린다. 그러자 부처님께서 "이 아이 백년 후에 천하를 거느려 다스릴 아육왕이 되리라"말씀한 대목과, 아육이 왕이 될 조짐으로 신이와 천수까지 보여 천하를 항복시켜 마침내 왕위에 앉았다는 대목과, 지옥을 방불하게 하는 치죄법(治罪法)을 차리게 하여 마음대로 흉악을 감행하는 기리(耆梨)가, 이에 갇힌 출가비구를 기름가마에 처넣었으나, 그의 용맹정진으로 드디어는 연꽃으로 화생했다는 대목과, 부처님의 음색과 같은 갈수(羯隨)라는 새를 화장거울로 인연해서 우짖게 해서 마침내 부인이 되었다는 대목 등이다. 여기에서 아라한과를 이룬 비구의 화련설화는 갖가지의 문학을 낳았다. 문득 「심청전」을 연상케 한다. 그리고 아육왕의 부인 삼는 법어는 곳곳에 보이는 복음이다. 모두 가멸찬 교훈이요 전등록이다.

그전에 부처님께서 아난을 데리시고 사위성에 드시어 걸식하시더니 길가에서 조그만 아이들이 흙을 모아 집을 만들어 놓고 '이것은 몸채이고 이것은 행랑이고 이것은 광이라 하고, 또 이것은 돈이라 하고 이것은 곡식이라' 하여 어울려 놀다가 한 아이인 사야라는 아이가 부처님께서 오시는 것을 보고 자랑하여 제 광의 쌀이라 하여 두었던 흙을 뭉켜서 부처님께 바치려고 하는데, 키가 작으므로 제 친구아이인 비사야라는 아이에게 "내가 네 등 위에 올라가서 부처님께 보시하고 싶다"고 하니까,

비사야가 기꺼이 부처님 앞에 굽히니 사야가 비사야의 어깨에 올라서 부처님께 바치니, 부처님께서 허리를 굽혀 바리때에 받으시니 비사야는 합장하여 따라서 기뻐했다. 그때에 사야가 발원을 하여 여쭙기를 "오늘 제가 부처님께 보시한 선근의 공덕으로 후생에 한 나라를 얻어 일산을 받칠 왕이 되어 제불을 공양하고 싶습니다"고 하니, 세존께서 그 말을 들으시고 미소하시므로, 아난이 합장하여 아뢰기를 "세존이시여, 어떤 인연으로 미소하십니까"고 하니, 세존께서 말씀하시기를 "내가 멸도한 1백년 뒤에 이 동자가 파련불읍에 태어나 한 나라를 다스릴 전륜왕이 되어 성은 공작이요 이름은 아육이라 할 것이며, 다른 아이는 그 나라의 대신이 되어 둘이 염부제를 차지하여 삼보를 공양하며 정법으로 다스리며 내 사리로 8만4천탑을 세우리라. 아난아, 이 바리때의 모래를 내가 다니는 땅에 깔아라." 아난이 다시 묻기를 "세존께서 그전에 무슨 공덕을 지으셨기에 이러한 탑을 세존을 위하여 이룰 것입니까"하니, 여래께서 말씀하시기를 "지난 겁에 한 왕의 이름이 파새기라는 이가 염부제의 8만4천 나라를 가지고 있었는데, 그때에 한 부처님이 계셔 이름이 불사(沸沙)이었는데, 파새기왕이 그 부처님을 공양하시며 마음에 생각하기를 '부처님의 모습을 많이 그려서 다른 나라에 골고루 돌라서 공양하여 복을 모두 얻게 할 것이다'고 하여 화사를 불러서 그리라 하니 화사들이 하나도 같게 그리지 못하므로, 왕이 채색을 맞추어 손수 그려 내니, 화사들이 그 모습을 본떠서 8만4천상을 그리어 8만4천 나라를 골고루 돌라서 공양하게 하니, 파새기왕이 지금의 나의 몸이니, 그러한 인연으로 8만4천탑을 얻을 것이다"고 했다. 아난이 그 바리때의 모래를 여래가 다니시는 땅에 깔았다.……중략…… 아육왕이 아뇨루타(전생의 비사야)라는 사람을 대신으로 삼으니, 아육왕이 모질어서 신하를 손수 죽이었더니 아뇨루타가 이르기를 "왕이 어찌 사람을 손수 죽이십니까. 사람죽이는 벼슬아치를 정해 두소서" 하니, 왕이 나라에 영을 내리어 "모진 사람(망나니)을 얻어 들이라"하니, 기리산이라 하는 산에 이름이 또한 기리라 하는 놈이 사는데, 사람을 보는 족족 매어 때리고 제 어버이의 말까지 거역하더니, 왕께서 불러다가 형벌을 관장하는 벼슬아치로 임명하고, 그를 위해서 집을 크게 짓고, 문은 하나만 내고, 사람에 죄 줄 연장을 지옥처럼 만들었다. 그 모진 놈이 왕께 이르기를 "제가 하나의 소원을 사뢰오니, 사람이 이 문 안에 들어오면 다시 못나가게 해 주십시오"하니, 왕이 대답하기를 "네 소원대로 하라"고 했다. 그때에 한 장사꾼의 아들이 출가해서 여러 나라에 두루 다니며 차례로 빌어먹다가 와서 그 문에 모르고 들어가 보니 지옥처럼 사람을 다루므로 두려워서 되돌아 나오려고 했다. 그 모진 놈이 붙잡아 내주지 않고 이르기를 "여기에 들어온 사람은 죽으면 죽었지 나가지 못한다"고 하므로, 그 비구가 두려워서 울며 말하기를 "나를 한달 동안만 두었다가 죽이시오"하니 모진 놈이 듣지 않으므로 이와 같이 날수를 점점 줄여서 7일 동안만 살려 달라고 하니, 모진 놈이 "그리하라"고 하였다. 그 비구가 이미 죽을 줄 알고 용맹정진해서 좌선을 했지만 득도를 못했는데, 이레째 되는 날 왕이 죄를 지은 여자를 모진 놈에게 보내서 방아에 찧어 죽였는데, 비구가 보고 생각하기를 '괴롭고 괴롭도다, 내 몸도 저와 같겠구나'하고 마음을 더욱 써서 정진하니, 즉시 아라한의 공부를 이루었다. 그때에 모진 놈이 비구를 죽이려고 비구에게 "저 중아, 이레가 벌써 다 되었다"고 하니, 비구가 게를 지어 대답하기를 "내 마음이 이미 해탈을 얻어 지녔던 번뇌를 다 덜어버렸으니, 이제 몸이야 다시 아끼지 않는다"고 하였다. 모진 놈이 그 비구를 잡아 기름을 부은 가마에 넣고서 불을 오래 지피다가 뚜껑을 열어 보니, 비구가 연꽃 위에 태연히 앉아 있기에, 즉시 그 기별을 왕께 아뢰었더니, 왕께서 많은 사람을 다리고 와서 보더니, 비구가 허공에 올라 갖가지로 변화해서 보이고, 게를 지어 이르기를 "나는 부처의 제자이니 모든 번뇌가 없어지는 경지를 얻어 생사의 큰 두려움을 이제는 모두 벗어났습니다"고 했다. 그때에 아육왕이 비구의 말을 듣고 부처의 법에 공경하여 미더운 뜻을 내었다. 왕께서 비구에게 묻기를 "부처께서 전에 무엇이라 하신 말씀이 있습니까"하니, 비구가 대답하기를 "부처께서 대왕께 이르시기를 '내가 멸도한 백년 뒤에 파련불읍에 나서서 염부제를 가지고 정법으로 다스리며, 또 내 사리로 염부제에 8만4천탑을 세울 것이다'고 하셨지마는 대왕께서는 지금 지옥을 만드시고 사람을 많이 죽이시니, 왕께서 지금부터 부처의 말씀을 생각하셔서 일체 중생을 가엾게 여기셔서 법대로 수행하십시오”라고 하였다. 그때에 왕이 부처께 더욱 경신한 마음을 내시어 합장하여 비구에게 절하고 이르시기를 “내가 그동안 지은 큰 죄를 이제 비구에게 참회하니 진실로 내가 하던 일이 심히 잘못되었습니다. 원하는 바는 불자가 내 참회를 받으시고 미혹한 사람을 다시 그르다 마십시오”라고 하였다. 왕께서 그 지옥을 나오려고 하니까 모진 놈이 말하기를 ”왕께서도 못 나가실 것입니다”고 하니, 왕이 묻기를 “나를 죽이려 하느냐”고 하니, 그가 대답하기를 “그리하려 합니다”고 했다. 왕이 또 묻기를 “가장 처음에 누가 먼저 이 문 안에 들었느냐”고 하니, “내가 먼저 들었습니다”고 하기에, 왕이 말씀하기를 “그러면 네가 먼저 죽어야 하겠다”하고는 그 놈을 태워 죽이고, 지옥과 같은 집을 헐어버렸다.

—석보상절 제24·7~18

5) 이마단라(夷摩旦羅)와 단정(端正)의 기실

다음은 외도 범지들이 창성하는 스님네를 시새워, 환장 이마단라(幻匠 夷摩旦羅)가 악귀가 되어 스님을 잡아 먹고자 하니, 이에 상자인 단정(端正)이 나서서, 그 환술을 막고 드디어는 항복시키었다. 이로 인해서 불법이 더욱 성만하게 되었다는 가르침이다. 무릇 진리란 가까운 곳에 있음을 명기하게 하는 요절이다.

그때에 아육왕이 대궐 안에서 스님 2만명을 항상 공양하였는데 외도인 범지가 저희 무리가 심히 성하더니, 스님네를 시새워 헐뜯으려고 해서 저희 무리에서 환술을 잘하는 사람을 골라서 이마단라라는 귀신의 모양새가 되어, 머리 하나에 얼굴이 넷이고, 눈이 여덟이 고, 팔은 여덟이더니, 따르는 귀신 2만을 데리고, 먼저 마을을 다 돌아 성문에 다다라 오니, 백성들이 정신을 차리지 못하고 갈팡질팡하니, 왕이 수레를 타고서 덮개를 벗기고 성문에 맞아들이며, 그 귀신한테 “무슨 일을 하고자 하느냐”고 하니, 그 귀신이 이르기를 “사람을 잡아 먹으려 하니, 백성을 아끼시면 중을 잡아주시오. 중들은 남들이 지은 농작물을 먹습니다"고 하니, 왕이 매우 두려워 중들한테 사람을 시켜 일렀는데, 한 상자의 이름이 단정이라 하는 이가 나이 13세인데, 모든 비구들에게 이르기를 "내가 가도 넉넉히 항복시키겠습니다"하고, 귀신있는 곳에 와서 이르기를 "다른 큰 비구가 이미 오실 것이니, 너희들이 신기함을 보이려면 잠깐 내가 밥을 먹을 사이를 기다려라"고 했다. 그때에 왕이 귀신을 위해서 음식을 많이 준비해 놓아 두었는데, 그 상자가 그런 많은 음식을 즉시 다 먹고서 아직 배를 못채워 따라온 귀신을 잡아서 차례로 삼키니, 그 삼킨 귀신이 다 기원에 가서 났었다. 그제서야 범지가 두려워서 그 상자 앞에 머리를 조아려 항복하여 모두 출가하니, 왕이 더욱 불법을 믿었다.

-석보상절 제24·21~23

6) 아육왕의 동생 선용(善容)의 출가연기

다음은 아육왕의 아우 선용의 출가연기를 앞세워 득도의 어려움을 밝힌 단원으로, 저「구이뢰옥경」에 보이는「석가보」권3「아육왕제출가조석상기」전반부의 반역(反譯)이다.

왕의 아우 선용이 방일하여 신념이 돈독치 않았다. 사냥을 갔다가 범지와의 문답은 숫제 외설문자이나, 이로 말미암아 호의호식할 방종무궤하던 선용의 참회를 재촉하였음은 한갓 선용의 일만은 아니다. 더구나 왕관과 곤룡복과 궁녀와 풍악과 호식까지 더불은 호강을 마음껏 누리게 했지만, 7일의 명한은 마침내 스사론 정각(正覺)을 가져왔고, 나아가는 윤회의 굴레를 벗게 하는 신념을 불어넣는 기틀이 되는 초발심이 되었으니 낙오의 체도를 비유한 원음임에 틀임없다.

아육왕의 아우 선용이 산에 사냥을 갔다가 보니 범지들이 산인들의 도리를 닦는다고 해서 옷을 벗은 이도 있으며, 나뭇잎도 먹으며, 바람도 마시며, 재에도 누우며, 가시나무에도 누워서 갖가지 고행을 했지만 얻은 것이 없었으니, 선용이 묻기를

"너희가 그렇게 산골에 있으면서도 무슨 번뇌를 못 씻어버렸기에 득도를 하지 못했느냐"하니, 범지들이 이르기를 "여기 앉아서 사슴이 흘레하는 것을 보고 마음을 걷잡지 못하여 득도를 못하였소이다"하니, 선용이 생각하기를 '범지들이 고행을 저렇게 해도 번뇌를 떨어버리지 못하는데, 중들이 좋은 음식을 먹고, 좋은 평상 위에 옷도 마음 내키는대로 갈아입고, 좋은 향을 피우고 있으니, 탐욕이 언제나 없어지겠는가'하더니, 아육왕이 듣고 근심하며 이르기를 '단 하나인 아우가 저런 나쁜 생각을 먹으니 아무렇게 해서든지 고치게 해야겠다'하고, 궁중의 풍류하는 궁녀를 모두 선용에게 가서 풍악을 드리라 하고, 대신에게 미리 명령하기를 "내가 선용을 죽여라 하거든 너희는 말려라"하고, 왕이 선용이 있는 곳에 가서 성내어 이르기를 "네 어째서 내 풍류하는 계집들을 데려다가 노느냐"하고, 대신들을 불러 명령하기를, "내 아우가 내 풍악하는 사람을 다려다가 두었으니, 너희는 이 아우를 데려다가 죽여라"고 하니, 신하들이 말리니까, 왕이 늦지어 이르기를 "그러면 이레를 두었다가 죽이겠다"하고 신하에게 이르기를 "내 옷 입히고 내 관을 씌우고, 내 궁에 들게 해서 풍류하는 사람을 모아서 마음대로 즐기게 하라"하고 또 신하에게 명령하여 갑옷 입고, 칼을 빼들고 선용에게 가서 이르기를 "왕자의 목숨이 이레뿐이니 어떻게 해서라도 마음껏 놀아야 할 것입니다. 죽은 후에야 뉘우친들 미치겠습니까"하여 엿새를 날마다 가서 그와 같이 이르게 하고, 이레째는 왕이 사람을 시켜 묻기를 "이레 동안에 너는 쾌락을 가직껏 하였느냐"하니, 선용이 대답하기를 "보지도 못하며 듣지도 못하였으니 무엇이 쾌락스러웠겠나이까"했다. 왕이 친히 가서 묻기를 "너는 내 옷을 입고, 내 궁전에 들어서 내 풍류장이를 데리고 좋은 음식을 먹고 있었는데 어째서 못 듣고 못 보았다고 하느냐"하니, 선용이 대답하기를 "멀지 않아 죽을 몸인데 당장에 살아 있은들 이는 죽음과 무엇이 다르겠습니까. 그러니 무슨 마음의 경황으로 탐욕한 마음을 펴겠습니까"하니, 왕이 이르기를 "이 어린것아, 너는 다만 한 몸의 목숨을 위해도 그런 탐욕의 즐거운 마음이 없는데, 하물며 무수겁에 죽을락 살락해서 그지없는 수고함이야 어떻겠느냐, 중이 이를 걱정해서 도리를 배워서 윤회를 벗어날

일을 구하는 것이다"고 하니, 그제야 선용의 마음이 열려서 왕께 사뢰기를 "왕의 말씀을 듣고서야 내 마음이 깨달았나이다. 생노병사가 진실로 슬픈 일입니다. 나를 출가시켜 도리를 배우게 해주십시오"하니, 왕이 기뻐하며 "그리하라"고 하거늘 선용이 즉시 왕께 하직하고 나아가 중이 되어 낮이나 밤이나 수행하여 못내 아라한과를 얻었더니라.

7) 아육왕의 아들 법익(法益)의 수도상

다음은 아육왕의 아드님 법익의 법란을 들어, 수행에의 지남(指南)을 마감하는 「석보상절」의 대단원으로, 『법익경』에 보이는 「석가보」 권5 「아육왕조팔만사천탑기」 중반부의 번역이다. 다만 마지막이 낙장되어 몹시 아까우나, 대문은 「아육왕조팔만사천탑기」의 후반부와, 「아육왕식법익괴목인연경」으로 짐작은 할 수 있다. 여기에서 법익을 사연으로 사통하려는 아육왕의 별방부인의 간악을 실기(實記)하고 있음은 참으로 값지다. 이는 미망에 홀린 마음을 실상대로 엿보이는 법구이기도 하다. 곧 들통남을 두려워하여 태자 법익을 해치고자 감히 칙서조차 날조하여 태자에게 눈을 빼게까지 하는 악랄한 소행과, 그 뒤에 다다른 과보를 실사(實寫)하여 놓았다. 이 대목은 윤리와 신앙과의 간격을 헤아리는 호젓한 척도임에 틀림없다.

아육왕의 태자인 법익이 8만4천탑을 세우신 날에 태어났으니, 이 태자의 거동이 의젓하고 글도 잘 하며 활도 잘 쏘며 일현금을 잘 탔는데, 왕의 부인 하나가 그 태자를 사랑하여 음란한 뜻을 품었는데 태자가 구태여 따르지 않으므로, 그 부인이 원망하고 자기의 일이 드러날까 해서 아무렇게 하든지 저 태자를 못쓰게 만들겠다고 해서, 왕께 이르기를 "이제 사방이 태평하니 태자가 덕과 재주를 갖추고 있으므로 변방에 보내셔서 인심을 모으게 하소서" 하니 왕이 그 말을 들어 태자를 내보내니, 태자가 가서 공공사를 심히 잘하였다. 한해 남짓하였는데, 왕이 병을 앓아 온 몸이 곪은 더러운 냄새가 나거늘 천하의 의원들이 고치려다가 못하니까, 그 부인이 가만히 사람을 시켜서 나라 안에 왕의 병과 같은 사람을 데려다가 배를 갈라보니, 그 속에 검은 벌레가 길이 두어 치나 되는 것이 있고, 냄새가 하도 더러워서 사람이 나아가지 못했었다. 온갖 약을 부었지만 그 냄새 더욱 심하다가 마늘의 기운을 쐬니까 그 벌레 죽고 그 냄새가 즉시 없어지거늘, 그 부인이 왕께 이르기를 "왕의 병환을 내가 거의 고칠 수 있으니, 나를 이레만 왕이 되게 하소서"하니, 왕이 기뻐 이르기를 "내 병을 낫게만 한다면 이레 동안 왕이 되게 함이 무엇이 어렵겠느냐"고 하니, 부인이 마늘을 바치어 잡수시게 하니, 즉시 병이 나아지거늘, 그 부인이 왕이 되어 칙서를 만들어서 태자에게 보내서 "두 눈자위를 빼어 보내라"하고 다른 사람을 대신 보내니, 태자가 아버님의 칙서이신가 여기어 기꺼이 한 눈알을 빼어 손바닥에 얹어두고 오래 보니, 고공무아〔苦空無我〕를 깨달아서 수다원도를 얻었다. 그리고서야 또 한 눈을 마저 빼어 그 사자에게 맡기고, 대궐 비자와 서로 붙들어 성 밖으로 걸어 나오니, 길 가는 사람이 울며 이르기를 "하느님이시여, 태자가 무슨 죄가 있으시기에 이렇게 되셨습니까"하고 절하여 보내며 목이 메어서 설어워 죽은 이도 있었다. 태자가 거지가 되어 빌어먹으며 살아다니다가, 마침내 본국에 돌아오니, 아직도 일현금을 가지고 다니면서 가는 곳마다 타고 놀았다. 그때에 대신이 태자인 줄 알아보았지만, 부인을 무서워하여 드러내서 말을 못하여 한 사람을 시켜서 왕께 이르기를 "밖에 한 소경이 거문고를 잘 탑니다"고 하니 왕이 불러보니 당신의 태자이었다. 만나보아 태자와 며느리가 정신을 차리지 못하였다가 깨어나니, 그제서야 그 근원을 알아서 그 부인을 죽이려고 하거늘 태자가 "슬퍼 마옵소서"하고 청하였지만, 왕이 듣지 않고 불에 살라 죽이었다. 왕이 신령께 맹세하여 기도하니, 태자의 눈이 다시 나거늘 왕이 못내 뉘우치며 기뻐하였다.

—석보상절 권23·48~52

6

　상술을 총괄컨대 전수(前修)가 닦아 쌓은 불교학의 보탑은 사뭇 중국에 맞섰고, 인쇄문화가 끼친 독창적인 슬기와 재주는 타에 비겨 앞섰지만, 이 통서를 승습치 못했음이 지한이다. 곧, 마저(麻楮) 대신에 고정(藁精)을 혼용하는 제지법과, 그 착묵의 고름을 고구한 활자주조술과 활판술, 그리고 분획으로 일자를 이루는 정치한 구자술, 또한 적은 수요와 공급을 참작한 인행과, 신심의 발로로 다듬겨진 철저한 교정 등은, 모두 선민의 창조성과 과학성과 공리성을 과시한 백의의 유산이다. 그러나 이 뛰어난 방법과 바자로운 기술을 전수 발전시켜 기계화하지 못하고, 다급한 이해와 사소한 편익에 팔려 목판에로 솔깃했음은, 짐짓 천추의 통한사다. 그나마 그 목판 역시 신앙으로 재운 정교보다는 졸속이, 향상을 위한 개각보다는 유지를 위한 복각으로 방심했고, 이 각자장(刻字匠)마저도 일각일도(一刻一禱)의 본분을 떠나 이해에 말리자 인쇄문화는 나날이 거칠어져 껄끄러워지고 말았다.

　이에 이르러 고려에서 비롯하여 난정(亂定)을 자아낸 장경판의 보람과, 조선왕조 초기의 신흥을 보채서 울흥을 본 우리의 인쇄문화는, 오로지 스님들의 슬거운 칼끝으로 가다듬겨진 주옥임을 자랑한다. 대성의 세종조는 고사하고 간경도감판의 인흔을 보살펴도, 그네의 용심과 그네의 정교가 지금도 판외에 스며남을 직감할 수 있다. 그 일은 어려웠지만, 그 일자일획과, 그 일장일책은 모두 도타운 신앙심과 뜨거운 사명감과 호젓한 자부심과 높깊은 전도관과 거룩한 공익감에서 이룩된 사무친 원력임을 깊이 명심치 않을 수 없다.

　이 경건과 보시가 차차 절집에서 벗어나 이해와 성명(聲名)으로 갈무린 여항(閭巷)에 넘겨지자, 우리의 인쇄문화는 가혜보다는 오히려 상재를 위한 하나의 과

정처럼 격하되고 말아 답보상태에서 주춤하는 동안 드디어는 빛나는 기선을 타에게 빼앗겼으니, 생각사록 몽고의 방화와 약탈의 임진란이 저주되고 회신(灰燼)의 병자란이 아프기 그지없다.

이『석보상절』에 쓰인 국문활자는 이후 타본에서는 볼 수 없음을 보면, 자재의 부족임엔지 세조의 을해자범동 때 녹여 쓰지 않았는가 짐작된다. 곧, 을해동활자본인 『남명증도가언해』『능엄경언해』『금강경 삼가해』『두시언해』『아미타경언해』·『어제내훈』『노박집람』『박통사언해』『훈몽자회』 등에 연용된 국문활자는 고딕체가 아닌 해서체이기 때문이다. 그러므로 상문호학(尚文好學)의 군주가 기념처럼 신주한 동활자는, 개신을 위한 의욕이 도리어 진전을 저해한 빌미가 된 셈이다. 이런 점에서 5차의 개주(改鑄)를 본 갑인한주자를 제외한 나마의 활자로는 을해국문활자만이 꽤 오래 씌었을 뿐이다. 따라서 그 종류가 수십을 넘는 갖가지 동주자는 시대에 영합되지 못한 채 물거품처럼 소멸되고 만 폭이다.

그리고 이『석보상절』과,『월인천강지곡』에 쓰인 국문활자는 자체로나 구자(構字)로나 나무랄 데 없는 완벽이긴 하지만 계승하여 계발시키지 못하고, 오히려 소담스럽게 도사려 간직하다가 드디어는 그 창시의 무녀리를 썩히고, 산문체의 창시로 활로가 열린 국어국문학의 반석을 만세에 앉힐 기회마저 놓치고 말았다. 특히 극치에 다다른 동주자와, 이에 부수되는 활판의 빈삭(頻數)은 비록 평민에게 가렴주구를 촉하여 간관의 성화를 사기도 했지만, 그 출군의 착상과 정밀한 기공은 동토를 넘짚었 고, 서구와는 대비가 되지 않을 만큼 선진했었다 하지만 자획이 굵은 고딕체는 대자인데다가 국문위주한 문적의 필요성이 덜해졌기 때문에 이후로는 아예 세자만 사용되고, 이『석보상절』의 대자는 녹이고 만 듯하다. 여하간 이『석보상절』은 바로 불교학의 앙금이요, 서지의 웃전이요, 국학의 밑그루요, 산문체의 상침이요, 인쇄문화의 고명임은 자타가 공인하는 바다. 게다가 이번에 출현한 이 제 23·24는 석가의 열반을 전후한 유교와, 분사리와, 아육왕의 조탑기와, 법익의 수도기 등 석씨보의 휘갑인 만큼 무비의 귀중문헌이다.

끝으로, 이『석보상절』제 23·24의 해제를 두루 간추려 보면 다음과 같다.

(1)『석보상절』은 세종비 소헌왕후가 세종 28년(1446)   3월에 돌아가자, 그 추천을 위해 수양군으로 하여금 신미를 비롯한 명석과, 김수온 등 거유의 협찬을 받아, 세종 29년(正統十二年 : 1447) 7월 25일 인행된 우리나라 최초의 역경으로 모두 24권의 거질이며, 현존하는 국문활자본의 최고본이다.

②『석보상절』은 승우(僧祐) 찬『석가보』와, 도선(道宣) 찬『석가씨보』를 바탕으로 삼아, 수종의 전경을 취사상절한 김수온 찬『증수석가보』를 역주한 것으로, 학불의 초전이자 포교의 가늠대다. 따라서 경론을 비롯하여 집전의 기이와, 구전의 습유 등 세심한 용려가 곁따른 증수한 석가보다. 그러므로 석가의 본생담을 비롯하여『아미타경·무량수경·지장경·법화경』등이 전역되어 수록되었 고,「아육왕조팔만사천탑기」와, 아육왕의 아들 법익의『괴목경』등도 전역되어 있다.

③『석보상절』은 동주자 활판본으로, 한자는 세종16년(1434) 범주한 갑인자의 중·소자이 고, 국문자는「훈민정음」의 홍포와 실용을 짝하여「훈민정음」반포 이후 모음자체의 일부를 개신하여 조성한 고딕체의 대·중·소자로 정교하게 조판된 최고의 희구본이다. 따라서 이 동활자본『석보상절』은 550여년전 극성했던 인쇄문화를 실증하는 좋은 자료로, 중국과 서구에 앞선 독창적인 활판 인쇄본이다.

④ 이『석보상절』제 23·24의 출현은,『석보상절』의 총권수가 '共二十四'임을 입증해 준 끝 책이다. 곧 그제까지 국립도서관 소장본인 권6·13 편차 아랫 마구리에서 기입되었던 '共二十四'에 의거해서, 그 권수를 추인했던 바가, 이 제24의 내용이 아육왕의 조탑기와, 법익의 수도기 등 세존의 본생담의 휘갑임에 비추어 비로소 인증되었다. 현재 동국대학교도서관에 진장된 국보급의 희구본이다.

⑤ 이『석보상절』제 23·24의 내용은 세존의 반열반과, 분사리와, 아육왕의 조탑기와, 법익의 수도기가 그 대강이다. 특히 제 24에는「아육왕팔만사천탑기」의 후반으로써 그 후반을 이루었는데, 이 탑 가운데에서 19구가 동방에 조성되었는데, 그 가운데서 2기가 전라남도 장흥의 천관산과, 강원도 회양의 금강산에 있다

350

는 대문까지 보여, 다른 어느 권차보다도 가장 귀한 유일본이다.

⑥ 이『석보상절』제 23·24는 국립도서관 소장 권6·9·13·19 등 4권과 같은 동주자 활판본이며, 진기홍 씨 소장의『월인천강지곡』권상과도 같은 종류의 인본이다. 다만 전자가 교정본이고, 후자가 수정본임에 반하여, 이 인본은 소엽(掃葉)의 흔적은 전혀 없다. 한편 국립도서관본은 탑장본이라서 습기에 절어 요지가 지금도 반반하지 않고, 진기홍 씨의 책은 복장본이라 구겨져 있는데, 이 제 23·24는 진작부터 전수되었던 책이라 몹시 해묵어 창창하고, 수택에 결어 요지가 퇴색되어 싯누렇고 낙서까지 곁들였다.

⑦ 이『석보상절』과,『월인천강지곡』권상은 그 편찬방법부터 판이하다. 곧 이『석보상절』은 한역『석가보』의 번역이기 때문에 한자를 선용하고 정음을 협서했는데,『월인천강지곡』권상은 정음을 선용하고 한자를 협서했다. 그런데 목판으로 합간한『월인석보』에서는『석보상절』과 같은 방식으로 다시 고치어져 판각했다. 일컬어 역경이라기엔 워낙 구김없고, 서사(敍事)와 서정(抒情)이 신실로 가득찬 명문이다.

⑧ 동주자 활판본『석보상절』은,『월인천강지곡』과 함께 그 기술에 있어 시용의 일상어와, 시용한 산문체와, 세련된 문장을 선용하여 구어로의 대화의 묘를 거나하게 풍긴다. 그런데 세조조 번각본『월인석보』에는 구본을 첨삭하여 한역체로 바꾼 대목이 많다. 따라서『석보상절』은 한국인쇄문화의 표본이며, 15세기 한국서지학의 금자탑이며, 불교문학의 정화이며, 국어국문학의 보고다.

퇴경당 권상로 선생

1. 퇴경당의 세연(世緣)

퇴경당은 권상로 선생의 당호이자 별호다. 한말의 풍운이 거세차던 고종 16년(1876) 음력 2월 28일 경상북도 문경군 산북면 석봉리에서 나셔, 1965년 양력 4월 19일 서울 동대문구 청량 2동 205의 149호에서 세수 87을 일기로 열반하셨으니, 법랍 69세셨다. 일찍이 안거 20회를 채우셔 대종사의 법계를 받으셨다.

1885년 2월부터 1894년까지 10년간 마을의 글방에서 한문을 수학하셨는데, 1894년 갑오경장이 일어났고, 한편 동학란의 소식에 접한 선생은 맏이신데도 홀연 출가를 단행하셨으니, 물론 과거제도가 폐지되자, 그 공부의 보람이 수포로 돌아간 사회제도의 변혁이 그 요인이었다. 그래서 1896년 4월 경북 문경군 운달산 김용사(金龍寺)에서 월명 서진 선사를 은사로 불교에 귀의하여 득도하셨으니, 이 결단이 훗날의 대성을 위한 첫걸음이셨다.

그러니까, 1896년 4월부터 1905년 2월까지 10년간을 김용사 부설인 불교전문강원에서 불교학을 익혀, 당시의 교육과정인 사집과와 사교과를 거쳐 대교과를 마치셨다. 그간에 그 공력을 인정받아 입실 건당하셨음은 물론이다. 곧 1903년 김용사 풍곡 영안선사 밑에서의 이력이다.

이윽고, 1906년 4월부터 1909년 11월까지 김용사에서 경영하던 경흥학교 와 성의학교에서 강의를 맡으셨으니, 이것이 선생께서 교육에 첫발을 디디신 인연 이다. 여기에서 그 울력을 인정받아 1909년 12월부터 1911년 12월까지 만 2 년간 총무원의 편집부장을 역임하셨으니, 이는 앞으로 조고계(操觚界)의 우이를 잡 게 되신 빌미이기도 하다. 한편 1911년 12월부터 1912년 12월까지 경상북도 문경군 사불산 대승사의 주지를 맡고 계시다가, 이듬해인 1912년 1월부터 1917년 12월까지 총무원의 기관지인 『조선불교월보』의 사장을 역임하시는 동 안, 월보에 기고를 통해 불교중흥에 이바지가 크셨다. 이때 「불교개혁론」을 발표하 셨다.

다시 지방으로 내려가 1918년 2월부터 1922년 10월까지 김용사 지방학림과, 상주 보광학교의 강사를 역임하시다가, 다시 서울로 올라오셔 1923년 4월부터 1931년 4월까지 9년간 월간지인 『불교』의 사장을 역임하시는 동안, 불교의 대 중화는 물론, 불교학 발흥에 전력을 경주하셨으니, 선생께서 편집과 인쇄에 조예가 깊으신 것은, 주로 여기에서 다듬겨진 적공이다. 그 뒤 동대문 밖 창신동에 자리했 던 원흥사에 부설한 명진학교(현 창신국민학교 자리)가 승격되어 중앙학림이 되 고, 다시 본격적인 불교의 전문교육을 표방한 중앙불교전문학교가 종단의 적극적 인 출염으로 개교하게 되자, 교수로 임명을 받아, 1931년 4월부터 1944년 4월 까지 역임하셨다.

그간 중앙불교전문학교는 혜화전문학교로 개칭되고, 다시 일제의 폐교령에 의 해 문을 닫게 됐었다. 물론 당시의 교장이셨던 석전 박한영 선생을 비롯으로 김동 화, 김영수, 성낙훈, 백성욱 선생의 석학과 함께 불교학은 물론, 문학 전반에 걸쳐 유능한 인사를 길러내셨으니, 그 공은 실로 대단하셨다.

특히 한문학에 밝으신 선생이시라 내전과 외전을 두루 강의하셨는데, 당시의 교재는 선생께서 손수 등사원지에 긁어서 프린트로 발간하셨으니, 그 교재는 지금까지 고스란히 전한다. 특히 『조선불교약사』와 『조선문학사』는 후학에 좋은 길잡이가 되었다. 모두가 노트를 시키기 위한 시간을 절약하기 위한 자상한 하임이셨다.

그 뒤, 1944년 4월부터 1945년 8월 광복까지는 불교총본산인 태고사(현 조계사)에서 교학편수위원을 역임하셨고, 1946년 4월 혜화전문학교를 동국대학으로 개칭하여 개교를 보게 되자, 다시금 교수로 취임하셨다.

앞의 태고사는 현재 조계종 총무원으로, 실은 보천교의 본당을 헐어다 새로 지은 건물로, 당시 33본산의 총무원이었고, 동국대학은 혜화동 혜화전문학교의 교사였다. 오늘날 중구 필동에 자리한 동국대학은 1946년 9월 개교를 본 학부의 교사였다. 선생은 여기서 불교학사와 한문을 강의하셨다. 그 때 가르쳐주신 한문강의에서 박지원의 「녹천관집서(綠天館集序)」는 지금까지도 생생한 인상으로 되살고 있다.

더욱이 악부체의 각체를 설명하신 재학 당시의 노트를 보면, 그 해박하신 지식의 샘이 무궁함을 느낀다. 그 뒤 6·25동란으로 부산 묘심사에 임시교사를 마련, 이북으로 납치되신 허영호 학장에 이어 1952년 6월에는 학장에 취임하셨다가 1953년 2월에는 동국대학이 종합대학교로 승격되자 초대총장으로 취임, 동년 7월 정년 퇴임과 동시에 명예교수로 계시면서, 환도한 뒤에도 항상 도서관에 나오셔서 연구와 아울러 집필에 여념이 없으셨다. 1962년 4월 동국대학교에서 명예철학박사 학위를 받으셨고, 동년 8월에는 대통령으로부터 문화훈장을 받으셨다.

명예직으로는 한국박사학위심사위원, 국어심의위원, 국사편찬위원, 불교법계고시위원회 위원장, 불교성전 편찬위원, 고사간행회 국역위원, 우리말 대장경 편찬위원회 위원장, 중앙불교연구원장, 불교조계종 원로원장, 현대불교사장, 불교사상사 사장 등을 역임하셨다.

특히 『불교성전』 편찬위원으로 취임하셔서는 호한한 대장경 가운데서, 가장 중요한 대문을 간추려서 번역을 통해 널리 읽히게 한 최초의 한글 성전이기도 하다. 물론, 그뒤 따로 나온 『불교성전』도 있으나, 실은 선생께서 심혈을 기울여 역간한 『불교성전』이 본밑이 되었음을 아는 이는 아는 사실이다. 그리고, 『우리말 팔만대장경』만 해도 사실은 선생의 높깊은 학력으로 빚어진 산물이기도 하다.

2 퇴경당의 기벽

평생을 자애로 갈닦아 원만하신 선생이시지만, 일단 역정이 나시면, 좀처럼 풀지 않으시는 고벽이 계셨다. 1951년 부산에 계실 때의 일이다. 엉뚱하게 『월인석보』를 공부하겠다고 여쭈었더니, 우선 『금강경』부터 외우라시며, 얄팍한 고판본을 꺼내주셨다. 그리고서 덮어놓고 외우라신다. 당시는 『반야심경』도 외우지 못하는 주제인데, 동국대학 출신이라, 으레 외울 줄 아신 모양이셨다.

그래서 실속을 털어놨더니, 호령이 대단하셨다. 그리고는 명목하시고, 아무 말씀이 안 계셨다. 처음으로 가부앉은 발에 쥐가 났다. 그래서 다리를 바꾸려는데, 또 사살이 막중하셨다. 차마 다리가 저리다는 말도 못하고 앉았다가 영 대꾸가 없으셔서, 그냥 물러가려고 일어나는데, 그만 고꾸라지고 말았다. 그랬더니, 비로소 "그래가지고 무슨 공부를 하려나"하시면서, 가라고 하셨다.

다른 사람에겐 그렇게 자상하시면서도, 그 다음날도 거들떠 보지도 않으셨다. 그래서 『반야심경』을 더듬더듬 외고, 『금강경』의 첫 대목을 외웠더니, 다소 풀리셨는지, 강을 해주셨다. 그만큼 엄하신 선생이셨다. 그런데 일단 강에 들어가면 자애로운 노할아버지셨다.

또 한번은 『금강경』을 베껴오라시기에, 같지 않게 흘려 써서 갖고 갔더니, 본체도 않으셨다. 아무리 하회를 기다려도 원고지에 책만 베껴쓰고 계셨다. 슬쩍 엿보았더니 글쎄 한 획을 흘려 쓰시는 법이 없으셨다. 그래서 슬그머니 물러나와 다시 정성껏 써갔더니, 비로소 봐주시면서 "글자는 남이 봐서 금방 알게 써야 해"하시는 자상이셨다. 사실 선생의 원고는 한자도 흘려 쓰시는 법이 없다. 그렇다고 초서를 못 쓰시는 선생이 아니다. 글쎄 마치 속기와도 같은 난초(亂草)의 『정원일기』를 옮겨 쓰시었다. 또박또박 박아쓰신 원고를 간직하고 있으면서 평생의 교훈으로 받들고 있는 나다. 그러니까 선생의 원고는 곧장 복사본으로 발간할 수 있다.

선생은 절에 계셔선지 국수를 퍽 즐겨 자신다. 그래서, 혹 대접을 하려면 꼭 온 면집을 찾아야 했다. 게다가 사과를 무척 좋아하셨다. 그것도 벗겨 자시지 않고 깨끗하게 씻어서 그냥 자셨다. 특히 아침 예불을 마치시면 식전이건만, 반드시 자시는 과일이다.

3 퇴경당의 믿음

절집에 계실 때야 물론, 그 법도가 유난스러우시지만, 댁에 계셔도 여간 편치 않으면, 꼭 아침 예불을 하셨다. 그러니까 1954년 『두시언해』의 강을 받을 때의 일이다. 당시는 돈암동에 사셨는데, 아침 일찍 가서 강을 듣고야 대학의 「두시언해 강독」을 강의할 무렵이다. 딴은 분에 넘쳐 감히 맡을 수 없는 어려운 강의였는데, 양주동 선생께서 "그걸 못하면 다신 우리집 문지방을 넘어서지 말아"란 엄명을 어길 수 없어 머리로의 공부가 아닌, 발로의 공부를 할 무렵이다. 4시 30분 통행금지 해제의 사이렌이 나면, 허겁지겁 뛰어서 선생댁을 찾아가면, 막 『금강경』 염송이 끝날 때다. 예불이 끝나기가 무섭게, 남이 깰까봐 몸소 조용조용 나오셔서 빗장을 열어 주셨다. 꼬박 3년을 다녔는데도 한번도 걸르시는 것을 보지 못했다. 그만큼 독실하셨고, 그만큼 철저하셨다.

또 한번은, 분쟁이 생겨 단식을 하신 일이 있으셨다. 아침 뉴스를 듣고 이내 달려가서 "선생께서는 그리 못하십니다"고 말렸더니, 본체도 안하시고 참선을 계속하셨다. 한참 앉아 기다렸더니 "자네네야 알 바가 못되고 단식이야 무언의 항쟁이지"하시며, 그 노구를 끄떡도 안하시며 1주일을 견디셨다. 그때 외신 염불도 『금강경』이셨다. 그래서 따라 외는데, 웬걸 『능엄경』과 『법화경』을 거침없이 외시는데, 그야말로 '얼음에 박 밀기'이셨다. 예전 과거에 명경과가 있어 『사서삼경』의 대문은 물론, 잔주[小註]까지 한 자의 틀림도 없이 외야 합격을 했다는데, 선생의 염불은 그 많은 『법화경』까지 모조리 외신 근력이셨다.

더욱 놀란 것은 노환으로 기동이 어려우신 때도 댁에 뵈러 가면 단 한번도 누워 계신 것을 못 봤다. 열반에 드실 그 무렵에도 가부앉아 계시다가 쓰러지셨다는 말을 들었으니, 이른바 면벽 9년의 달마대사의 세손이 분명하셨다. 실로 그 하루 하루가 바로 용맹정진이셨다.

4. 퇴경당의 학문

일찍이 손에서 책을 놓지 않으신 선생이셨다. 또한, 만년필이 달아 바꾸기를 몇 번 하셨다. 그만큼 선생은 평생을 책과 씨름하셨다. 그런데 읽기만 하시는 것이 아니라, 반드시 준비하고 계신 원고지에 옮겨 쓰시는 일이 남다르시다. 그래서 선생께서 애용하시는 책보에는 항상 잉크와 원고지, 확대경과 만년필 등이 필수품이셨다.

　어디에 새로 무슨 책이 나왔다면, 틀림없이 찾아가셔서 필요한 대목을 베껴 오셨다. 그래서, 최남선 선생이 빌어 갔다가 다 잃어버린 문사들의 약전인 『진휘속고(震彙續考)』까지도 선생의 대저 『한국사찰전서』에는 영락없이 옮겨져 있다. 그러니까, 광복 후에 발굴된 『동사열전』까지 섭렵되었고, 좀처럼 보여 주지 않는 위백규의 『지제지(支提誌)』까지도 몇 번이고 전남 장흥의 사당에 찾아가 끝내는 베껴 오셨다. 오늘과 같이 교통이 편하고, 편리한 제록스가 흔한 세상이라면, 아마 보다 편한 노트가 되셨을 것을 생각하니, 새삼 그 남다르셨던 울력이 자꾸 우러러진다.

　흔히 선생을 백과사전이라 혀를 내둘렀었다. 정말 여쭈어서 모르신 것이 없고, 그것도 즉석에서 뚱겨 주시는 박람강기셨다. 이것이 불교관계면 말할 나위도 없고, 고사성어까지도 깡그리 외고 계셔, 자상히 일러 주시면서, 그 원전까지 술술 일러 주시는데야 어안이 벙벙할 밖에 없었다. 따라서 책을 뒤지시는 것도 여간 빠르지 않으셨다.

　진작 『균여전』의 강을 들을 때의 사연이다. 첫대목의 '헌라명하'의 반절을 잘못 읽어 '헌라경하'로 옮겼음을 원전도 보지 않으시고 '명경절(名庚切)'의 반절(反切)을 잘못 옮겼다고 고치신 보기는, 지금까지 널리 일컬어 오는 얘기다. 그리고 『삼국유사』 권 3 「미시랑조」의 '단홍'을 '입술'로, 「보현십원가」의 '격구·낙구·후구'의 3구(句)와, '탄왈·아야·후언·성상인·타심·병음'의 6명(名)을 '3구 6명(三句六名)'으로 푸신 탁견 등 이루 매거키도 부질없다. 「원왕생가」의 작자 문제도 가장 먼저 거론하셨었다.

5. 퇴경당의 편저

사실 불교학이나 한문학을 다룬 분 치고 선생의 훈수를 받지 않은 이가 없는 정
도다. 그래서 일찍부터 "자학의 최남선, 작문의 정인보, 해석의 권상로"라는 추앙까
지 나돌았었다. 특히 불교학은 독보적인 존재셨다. 하긴 누카리야(忽滑谷)의 『조
선선교사』의 거작이 있고, 다카하시(高橋)의 『이조불교』가 나왔지만, 선생의 입김
또한 적지 않았었다.

1961년 10월 일본 천리대학 조선학회에 참석했을 때의 일이다. 90여세의 다
까하시가 나에게 "자네는 나의 손자 제자다"라고 으름장을 놓아 당황했는데, 알고
보니 선생께서 다카하시에게 일본어를 배우셨다는 비양이었다. 그러나, 그의 『이조
불교』가 비단 하정 여규형(呂圭亨) 선생 뿐 아니라, 그 방대한 자료는 선생에게
서도 나갔다. 특히 김태준의 『조선한문학사』와 『조선 소설사』도 실은 선생의 문
력으로 마물려졌고, 심지어는 노산 이은상 선생의 『이충무공전서』 역시 선생의 해
석이 발판이었으니, 나의 『두시언해비주(杜詩諺解批注)』는 거론의 나위도 없다.

특기할 바는 선생의 편저는 오서 낙자가 거의 없는 완벽이란 점이다. 그만큼 원
고가 정확하고, 그만큼 교정이 철저하셨다. 이 점에 관해서는 양주동 선생도 대단
하셨지만, 선생의 철저에는 불급이라 해도 과언이 아니다. 당신의 편저가 신앙이
요, 남을 도와줌이 본분이셨다.

이제 선생의 편저에서 두드러진 책을 골라, 그에 어설킨 사단을 밝히고자 한다.
다만 손수 쓰신 프린트판인 『이조실록 불교초존』이나, 『고려사 불교초존』이나, 또
한 『악부집성』이나 『한국불교사료』는 한갓 원전의 발췌이기 때문에 여기서 잠깐
제외하기로 한다.

(1) 조선불교사(朝鮮佛敎史)

중앙불교전문학교 강의용으로 꾸미신 친필의 프린트판이다. 당시의 강의는 교수가 부르면 받아 쓰는 것이 통례였는데, 선생께서는 원지에 굵직한 글씨로 직접 긁어서 프린트해서 실비로 배부해 주셨으니, 그렇지 않아도 낯을 들지 못하는 학생들의 실력향상을 위하신 조처이셨다. 이는 훗날 개편까지 해서 출간한 『신찬 조선불교사』도 역시 손수 쓰신 프린트판이다. 따라서, 처음 내신 『조선불교약사』와 함께 한국불교의 사적인 약술이다. 물론 강의노트여서 설명 부분은 없고, 다만 대줄거리를 구슬을 꿰듯 약술했기 때문에 일언이폐지하면, 요강만의 옮김이다. 그러나, 교종과 선종의 가름은 탁견의 요목이다.

(2) 조선문학사(朝鮮文學史)

역시 프린트판으로 『중국문학사』와 함께 혜화전문학교 문학과 문학사의 교재로 꾸며진 한국문학사의 개요다. 특히 한문학이 전문이신 만큼 한문학이 본위다. 따라서 광복 이후 국문학의 열기로 말미암은 한글 문학 위주와는 궤를 달리하고 있다. 이 『조선문학사』는 광복 후에 증보되어 프린트사에 맡겨 10포인트 정도의 세자로 간행되어 동국대학에서 교재로도 쓰이었다. 그러나 다른 국문학사나 국문학개설서와는 달리 한문학의 비중이 크다. 앞에서 지적한 바와 같이 김태준의 『한국한문학사』나 『조선소설사』의 바탕이 되었으며, 또한 조윤제 선생의 『국문학사』에도 적지 않게 영향을 끼치었다. 그러므로 광복 직후는 안자산의 『조선문학사』와 함께 널리 읽혀, 프린트판의 개판까지 나왔다. 또한 1981년에는 그 제록스판까지 나돈 정도다.

이 『조선문학사』는 동국대학 전문부와 학부에서의 교재였기 때문에 나는 대학 재학 당시 선생의 강의를 직접 듣기도 했었다.

(3) 퇴경역시집(退耕譯詩集)

본시 시조의 한역인『영언만역』과, 당시(唐詩)의 시조역인『지귤동근집』이 원고본으로 제본된 채 물려져 있었다. 마침 두시를 공부하러 다녔던 관계로, 그 원고를 따로 한벌을 베껴 올리고, 선생의 원고본을 물려 받았었다. 그런데 1965년 4월, 선생의 영결식을 정릉 흥천사에서 마친 뒤, 동악어문학회 동호들이 자리를 같이하고, 선생의 1주기에『동악어문논집』제2집을 퇴경 권상로 선생 추도 특집호로 꾸미는 한편, 국문학과 관계되는 선생의 원고본인『영언만역』과『지귤동근집』을 싣기로 했었다. 워낙, 당시(唐詩)의 시조역인『지귤동근집』은「시조한역」이란 제하에 동대신문에 연재한 바도 있었다. 그래서 동대문 밖 회기동 연화사에 위패를 모셨던 관계로, 거기서 선생의 2주기 기념식에 널리 펼치고자, 간수했던 지형을 써서『퇴경역시집』으로 간행한 바 있다.

그『퇴경역시집』에 나는 다음과 같은 서문을 올렸었다.

"스스로 다지기를 '1주기에는 필생에 그토록 가다듬으신 유저『삼국유사역강』을 기어이 상재한다'고 다짐했었으나, 겨우 이『퇴경역시집』으로 가름하자니, 덮쌓이는 송구함 누를 길 없다." —중략— 스승께서는 항상 겸허하시며, "두보의 '예로부터 노마를 놔 먹임은 반드시 먼 길을 가고자 해서가 아니다'로 자처하셨지만, 그 헤아릴 수 없는 가르침이 바다와 같음을 미처 몰랐었다. 오늘에 이르러 그제를 돌이키니 쉽게 배웠던 안쓰러움이 더욱 도져 아예 감출 길 없다. 그저, 이 아쉼이 하늘에 사무치지 못함, 오직 한스러울 뿐이다"라고 공손히 손을 모았었다.

이『퇴경역시집』에는 당시(唐詩)의 시조역이 215수이고, 시조의 한시역이 312수여서, 저 이제현의『익재소악부』와, 신위의『자하소악부』에 이은『퇴경소악부』여서 더욱 값지다.

(4) 한국지명연혁고(韓國地名沿革考)

우리나라 지명사전이다. 역사를 읽다보면, 고지명과 현지명이 엇갈려 분간이 어렵다. 물론『동국여지승람』이 있어 좋은 참고가 되나, 비록 색인이 따로 있기는 해도 찾기가 벅차다. 더구나 이두로 표기된 고지명이, 신라 경덕왕 때에 한자표기로 바뀌고, 다시 개칭된 지명도 허다하여 더하다. 이 아쉼을 덜기 위해 꾸며진 카아드 정리다. 곧『동국여지승람』을 주로 삼아, 가나다 순으로 배열하고, 다시『삼국사기』와『고려사』, 그리고『동국문헌비고』등에 곁들여 있는「지리지」와 대조하여 쉽게 찾아볼 수 있게 편찬되었다. 물론 중국에는『일통지』를 비롯하여, 유명한『독사방여기고』도 있고, 역대 지명의 요람이 있는가 하면,『중국지명사전』도 있다.

그러나,『삼국사기』나『삼국유사』에 보이는 고지명을 챙기려면, 애를 먹게 마련이다. 그래서 선생은『한국지명연혁고』서문에서, 다음과 같이 그 경위를 밝혀 놓으셨다.

간혹 역사를 읽다가 고대 지명이 나오는 때에는, 그곳이 현대의 어디인지를 알 수가 없어서, 아주 침침한 칠야 같은 느낌이 많았다. 그래서 이러한 갑갑한 사정을 구하기 위하여, 나 혼자서 참고하려는 셈이었고, 절대로 공안에 제공하려던 것은 아니었다. 문체도 역시 약간의 수정을 더하고 보니, 신식도 구식도 아닌 얼치기가 되었다. 다만 바라기는 공자의 말씀과 같이 "하늘이 나에게 수 년만 빌려주면, 다시 더 수집하고 수정해서 체재를 갖춘 현대식인 것을 내놓을까 하는 것이며, 또는 만일 침을 뱉어 나무라면 서, 새로 완전한 작품을 내놓는 이가 있다면, 그가 나의 허물을 벗겨주는 것이라고 생각하는 바이다"라고 겸손하셨다. 실로 자비로 다지신 선생의 실토시다. 익을수록 숙는 수수이삭이다. 따져보면 완벽하건만, 이렇듯 겸사하신 선생이셨다.

이『한국지명연혁고』는 83세의 노령을 무릅쓰고 몸소 교정까지 하셨음을 나는 알고 있다. 다만 연기가 서기가 아닌 단기이고, 또한 왜정 때는 굳이 융희기원 후로 헤아린 점이 오늘의 눈으로는 껄끄럽다.

(5) 삼국유사 역강(三國遺事 譯講)

일연대사의 『삼국유사』를 주석하고 번역한 원고로 번역은 다 됐는데, 자세한 대교와 강설은 중도에서 중단된 절필이기도 하다. 본시 『삼국유사』는 이병도 선생의 번역을 비롯하여 수 책이 있다. 그러나 자세한 주석은 없는 데다 현전하는 각 판본마다 약간의 차가 있어, 그 대교와 색인까지도 나오긴 했다.

이 번역과 주석의 업은 병환으로 말미암아 중단되었다. 다시 회복하시자 임종의 마지막까지 손보고 계시다가, 주석은 권 2에서 "……명시하였은즉"으로 그만 붓을 놓고 가셨다. 이 원고는 내가 소중히 간수하고 있다가, 번역 부분만을 추려서 간행했다. 다만 문체에 있어 '있으므로'가 '유한즉', '없다'가 '무하니라'로 돼 있어 무엄하게도 감히 가필하였음을 정중히 밝혀 둔다. 이는 출판사의 간곡한 소청이어서 도리가 없었다. 그러나, 다른 대목은 전혀 가필치 않았다. 오직 송구스러움은 자그만 문고판이어서 인세가 아닌 매절로 팔았는데, 번역 매수라야 별것이 아니어서, 선생의 동상을 만드는데 보탰는데, 그 역시 세우려다 중단된 채, 여지껏 조각가 민복진 씨가 보관 중에 있다. 딱한 일이다.

(6) 한국사찰전서(韓國寺刹全書)

우리나라 사찰의 내력과 소재, 그리고 그 창건을 둘러싼 갖가지 연기설화까지 모조리 조사된 책이다. 더구나 본사와 말사까지 두루 조사돼 있다. 이 『한국사찰전서』는 선생의 필생의 사업으로 200자 원고용지로 5천매에 달하는 대저다. 원고는 다른 원고와 같이 한결같은 해서로 써졌고, 군데군데 작은 글씨로 덧써진 데도 있고, 또 부전지로 보태진 쪽지도 붙어 있다. 또한, 어떤 데는 원고지를 오려 붙여 새로 써넣은 곳도 있다. 이『한국사찰전서』에는 다음과 같은 자서(自序)가 붙어 있어 더욱 소중스럽다.

내가, 이 원고를 수집하기는 30시대부터였다. 우리나라 불교의 역사가 없는 것을 개탄하고, 그것을 연구하기 시작했으나, 그때는 아무 서적도 참고할 것이 없고, 오직 좀이 먹어서 글자가 절반이나 없는 것을, 일본인 쯔보이씨가 간행한『동국여지승람』을 얻으니, 그것이 유일한 보배이었다. 그러나, 한 절을 찾으려면 반드시 그 책 전부를 뒤지지 않으면 안 되므로, 그 찾기의 용이한 방법을 안출한 것이 곧 가나다순으로 공책에 기입한 것이, 이 책의 비롯이다. 그 후에 이어서「범자고(梵字攷)」와「가람고」등 논고를 거기에다 첨기하였고, 현재의 사찰들은 그 당시 본사들에 의뢰하여, 얻는대로 기입한 것이다. 별반 규칙도 없고, 순서도 따로 없다. 그나마도 이제는 여일이 없으니 완전히 집결되기는 거의 절망이고, 그대로 버려 두면 그 역시 전공이 가석하므로 불규칙과 두순서한 그대로 정서하는 뜻은 다른 날에 이에 동호하는 이가 있으면 그이에게 다소의 도움이 될까 바라는 바에서이다.

고려의 대각국사가 그 세력을 가지고, 그 지위에 계시면서『석원사림(釋苑詞林)』과『원종문류(圓宗文類)』의 두 거질을 만들어서 간행까지 했었건만, 지금에 얻어 볼 수 없거든, 하물며 미완성의 초초한 이 원고쯤이야 일러 무엇하리오. 퍽 우습다.

불기 2506년(1964) 갑진 욕불월에 집필하면서
85세 병나마에 사문 퇴경 상로 스스로 쓰다.

이『한국사찰전서』서의 원고는, 선생께서 열반하시기 실로 2년 전의 지음이니, 앞의『삼국유사역강』과 더불어 필생의 편저요, 선생의 대표작이기도 하다. 선생께서 열반하신 뒤에 이 원고 뭉치가 동국대학교 총장이셨던 조명기 선생의 주선으로, 동국대도서관에 들어오게 되자, 나와 동기동창인 고 김호진 출판부장의 세심한 공력으로, 마스터 인쇄에 회부해서, 1979년 2월에 발간을 보았으니, 우선 선생의 다행일 뿐 아니라, 불교계를 위해서도 다행한 일이 아닐 수 없다.

나는 그 발문에 다음과 같이 썼다.

"은사 퇴경 선생의 생신 백주년을 맞아 선생의 백년서업이셨던『한국사찰전서』가 원고대로 축소 영인된다니, 정말 반갑고 뜻있는 일이다. 이는 비단 불교학만 아니라 한국불교 전반에 걸친 총림으로 사찰사료의 총췌이자 본말의 근원을 거스리는 보고임에서다. 더구나 진작 잃어버린 사원의 대략인『진휘속고』를 비롯하여, 동란 이후 소산되고만 육당(六堂)과 석남(石南)의 방대하고 진중한 장서, 그리고 각사의 기록 등에서 중요한 건사가 또박또박 써진 정해로 유취되었고, 또한 좀처럼 빌어보기 힘든 감여서(堪輿書)인『지제지』등 여러 희구본에서, 사찰에 관한 기사만 초록하여 가나다순으로 일목요연하게 분류된 사보(寺譜)이기 때문이다.

사실 이를 집대성하시기에 바치신 50년의 적공은 초인이셔서, 범상은 생심도 못할 부지런의 결실이다. 노경에 다다라는 안암(眼暗)과 수전(手顫)을 무릅쓰신 각필(擱筆)은 사뭇 본분과 사명보다도 일건일도의 거룩까지 도사려 안도의 흔적마저 보이는 거편이다. 특히 그 자료의 박람과 요추의 추출과 그 긍경(肯綮)의 분석은 거의 완벽에 가깝다.

모름지기 우리의 전적은 좀이 먹어 망가짐이 심한데다가, 관용의 약자와 스사론 난초(亂草)가 많아 여간한 학력이 아니고는 판독조차 쉽지 않음이 실정이다. 게다가 해시(亥豕)의 오서와 어설픈 두찬(杜撰)을 척결하기란 선생과 같은 거벽이 아니고는 불가능하다. 가령, 저『석보상절』제 24에 보이는 사리탑에 관한 '천관산(天冠山)'과 '금강산'조만도 그 출처를 이능화의『조선불교통사』와『고려대장경』에서 캐다가 결국 이『한국사찰전서』에서 찾아냈고, 한편『삼국유사』권3「흥법편」에 보이는「육왕탑」조도, 못내는 그 진원을 이에서 비로소 그 실마리를 풀었으니, 사실 본 말사의 연혁은 고사하고, 진작의 폐사는 물론, 암자까지도 그 출전까지 밝히고, 그 기사(紀事)는 한문이기 때문에 구두점까지 찍어, 문력이 부치는 우리 대중의 해독에 이받는 자상이 넘친다.

워낙 선생은 교학의 옥편이요 사전이란 우러름을 받으셨다. 물어서 모르시는 법이 없으시고, 혹 미심하시면 그예 찾아서 통기까지 하시는 분이셨다. 모르괘라, 이유(二酉)의 장서가 무색했으니, 그 인과가 바로 이『한국사찰전서』등의 편저로써 마물려졌음은 물론이다.

이런 점으로 미루어 이『한국사찰전서』는 사찰을 둘러싼 불교학은 물론 널리 한국학의 곳집이라 해도 빈말이 아닐 만큼 가멸찬 보전이다.

(7) 질려원고(蒺藜蘭藁)

240자 원고용지에 써진 5책의 원고본이다. 현재 동국대 도서관에 소장돼 있다. 내용은 한시가 2책이고 문이 3책인데, 주고 받은 시보다도 감회시가 많고 문에는 모연문과 중수기, 그리고 묘갈명 등이 대부분이다. 모두가 한문이어서 그대로 묵고 있다.

이밖에도 권병훈의 거저『육서심원』에서 12간지를 다루신「자학관규(字學管窺)」,『관음예문강의』등 명저가 있다. 특히「자학관규」는 대만의『대륙잡지』에 그 일부가 실려 소개되었고,『관음예문강의』는 관음기도가 성행해선지 활판으로 간행되어 재판을 거듭했다.

끝으로, 동국대 동악어문학회 간행인『동악어문논집 제2집』에 실려 있는 대가의 추도 시문을 함께 읽기로 한다. 먼저 양주동 선생의「퇴경 선생을 추념함」에서 간추려 본다.

"자리로 다진 보시(布施)의 가르침을 철저히 닦은 선생의 일생은 오로지 대중을 위한 삶이었으니, 그 상록의 정정과 돈독한 인자로 사문의 오락을 바로잡아 주시고, 오자를 발려 주시어 동학의 미급과 불찰을 뚱겨 주시고, 후학의 두찬(杜撰)을 당신의 해박으로 보태어 바로잡아 주신 거룩은 길이 백세에 찬연하리라 믿는다.

나와 선생과의 학연은 1925년 여름 어느 무더운 날로 기억된다. 마침 불전 관계 문헌을 들추다가 미심한 대목이 있어 선생을 종로 견지동 태고사로 뵈러간 것에서 비롯된다. 당시 『불교』지를 주재하고 계시던 때인데, 문답이 오가는 중에 간격없는 겸허와 높깊은 온오가 풍겨 넘치는 독신으로 절은 청아(清雅)와 가투(可透)의 안광을 맛보고, 정녕 위압을 느꼈었다. 그 고고와 그 법안(法眼)으로 끝내 혼탁(混濁)을 견디셨고 절집을 거느리셨고 후학을 지도하셨다."

다음은 이은상 선생의 「억퇴경노사(憶退耕老師)」로 회기동 연화사에 분향하시고 읊은 3장의 시조다.

퇴경 살으신제 부처 모습 부처 마음
한평생 글과 말이 공 하나 뿐이더니
오늘밤 달빛만 휘영청 빈 법당을 비추네.

구십년 티끌 인연 번개 같은 순간이더냐
바람의 자취를 더듬어 무엇하리
불탑에 향연 한가닥 실올처럼 타오르네.

여기 분명 계셨는데 다시 보니 빈 자릴세

서방 어디멘지 가신 데를 모를러니

저기 저 연화좌 위에 웃고 앉으셨구려.

끝으로 한학자이신 나의 스승 신호열(辛鎬烈) 선생의 칠언율시 「곡퇴경노사(哭退耕老師)」를 옮겨 싣고, 이 퇴경 선생의 사연을 휘갑하기로 한다.

英年業白出林叢

九十光陰一夢中

國調翻腔追漢叟   *필자주 : 신위의 「자하소악부」와, 선생의 「퇴경소악부」

地名考核併茶翁   *필자주 : 정약용의 『정다산전서』와, 선생의 『한국지명연혁고』

凄涼破衲風吹去

零落殘灰雨灑空

從此廬山誰結社   *필자주 : 일찍이 시문으로 사귀셨음

舊遊回憶愴無窮

(1985. 12)

퇴경당전서(退耕堂全書) 발간사

　기원정사의 쇠북소리가 동방에로 번지자, 그 제행무상의 메아리는 근역 삼천리에 두루 퍼져, 그 자비의 보람을 대대로 누리게 했으니, 거룩한 불은의 가비(加庇)가 아닐 수 없다.

　물론 신라와 고려의 신봉(信奉)은 자못 민간신앙의 호응을 자아내었고, 조선의 모진 억불책에도 불구하고 교종의 울홍과 호국의 선봉이 되어 비록 덧없는 위미(萎靡)를 감내해야 했으나, 대덕의 고고한 서업은 연면히 계계승승 드디어는 오늘의 성제(盛際)를 맞았으니, 이 또한 호법의 후광이 틀림없다.

　여기에 혜성과 같이 현세하신 존숙이 계셨으니 곧 교학이 겸전하셨던 퇴경당 권상로 대종사시다.

　주지하시는 바와 같이 퇴경당은 1965년 4월 세연(世緣)을 다하실 때까지 정진하시면서도 수불석권(手不釋卷), 이른바 생백과서(生百科書)로 경앙(景仰)되시어 학불염 교불권(學不厭 敎不倦)을 궁행하신 거벽(鉅擘)이셨다. 이 『퇴경당전서』는 그 평생의 호한한 편저를 결집한 총서로 정녕 내외전에 박통하신 그 운력의 총췌(總萃)여서 모름지지 우리 치문(緇門)의 불이(不二)의 기념탑이 분명하여 새삼 그 온오한 학해(學海)를 경탄치 않을 수 없다.

　사실 이 전서의 상재를 위해서는 동국대학교 문생들이 솔선해서 그 논저의 수수(蒐收)에 착수하여 유지의 희연(喜捐)으로 비로소 수민(手民)에 부쳐졌으니,

그 지성의 현로와 돈독한 지의(摯意)는 오로지 퇴경당의 드높은 학덕을 찬양하여, 그 공전절후의 학업을 길이 보전함과 아울러 후학으로 하여금 전수에의 첩경에 보비(補裨)하려는 충정의 여력이니, 모두가 보시의 수행으로 짐작되어 보람차기 그지없다.

이 전집에는 퇴경당의 한시문집『질려원고(蒺藜蘭藁)』를 비롯하여 불교초존(佛教鈔存), 그리고 역서와 법문집까지 망라하였고, 끝에는 문학사까지 곁들였다.

우선『질려원고』에는 고시와 근체시를 상침(上針)으로 대(擡)하여 퇴경당의 시적 감응을 돋뵈고 기서와 상량과 뇌사(誄辭), 그리고 불사를 권장한 모연(募緣)과 설법을 위한 경율의 해의(解義) 등이 실려 있어 그 대상은 자리(慈理)의 승화요 색공의 권화로 안다.

또한『한국사찰전서』는 퇴경당의 필생의 주저로 우리 사찰사료의 집대성이다. 본말사는 물론 폐사 및 암자까지도 그 연혁을 기기(紀記)와 사지(寺誌), 그리고 사승(史乘)을 광수(廣搜)하여 총정리한 방대한 편저로 사암을 국음(國音)에 따라 분류한 한국사찰사전이다. 또한 이 책은 이미 유실된『진휘속고(震彙續考)』에서까지 취재되어 있어 더욱 값지다.

그리고『한국불교관계자료초』는 우리나라 팔백여 종의 한시문집에 수록된 불교관계 제재를 발췌한 자료집으로 여기에는 동란전후 실전(失傳)된 문적(文籍)에서까지 모조리 전인(轉引)되어 있어 굳이 원전을 참교(參校)치 않아도 족할 만큼 일목요연하게 간추려져 있다. 다만 시가만의 추출이 돼서 다소 아쉽긴 하다. 그러나 난초(亂草)의 사본까지 독파해 낸 식안(識眼)이 아니고는 불가능한 작업이니, 여기에서 퇴경당의 문력을 다시금 관견(管見)케 한다.

다음『한국악부시초(韓國樂府詩鈔)』는 소전(所傳)하던 속악을 시화한 악부시

(樂府詩)를 거의 섭렵한 악부초(樂府鈔)로 기간의 악부집성(樂府集成)도 있지만 누락과 고정(考訂)까지 보태었고, 또한 필사본은 물론 한말에 씌어진 악부까지 집성한 보고다. 다만 당신의 『퇴경역시집(退耕譯詩集)』에 실린 시조의 한시역인 『지귤이향집(枳橘異香集)』의 퇴경악부는 중복을 피해 제외됐다.

기타 『삼국사기』와 『삼국유사』를 비롯하여 『동국여지승람』은 물론 심지어는 장흥 천관산의 감여서(堪輿書)인 『지제지(支提誌)』까지 검색하여 지명의 고금연혁을 소상하게 밝힌 『한국지명연혁사전(韓國地名沿革事典)』과 박람강기(博覽強記)로 설교하신 법문집인 『광명의 길』과 불교학 논고와 수상이 있고, 한편 번역서로는 『역강삼국유사(譯講 三國遺事)』와 당시(唐詩)를 시조역한 『퇴경역시집』과 관송하는 『관음예문(觀音禮文)』의 강의록과 『고려대장경』에 부록돼 있는 『균여전』의 역해 등이 합편되어 있고, 또한 일찍이 대학교재로 널리 읽혀 중판된 『조선문학사』와 문자학의 「자학관규(字學管窺)」 등이 실려 있어, 이 『퇴경당전서』는 과시 한국의 대저로 한국불교백과라고 확신한다.

끝으로 이 전서의 간행을 위해 물심양면으로 진췌한 간행위원과 편집 및 교감을 전담한 동학, 그리고 정재를 쾌척해 주신 제언께 간행위원회를 대표해서 거듭 건사하고 아울러 실비로 인쇄를 맡아 준 이화문화사에 만강의 사의를 표한다. 유종의 회향을 손꼽아 고대하며 발단의 무사(蕪辭)로 가름하는 바이다.

불기 2533년(1989) 12월 12일

한국사찰전서 발(韓國寺刹全書 跋)

　은사 퇴경(退耕)선생의 생탄(生誕) 백주년을 맞아 선생의 백년서업(百年緖業)이셨던 『한국사찰전서』가 수고(手稿)대로 축사영인된다니 정말 반갑고 뜻있는 일이다. 이는 비단 불교학만 아니라 한국학 전반에 걸친 총림으로 사찰사료의 총췌이자 본말소원(本末遡源)의 보고임에서다. 더구나 진작 유실된 사원(詞苑)의 기략(記略)인 「진휘속고(震彙續考)」를 비롯하여 동란이후 소산(燒散)된 육당(六堂)과 석남장서(石南藏書), 그리고 각사(各寺)의 기기(紀記) 등에서 요건(要件)이 정해(精楷)로 유취(類聚)되었고, 또한 좀처럼 빌려 볼 수 없는 장흥 천관산의 지리서 「지제지(支提誌)」 등 여러 희구에서 불사에 관한 기사를 모조리 초록하여 일목요연케 분류해 놓으신 사보(寺譜)이기 때문이다.

　사실 이 집대성에 바치신 50년의 적공은 실로 초인이셔서 범상은 생심도 못할 근간의 결실이다. 만모(晩暮)에 다다라 안암(眼暗)과 수전(手顫)을 무릅쓰신 각필(擱筆)은 사뭇 본분과 사명보다도 일건일도(一件一禱)의 거룩까지 도사려 안도의 유혼마저 보이는 거편이다. 특히 그 자재의 박람과 그 요추(要樞)의 추출과 그 궁경(肯綮)의 분석은 거의 완벽에 가깝다.

　모름지기 우리의 전적(典籍)은 식두(蝕蠹)와 훼손이 심한데다가 관용의 약자와 난초(亂草)가 많아 여간한 학력이 아니고는 판독조차가 쉽지 않음이 실정이다. 게다가 해시(亥豕)와 오자와 두찬을 척결하기란 선생과 같은 거벽이 아니고

는 불가능하다. 가령『균여전』의 허두 '﨟犖𥯤賀'에서「𥯤」의 반절인 '庚名庚切
名'을 '𥯤名庚切'로 바로잡고, 유명한「⺿ ⺿」을 '菩薩'의 약자로 읽으신 것이 그
일례 요, 저『석보상절』24·23에 보이는 불사리탑에 관한「천관산」과「금강산」조
만도 그 출처를『조선불교통사』와『대장경』에서 캐다가 이『한국사찰전서』에서 어
덕을 찾았었고, 한편『삼국유사』권3 여법편에 보이는「육왕탑(育王塔)」조도 못
내는 그 진원을 이『전서』에서 비로소 단서를 풀었으니, 본사와 말사의 연혁은 고
사하고 비록 폐사까지도 출전을 밝히고, 그 기사에는 구두점까지 찍어 해독에 이
바지하는 자상이 넘친다.

워낙 선생은 교학(敎學)의 '옥편'이요 '사전'이란 첨앙(瞻仰)을 받으셨다. 물어
서 모르시는 법이 없으시고, 혹 모르시면 그예 찾아서 통기까지 하시는 분이셨
다. 모르괘라, 이유(二酉)의 장서가 무색했으니, 그 인과가 이『한국사찰전서』등
의 편저로서 마물러졌음은 물론이다. 나의 여측(蠡測)인 졸고『두시언해해제(杜
詩諺解解題)』도 실은 이『전서』가 길라잡이였음을 생각할 때, 당시의 괄안(刮眼)
을 되새기며, 이『한국사찰전서』의 성가를 새삼 우러러 경전(鏡銓)의 금비(金
箆)로 받든다.

선생께서 열반하신 지 하마 15년, 그『전서』등의 옥고가 한갓 반고(反古)로
넘겨질 뻔도 했고, 상기도 빛을 보지 못하는 원고 묶음도 한둘이 아니다. 우리 동
국대학교 도서관에 보존돼 있는『조선불교사료(朝鮮佛敎史料)』와 한시문집『질
려원고』외에도「자학관규(字學管窺)」와『해동악부전서(海東樂府全書)』그리고
「범자고(梵字攷)」를 비롯한 논고가 묵고 있다. 생각사록 아깝다기보다는 송구스
런 현실이다.

끝으로 이『한국사찰전서』등 원고를 거두어 들이기에 힘쓰신 김동화·조명기 두
선생의 지의(摯意)와, 이를 수민(手民)에 붙이기 위해 보정부분을 따로 써서 정

리한 김호진 출판부장의 현로를 명기하며, 아울러 학문을 다짐한 출판부의 영단을 기리면서, 공손히 손을 모아 연화대에 가부앉으신 선생의 영전을 향해 경건히 삼배를 올린다.

1979년 2월 입춘절

〔추 기〕

선생은 평생 글씨를 흘려 쓰시는 법이 없으셨다. 그렇다고 초서를 못쓰신 것은 아니다. 축사된 수고에서처럼 소주(小註)는 물론 첨삭조차도 정해임은 그 명증이기도 하다. 저 국사편찬위원회 영인인 난초의 『정원일기(政院日記)』도 처음은 선생의 손을 거쳤었다. 그래서 난필은 가주(加朱)도 안해주셨다.

퇴경역시집 서(退耕譯詩集 序)

독두(讀杜)를 연분으로 구의(嘔衣)의 광영을 독차지하였던 나의 스승 퇴경당께서 붓을 물리고 열반하신 지도, 하마 1년이 가까워 온다. 생각사록 제행무상의 야속함이 가슴에 사무친다.

스스로 다지기를, "1주기에는 필생에 그토록 가다듬으신 유저 『삼국유사전역(三國遺事詮譯)』을 기어히 상재한다"고 하였었으나, 한갓 핑계지만 세사의 어그러침과, 생활의 시달림에 매여 겨우 이 『퇴경역시집(退耕譯詩集)』으로 가름하려니, 덮쌓이는 송구함 누를 길 없다.

그간 외람되게 기념사업의 단자도 꾸며는 보았고, 입석의 마련도 베풀어는 보았다. 허나 모두가 분에 겨운 여문부산(如蚊負山)의 미련이었음을 솔직히 고백하지 않을 수 없으니, 절로 숙는 고개 가눌 나위 없다.

이에 다다라 그 일각에 지나지 않지만, 스승께서 기쳐 주신 국학관계 저작에서 고른 것이, 이 도톰한 『퇴경역시집』이다. 이로써 사은에의 보답이라기는 너무나 초라하나, 선후와 대소의 차례 역시 돌보지 않을 수 없어 후일을 기다릴 수밖에 없다.

이 전편 『이태동잠집(異苔同岑集)』은 『당음(唐音)』의 시조역으로 그 영화(英華)를 다잡을 수 있는 호젓한 밑바대가 되고 남을 것을 믿으며, 후편 『지귤이향집(枳橘異香集)』은 시조의 한시역으로 동중(東中)의 벙으름을 대비함에 있어 또한 알뜰한 길라잡이가 될 것을 믿어 의심치 않는다.

　스승께서는 겸허하시며 항상 두보의 "고래존로마(古來存老馬) 불필취장도(不必取長途)"로 자처하셨지만, 그 불설(不屑)의 가르치심이 바다 같음을 미처 몰랐다. 오늘에 이르러 그제를 돌이키니, 가슴을 에우는 안방(安倣)의 지통이 더욱 도져 아예 감출 길 없다. 그저 이 아쉼이 철천(徹天)치 못함 한스럴 뿐이다.

　본시 이 유고는 동국대학교 국어국문학과 동호들의 집약인 동악어문학회지 「동악어문론집」 제2집 퇴경 권상로 박사 추도특집호와, 제3집에 부재하였던 바 있다. 일찍이 당지에서도 언급하였지만, 『이태동잠집』은 『지귤동근집』의, 『지귤이향집』은 『영언만역(永言漫譯)』의 개제다. 더구나 『지귤이향집』은 스승께서 몸소 『시조한역』이라 제하시어 동대신문에 그 일부를 연재하셨던 바도 있다. 딴은 육당의 『지귤이향집』이 없지 않아 개운치는 않으나, 내제라서 허물을 무릅쓴다. 두루 너그러운 두둔 계실 줄로 안다.

　끝으로, 이 『퇴경역시집』은 동악어문학회 회원 각위의 성금과, 신흥인쇄 대표 박충일 사장의 지의로 이룩된 결정임을 구태여 표하여, 삼가 그의 협찬을 충심으로 기린다.

　간구하옴은 타일에 『퇴경소악부(退耕小樂付)』로의 받듬이 일어지이다 바라며 상천을 우러러 손을 모아 저배한다.

(1966년 2월 1일)

퇴경당 권상로 대종사 사적비 비문

이 雲達山 金龍寺는 예부터 많은 고승대덕이 난 가람이다. 여기서 敎宗의 강백이자 학단의 거벽이셨던 퇴경당 권상로 선생께서 출가하여서 부처의 거룩을 깨치셨으니, 이는 그 돈후한 聲名과 더불어 길이 빛날 사연이다.

선생은 불기 2423년(1879) 2을 28일, 산 좋고 물 맑은 이 문경 고을 산북면 석봉리에서 權贊泳 씨의 맏이로 태어나, 불기 2509년(1965) 4월 19일 향년 87세로 世緣을 다하시니, 법랍은 69이셨다.

貫鄕은 안동이요 퇴경은 아호이자 당호이며, 法階는 대종사이셨다. 타고남이 슬겁고 다시하신데다 공부가 워낙 뛰어나셔 진작부터 대성할 조짐이 넘나셨다고 한다.

일찍이 이웃 마을 私塾에서 科業을 위한 經史와 詩賦에 전심타가 동학민란을 둘러싼 내외정세를 탓하며 발심한 나머지, 불기 2440년(1896) 4월 사무친원을 세워, 이 김용사의 瑞眞스님을 은사로 귀의 득도하여 일대시교를 마치시고, 불기 2447년 (1903) 5월 永安스님 밑에서 입실 건당하셨다. 이어 부설인 慶興과 聖義講院의 강사를 역임하고, 불기 2450년(1906) 상경하여 동국대학의 搖藍으로 신학문의 발상인 明進학교를 나오셨다. 다시 四佛山 大乘寺 주지를 거쳐, 불기 2456년(1912)에는 중앙종무원 편집부장에 선임되어,『조선불교월보』와『불교』지를 주관하시며 증론을 통한 종풍진작에 이바지한 공 크셨다.

　한편 김용사 중앙학림 상주 보광학교의 강사를 역임한 뒤, 종립학부인 중앙불교전문학교 교수로 취임하여, 고사신축과 아울러 개명한 혜화전문학교 교수 재임중에 일제의 덧없는 특별조치령으로 차마 폐교되자, 불교총본산 교학편수위원장에 전임돼 총무원에서 집무, 불기 2489년(1945) 8·15광복으로 복교되어 개명한 동국대학 교수로 재임되어 새로 자리잡은 남산 기슭 필동 3가의 동악을 오르내리시며 교도에 몸바치셨다. 그 뒤 불기 2494년(1950) 6·25동란으로 부산에 남하하여 학장직을 맡아 교세를 확충하여 불기 2497년(1953) 2월에 종합대학교로 승격시켜 초대총장에 취임하셨다. 동년 정년 퇴임과 함께 명예교수로 추대되고, 불기 2506년(1962) 4월에는 동국대학교 대학원에서 명예철학박사 학위를 받고, 8월에는 문화대훈장을 타셨다.

　가만히 생각컨대, 선생의 평생은 교학으로 일관하셨지만, 모름지기 典籍과 씨름하신 勇往精進의 연속이었다. 항상 쓰고 베끼신 인과가 방대한 等身의 편저이니, 특히 『조선불교사』와 『조선문학사』를 비롯하여 백년과업의 『한국지명연혁고』와 『한국사찰전서』는 全鼎의 일련이다. 浩瀚한 섭렵과 다함없는 울력에는 그 누구도 경복치 않을 수 없었다. 그리고 시조의 한시역과 당시의 시조역인 『퇴경역시집』과, 말씀하시듯 쉽게 풀이한 『삼국유사역강』과 『관음예문강의』는 공역인 『불교성전』과 함께 역술의 대표작이다. 또한 육서의 논증인 『自學管窺』는 甲骨學의 대가 董作賓의 摯意로 대만 『大陸雜誌』에 실려 韓國字學을 誇하셨고, 시문유고인 『질려원고』는 正楷로 초하신 원고대로 동국대도서관 등에 간수되어 두루 활용되고 있다.

　무릇 선생의 手不釋卷은 博覽强記를 보태어 무불통지의 해박을 자아내어 字典과 辭典이요, 事典이 무색한 學海라는 찬탄을 누리셨다. 그러나 선생은 그 높깊은 학문을 自利보다 오히려 利他에 훈수하신 점이 남다른 거룩이시니, 그

佛性으로 가다듬은 자상으로의 지도와 변증으로 剔抉한 考核을 사뭇 반기를 돌리듯 보시하신 尊宿이셨다.

이에 선생의 우람스런 신행과 無可無不可의 사적을 우러러 받드는 후학들이 지성을 모아 선생의 因緣이 깃든 이 金龍寺 境內에 터를 가려 반석을 다지고 長毋相忘의 紀要를 銘刻하는 바이다.

비문은 제자 李丙疇와 金膺顯이 짓고·썼으며, 刻字와 莊嚴은 金明圭가 도맡아서 마물렀다.

불기 2531년(1987) 4월 19일에 선생의 22주기를 맞아, 퇴경당 권상로 박사기념사업회 사적비건립위원회 회장 전관응 삼가 세우다.

관음예문 강의 붙임말

관음 신앙이 도도한 오늘날 돌아가신 퇴경 선생의 『관음예문 강의(觀音禮文講義)』를 발간함에 있어 말미에 붙임말을 쓰게 되니, 자못 만감이 새롭다. 우선 영가를 향해 경배부터 올리며, 금년으로 백주년의 생탄을 맞는 기념의 하나임을 우러러 고한다.

퇴경 선생께서는 불교학은 불론 국학 전반에 걸쳐 막힘이 없으셨던 거벽이셨음은 세상이 아는 사실이다. 따라서 자전(字典)과 사전(辭典)과 사전(事典)의 추앙을 받으셨다. 이는 평생 책과 붓을 놓지 않으셨고, 누가 어디서 무엇을 묻든 금방 대답을 주신 자상과, 등신(等身)의 편저로서 익히 짐작된다.

이 『관음예문 강의』만 해도 마치 녹음 테이프처럼 옆에서 가르쳐 주시듯 평이한 해석과 해박한 주석을 곁들이신 점을 보아도 그 학문의 넓이와 깊은 울력이 짐작되고 남는다.

나는 동국대학교에 입학해서부터 선생께 『삼국유사』와 『균여전』을 배웠다. 또한 두시(杜詩)의 강을 받느라고 아침마다 성화도 무척은 끼쳤다. 그런데도 일찍이 한번도 마다 하신 적이 없으셨고, 한번도 모른다 하신 말씀을 못들었다. 그만큼 높고 자상하셨다.

이 『관음예문 강의』는 말년에 집필하신 유고(遺稿)로 입문을 위해 특별한 공력을 쏟으신 강설이다. 글속에 갈무려진 '지심정례공양(至心頂禮供養)'의 뜻은 외면

한체 한갓 외우기나 하는 『관음예문』임을 무척 안쓰럽게 여기신 나머지, 올바른 이해와 참스런 기도를 위해, 아예 낱말에서부터 포양(哺養)하듯 자세히 풀어 놓으신 강술이다.

이 원고는 선생께서 열반하시기 전인 1964년 봄에 『삼국유사역강』의 출판 계약을 체결하시고 나서, 문하생인 의정(義淨·金義正)에게 물려 주신 것이다. 의정은 이 출판을 위해 갖은 노력을 다하다가 지난해에야 비로소 인쇄에 붙였었다. 그런데 불행하게도 덧없이 급서하는 바람에 지연되자, 그의 동생인 김중평(金仲平)의 정성으로 동악어문학회(東岳語文學會)의 이름으로 출간을 보았으니, 실로 다행한 일이다.

그러나 이 출판은 불사를 위한 법보시의 비매품인데다가, 체재와 제작면에 다소 미흡한 점이 없지 않고, 또한 널리 읽힘이 본의에도 어긋나서 김중평 씨의 동의를 얻어 이를 개판해서 시판함이 좋을 듯하여 마땅한 출판사를 물색하기에 이르렀었다.

마침 불심에 관심을 갖은 보성문화사장 신성철(申晟澈) 씨의 선심을 얻어 이 신판을 내게 되었으니, 이 또한 다행이 아닐 수 없다. 두루 고마운 일이다.

다만 한 가지, 본래의 원고와는 달리

(1) 강술의 원틀은 조금도 다치지 않고 오로지 문투가 현대의 눈에 거슬리는 부분만은 평이한 서술로 바꾸었고,

(2) 강술의 단락이 다소 길어서 이해에 엇갈리는 대목은 감히 짧게 끊었고,

(3) 현행맞춤법에 따라 고치되 독특한 사찰 용어와 사투리는 모조리 고쳤고,

(4) 일반의 독자를 고려하여 「원문」과 「해석」을 앞에 실었다.

이상은 오직 나의 좁은 소견이 저지른 사단이다. 만약 선생의 뜻을 추호라도 흐

렸다면 이는 전혀 나의 허물이다.

끝으로 이 『관음예문 강의』의 간행에 있어 서문을 주신 김동화(金東華) 선생님께 경건히 감사하며, 아울러 제자를 쓰신 여초(如初) 김응현(金膺顯) 동학께 깊이 심사한다.

바라건대 이 『관음예문 강의』로 해서 한갓 염송하는 『관음예문』이 아니라, 참뜻을 알면서 받들어 외우는 『관음예문』이길 그토록 바라신 퇴경 선생님의 뜻을 되새기며 삼가 삼배를 올린다.

1979년 퇴경 선생 생탄100주년 기념일에

조선불교통사(朝鮮佛敎通史)중간서

　법보를 전하는 쇠북의 메아리가 동방에 번지자 진여(眞如)의 피안을 반연하기 위한 신념은 불교의 문자를 한우충동(汗牛充棟)으로 남겼다. 따라서 그 통람은커녕 검찰에만도 평생이 모자라는 풍성을 보였다.

　성적의 순례로 기이(紀異)를 누렸고, 진전의 입론으로 체도를 과했고, 호법의 원력으로 사직을 건졌다. 또한 장경의 역주로 자리를 펼쳤고, 삼보의 주착으로 중생을 당겨 깊이 민간에 파고 들어 백의의 사상감정을 다잡아 대교로의 위엄을 중외에 떨치었다.

　이로 말미암아 고승대덕의 가멸찬 게송은 대중의 신봉을 돋우었고, 잠영대가(簪纓大家)의 호젓한 심인은 청금(靑衿)의 심성을 자아내게 하여, 드디어는 민족신앙의 지경을 오늘에 다졌다. 여기에서 불교는 백의의 사상적 원류가 되고 생활의 정간이 되기에 이르렀다. 이런 뜻에서 이 『조선불교통사』는 백의의 종교와 신앙의 자취를 더듬고, 사상과 정감의 발자국을 가늠하는 날이요 씨다. 따라서 이 『불교통사』는 전인의 사상을 간추린 사통(史統)이요 제강(提綱)이다. 여기에 『불교통사』의 진면목이 있다. 곧 백의가 수행한 신앙의 통서를 앎으로써, 그 거점을 포착하고 나아가는 후일의 떳떳한 삶을 꾸미는 알뜰한 전제(筌蹄)로 받들리는 빌미가 되었던 것이다. 그러므로 오늘의 애중은 진작 낙양의 지가를 올렸고, 사계의 지보로 추천되는 보탑을 쌓았다.

그러나 워낙 초판의 부수가 적었고, 햇수가 오래돼서 날로 수요의 격증을 더해 오늘의 품귀를 가져왔다. 이에 다다라 진작 『박연암집』과 『동문선』과 『성호사설』 등 우리나라의 명저를 영인하여 국학에 크게 기여한 바 있는 경희출판사 정종오 씨는 스사론 분리(分利)보다도 오로지 명저의 보급이란 웅지를 사시로 삼아 이 『조선불교통사』 영인에 착수하였으니, 그 빛저운 위업에 절로 머리가 숙음을 감출 길 없다.

이 『조선불교통사』는 상·중·하 3편으로, 1918년 3월 10일 최남선이 주재인 신문관에서 출간되었으니, 하마 50년 전의 일이다. 저자가 그 「예언(例言)」에 밝힌 바와 같이 상편은 「불화시처(佛化時處)」로 편년체에 의해 불교의 요체를 벼리로 삼고 기사의 방계를 목으로 삼아 그 진원을 명증했고, 중편은 「삼보원류(三寶源流)」로 여래의 응화(應化)와, 삼장의 결집과, 전경의 역정과, 유파의 연원과, 임제(臨濟)의 유서와, 선교의 정통을 소상하게 척결했고, 하편은 「이백품제(二百品題)」로 기실(紀實)을 가려 입제하고 이를 고거변론하여 박문에 이바지한 국판 총 2,300면의 호한이니, 이 『불교통사』는 실로 한국불교의 소장과 흥폐를 역력하게 증도하여, 정히 전등의 구실을 다한 거저(鉅著)다. 저자는 「자서」에서 "여러 책을 고거(考據)하여 대방에 자뢰(資賴)하기 위한 종교일람표"라 했고, "이름은 역사의 체를 빌었으나, 실은 포교의 쓰임을 겸했다"하여 대도의 길잡이로 자겸하고 있다.

그러나 이 『불교통사』의 상재는 심근(尋根)의 법리를 발려 주고 진각(眞覺)의 길을 가르쳐 주는 금승이요, 미도의 보벌(寶筏)임이 틀림없다. 따라서 권말에 덧붙인 장지연(張志淵) 발에 "『통사』의 불교에의 공헌은 무량에 값한다"는 휘갑은 전혀 정곡을 기한 묘지다.

편저자 이능화(李能和) 선생은 완산인으로 자는 자현(子賢), 호는 상현(尙

玄)이니, 1869년 1월 19일 충청북도 괴산 태생이다. 어려서 향리에서 한문을 닦았을 뿐, 영·불·중·일어는 전혀 독학이다. 1896년 농상공부(農商工部) 주사로 벼슬길에 올랐으나, 뜻한 바 있어 사임하고 어엿이 신학문에 침잠하여 1908년에는 관립 법어학교(法語學校) 교관을 거쳤고, 다시 1909년에는 관립 한성외국어학교의 학감까지 역임한 바 있다. 이 면강은 마침내 영·불·중·일의 4개국어에 통달하는 거벽을 낳았다. 1910년 경술국치 후는 오직 망국의 통한에 감겨 학구에 전념하여 사료의 수집에 힘쓰는 한편, 그 방편으로 조선사편수관과 그 편수위원의 자리에 나아가기도 했다.

그러나 그는 부업이었고 본업은 고유문화연구에 있었음은 그의 등신(等身)의 저작이 웅변으로 실증하는 바다. 이방인의 천대와 사무치는 가난에도 국고(國故)의 정리를 천분으로 도맡아 보국(報國)의 본밑으로 삼았으니, 그 차골(次骨)의 각고는 지금 생각해도 거룩하기 그지없다.

1945년 광복을 앞둔 4월 12일 모진 가난에 시달리면서도 붓을 쥔 채 차마 찬술을 놓고 말았으니, 향년 75세였다. 슬하에 1남 1녀가 나란하니, 사자 응조(應祚)는 일본 주오 대학(中央大學)을 마친 뒤, 체신부에 복무하다가 퇴직하고, 지금은 유업을 이어받아 체신부지인 「체신문화(遞信文化)」 출판에 종사하고 있다.

유저로는 이 『조선불교통사』 외에 다음의 논저가 찬연하다.

一. 朝鮮女俗考
一. 朝鮮解語花史
一. 朝鮮巫俗考
一. 朝鮮基督敎及外交史
一. 韓國道敎史(유고를 동국대학교에서 영인)

그리고 아직 빛을 못본 유고는 다음과 같다.

一. 朝鮮社會史

一. 朝鮮儒敎及儒學思想史

一. 朝鮮醫藥發達史

一. 朝鮮十亂錄

一. 朝鮮雜考

끝으로 이러한 명저의 영인이 차례대로 선을 보여 국학진흥의 원천이 됨은 물론 후학 가혜의 기비(基肥)가 되었으면 바라는 마음 하늘 같으며, 이『불교통사』의 영인으로 인연하여 불교학계의 속등(續燈)이 되었으면 하는 마음 절실하다.

1967년 1월 20일

重 刊 凡 例

一. 이 책은 서기 1918년 3월 10일 발행한 초간본을 영인 재간한 것이다.

一. 초간본에 있는 일본인 宇佐美勝夫 씨의 서문은 굳이 생략하였다.

一. 초간본에 오식이 있으므로 퇴경 권상로 선생님의 정정본을 중심으로 학계 여러분들에게 물어 정정하였다.

※ 오식에는 傍圈을 가하고 그 행 위에 정자를 기입하였다.

一. 이 책 중간에 있어 저자 尙호 선생의 사자 李應祚 씨의 많은 협조가 있었음을 구태여 부가하여 둔다.